마몬의 시대, 생명의 논리

마몬의 시대, 생명의 논리

박경미 에세이집

녹색평론사

책머리에

　강사시절까지 치면 대학에서 월급 받아 먹고산 지가 20년이 훨씬 넘지
만 학자라는 자의식을 가져본 적은 없었던 것 같다. 학술의 세계를 동경하
고 존중하는 마음은 있었지만, 소수의 선택받은 사람들만이 이론으로 기
여할 수 있고, 나는 그 소수에 끼지 못한다고 생각했다. 무엇보다도 논문
이라는 형태의 글을 쓰기가 힘에 부쳤다. 논문이라는 형태의 글쓰기는 글
을 쓰는 행위가 본질적으로 공격적인 행위임을 끊임없이 상기시켰다. 과
거의 축적물들을 뒤져서 이리저리 각을 떠 '말길'을 찾아내고 미래의 있
을 수 있는 모든 반론들을 앞당겨 격파하면서 글을 쓰기에는 한마디로 체
력이 달렸고, 처음의 문제의식을 놓치기 일쑤였다.

　사정이 이렇다 보니 지금까지 논문을 써서 교수도 되고 승진도 했지만,
나 자신은 물론이고 남까지 속이고 있다는 사실을 들키지 않을까 두려워
하는 마음이 늘 한구석에 있었다. 대학시절 신학(神學)의 길로 이끄셨던
돌아가신 허혁 선생님은 "베끼지 않고는 논문을 쓸 수가 없어서" 좋은 책
을 번역한다고 말씀하시곤 했다. 그때는 그 말뜻을 몰랐지만 지금은 안다.

미련하게 표절이 들통나게 논문을 쓰지는 않았지만, 엄밀히 말해 아이디어를 가져오는 것도 표절이라 본다면 내가 쓴 논문 중 베끼지 않은 논문은 없고, 표절 아닌 논문도 없다. 왜냐하면 다른 사람의 생각에서 가져온 것을 모두 덜어내고 났을 때 남는 것이란 약간의 정리정돈과 요약, 아니면 유치한 적용이나 빈약한 해석 정도에 불과하기 때문이다. 그러지 않고 제대로 된 논문을 쓰기란 정말 힘들다.

그런데 오늘날 대학의 평가시스템은 어느 분야건 연구자들에게 끝없는 논문쓰기 경쟁을 하도록 강요한다. 오늘날 인문학 분야에서 벌어지고 있는 일들을 보면 왜 그렇게 많은 사람들이 쓸데없는 연구를 계속하고 있어야 하는지 답답하고 절망적인 생각이 들 때가 많다. 극소수의 천재들이나 아니면 사기꾼들만이 할 수 있는 일을 하도록 현재의 학술시스템은 강요하고 있다. 사실상 불가능한 일을 대학의 모든 구성원에게 요구하다 보니 어떤 형태로든 속임수를 쓰게 되고, 내가 하지 않은 것을 내가 한 것처럼 가장하게 된다. 지금처럼 논문쓰기 경쟁을 강요하는 학술시스템 속에서는 증가하는 논문 편수에 비례해서 연구자들의 지적 패배의식이 깊어질 수밖에 없고, 연구비와 연구점수를 얻기 위해 현실로부터 우러나는 절박한 호기심과 재미를 많은 부분 포기할 수밖에 없다. 적어도 지금의 대학시스템은 균형감각을 유지할 수 있는 지점을 한참 벗어난 것으로 보인다.

어느 때부터인가 나는 이 모든 것이 견디기 힘들어졌고, 그래서 이론을 수립하고 남이 아직 말하지 않은 것을 발견하여 체계를 세우겠다는 욕심을 버렸다. 그런 욕심을 버리고 나니 적어도 전공 분야에서는 아는 것이나 모르는 것이나 별 차이가 없었다. 몰랐던 것을 봐도 그냥 알겠고, 또 아는 것이나 모르는 것이나 마찬가지였다. 한마디로 그런 것들에 휘둘리고 싶지 않았고, 각주를 주렁주렁 달아서 남이 해놓은 것을 마치 내가 한 것처럼 알리바이나 만드는 '바보놀음'은 그만두고 싶었다. 다만 책을 읽고 공부한 축적물들이 아주 사라져버리지는 않아서 마치 시들어가는 식물처럼 누군가 물 주기를 기다리고 있었다.

2004년 늦은 가을 '이반 일리치 읽기모임'의 일원으로 합류하게 되었을 때 원래 내가 가야 할 곳에 간 것처럼 편안했다. 모임에서 오고가는 말들을 통해 유별나게 새로운 것을 알게 되었다거나 모르는 것을 알게 되었다는 생각이 들지는 않았다. 도리어 오래전부터 알고 있었는데 잠시 잊고 있던 것을 다시 기억하게 되는 느낌이었다. 그리고 이 모임을 통해 원래 출발 지점에서 내가 가지고 있었던 호기심과 재미가 되살아나는 것을 느낄 수 있었다. '진보냐 보수냐'라는 판에 박힌 틀이나 이념이 아니라 피상적인 현실 근저에서 맥박 치고 있는 '살아있는 세계'에 입각해서 사물을 보아야 한다는 것을, 요컨대 '상투성의 세계'를 넘어서 생각하고 말해야 한다는 것을 배웠다. 또 함께 사는 사람들의 삶에서 우러나오는 절박함만이 진정으로 새롭고 진실한 말과 글을 탄생시킬 수 있다는 것도 배웠다.

이 책에 실린 글들은 그러한 배움과 사귐의 결과물들이다. 대체로 2005년 초부터 지금까지 《녹색평론》에 실렸던 글들을 모았다. 《녹색평론》은 나로서는 새로운 형식의 글쓰기인 '에세이' 형태의 글쓰기를 시도할 수 있는 훌륭한 지면이었다. 《녹색평론》에 글을 쓰면서 글을 쓰는 일에서 '내 것'에 집착하던 습관을 많이 버릴 수 있었다. 오늘날 어떠한 과학이나 기술도 인류의 오랜 문화적 축적물 위에서 성립된 것이기 때문에 어느 면에서 자본주의적 '사유화'에 한계가 지어져야 하듯이, 글쓰기에서 '내 것'에 집착하는 습성 역시 근본적인 관점에서 보면 우스꽝스럽다. 그래서 '내 글'에 집착하던 오랜 버릇을 버리려고 노력하게 되었다.

책의 제목을 정하는 데 어려움이 많았던 것은 아마도 주제나 내용상 두드러지는 특색과 통일성이 없고, 그때그때 일어나는 일들에 반응하면서 썼기 때문일 것이다. 다시 읽어보면서 글을 쓰던 당시의 느낌을 되새겨보려고 했지만 잘 되지 않았다. 하물며 처음 읽는 독자들에게 어떤 느낌으로 다가올지 두렵다. 5년이 넘는 세월 동안 만나서 먹고 마시고 이야기를 나눈 '일리치 읽기 모임'의 식구들, 이화여대의 가까운 동료들 그리고 나의 가족에게 감사의 마음을 전하고 싶다.

2010년 3월 31일
박경미

목 차

3부 어떻게 살 것인가

1부 살아있음의 신비

사람은 무엇으로 사는가

포도원 품꾼(마태 20:1-16)의 비유와 도덕적 경제

사람은 빵만으로 살지 않고 하느님의 입에서 나오는 모든 말씀으로 산다.

(마태 4:4)

1

성큼 다가온 위기 앞에 불안과 공포가 힘없고 가진 것 없는 사람들의 머리 위를 먹구름처럼 짓누르고 있다. 더이상 피할 데 없이 극한의 곤경에 처한 사람들이 점점 늘어가고 있다. 우리사회는 끝없이 확대되고 복잡해졌지만 오로지 한방향으로 움직여왔다. 그것은 물질적 이익 때문에 인간으로서의 품위와 존엄성을 버리는 방향이다.

오늘 우리사회의 정부와 지배계급은 정의 비슷한 것에조차 기초해있지 않다. 오히려 가혹한 불평등이 오늘 우리가 누리는 물질적 풍요의 전제조건이자 삶의 작동원리이다. 그것은 오늘 우리가 누리는 물질적 풍요와 안락이 세계경제체제의 가장 밑바닥에 위치한 사람들의 희생에 근거해있다는 사실에서 가장 잘 드러난다. 점점더 삶의 벼랑끝으로 몰리는 비정규직 노동자와 외국인 이주노동자들, 농민 그리고 끔찍한 저임금과 비인간적인

노동조건 아래 고통당하고 있는 중국의 농민공, 값싼 노동력으로 착취당하고 있는 인도와 아시아 각국의 어린이와 여성들은 세계경제체제의 가장 밑바닥에서 착취당함으로써 이 체제가 돌아가도록 떠받치고 있으며, 말그대로 세계경제의 토대이다. 이들은 발달된 과학기술 덕택으로 정교하게 고안된 통제시스템 안에 있고, 이들이 거기서 빠져나갈 가능성은 없어 보인다. 이들의 값싼 노동의 대가로 우리는 분에 넘치는 안락을 누리고 있으며, 다가올 전세계적 경제공황은 무엇보다도 이들의 생존을 위협하고 있다. 그리고 세계경제의 토대인 이들의 생존이 위협받는다면, 우리들의 생활방식 역시 뿌리로부터 흔들릴 날도 머지않을 것이다.

우리가 살고 있는 이 세상은 너무나 부당하며, 이것은 명백한 사실이다. 그러나 우리는 이 명백한 사실에 대해 눈을 감고 있다. 오늘 우리 주변에서 일어나는 크고작은 도덕적 해이와 윤리 부재의 실질적 원인은 아마도 우리의 물질적 삶의 토대 자체가 근본적으로, 총체적으로 부도덕하다는 데에 기인할 것이다. 시스템 안에서 시스템의 효율성과 합리성에만 골몰하는 사람들에게는 이 명백한 사실이 보이지 않는다. 그들은 눈앞의 비참함을 바라보면서도 지배의 형식을 좀더 세련되게 하는 일에만 진력할 뿐이다. 그들은 삶을 있는 그대로의 모습으로 볼 수가 없다. 가만히 보면 그들은 타고난 관리자들이다. 태어날 때부터 어른이었거나 어린시절이 아예 없는 사람들, 그래서 세상과 인간에 대한 호기심도, 분노도 없는 사람들이다. 그들은 세상이 어떻게 돌아가는지 전혀 궁금해하지 않으면서도 세상을 들여다보고 앉아있다, 그런 것쯤은 다 알고 있다는 표정으로. 진보건 보수건 그들은 세상을 돌아가게 만드는 사람들, 한 기계의 각기 다른 부분에서 일하는 기술자들이다.

그러나 하느님을 믿고 섬길 생각이 조금이라도 있다면 우리가 향유하는 물질적 삶의 도덕적 토대에 대해 물어야 한다. 수많은 사람들의 불행을 가져오는 근본원인에 대해 물어야 하고, 어떠한 개인의 미덕도 분쇄해서

가루로 날려버리는 악의 질서에 의문을 제기해야 한다. 그리고 오래전 톨스토이가 했던 질문, "사람은 무엇으로 사는가"라는 질문 앞에 서야 한다. 이 질문 앞에 섰을 때 우리가 인정할 수밖에 없는 분명한 사실은, 사소한 물질적 만족을 위해 자유와 명예를 파는 이기심과 정신적 마비에 의해 우리는 모든 것을 악마화하는 사회질서를 유지, 존속시켜왔다는 것이다.

예수는 돌로 빵을 만들라는 악마의 유혹에 "사람은 빵만으로 살지 않고 하느님의 입에서 나오는 모든 말씀으로 산다"고 답했다. 그리고 톨스토이는 "만인이 물질적인 행복이 아닌 영적인 행복 — 희생이 따르고 희생에 의해 입증되는 — 을 추구할 때만, 그럴 때만 만인의 최대 행복이 가능하다"고 했다. 그때가 되면, 모든 사람들은 진심에서 우러나와 "가난한 자에게 복이 있나니, 슬피 우는 자에게, 박해받는 자에게 복이 있나니"라고 말할 것이라고 했다(《국가는 폭력이다》, 달팽이, 2008년, 190쪽). 또한 그는 우리가 믿는 기독교 신앙의 목표는 물질적 행복의 달성이 아니라 영혼의 구원, 즉 인간 내부에 존재하는 신성의 구원에 있다고 했다. 물질적 안녕에 대한 집착을 버리고 이웃의 행복을 위해 애씀으로써, 즉 사랑을 베풂으로써 구원이 이루어질 수 있다는 것이다.

근대 경제학의 기본 전제 중 하나는 인간의 이타심이 아니라 수요와 공급의 원리에 따라 움직이는, 시장의 '보이지 않는 손'의 조정기능에 의해 사회의 물질적 행복이 증대될 수 있다는 것이었다. 말하자면 '사랑'보다는 합리적이고 효율적인 시장의 자기조정 기능이 인류의 물질적 진보와 행복을 가져다주리라는 것이다. 이것은 이타심이 아니라 이기심이 인간 경제행위의 기본 동기라는 지적에서 더 나아가서 사랑이나 돌봄 같은 윤리적 가치에 기반한 검소하고 소박한 삶이 아니라 끝없이 이윤을 추구하는 인간 본능에 근거한 소비적인 삶이 경제발전을 가져온다는 뜻이고, 사실상 인간의 경제행위에 대한 윤리적, 도덕적 문제제기의 가능성을 근원적으로 차단하거나 아니면 부차적인 문제로 만든 것이다.

그러나 오늘날 수시로 전세계를 불안에 떨게 하는 경제위기에 직면해서 무엇보다 의문시되는 것은 소위 ‘보이지 않는 손’에 의한 시장의 자기 조정 기능이라는 것이 애당초 존재했느냐는 것이다. 자본주의 초기부터 수요와 공급의 시장은 ‘보이지 않는 손’에 의해 규칙적이고 조화롭게 조정되었던 것이 아니라 총칼을 앞세워 식민지 원료공급원을 확보하고 새로운 소비시장을 개척함으로써 유지되었다. 즉 전세계적인 자본의 지배의 확산과 정복의 과정을 통해 유지되었으며, 그 과정에서 전세계 가난하고 약한 사람들의 심각한 고통과 희생이 뒤따랐음은 말할 필요조차 없다. 만일 우리가 그런 사람들의 희생을 대가로 살아가고 있는 것이 사실이라면, ‘보이지 않는 손’의 조정 기능이란 오늘날 경제적 삶의 도덕적 파탄 상태를 위장하는 수사적 표현에 불과하다. 그런 사람들의 노동으로 덕을 보면서, 게다가 더욱더 부자가 되고 싶어 한다면 그것은 인간으로서 기본적인 품위를 저버리는 행동이다. 그러나 ‘보이지 않는 전능한 손’에 대한 신화로 인해 사람들은 약자들의 고통과 희생을 보지 못하고, 경제문제에 대해 윤리적인 질문을 던지는 것을 불편하고 불필요하게 여기게 되었다. 그러나 그 질문이야말로 지금 우리가 물어야 할 가장 핵심적이고도 긴박한 질문이다.

2

　　고대 그리스에서 ‘광장’을 뜻하는 ‘아고라($\alpha\gamma o\rho\alpha$)’는 동시에 ‘시장’을 뜻하기도 했다. 원래 아고라라는 말은 “함께 모인다”는 뜻의 그리스어 ‘아게이로($\alpha\gamma\epsilon\iota\rho\omega$)’ 또는 “사다”라는 뜻의 그리스어 ‘아고라조($\alpha\gamma o\rho\alpha\zeta\omega$)’에서 나온 말로서 전자의 어근과 관련해서 사용되면 ‘광장’이라는 뜻이 되고, 후자의 어근과 관련해서 사용되면 ‘시장’이라는 뜻이 된다. 물론 고대 그리스에서 아고라는 한 장소였다. 아고라는 광장이면서 시장이었고, 시장이면서 광장이었다. 자기가 기른 농산물이나 손으로 만든 물건을 내다 팔거나 살 수 있는 장소였으면서, 동시에 생각을 교환할 수 있는 장소였다. 말하자면 물질과 정신이 함께 소통하는 자리였다. 고대세계에 사람들은 함께 모이면 물질만 소통하는 것이 아니라 생각도, 마음도 소통할 줄 알았던 것이다.

이것은 사고파는 교환 행위, 경제행위가 합리성과 효율성이라는 그 자체만의 논리에 의해 독자적으로 작동했던 것이 아니라, 그 외 인간행위 전반, 즉 인간의 사회적, 도덕적 삶과 관련해서 작동했던 근대 이전 사회의 특징적인 모습이라고 할 수 있을 것이다. 그때는 희소성을 지닌 수단을 이용하여 최대한의 이익을 달성하는 가장 효과적이고 합리적인 방법이 경제라는 생각이 아직 지배적이지 않았다. 그래서 추상적이고 관념적인 숫자놀이에 의해 경제가 조종당하기 전이다. 그때는 경제를, 인간이 물질적 욕구의 충족을 위해 자연과 자신의 동료들에게 의존하면서 그들과 함께 이루는 상호작용이라고 생각했던 때이다.

그러나 산업혁명 이후 그러한 실체적, 실물적 의미의 경제는 점차 은폐되고, 희소성과 경제적 합리성에 바탕을 둔 형식적이고 관념적인 경제 개념이 지배적이 되었다. 그리고 이와 함께 사람들은 정신과 물질을 함께 소통하는 장소로서의 광장을 잃어버렸다. 근대산업사회에서는 인간은 본성적으로 물질적 이익을 극대화하려는 성질이 있다고 가정한다. 물질적 이익 추구는 인간의 본성이며, 그렇기 때문에 인간은 '경제적, 합리적' 존재라는 것이다. 이것은 끝없이 이익을 추구하는 교환적 존재로 개인을 가정하며, 이러한 방법론적 개인주의에 입각해서 모든 경제 현상과 경제행위가 평가되고 결정된다는 것을 뜻한다. 개인은 본질적으로 이기적인 존재이며, 사회는 각자의 이익을 추구하는 개인들이 약육강식의 각축을 벌이는 살벌한 장이라는 것이다. 이 점에서 근대 자본주의 경제학이 전제하는 인간학은 근본적으로 불경(不敬)스럽다. 왜냐하면 거기서는 인간을 본질적으로 이기적인 존재로 볼 뿐 아니라, 앞으로도 계속해서 그런 존재로 머

물러 있을 것이라고 가정하기 때문이다. 따라서 인간을 자유로운 존재로
도, 책임있는 존재로도 보지 않기 때문이다. 인간은 태초부터 영원(永遠)
까지 이기적인 벌레라는 것이다.

그러나 헝가리 출신의 비교경제학자 칼 폴라니는 결코 처음부터 경제
가 그랬던 것도 아니고, 교환을 통한 이익 추구 역시 인간의 본성에 속한
것이 아니라고 했다(칼 폴라니, 《거대한 변환 : 우리 시대의 정치적, 경제적 기
원》, 박현수 옮김, 민음사, 1991년). 오히려 그것은 오랜 역사적 과정의 산물로
서 제도적으로 강요된 행동양식이라는 것이다. 인간의 물질적 필요를 충
족시킨다는 경제행위의 실체적 관계를 벗어나 경제가 오로지 이윤 획득을
위한 교환적 관계로 된 것은 자본주의 시장경제에 이르러서라는 것이다.
시장경제에서는 경제행위가 다른 모든 사회적 관계로부터 분리되어 오로
지 시장 메커니즘에 의해 좌우됨으로써, 사회적 보호망을 상실한 인간의
삶은 매우 불안정하고 불확실하게 되었다는 것이다. 따라서 폴라니는 경
제적 합리주의를 비판하며, 목적이나 수단의 선택은 단순히 경제적 합리
성이 아니라 도덕적이고 실천적인 요구나 동기에 입각해서 평가되어야 한
다고 주장했다. 즉 경제활동의 동기는 종교적일 수도 있고, 정치적일 수
도, 미학적일 수도 있다는 것이다(김영진, 2004년, 〈칼 폴라니의 경제인류학 방
법에 관한 고찰 : 시장경제에 대한 대안을 찾아서〉, 《국제정치논총》, 44집/4호, 47-
68쪽 참조).

사실 시장경제가 등장하기 전 인간의 삶에서 경제는 사회적, 문화적 관
계에 "묻혀있었다(embedded)". 경제가 사회에 '묻혀있는' 한, 개인의 경
제행위는 사회적 규범에 의해 제약을 받게 된다. 그러나 사회적 관계에
의해 경제행위가 제약을 받지 않게 되면서 자본주의 시장경제는 그 자체
의 논리에 의해서 움직이게 되었고, 오늘날에 이르러서는 자본의 논리가
인간의 삶 전체를 지배하게 되었다. 인간에 대한 야수적인 정의(定義) 위
에 서있는 자본주의 시장경제의 논리가 인간 삶의 전 영역에서 자기를 관

철시키는 시장전체주의 사회에 도달한 것이다. 광장은 사라지고 시장만
남은 것이다.

오늘 우리는 폴라니가 말하는 자기조정적 시장이 인간을 왜곡시키고
자연을 멸절시키는 현상을 목도하고 있다. 지금은 벌써 오래전 이야기처
럼 들리는 광우병 쇠고기 수입문제가 그 전형적인 예다. 정부는 한미FTA
연내 체결이라는 불확실하고 부정확한 목표를 위해 국민들의 건강과 자존
심을 팔아넘겼고, 지난여름 그 뜨거웠던 광장의 열기에도 불구하고 지금
서민들은 미국산 수입 쇠고기를 먹고 있다. 광우병 쇠고기 문제는 인간 삶
의 전체성, 즉 인간의 자연적이고 사회적인 삶에서 혼자 떨어져나간, 게다
가 어리석기까지 한 경제유일주의가 어떤 미친 결과에 도달하게 되는지
분명하게 보여준다. 그것은 몇명이 광우병에 걸리겠느냐는 확률의 문제가
아니다. 경제가 그 자체의 법칙에 따라 움직이면서 인간의 사회적, 문화적
관계뿐만 아니라 삶의 마지막 보루인 우리 몸까지 지배하게 되었을 때 일
어날 수 있는 끔찍한 결과를 우리는 보고 있는 것이다.

폴라니의 진단은 그동안 우리가 당연하다고 여겼던 가정, 즉 경제문제
를 생각할 때 오로지 경제만을, 즉 시장편향적 합리주의에 입각해서만 생
각해야 한다는 강박관념에서 벗어날 것을 요구한다. 사실 우리는 경제문
제를 생각할 때 물질적 동기만이 현실적이고 실제적이라고 생각하고, 정
신적 동기나 정치적 동기는 무의식중에 평가절하하는 습관이 있다. 그러
나 오늘날 경제행위에서는 인간이 다른 인간에 대해, 또 자신이 살아갈 자
연의 터전에 대해 가져야 할 책임을 회복하는 것이 그 무엇보다도 절실하
게 요구된다. 경제행위에서 시장합리주의적인 측면보다 정치적인 측면,
즉 민주주의가 훨씬더 중요하게 고려되어야만 한다. 그러므로 지난여름
우리가 경험했던 촛불민주주의는 혼자 날뛰는 미친 경제를 삶의 바닥에,
먹고 일하고 사랑하는 삶의 전체성에 매어두려는 행위이며, 물질과 정신
이 함께 소통되는 장소로서 광장을 회복하는 행위이다. 물질만이 아니라

생각과 마음이 통하는 장소로 잃어버렸던 광장을 되찾는 행위인 것이다.

구체적으로 이것은 경제적인 측면에서 보편적이고 추상화된 수치가 사람들의 삶을 지배하지 못하도록 하는 것이다. 즉 효율성과 생산성, GNP 또는 GDP와 같은 추상적인 사회경제적 지표들이 경제에서 결정적인 요소가 되는 것이 아니라 눈앞에 있는 구체적인 인간, 공동체의 실제 성원이 얼마나 경제적인 독립성과 자율성을 확보하는가가 결정적이 되어야 한다는 것이다. 눈에 보이는 개인과 가족과 공동체가 경제행위의 주체로 가정되고, 추상적인 수치가 아닌 삶의 풍성함과 만족감이 경제의 기본 척도가 되어야 함을 뜻한다. 이것은 한사람의 개인으로서는 이윤 획득보다 삶의 필요를 충족하는 것이 경제행위의 실질적인 목표가 되어야 함을 뜻한다.

어떻게 끝없이 주식투자를 하거나 부동산투기를 하면서 살 수 있는가? 그리고 어떻게 그런 일을 안하면 손해보는 듯한 느낌으로 살아야 하는가? 우리가 지금 그 안에서 살아가고 있는 시스템은 인간을 너무 치사하게 만들고, 선해지기 너무 어렵게 만든다. 우리 중에서도 이렇게 말하는 사람을 정말로 간절히 보고 싶다. "난 부자가 되는 데에는 관심이 없소. 내가 중요하게 생각하는 것은 자유롭게 사는 거고, 개처럼 끈에 묶여 살지 않는 거라오. 내가 원할 때 그렇게 일하고 싶소. '빨리 해'라고 명령하는 사람 없이 말이지."(프리모 레비, 《주기율표》, 이현경 옮김, 돌베개, 2007년, 202쪽)

3

예수의 비유들 중 마태복음에만 나오는 포도원 품꾼(20:1-16)의 비유는 경제에 대한 윤리적 성찰과 관련하여 중요한 가르침을 줄 수 있다. 실제로 19세기 영국의 문화비평가 존 러스킨은 이 비유에 근거해서 도덕적 경제의 가능성을 탐구했다(《나중에 온 이 사람에게도》, 김석희 옮김, 느린걸음, 2007년). 예수의 비유들 가운데에는 상식적으로 잘 이해가 되지 않는 것들이 있다. 포도원 품꾼의 비유도 그중 하나다. 여기서 포도원 주인은 아침 일찍부터 나와서 뜨거운 햇볕 아래 땀 흘리며 일한 사람들과, 마지막에 나와서 잠시만 일한 사람들에게 똑같은 임금을 준다. 그리고 자신의 행동에 대해 "선하다"(15절)고 강변한다. 오랫동안 힘들게 일하고 자신들의 수고의 값을 좀더 쳐주기를 기대하고 목을 뺀 채 기다렸을 사람들은 당연히 항의한다.

　사실 이 비유에 등장하는 주인의 행동은 현대의 주석가(註釋家)들에게도 골칫거리였다. 이 비유에 대한 고전적인 해석에서는 일반적으로 이 비유에 나오는 포도원 주인의 행동을 하느님의 자비에 대한 유비(類比)로 해석하고, 아침 일찍부터 일했던 일꾼들의 항의를 이기심에 근거한 부적절한 행동으로 간주했다. 그러나 쇼트로프나 헤어촉, 크로쌴 같은 학자들은 당시 로마제국의 일용노동 관행과 사회경제체제 속에서 포도원 주인의 행동을 해석하고, 심지어 그의 행동을 비난하기까지 한다. 가령 당시 로마의 대규모 상업이 확장되면서 곡식에 비해 훨씬 높은 이윤을 가져다주는 포도주 생산에 많은 지주들이 관심을 가졌고, 이로 인해 소농 가정의 삶의 토대였던 토지에 포도원을 만듦으로써 많은 소농이 토지를 잃게 되었다는 것이다. 이렇게 보면 우리의 주인공이 포도원 주인이라는 사실 자체가 문제가 된다. 이들에 따르면 주인의 자비로운 행동으로 해석되어왔던 것, 가령 주인이 장터에 여러번 나가 일꾼을 부른 행동 역시 품삯을 절약하기 위한 지극히 계산적인 행동이며, 적게 일한 사람에게 동일한 품삯을 준 행동도 로마제국 상류층 사람들이 돈을 희사하고 후의를 베풂으로써 자신들의 사회정치적 이익을 확고히 했던 관습적인 행동의 틀 안에 있다. 게다가 당시 일용노동자들은 노예보다 열악한 지위에 있었고, 농장소유주들은 매우 힘든 노동이었던 포도 수확을 위해 비용이 많이 드는 노예들을 아껴두고 값싼 일용노동자들을 착취했다.

　위에서 말한 1세기 로마제국 농업노동의 상황에 대한 다양한 고려에 근거해서 헤어촉과 쇼트로프는 이 비유에 나타나는 포도원 주인의 행동이 자비롭지 않다고 결론지었다. 이렇게 본다면 이 비유에서 포도원 주인의 행동을 통상적으로 해석해왔듯이 하느님의 관대함에 대한 은유로 해석할 수 없게 된다. 이 비유에서 포도원 주인의 행동은 당대의 인습적인 틀 안에 있다. 하느님의 관대함은 그것과 근본적으로 다르다. 따라서 이 비유는 하느님의 자비에 대한 반립(反立)적인 비유로 이해해야 한다는 것이다. 이와 비슷하게 크로싼도 이 비유에 등장하는 포도원 주인의 행동을 하느님의 자비에 대한 은유로 해석하기를 거부한다. 크로싼에 의하면 주인은 특별히 자비로운 사람이 아니라 기대를 무너뜨리는 사람이다. 그에 따르면 중심적인 것은 기대의 반전이다. 이 비유는 하느님의 은혜로움에 대한 우리 자신의 이해를 뒤집어버리는 반전의 비유라는 것이다. 쇼트로프에 의하면 하느님은 이 비유의 포도원 주인이 보여주는 자비보다 훨씬 관대한 자비의 소유자이고, 크로싼에 의하면 이 비유에서 예수는 하느님의 자비에 대한 우리의 기대를 뒤집어놓는다.

그러나 이 비유에서 포도원 주인이 특이하게 관대한 인물로 묘사되었다는 것을 부정할 수 있을까? 예수가 이 비유에서 비난하기 위해 포도원 주인의 행동을 예로 들었을까? 위에서 요약한 현대 학자들의 해석은 수천 년이 지난 오늘날의 사회과학적 전제 위에서 그 당시에 대해 불가능한 도덕적 짐을 부과하는 측면이 있다. 당시의 농업 관행이나 사회경제적 상황을 오늘의 기준에서 도덕적으로 판단하는 것은 본문을 향해 지나치게 많은 것을 요구한다. 본문 자체 안에 포도원 주인의 행동을 비난하는 암시가 전혀 나타나지 않는다는 사실은 위의 견해들에 쉽게 동의하기 어렵게 만든다.

그러나 위의 학자들이 지적한 내용들 중 마지막까지 남는 걸림돌은 역시 포도원 주인이 처음 온 사람들에게 더 많은 품삯을 주지 않았다는 것이다. 그러므로 이 비유 속에서 끝까지 풀리지 않는 것은 공정성의 문제이다. 즉 그의 공정과 자비가 화해하지 않는다는 것이다. 저녁에 와서 잠깐

일하고 하루 품삯을 온전히 받은 사람은 자신에게 자비가 베풀어졌다고 느꼈을 것이다. 그러나 하루 종일 뙤약볕 아래에서 일하고도 최저생계비에 불과한 1데나리온밖에 못 받은 사람은 결코 주인이 자비롭다고 느끼지 않았을 것이다. 하물며 한시간 정도 일한 사람도 1데나리온 받는 것을 목격하고서는 주인이 부당하다고 느끼는 것이 당연하다. 한시간 일한 사람에게 1데나리온을 주었다면 하루 종일 일한 사람에게는 서너배쯤 주어야 주인을 공정하다고 할 수 있지 않은가? 그래야 그의 공정과 자비가 화해할 수 있지 않은가?

그런데 이 물음에 답하기 위해 중요하게 고려해야 할 사항 중 하나가 경제성장에 근거한 현대 자본주의 사회의 작동원리와, 제한된 물자와 재화에 근거한 고대 농업경제 사회의 작동원리가 매우 다르다는 사실이다. 우리가 이 비유에 나타난 주인의 행동을 충분히 자비롭다고 받아들이지 못하는 것은 우리 시대에 당연한 것으로 여기는 경제성장과 이 본문이 전제하는 사회경제적 상황이 일치하지 않는 데에서 기인하는 것 같다. 포도원 주인이 처음부터 일한 사람에게 더 많은 품삯을 주지 않았다고 비난하는 것은 사실 끝없는 경제성장에 대한 근대적 전제에 근거한 것이다. 재화가 한정된 고대 농경사회에서 더불어 산다는 것은 사실은 내가 더 가질 수 있는 것을 포기하는 데에서 시작된다. 사회 전체가 가난과 불편을 삶의 조건으로 받아들일 수 있어야만 공동체적 삶이 가능한 것이다. 포도원 주인의 행동은 이 점을 감안할 때 비로소 이해가 되기 시작한다.

이 비유는 노동과 그에 대한 대가 지불의 공정성 문제를 의식하고 있다. 2절에서 맨 처음 고용된 사람들과 주인은 1데나리온의 품삯으로 합의했다. 그러나 3절과 4절에서 주인은 아홉시쯤 나가서 적당한 품삯, 즉 공정한, 정의로운($\delta\iota\kappa\alpha\iota o\nu$) 품삯을 주기로 하고 일꾼을 부른다. 결과적으로 보면 그들에게 1데나리온을 품삯으로 주는 것은 '그들에게' 적당한 것, 즉 공정한 것이 된다. 그리고 이것은 맨 마지막에 15절에 나오는 주인의 말 "내가 선하기($\alpha\gamma\alpha\theta\sigma$) 때문에 그대 눈에 거슬리오?"에서는 선함으로, 자비로움으로 표현된다. 나중에 일하러 온 사람들에게 1데나리온을 주는 것은 공정하며 동시에 자비롭다는 것이다. 어떻게 그럴 수 있는가?

이 비유에서 맨 처음에 일한 사람들의 불평은 임금의 위계질서에 근거한다. 일정한 시간 일하면 일정한 임금을 받으며, 능력있는 사람은 능력 없는 사람보다 더 좋은 대우를 받는다. 이것이 능력본위사회, 경쟁사회의 기본질서이다. 인간사회는 임금의 위계질서, 가치의 위계질서 위에 세워져 있으며, 사실상 그것은 인간의 위계질서로 이어진다. 돈으로 획일화된 인간 위계질서는 갈수록 더 위세를 떨친다. 자본주의 사회에서 우리는 자신의 몸값이 얼마인지 늘 신경쓰지 않을 수 없다. 나는 얼마짜리 인간인가? 내 몸값이 몇푼 안된다면 언제 밀려나고 잘릴지 모른다. 몸값을 올리기 위해 안간힘을 써야만 이 임금의 위계질서 속에서 살아남을 수 있다. 그렇게 하지 못하는 사람은 언제 집 없는 노숙자가 될지 모른다. 그리고 집 없는 사람(homeless)은 곧 쓸모없는 사람(useless)이다. 이것은 공정한가? 모든 사람에게 동일한 기준을 적용한다는 점에서는 공정하다고 할 수 있다. 그러나 이러한 무표정한, 무감각한 공정성은 현실사회에서는 잔인한 생존경쟁의 법칙에 불과하다.

이 비유에 나타나는 주인의 행동에서는 수치화된 기계적인 공정성의 기준을 발견할 수 없다. 그의 공정성은 상대적이고 상황적이다. 똑같이 일을 했는데 임금을 더 주고 덜 주고 할 수 있다. 일을 적게 한 사람이 가난한 그의 삶을 이어갈만한 품삯을 받는가 하면, 일을 많이 한 사람 역시 가난한 그의 삶을 이어갈 정도의 품삯만 받는다. 아마도 한정된 양의 재화만을 가진 고대 사회에서는 일을 많이 한 사람이나 적게 한 사람이나 어느 정도 부족한 임금을 받는 것으로 만족해야만 공동체 자체가 유지되고 존속할 수 있었을 것이다. 고르게 가난해야만 '함께 사는 삶' 자체가 유지될 수 있었을 것이다. 그러므로 나중에 와 일한 사람이 가난한 자신의 삶에

24

필요한 최소한의 재화를 얻어 살 수 있도록 하는 것이 '정의로움'이고 공정함이었다면, 꼴찌였던 그를 같이 먹고살 공동체 식구로 받아들이는 것이 '자비'였을 것이다. 그리고 이러한 공정과 자비는 실제로는 더 많이 일한 사람이 적게 일한 사람보다 서너배의 품삯을 받기를 포기해야만 가능할 수 있었을 것이다. 왜냐하면 재화가 한정된 사회에서 그러한 기계적이고 산술적인 공정성을 관철할 경우 그 사회의 토대 자체가 무너질 수 있었을 것이기 때문이다. 아마 이 비유에서 포도원 주인이 그렇게 했다면 그는 파산할 수밖에 없었을 것이다.

그러므로 이 비유에서 주인의 자비는 공동체적 삶을 가능하게 하는 방식으로 베풀어졌으며, 따라서 그것은 공정하다. 사실 누구에게나 동일한 임금의 위계질서를 적용하는 산술적이고 기계적인 공정성은 공정한 것이 아니다. 왜냐하면 그것은 공동체를 유지시키지 못하며, 동시에 사람과 사람 사이의 차이를 배려하지 못하기 때문이다. 그것은 자본주의 사회의 경쟁원리와 같은 것이다. 그것은 잘나고 못난 사람이 한데 섞여 사는 공동체 삶의 기본원리로서는 부족하다. 모든 사람에게 그가 하는 일의 양이나 질에 따라 임금을 지불하는 것이 공정한 것이 아니다. 왜냐하면 모든 사람이 똑같지 않기 때문이다. 가령 대부분의 장애인과, 아예 경쟁의 출발선 자체가 뒤처져 있는 사람들의 경우 아무리 노력을 기울여 많은 시간 일한다 해도 동일한 임금체계를 적용한다면 삶의 극한선상에 내몰릴 수밖에 없다. 마치 이 비유에서 한시간 일한 사람이 일한 만큼 임금을 받았다면 그날 굶을 수밖에 없었던 것처럼 말이다.

그렇다면 이 비유에서 주인의 자비로움은 어디에 있는가? 아마도 그것은 애초에 그가 누구나 불러주었다는 데 있을 것이다. 그를 불러서 포도원을 가꾸는 무리들 속에 끼게 해주었다는 데, 즉 그 공동체의 구성원으로 불러주었다는 데 있을 것이다. 비유 속에서 이유가 설명되지는 않았지만 포도원 주인은 무언가 긴박한 사정 때문에 몇번이고 장터에 나가서 일꾼을 부른다. 이 주인의 긴박함은 그의 자비로움의 은유이며, 그의 자비로움은 그의 긴박한 부름에 있다. 하루 종일 장터에서 누가 자신을 사가주기를 기다리다가 저녁 무렵 오늘도 식구들이 끼니를 거를 생각을 하며 힘없이 돌아설 순간에 누군가가 자기를 불러주었다는 것은 더할 수 없는 자비이자 은혜였을 것이다. 그리고 이러한 주인의 선함, 자비로움은 먼저 일한 사람도 1데나리온을 받는 것으로 만족할 수 있어야만 실현 가능하다. 그렇게 할 수 있을 때 먼저 일한 사람과 나중 일한 사람이 자발적으로 서로 돕는 진정한 이웃이 될 수 있고 공동체가 유지될 수 있다. 그리고 기계적인 평등주의에 대항하고, 우리가 당연하다고 여기는 가치의 위계질서, 인간의 위계질서를 뒤집는 일이 가능해질 것이다.

이렇게 이 비유를 읽는 것은 예수의 하느님나라운동의 기본 성격과도 일치한다. 예수는 로마제국의 사회경제적 수탈 앞에서 무너져가는 마을공동체의 상호 호혜적인 삶을 회복하고자 노력했다. 예수는 군사적 폭력과 경제적 수탈을 의미했던 로마제국의 지배가 하느님의 심판 아래에 있다고 선언했으며, 갈릴리사람들의 기본적 생활 단위를 이루었던 마을공동체들에서 평등주의적이며 서로를 지원하는 사회경제적 관계를 재확립하는 사회 갱신의 프로그램을 밀고 나갔다. 예수는 정의롭고 협동적인 정치경제적 관계의 원리들과 전통적 가치들에 호소하고 그것들을 적용함으로써 백성들로 하여금 스스로 자기 삶의 주인이 되고 자기 인생을 장악하도록 요청했다. 그들 모두를 피폐하게 만든 가난에 대해 서로가 서로를 비난하는 대신, 서로가 서로를 도울 수 있게 했다. 구체적으로 그들은 서로 빚을 탕감해주고, 의심과 원한 대신 연대의 정신을 되살릴 수 있게 되었다(R. 호슬리, 《예수와 제국》, 《갈릴리》).

그러므로 예수의 하느님나라운동과 관련해서 볼 때도 이 비유를 탈성장주의적, 반팽창주의적 경제의 관점에서 읽는 것은 타당하다. 이 비유에서 더 얻을 수 있는 자기 몫을 포기하라는 요구는 파괴된 공동체적 삶을 회복시키고, 공동체 내의 약자들을 제일 먼저 배려하는 예수운동의 기본 원리와 일맥상통한다. 로마제국이 '팍스 로마나'라는 장밋빛 구호를 내세우며 실제로는 민중을 수탈했듯이, 오늘날 성장경제 역시 풍요로운 미래의 청사진을 제시하지만 사실은 사회적 약자들을 더욱 끔찍한 양극화와 삶의 벼랑끝으로 몰고간다. 예수가 추구했던 상호 호혜적인 민중적 삶의 원리는 이 비유에서 더불어 살기 위해 고르게 가난한 삶을 받아들이라는 요구로 나타난다. 오늘의 상황에서 그것은 성장주의 경제가 그동안 무시해온 평등과 실질적인 경제민주주의 원리의 실천으로 번역될 수 있을 것이다.

우리는 경쟁체제의 밑바닥에서 뒹구는 사람들도 인간다운 삶에 대한 욕구를 가진 구체적인 인간이라는 사실을 자주 잊어버린다. 낙오자는 인간이 아니고, 그들에게는 우리와 같은 삶이 허락될 수 없기 때문이다. 자본주의 성장경제시스템 안에 탈락자가 들어갈 문은 없다. 시스템은 누구에게나 공정한데, 그들은 공정한 게임에서 졌다. 만일 그들이 시스템의 바깥에서 떨어지는 부스러기를 주워 먹을 수 있다면, 그것이 그들에게 자비가 될 것이다. 그래야만 공정과 자비가 화해할 수 있을 것이다. 결코 그 이상은 아니다.

그러나 이 비유는 그런 방식으로 쉽게 "나는 공정하다"고 생각해버리는 사람들에게 이렇게 말한다. "너의 공정함은 자비로운가? 너의 공정함은 못난 꼴찌를 함께 살아야 할 이웃으로 받아들여주는 공정함인가? 포도원 주인이 절박하게 사람들을 불렀듯이 못난 이웃도 공동체에 필요한 인간으로 불러주는 공정함인가? 그와 함께 살기 위해 네가 가진 것을 포기하고 가난을 받아들일 준비가 되어 있는가?" 만일 그렇지 않다면 공정하다는 것은 허위의식일 뿐이며, 사실은 약육강식과 적자생존이라는 야수의 논리를 '공정'이라는 그럴듯한 말로 포장한 것에 지나지 않는다고 이 비유는 말한다. 그러므로 이 비유는 오늘 우리의 경제행위에서 도덕적 경제의 가능성을 추구하라는 의미로 읽힐 수 있다.

4

사람이 먹고사는 문제가 그 자체로서 따로 존재하는 것이 아니라 삶의 전체성, 인간의 사회적이고 정치적인 차원과 연결될 수밖에 없다는 사실은, 먹고사는 문제가 결국은 민주주의의 문제임을 말해준다. 달리 말하자면 민주주의란 먹고사는 일에서 도덕을, 인간다움을 세우는 일이다. 인간이 먹고사는 일에서 도덕을 실천하고 민주주의를 세운다는 것은 구체적으로는 분배와 나눔의 문제일 것이다. 그런데 세계와 인간에 대해 오로지 공학적으로, 기술적으로 접근하는 사람들은 분배와 나눔이라는 민주주의나 절제의 원칙보다는 절대적인 생산량의 증가를 통해 먹고사는 데에서 발생하는 문제를 해결하려 한다. 민주주의가 아니라 오로지 경제성장을 통해 먹고사는 문제를 해결하려 한다.

그러나 이들의 해결책을 따르려면 현재 생산량 수준의 몇배가 필요하게 되고, 그것은 지구의 수용능력을 훨씬 넘어서게 된다. 현대 자본주의 사회의 인간은 시장이 무한대로 확장될 수 있다고 생각하지만, 사실 시장은 지구 안에 있고, 지구는 유한하다. 그러므로 먹고사는 문제와 관련한 인간의 모든 활동과 계산에는 한가지 한계가 그어져야 하는데, 그것은 하느님이 지구를 유한하게 창조하셨다는 것이다. 밥은 자꾸 늘어나지 않으며, 늘어나서도 안된다. 밥이 한정된 것이라면 밥은 나누어 먹어야 하고, 아껴 먹어야 한다. 이 점에서 먹고사는 데에서 민주주의를 세우는 일은, 실은 성장에 한계를 설정하는 일이다.

사실 끝없이 이윤을 얻어야 한다고 생각하는 것은 경제가 끝없이 성장한다는 전제 위에서 가능하다. 그러나 실제 살아있는 개인과 공동체는 무한대로 성장할 수 없고, 행복과 삶의 풍성함 역시 무한히 확대되는 수치로 환원될 수 없다. 근대 자본주의 경제는 추상적 보편주의의 경향으로 인해 끝없는 성장이 가능한 것처럼 가정한다. 이러한 직선적인 진보의 관념은 필연적으로 전체주의의 방향으로 나아가게 되며, 내가 발 딛고 사는 장소와, 그 장소에 서식하고 있는 구체적인 사물들로부터 멀어지게 만들고, 그들을 돌보는 대신 전체의 이름으로 그들에게 잔혹한 짓을 하는 것을 서슴지 않게 만든다. 그리고 그 잔혹함은 자신이 속한 장소와 그 장소에 거주하는 생명체들에 대한 충성심 대신, 돈에 대한 충성심을 위해 복무하는 것과 관련되어 있다. 따라서 민주주의와 성장의 한계 그리고 전지구적인 생명의 문제는 뗄래야 뗄 수 없이 결합되어 있다.

이 비유 역시 물질과 재화가 유한한 지구 안에서 살아가는 이웃들로서 우리 인간들에게 도덕적 경제, 경제민주주의의 실천을 요구하고 있다. 오늘날 극도로 팽창된 성장주의 경제체계 속에서 성장 자체의 위험성과 그 파괴력을 실감하면서 살아가고 있는 우리들이 이 비유에서 일차적으로 주목해야 할 것은 맨 처음 일한 사람에게 요구되었던 물질적 이익의 포기이다. 나중 일한 사람의 인간다운 삶은 그가 자신의 잉여를 포기했을 때 가능하다. 처음 일한 사람이 궁핍과 불편함을, 즉 평등이라는 민주주의의 원칙을 자신의 삶의 조건으로 받아들일 수 있어야만 처음 일한 사람과 나중 일한 사람의 공동성이 가능한 것이다. 사람은 빵만으로가 아니라 하느님의 입에서 나오는 말씀으로, 사랑으로 산다. 오늘날 '사랑'을 물질적 언어로 번역하면 그것은 '가난'일 수밖에 없다. 사랑하는 사람은 가난해야 한다. 이것이 오늘 우리가 이 비유로부터 들어야 할 도덕적 경제의 실질적 내용이다. (《기독교사상》 2009년 1월호)

함석헌, 살아있는 씨올의 이야기

1

"글쓰기는 궁극적으로 글쓰는 대상의 건강함에 의해 평가된다."(웬델 베리, 《삶은 기적이다》, 녹색평론사, 2006년, 128쪽) 함석헌에 대한 글들은 무엇보다도 함석헌 자신으로 인해 빛을 발한다. 평이하게 흘러가는 글 속에 함석헌의 문장을 몇개만 가져다놓아도 마치 싱싱한 물고기처럼 글이 살아서 펄떡인다. 장준하는 함석헌의 첫인상을 "남에게 줄 것을 주지 못해 고독을 느끼고 있는 노인"(장준하, 〈브니엘〉, 《씨올의 소리》(1973년 7월호, 《씨올 함석헌 평전》 416쪽에서 재인용)) 같았다고 했는데, 그의 문장도 주인을 닮아 수줍고 외로운 격정을 품은 채 누군가 받아들여주기를 간절히 원하는 것 같다.

함석헌에 관한 두권의 책을 읽으면서 거의 두주 동안 함석헌 생각에 사로잡혔다. 그동안 함석헌의 글을 안 읽었던 것도 아니고, 어쭙잖은 논문을 쓴 적도 있지만, 이번처럼 깊이 인간 함석헌에게 끌린 적은 없었다. 인간

이 글은 주로 《내가 본 함석헌》(김용준, 아카넷, 2006년), 《씨올 함석헌 평전》(이치석, 시대의창, 2005년)에 대해 다루었다.

함석헌에 취해서 내가 가진 진심으로 타인의 진심을 향해 다가가면 그대로 받아들여질 것만 같은 마음의 낙원 상태에 잠시 빠져들었다.

누가 건드리지 않고 제 할 대로 내버려두었더라면 함석헌은 "저 푸른 하늘의 왕자"가 되어 바다 위로 큼직한 흰 날개를 펼치고 까마득히 높이 날아올랐을 테지만, "온통 야유뿐인 지상으로 쫓겨오니 거인의 날개는 걸리적거릴 뿐이다."(보들레르) 끊임없이 사물의 안쪽을 바라보며 사물의 내적 관련성에 천착하는 내향적 인간으로서 함석헌은 시인의 마음을 타고났다. 그러나 그가 붙잡힌 역사의 갑판 위에서 크고 흰 그의 날개는 조롱거리가 되고, 그는 날개를 꺾인 채 절룩댄다. 그러면서도 "바보새" 함석헌은 "하나님의 발길에 채여" "죽을 때까지 이 걸음으로!" 절룩이며 걷는다. 위의 두 권의 책들에서는 절룩이며 걸어가는 그의 인간적 면모가 두드러지게 다가온다. 생전의 함석헌을 가까이서 자주 대하지 못한 사람으로서 그런 글을 읽는 것은 특별한 경험이었다. 읽고 났을 때 마음 한구석에 인간 함석헌이 가슴 뭉클하게 자리잡았고, 함석헌을 따뜻하게 느낄 수 있었다. 아마 이 점이 그 책들이 가지는 힘일 것이다.

2

《내가 본 함석헌》은 원래 저자 김용준 교수가 〈교수신문〉에 여러해 연재했던 함석헌에 관한 글들을 모은 것이다. 그래서 글이 짧고, 거의 매 글마다 함석헌의 글이 길게 인용되어 있다. 이것은 자기가 아는 철학이나 이론으로 함석헌의 사상과 활동을 재구성하고 평가하겠다는 욕심에서 쓴 책이 아니라, 마음의 서랍에 넣어두었던 함석헌의 말과 글을 다시 꺼내 읽어보며, 그 글이 나올 때 무슨 일이 있었는지 곱씹어보고, 글과 글에 얽힌 사연을 자신과 함 선생과의 인연을 중심으로 풀어간 책이다. 80을 바라보는 늙은 제자가 이제는 가고 안 계시는 스승을 그리워하는 글이자, 아무 욕심 없이 스승을 추억하며 무엇보다도 자기자신을 위해 쓴 글이다.

《내가 본 함석헌》(이하 《함석헌》)은 가장 가까운 곳에서 오랜 세월 함석헌과 함께해온 사람만이 추억할 수 있는 그의 인간적 면모들, 내면의 작은 움직임 같은 것들을 아주 잘 드러내주고 있다. 김용준이 그려주는 함석헌은 "나의 기쁨 / 나의 소망 되시며"로 시작하는 찬송가 82장을 즐겨 부르고, 새벽에 기도할 때 환상을 보고 신비경험을 하기도 한다. 붓글씨를 잘 썼고, 색종이를 오리고 접어 각양각색의 동물 모양을 솜씨 있게 만들어내곤 했다. 한때 미술가가 되는 것을 꿈꾸기도 했다.

　태어난 지 2만번째 되던 날인 1955년 12월 14일, 함석헌의 스승 유영모는 함석헌의 집에서 점심으로 만둣국을 포식하고, 함석헌은 큰 백지에 2만날이 오기까지 자신의 정신이 성장한 과정을 그래프로 그려 벽에 붙인다. 그래프에는 두군데 급격한 상승이 나타나는데, 하나는 3·1 독립만세 사건으로 평양고보를 자퇴하고 두해가 지난 후 오산학교에 입학하여 1921년 새로 부임한 교장 유영모를 만나게 되던 때이고, 다른 하나는 1924년 동경고등사범에 입학하여 김교신의 인도로 우치무라 간조(內村鑑三)의 성서연구모임에 나가 우치무라를 만나게 되던 때이다(《함석헌》, 75쪽). 함석헌은 우치무라에게서 성서와 십자가 신앙을 배우고, 유영모에게서 톨스토이와 노자를 배운다. 유영모는 오산학교 교장으로 부임했으나 당국에서 교장 인가를 해주지 않아 1년 뒤 오산을 떠나게 된다. 함석헌은 떠나는 유영모를 홀로 배웅하고, 그때 유영모는 뒤따라오는 함석헌을 돌아오며 "내가 이번에 오산에 왔던 것은 함, 자네 한사람을 만나기 위해서였던가 봐"라고 말한다. 함석헌은 유영모의 이 말을 평생 가슴에 간직하고 살았고, 가감 없이 인간 유영모와 그의 사상을 이해했으며, 후일 자신을 받아주지 않는 스승을 끝까지 스승으로 모셨다.

　김용준은 1949년 봄, 서울대 화공과 학생시절 우연히 종로의 옛 YMCA 목조건물 앞을 지나다 '성서강해 함석헌'이라고 조그맣게 써 붙인 광고문을 보고 삐거덕거리는 계단을 올라가 2층 강당 뒷자리에 앉아 함석헌의 강의를 듣는다. 그것이 평생을 이어간 스승과의 첫 만남이었다. 그 후 6·25의 혼돈 속에 천안농업고등학교 교사로 일할 때 자신의 좁은 화학 실험실로 들어오는 함석헌을 직접 만나면서 그는 "심장이 얼어붙는 것 같은"(《함석헌》, 33쪽) 경험을 하게 된다. 그리고 이때부터 함석헌은 평생 사모하는 인생의 스승으로 그의 마음속에 자리잡는다. 당시 남하한 함석헌은 유영모를 그림자처럼 따라다니고 있었고, 그런 함석헌을 김용준이 따라다녔다. 김용준은 "밤새 유영모 선생의 말씀을 듣다가 졸음에 못 이겨 쓰러져 잠들었다 새벽녘에 깨어보니, 두분 선생님은 지난 저녁에 앉은 자세 그대로, 깨어있는 두서너 사람을 상대로 계속 말씀하시던 일, 그래서 몸둘 바를 모르고 당황했던 일" 등을 기억해낸다.

또 여자문제로 마음이 만신창이가 된 어느 날 거의 실성한 모습으로 돈암동 김용준의 집을 갑자기 찾은 함석헌이 창밖을 물끄러미 바라보며 "그래도 그렇게 믿어주는 친구 때문에 내가 살아나가지" 하던 것을 잊지 못한다(《함석헌》, 132쪽). 그러다가도 함석헌은 "지옥 밑바닥에서 보는 하늘은 유난히 높았다"(《함석헌》, 122쪽)면서 다시 일어난다.

김용준은 함석헌의 성품을 잘 드러내주는 한가지 일화를 전한다. 5·16 직후인 1962년, 함석헌은 미 국무성 초청으로 미국을 방문하게 되고, 이때에도 그는 한복에, 두루마기에, 중절모를 쓰고 다녔다. 함석헌은 국무성 한국 담당 과장을 만나 "군사정부는 잘하고 있습니까?"라는 질문을 받는다. 당시 《사상계》에 실린 〈5·16을 어떻게 볼까〉라는 비판적인 글로 유명했던 함석헌이지만, 그는 "네, 잘하고 있습니다"라고 짧게 대꾸한다. 그리고 함석헌이 강연에서 군사정권을 욕해주기를 잔뜩 기대하고 있던 워싱턴 교포들에게 박정희의 '박' 자도 언급하지 않는다. 이 때문에 교포사회에서는 함석헌이 군사독재정권의 '사쿠라'가 아니냐는 소문이 일파만파로 퍼져나갔다(《함석헌》, 151쪽). 당시 밀려난 군 장성들의 망명지 같았던 미국에서 박정희 정권에 대한 험담은 민망할 정도로 난무했고, 함석헌의 그런 태도는 오히려 돋보였다.

김용준은 30여년 전인 1974년 민청학련 사건 때 사자후를 토하던 함석헌을 기억하면서 "그때 민청학련 사건으로 투옥되었던 그 당사자가 국무총리가 된 이 참여정부 시대에 함 선생님이 살아 계시다면 똑같은 글을 쓰지 않으셨을까?"(《함석헌》, 268쪽)라고 한다. 이제 여든이 되어서도 새벽마다 서재에 걸린 스승 함석헌의 사진을 보며 마음을 가다듬는 늙은 제자 김용준은 주저없이 이렇게 말한다.

> 내 평생에 함석헌이라는 한 인격을 만났다는 사실은 나에게 출생 다음
> 으로 큰 사건이었고 … 나에게 그 어떤 인격이 있다면 그것은 함석헌이
> 라는 존재 없이는 성립될 수 없는 것임에 틀림없다. 그렇기 때문에 나는 전
> 공이라고 할 수 있는 유기화학을 빼고는 모든 것을 함 선생님에게 배웠다.
>
> — 《함석헌》, 388쪽

《내가 본 함석헌》에는 이제는 희귀한 인간유형이 되어버린 맨사람들이 등장해서 잊을 수 없는 친구들을 사귀고, 사무치는 인연들을 만들어간다. 삼팔선을 넘는 아들을 떠나보내며 문간에 기대어 "내 걱정 말고 가" 하던 어머니는 함석헌에게 '영원한 슬픔의 형상'이 된다. 여든살 노인이 되어서도 남강 이승훈을 떠올릴 땐 "내게 참 좋으신 선생님이 계셨지요"라며 목소리가 젖어들고, "나는 정치가 싫은 사람입니다. 아주 싫은 사람입니다"라면서도 옥중에 있는 장준하를 국회의원에 당선시키기 위해 신민당에 입당하고 선거운동을 한다. 김교신이 세상 뜬 지 20년이 흘렀을 즈음에도 한밤중에 빗소리를 들으면 친구 없는 슬픔에 빠져든다.

함석헌은 외롭고 힘든 인생길을 기쁨의 길로 바꾸어주는 친구들과 스승들에 둘러싸여 살았다. 그들은 가식 없는 '진심'을 간직하고 있었고, 그래서 상처받고 실패한다. 그러나 이제 우리는 땅 위에 간을 빼놓고 바다속으로 내려왔다는 토끼처럼 '진심'을 떼놓고 산다. 그래서 우리는 상처

받지도 실패하지도 않으며, 그저 눈코귀 없이 꽉 막힌 불행감에 길들어 있다. 그 시대 사람들이 고뇌하고 괴로워했던 많은 문제들이 이제는 해결되었고, 지금 우리는 많은 것을 가졌다고 자부하지만, 그들에게는 우리에게 없는 꼭 한가지가 있었고, 우리가 가지지 못한 그 한가지는 우리가 가진 모든 것을 무가치하게 만들어버린다.

3

함석헌은 늘 소용돌이치는 한국 현대사의 심장부를 향해 발언하고 행동해왔고, 그 때문에 그의 삶의 장면들마다 한국 현대사의 어둡고 아픈 단면들이 겹쳐진다. 함석헌에 대한 이야기는 씨올 함석헌에 대한 이야기일 수밖에 없고, 역사 속에서 움터 나오는 살아있는 씨올들의 이야기일 수밖에 없다. 그 속에서 함석헌은 우리의 생각과 느낌을 대신해주고 다듬어주고 밝혀간 이다. 그는 혼자 중뿔나게, 모나게 생각하지 않았다. 그는 늘 "생각은 혼자 하는 것이 아니라 전체가 하는 것"이라고 했다. 그는 비범한 사람이었지만, 그의 생각은 평범하고 진실하다.

《씨올 함석헌 평전》(이하 《평전》)은 함석헌 자신의 글과 그밖의 증언들, 기록들을 두루 수집하여 그가 겪어온 시대사의 격랑과 함께 그의 삶과 사상적 성장과정을 보여주고 있다. 함석헌은 종교인으로서 활달한 신학사상을 펼쳤고, 교육자로서 농사와 기독교 신앙과 교육을 한데 연결해보려 노력했으며, 저항적인 실천가로서 일제시대부터 자유당 정권, 박정희 군사정권, 신군부 시대에 이르기까지 두려움 없이 행동했다. 이러한 그의 삶과 사상에 영향을 끼친 사람들은 많다. 남강 이승훈, 유영모, 우치무라 간조, 간디, 톨스토이, 셸리, 샤르댕 같은 이름들을 거론할 수 있을 것이다. 이 책에서는 무엇보다도 20세기 국가주의의 범죄에 항거한 세계평화주의적 사상가이자 교육자, 실천가로 함석헌을 그리고 있다.

함석헌의 생각과 실천의 계보를 밝히는 작업은 반드시 필요하면서도 대단히 어려운 일이다. 함석헌은 기존의 어느 한가지 틀 안에 잘 잡히지 않기 때문이다. 일찍이 1930년대에 쓴 《성서로 본 조선역사》에서 함석헌은 시종일관 수난의 민족사를 이야기하지만, 민족주의라는 틀로 설명되지 않는다. 함석헌은 당시 유행하던 약육강식의 사회진화론적 역사인식을 거부했을 뿐 아니라, 그가 원형적 인격으로 상정했던 '어짊'과 '착함'과 '날쌤'의 인물들은 이치석의 말대로 "민족주의자의 얼굴이라기보다는 진리를 위해 투쟁하는 사람에 더 가깝다."(《평전》, 331쪽) 수난받는 조선 민중의 상황과 성서의 수난의 역사가 함석헌 자신에 의해 체험적으로 해석학적 지평융합을 이룬 것이다.

민족주의는 식민지 해방 투쟁을 이끌어온 이념이었고, 해방 이후에도 민족주의와 결합되지 않은 정치이념은 그 효과를 기대하기 어려웠다. 그러나 이치석에 의하면 함석헌이 민족주의의 본질을 관통한 것은 이미 양차대전 사이이다. 이 책에서는 재미있는 일화를 한가지 소개하고 있다. "성서조선 사건으로 감옥에 가기 전 서대문경찰서 유치장에 있을 때인데, 복도를 사이에 두고 건너편에 유달영 씨가 마주 앉아있었지요. 말은 할 수 없으니 몰래 손으로 글씨를 써서 토론을 했는데, 그때 유달영 씨가 내게 물었습니다. '하늘나라에 가면 민족이 있습니까?' 그래 나는 없다고 그랬지요. 민족주의는 시대가 만들어낸 것이지 고정된 것이 아닙니다."(《평전》, 487쪽)

함석헌은 이렇게 말한다. "이날까지 인류를 이끌어온 민족국가는 우리의 어머니였습니다. … 민족도 국가도 네이션, 같은 말입니다. … 그러나 이제는 그 어머니를 버려야 하는 날이 왔습니다. … 그 전에는 국가지상, 민족지상을 부르짖는 것이 애국이요 애족이었던 것같이, 이제는 사정없이 그것을 버리는 것이 나라와 민족을 사랑하는 도리요, 인류를 사랑하는 길입니다."(《평전》, 486쪽) 일찍이 일제시대부터 함석헌이 경험한 국민국가는 본질적으로 전쟁을 수행하는 기관이었고, 사회적 진화론을 체질화해서 비

서구 세계에 대한 식민지 정복전쟁과 인류의 자기 파괴를 감행한 양차 세계대전의 구조적 원인이었다. 그러므로 반전평화사상가 함석헌으로서 민족주의는 버려야 할 인류의 유산이었다(《평전》, 486쪽). 1970~80년대 진보적 인사들이 너 나 할 것 없이 민족주의를 내세울 때 그가 홀로 세계평화주의를 이야기하고, "민족으로 안된다"고 했던 것이 내 기억에도 생생하다.

그럼에도 함석헌의 역사 해석에서 '민족'은 여전히 중심에 있다. 그러나 이때 '민족'은 부국강병을 주장하기 위한 민족이 아니다. 그것은 인간이 추상적 개인이 아니라, 시공간 안에 한 존재로 태어나면서 따라 들어올 수밖에 없는 구체적인 조건들의 총체를 가리킨다. 존재의 그물망으로서 '나'는 함석헌에 의해 개인으로서의 '나'가 아니라 민족으로서의 '나'로 표현된다. 이것은 함석헌이 인간을 서구적 의미에서의 개인이 아니라 성서적으로, 존재의 그물망 안에서 공동체적으로 파악하는 것과 관련이 있다. 이러한 의미에서 '민족'은 벗어나고 버려야 할 것이 아니라, 축복받은 자신의 삶을 긍정하고 실현할 수 있는 하느님의 선물이자, 삶을 펼치고 뻗어나가는 장소다. 다만 이것이 자기가 속한 혈연과 지연, 국가 등에 얽매이는 것이 아니라 세계와 우주, 과거와 현재, 미래로 뻗어나가야 한다고 주장한다. 그러므로 "자기가 인도에서 태어났으면 인도사람으로 세계를 바라보고, 파키스탄에서 태어났으면 파키스탄사람으로 세계를 바라볼 수밖에 없는 것처럼, 자기는 한국에서 태어났으므로 한국사람의 눈으로 세계 문제를 보고 있다는 것이다."(《평전》, 573쪽) 그리고 그가 말하는 이러한 집단적 '나'로서 '민족'의 핵심은 씨올이다.

본래 씨올이라는 말은 함석헌이 유영모에게서 배운 것이다. 김용준은 1950년대에 유영모가 서울 중앙YMCA 연경반 금요강좌에서 강의할 때 다섯 명 정도의 청중 가운데 맨 앞자리에 곧은 자세로 앉아 열심히 필기하면서 듣던 노인이 함석헌이었다고 했다. 1956년 12월 28일 함석헌은 유영모가 《대학》의 첫 구절 '大學之道在明明德, 在親民在止於至善'을 "한 배움

길은 밝은 속알 밝힘에 있으며, 씨올 어뵘에 있으며, 된데 머무름에 있나니라"(《평전》, 427쪽)라고 해석하는 것을 들었다. 함석헌은 유영모가 말한 이 씨올을 보다 역동적으로, 민중적으로, 역사적으로 이해한다. 유영모가 씨올의 정신성에 천착하고 씨올이 물질과 육체를 박차고 하늘을 향해 올라가는 측면을 강조했다면, 함석헌은 하느님이 땅에 내려와 발에 흙이 묻은 것이 씨올이라고 함으로써, 하느님과 나와 민중, 자연을 일치시켰다. 하느님은 씨올로서 민중 속으로, 흙 속으로 내려오신다. 함석헌은 이렇게 말한다. "민이란 그저 사람인데, 봉건시대에는 신민(臣民)이라 하면서 속였고, 민족주의 시대에는 국민(國民)이라 하면서 속였고, 공산주의는 인민(人民)이라면서, 민주주의는 민중(民衆)이라면서 속입니다. 다 정치가와 거기 붙어먹는 학자들의 장난입니다. 나는 그것이 싫어서 아무것도 붙일 수 없는 씨올이란 말을 씁니다."(《평전》, 532쪽)

하느님과 나와 민중이 일치된 집단적·영적 인격으로서 씨올은 그 자체로서 국민국가의 국민 자격을 배격하며, 현실정치를 지배하는 "어떤 형태의 권력숭배"에도 반대하는 존재다. 이치석에 의하면 씨올공동체는 "순전히 정치적"인 국가가 아니라 언제부터인지 모르게 자연발생적으로 발달해온 "좀더 사회적"인 '나라'의 구체적 표현이다. 인간의 긴 역사를 한눈으로 굽어볼 때 결국 국가와 개인의 싸움으로 보이고, 그 싸움은 생각하는 개인이 국가라는 제도를 깨뜨려가는 것이라고 함석헌은 단정했다(《평전》, 623쪽).

함석헌은 어떠한 국가권력도 믿지 않았으며, 국가주의에 대항하는 '싸우는 평화주의자'가 되었다. 세속화된 서구문명이 지배하는 한, 인류 전체가 죽을 고비에 이르기 전까지 평화가 올 것이라고는 믿지 않았지만, 그 자신은 국가주의와 영원히 투쟁해야 하는 운명을 받아들였다(《평전》, 624쪽). 이러한 그의 입장은 우리나라 최초의 양심적 병역거부자인 홍순명이 6·25 이후 전쟁 반대와 병역거부를 주장했던 함석헌의 제자로서 씨올농장에서 그와 함께 일했다는 사실과도 일맥상통한다. 또한 박정희 정권 시절 교련 반대 데모를 하다가 징집당한 학생들이 기차에 실려 군대로 끌려갈 때마다 함석헌은 용산역 플랫폼에 나타났다고 한다. 그는 기차가 시야에서 사라질 때까지 언제까지나 애처롭게 손을 흔드는 흰 수염, 흰 두루마기와 흰 고무신의 노인이었다(《평전》, 581쪽).

함석헌은 국가주의를 청산한 씨올공동체의 실현을 꿈꾸었고, 그것은 서구문명의 죄악상을 드러내는 근원적인 차원에까지 내려가야 했다. 그는 "문명인의 잘못은 문명을 믿는 나머지 근본정신을 잊는 일"이라고 했고, "문명인은 제 글에 취한 사람이요, 제 만든 기계에 종이 된 죄수"라고 했다(〈들사람 얼〉,《함석헌 전집 2권》, 148쪽, 143쪽). 그는 물질주의와 과학주의에 매몰된 서구문명을 비판하고 참 신앙을 강조하는 지성들에 주목했다. 그래서 일찍이 톨스토이와 간디에게 매료되었다. 함석헌은 양심을 건드린 것이 현대 국가들이 저지른 무서운 죄악 가운데 하나라고 보았으며, 비폭력 평화운동이자 인간의 양심을 문제삼는 운동으로서 반독재 민주화 운동을 전개했다. 양심이야말로 평화의 원천이기 때문이었다. 결국 반민주적인 정치 현실에 대한 투쟁은 종교적·정신적 차원의 평화를 추구해야 하며, 폭력을 포기해야만 한다. 이 점에서 "그의 비폭력 저항운동은 현실적으로 군사독재에 대한 민주화 투쟁으로 나타나지만, 원천적으로는 정치라는 행위를 초월한 대우주의 생명활동에 절대 순종하는" 종교적 차원을 지닌다(《평전》, 472-3쪽).

함석헌에 의하면 "역사는 자연현상이 아니라 마음 문제요, 마음은 서로 떨어진 것이 아니라 산 관련을 이루는 하나"다. 일제시대《성서로 본 조선역사》를 쓸 때나, 독재정권에 저항하는 민주화투쟁의 선봉에 섰을 때나, 씨올공동체를 꿈꿀 때나 이것은 일관된 원칙이었다. 그에게 모든 싸움은 적과의 싸움이 아니라 나 자신과의 싸움이다. 역사를 해석할 때나 민중을 이야기할 때, 또 현실에 참여할 때도 함석헌은 모든 문제를 '나'와 관련시킨다. '나'를 중심 문제로 삼고, "자신을 비우고, 전체의 자리, 궁극적인 자리에 서는 믿음"을 강조한다. 그런 믿음 없이는 정치 현실의 문제가 풀릴 수 없다고 한다. 그래서 그는 정치사회적인 투쟁의 최전선에 서있을 때에도 밖에 보이는 정치적 풍경보다 집단심성의 안을 더 중요시했다. 가령 그는 이렇게 말했다. "현실 문제를 현실 속에서만 해결하려는 것이 잘못입니다. 현실 문제의 뿌리는 좀더 깊은 데에 있지요. … 현실 문제의 뿌리까지 파고들어야 하는데 깊이 파려면 '나'를 파야지요." 그에게는 치열한 자기성찰과 투철한 현실인식이 팽팽한 긴장을 이루며 통일되어 있다. 아마도 이처럼 모든 것을 '나'와 관련시키는 것은 유영모에게서 배운 그의 생각의 습관일 것이고, 여기에 그의 '선생님다움'이 있다. 그리고 이 점 때문에 그는 마지막에는 실천가라기보다는 종교인으로 남는다.

4

함석헌은 자기 인생에 대해 "교사가 되려다 교사가 못 되고 학자가 되려다 학자가 못 되고 시인이 되려다 시인이 못 되고 농사꾼이 되려다 농사꾼이 못 되었다"고 했다. 그의 인생에서 그가 작정한 대로 이루어진 것은 하나도 없고, 민족의 역사가 굽이칠 때마다 그의 인생도 거기 휩쓸려 고난을 당해야 했다. 이를 함석헌은 "하나님의 발길에 채여" 살았다고 표현했다.

함석헌은 1901년 평북 용천의 작은 어촌 마을에서 태어났다. 3·1 만세운동에 열렬히 참여했던 것이 그의 생애의 원초적 체험이었고, 오산학교 졸업 후 모교의 역사교사가 되어 학생들에게 가르치던 내용을 친구 김교신이 《성서조선》에 매달 연재한 것이 《성서로 본 조선역사》였다. 일개 시골 학교 역사교사였던 그는 이 글로 인해 유명인사가 되지만, 또한 이 글 때문에 "연초록색 포플러 잎새가 바람에 반들거리던 용암포 거리를 수갑을 찬 채 끌려가" 서울로 압송된다. 기나긴 그의 인생 여정에서 이 땅의 지배권력은 계속 바뀌었지만, 함석헌은 늘 권력과 불화했고, 여섯차례나 투옥

되었다. 그는 오산학교 역사교사로 학생들을 가르치던 시절을 자기 인생의 '황금시대'라 했지만, 이 시절도 일제 학무국의 탄압으로 끊임없는 감시를 받았고, 신의주경찰서, 평양대동경찰서, 서대문형무소를 드나들었으며, 스승 남강과 친구 김교신과 아버지와 자식을 잃었다(《평전》, 30쪽).

오산학교에서 10년 동안 교사생활 할 때를 빼고는 월급을 받아본 일이 없고, 해방후 남하하여 이렇다 할 직업을 가져본 적이 없어서 그는 가정을 제대로 돌보지 못했다. 가갸거겨도 모르고 시집온 동갑내기 부인은 일제 치하에서는 그의 옥바라지를 했고, 한국전쟁 때는 "미군부대의 찌꺼기를 나르며" 그를 먹여 살렸다. 부인은 뒷전에 서는 게 체질화돼서 언제나 "나야 뭐" 했기 때문에 자녀들이 어머니에게 붙인 별명이 '나야 뭐'였다고 한다. 함석헌은 세상을 뜨기까지 파킨슨병으로 7년 동안 병상에 누워있던 부인을 손수 간호했고, 부인을 '믿음의 친구'로 대하지 못한 것을 후회했다(《함석헌》, 133-5쪽). 맏아들과 맏딸은 북한에 있고 아들 하나와 딸 넷이 남한에 있다. 남한에 있는 아들 하나만 친구들의 도움으로 대학공부를 했고, 다른 자녀들은 고등학교도 마치지 못했다. 남한 땅에 있는 아들은 농사를 지었다.

함석헌은 세상이 잠시라도 그에게 틈을 허락할 때, 아니 세상이 그를 들볶는 일에서 잠시 숨을 돌릴 때면 어김없이 농사꾼으로, 교육자로, 신앙인으로 돌아갔다. 그가 정말로 하고 싶었던 것은 교육과 신앙과 농사를 하나로 통하여 참 씨울을 기르는 것이었다. 일제시대 송산농사학원을 비롯하여 해방후 천안의 씨울농장, 구화고등공민학교가 그러했다. 해방 직전에는 농사짓기 위해 만주로 땅을 보러 가고 만주로 이주하여 농사를 지을지 심각하게 고민하기도 했다. 그는 농사꾼으로 기도하고 가르치며 살고 싶었으나 세상이 그를 내버려두지 않아 농사꾼으로 살지 못했다. 함석헌은 8·15 해방도 옥살이를 하고 나와 농사꾼이 되어 맞는다. 그는 채마밭에 거름을 주다가 꿈에도 그리던 해방 소식을 듣는다. 그 소식을 듣고도 그는 메고 있던 거름통을 내려놓지도 않고 "그래, 그날이 오긴 왔구나" 했을 뿐, 주던 거름을 마저 준다. 그런 그를 사람들이 와서 끌어다가 평안북도 자치위원회 문교부장으로 세우고, 이로 인해 신의주학생사건 때 소련 공산당에게 사형당하기 직전까지 갔다가 겨우 살아난다.

그는 해방 이후 월남하였다. 그의 생애 전반 44년은 북한 땅에서 살고, 후반 44년은 남한 땅에서 산 셈이다. 그러나 정신주의자였던 그는 우리 시대의 두가지 형태의 물질주의인, 공산주의와도 자본주의와도 불화했다. 실향민으로 남한에서 살면서 계속해서 그는 국가권력과 불화했고, 투쟁의 선봉에 섰다. 수줍고 남 앞에 나서기 싫어하던 함석헌은 장준하를 만남으로써 정치 비판의 소리를 높이고 행동에 뛰어들게 된다. 《사상계》의 장준하는 지식인으로서 함석헌이 글을 통해 저항하도록 잡아끌었고, 나중에는 함석헌 자신이 《씨올의 소리》를 창간하여 예언자적 글을 계속 발표한다.

그러나 광주에서의 충격적인 경험 이후 "전두환 군부독재가 등장하자 반군부 투쟁세력의 세대도 교체되었고, 그들은 박정희 군사독재와 싸우던 함석헌과 그 세대의 비폭력 저항방식에 이의를 제기했다. … 마음의 변화 없이 하는 운동들과 전략들은 함석헌을 필요로 하지 않았다."(《평전》, 614쪽) 당시 그는 군부독재와 학생운동권 양편으로부터 철저하게 배척당했다. 적이 아니라 '나'를 문제삼고 마음의 변화를 추구하는 함석헌의 투쟁방식은 광주 체험 이후 과학적 투쟁이론과 전략과 전술로 무장한 젊은 학생들의 눈에는 비과학적, 비근대적으로 보였고, 체질적으로 맞지 않았다. 아마도 인간과 세계에 대한 서로 다른 이해방식이 근저에 깔려있었기 때문일 것이다. 그 둘 사이에는 건널 수 없는 '저 바다'가 있었고, 둘은 서로 다른 별에서 온 것처럼 어울릴 수 없었다.

1980년대에 함석헌은 "지금은 말세입니다. 근본으로 돌아가야 하는 때입니다. 이제 하늘소리를 여러분이 직접 들으셔야 합니다"(《함석헌》, 321쪽)라고 말했고, '나'를 문제삼지 않은 채 적과 동지의 이분법에 빠진 무모한 저항운동에 대해 경고했다. 이런 함석헌의 언어가 학생들에게는 낯설게 느껴졌을 것이고, 그들에게 함석헌은 외계인처럼 보였을 것이다. 당연히 학생들은 함석헌을 인정하지 않았다. 어쩌면 당시 이들의 내적 빈곤과 황폐함은, 이제 현 정권의 중심을 이루는 이들의 정신적 천박성을 예비하는 것이었는지도 모른다.

이후 그는 일선에서 물러나 노자 강의와 성서강해를 하고, 이따금씩 설교를 하며 지낸다. 그러다가 1987년 6월 담도암으로 쓰러지고 그 와중에도 병실에서 김대중과 김영삼의 결합을 간절히 바란다. 양측에서 온 사람들이 병실에 문전성시를 이루었으나 함석헌은 어느 편도 들지 않았으며, 투표소에 가지 않았다. 마지막에는 옛사람들이 그리웠던지 남강 이승훈과 장공 김재준, 간디와 김교신을 생각하고, 부인 황득순의 묘소를 찾는다. 월남한 지 40주년 되는 식목일에는 휴전선 부근에 나무를 한그루 심는다. 그리고 1989년 2월 4일, 90년에 가까운 길고 파란만장한 생애를 마감한다. "고난의 땅"에서 "하나님의 발길에 채여" "죽을 때까지 이 걸음으로" 다닌 지 3만 2,105일 만이었다(《평전》, 638-45쪽).

만일 함석헌이 이 시대에 아직 살아있다면 무슨 일을 하고 있을까? 여전히 국가주의 폭력에 맞서 싸우고 있지 않을까? 물질에 대한 욕망을 매개로 인간성을 파괴시키고 국가에 복종시키는 자본주의와 국가주의의 지배에 격렬히 항거하고 있을 것이다. 말년의 그를 방문했을 때 시원하게 뻗은 난초 잎을 매만지면서 '문명'과 '도덕'은 양립할 수 없다고 말하는 것을 들었던 기억이 난다. "팔아먹을 것을 먼저 생각하고 배우는" 반인간적 교육을 비판하기도 했다. 또한 그는 텔레비전에서 폭력이 난무하고 물질주의가 확산되는 것에 대해 개탄했고, 남한사회는 세속화된 서구문명의 쓰레기장 같다고 했다. "나는 '우리나라가 아니라 남의 나라에 산다'고 말합니다. 한국사람이 어떻게 이럴 수가 있을까? 나는 이날까지 80을 살았어도 지금처럼 더럽고 고약하고 지저분한 나라는 몰랐습니다. 낙심을 안할 수가 없어. 그러나 다음 순간 '낙심하면 안되지. 낙심을 하면 네가 하나님을 믿는다고 할 수 없잖아! 정신을 가다듬고…'."(《평전》, 626쪽)

말년에 했던 한 인터뷰에서 함석헌은 이렇게 말하고 있다. "당면한 일들을 인류가 어떻게 해결할 것인지를 생각하면서 지내고 있습니다. 결국 국가주의에서 벗어나야 한다고 생각합니다. … 학문도 교육도 정치에서 독립해야 합니다. 더 나아가서 애를 낳으면 꼭 정부에 신고해야 하는지도 반문해볼 필요가 있어요." "대국주의 정치에서 벗어나는 일에 이 나라가 앞장서야 합니다. 지금 이 나라 정책은 농민들을 종으로 부려먹는 정책이지요. 이제까지 뒤따라가려고 안간힘 써온 이른바 선진국이라는 것은 인간을 인간 노릇 못하는 기계로 만드는 국가에 지나지 않아요." "기계가 발달할수록 사람들의 생각은 더 천박해질 겁니다."(《샘이 깊은 물》, 1988년 3월호) 지금 살아있다면 함석헌은 이 말을 계속 이어가고 있을 것이며, 세계평화의 이상을 힘주어 말하고 있을 것이다.

민중의 삶을 자신과 하나로 느끼는 함석헌의 감수성은 참으로 놀랍다. 1964년 1월, 함석헌은 한 아버지가 찢어지는 가난을 이기지 못해 저지른 3남매 독살 사건 기사를 보고 단식을 한다. 죽은 아이의 일기장에는 "아버지가 오늘도 식빵을 사왔네 / 엄마는 왜 안 오나 / 보고 싶네 아가가 자꾸만 울어서"라고 적혀 있었고, 함석헌은 이 기사를 보고 몇번이나 울면서 애끓는 심정으로 호소문을 쓴다. "나는 이것을 쓴 손가락이 자꾸만 보여서 견딜 수 없습니다. 자꾸만자꾸만 눈물이 쏟아지고 떨려서 견딜 수 없습니다…. 가슴속이 쇠꼬치로 긁는 것 같습니다. '아버지… 엄마…'."(《평전》, 489쪽)

지식인으로서 함석헌만큼 민중을 신뢰하고, 민중과 자신을 일치시키는 일이 가능할까? "민중은 제도나 이데올로기보다 강합니다. 제도나 이데올로기는 민중을 선하게 못하는 대신 근본적으로 타락시키지도 못합니다." "정치는 힘에 살지만 민중은 믿음에 삽니다. 믿음은 모든 상처를 씻어나게 합니다. 정치는 재생하는 법이 없지만 씨올은 부활합니다." 함석헌은 이 믿음으로 살았다. 그는 행복한 사람이었다.

공화당의 유신정권이 한창 기세를 부리던 1970년대 중반 함석헌을 따라 충남 모산의 모산학교에 따라갔던 사람이 전하는 일화 한토막. 추운 겨울날 젊은이들을 데리고 십리도 넘는 맹사성의 옛집을 걸어서 찾아갔다 돌아오는데 그는 문득 걸음을 멈추고 하염없이 겨울 하늘을 바라본다. 함께 바라보니 겨울 하늘의 별들은 유난히 초롱초롱 많기도 하다. 그러다가 그는 조무래기 동네 아이들과 어울린다. 흰 두루마기를 입고 흰 머리와 흰 수염을 나부끼며 시골길을 서성이면 동네 꼬마들이 장난스럽게 쫓아다닌다. 그러면 아이들과 사귀는 게 가장 쉽다면서 아이들을 마주보고 발로 장단을 맞추고 온몸을 흔들면서 노래를 부른다. "우리들은 뿌리파다. 좋다, 좋아. 무릎을 꿇고서 사느니보다는 서서 죽기를 원한단다. 우리들은 뿌리파다." 이 노래를 두번쯤 부르면 그는 아이들과 어울릴 수 있었다. 그리운 얼굴, 함석헌이다. (《녹색평론》 2006년 5-6월호)

진리를 향한 순례자, 톨스토이

1

우리 시대에 톨스토이는 무엇보다도 《전쟁과 평화》와 《안나 카레니나》의 작가로 알려져있다. 반면 종교인이자 사상가로서의 톨스토이는 평가절하된 측면이 있다. 제1, 2차 세계대전 이후 자본주의와 현실사회주의라는 머리가 둘 달린 괴물로 세계사가 진행되고, 사상투쟁도 그 두방향으로 정렬되면서 톨스토이의 종교적 사회사상은 현실성 없는 이상론(理想論)으로 치부되었다. 그러나 오늘날 현실사회주의와 자본주의라는 두가지 형태의 전체주의를 경험하면서 톨스토이가 가고자 했던 길을 다시 돌아보는 것은 의미있는 일이다.

19세기 말에서 20세기 초 톨스토이의 사상은 러시아만이 아니라 전세계에 걸쳐 열렬한 추종자들을 얻었고, 톨스토이주의라는 말이 나올 정도로 한 시대를 풍미했다. 아시아에서도 간디만이 아니라 중국과 일본의 대중에게 톨스토이는 삶과 생각의 한 길을 열어주었다. 그가 제시한 길은 문명의 피비린내 나는 파산 상태에 도달한 유럽을 본보기로 삼을 것이 아니라, "오래된 아시아인의 농적(農的) 삶의 이상과 신(神)의 법에 따라 대지의 경작을 계속해나가는 것"이었다. 즉 "폭력을 인정하지 않는 유교, 남으로부터 원하지 않는 것은 남에게도 시키지 말라고 명하는 도교, 모든 것이 자기해탈과 자비에 있는 불교의 교리에 따라 평온하게 흙일을 해나가는"(로맹 롤랑, 윤선혜 옮김,《톨스토이의 삶과 문학》, 청암, 1993년, 263쪽) 영웅적이고 평정한 삶의 길을 제시한 것이다. 그러나 근대 동아시아의 사상과 정치투쟁에서 기독교 아나키즘의 색채를 띠면서 정치적 조직화의 방향으로 나가지 않았던 톨스토이주의는 간단히 잊혀졌다. 그럼에도 톨스토이가 이야기했던 길은 인간다운 삶을 염원하는 근대 아시아인의 가슴속에 굳이 톨스토이라는 이름표를 달지 않았더라도 꿈같이 살아남아 있다. 그러므로 20세기 동아시아 근대사상을 이해하기 위해서도 톨스토이는 반드시 넘어야 할 산이다.

우리나라에서도 일제시대에 문화운동과 사회운동의 중요한 사상적 토대로서 '톨스토이'는 많은 사람들을 가슴 벅차게 만드는 이름이었다. 식민지 백성으로서 '근대'라는 낯선 경험을 뼈아프게 막 시작하고 있던 조선인들에게, 톨스토이의 가르침은 감당하기 어려운 부당한 삶의 현실 가운데에서도 인간의 선에 대한 믿음을 잃지 않게 해주는 빛이었다. 가령 유영모와 함석헌도 곳곳에서 톨스토이를 언급하며 그로부터 영향을 받았음을 시사하고 있다. 특히 함석헌의 사상은 내용적으로도 많은 부분 톨스토이의 사상과 중첩된다. 국가와 종교에 대한 기본적인 생각, 비폭력평화주의, 문명화된 인간적 삶의 유일한 형태로서 농민과 소박하고 자연스러우며 상호부조하는 농적(農的) 삶에 대한 한없는 애정과 동경, 기독교인이면서도 노자와 장자, 불교, 바가바드기타 같은 동양사상에 깊이 심취해서 동서융합형 기독교사상을 전개한 점, 이밖에도 양심적 병역거부 문제에 대해서까지 함석헌의 생각의 많은 부분이 톨스토이와 유사성을 보이고 있다.

19세기 말 유럽사회에서 자본주의가 난숙해지면서 필연적으로 발생했던 문제들, 즉 개인의 자유의 침해와 노예화의 문제, 국가의 폭력, 자연과 인간적 삶의 파괴 등에 대해 톨스토이는 근본적으로 성찰했고, 루소에서 프루동, 러스킨, 소로우로 이어지는 지성사적 흐름을 공유했으며, 나중에 그의 사상은 간디에게 이어졌다. 그리고 간디와 유영모를 거쳐 아마 함석헌에게까지 이어졌을 것이다. 톨스토이는 사회의 모순과 갈등을 진단하고 해결하는 일에서 근본적으로 개인의 마음을 중요시했다. 집단행동보다 개인의 자각을 강조했으며, 증오와 폭력을 완전히 배제한 방법을 강조했다. 과학기술이나 폭력적인 혁명이 아니라 인간의 선량한 천성에 대한 한없는 믿음을 가지고 한걸음씩 나아갈 것을 요구했다. 그에게는 인간의 선과 사랑에 대한 무조건적인 믿음이 있었던 것이다.

톨스토이는 인간과 사회를 근원적인 관점에서 바라보았다. 무엇이든 근원적인 관점에서 나온 통찰은 인간정신의 고양에 보탬이 되며, 언제나 경청할 가치가 있다. 더욱이 물질적·정신적 측면에서 자본주의적 근대의 모순이 누적되어 개인과 집단의 삶에서 커다란 전환이 요구되고 있는 현 시점에서 톨스토이의 사상은 특별히 경청할 가치가 있다. 왜냐하면 오늘날 사람들에게 가장 퇴화된 능력이 바로 사물을 전체적으로, 근원적으로 보는 능력이기 때문이다.

2

톨스토이는 1828년에 태어나서 1910년에 죽었고, 생애 후반에 결정적인 변화를 겪었다. 이 변화는 그의 나이 50세 무렵 일어났고, 이때부터 성공한 작가이자 봉건귀족이었던 그가 '야스나야 폴리야나의 성자'로 불리게 된다. 이 결정적인 사건은 톨스토이가 모스크바의 키트로프리노크의 빈민가를 방문한 것과 관련이 있었다. 톨스토이의 딸 타치아나는 밑바닥 사람들의 비참한 모습을 보고 자기 아버지가 얼마나 충격을 받았는지 증언하고 있다. "저는 그때 어린 소녀였고, 아버지는 얼마 전 저의 사교계 데

뷔를 위한 파티를 해주셨습니다. 멋진 무도회였지요. 우리는 부족한 것이 아무것도 없었고, 아주 호사스럽게 살고 있었지요. 첫번째 주민조사가 있었던 것은 이 시기였습니다. 아버지는 거기 참여해서 가난한 사람들이 사는 여러 구역을 방문했지요. 그 과정에서 키트로프리노크를 가게 되었습니다. 그 사람들이 겪고 있는 참상과 도덕적 고통을 보고 난 후 아버지는 편안한 집으로 돌아왔습니다. 제복을 입은 하인들이 있는 아무 걱정 없는 집이지요. 아버지는 이 부당함을 견딜 수 없었고, 자살을 생각했습니다. 그러나 아버지는 재산을 가난한 사람들에게 나누어주기로 결심했습니다. 이것이 아버지와 어머니, 그리고 다른 가족들 사이의 갈등의 시초였습니다. 그리고 이것이 죽을 때까지 변치 않았던 새로운 삶의 시작이었습니다."(Rene Fueloep-Miller "Tolstoy the Apostolic Crusader" *Russian Review*, Vol. 19, No. 2, April, 1960, p.109)

이를 계기로 성공한 작가이자 지체 높은 귀족이었던 톨스토이 백작의 삶은 결정적으로 변한다. 톨스토이는 농부옷을 입고 하루 여덟시간씩 들판에서 쟁기질을 하고, 구두수선공의 벤치에 농부 미트로판과 나란히 앉아 가난한 이웃 여인 아그라피아를 위해 신발을 만든다. 그는 큰 소리로 농부들에게 성자들의 삶에 관한 이야기를 읽어주고, 문학작품이 아니라 종교적인 논문을 쓴다. 그러나 톨스토이의 회심이 어느 날 갑자기 일어난 것은 아니었다. 모든 회심이 그렇듯이 그것은 이전의 삶에 대해 불연속적이면서 동시에 연속적이었다. 《참회록》에서 톨스토이는 자신이 아직 유명한 소설가이자 부유한 토지 소유자로서 살고 있었을 때에도 비슷한 경험을 했다고 고백하고 있다. "매우 괴이한 상태가 이따금 나의 내부에서 일어나고 있었다. 어떻게 살아야 하는가, 무엇을 해야 하는가 도무지 짐작이 가지 않는 회의의 순간이, 생활의 운행이 정지해버리는 것 같은 순간이 나를 찾아오게 된 것이다. … 이러한 상태에서는 언제나 '무엇 때문에?', '그래서 앞으로는?' 같은 질문이 솟아오르는 것이었다."(《톨스토이 참회

록》, 박형규 옮김, 범우사, 1983년, 32-4쪽)

이것은 삶의 의미와 가치를 추구하는 집요한 질문이었고, 그것이 회심
을 초래한 것이다. 그는 《참회록》에서 회심 이전 왕성하게 책을 쓰고 신문
잡지에 기고했던 당시 자신의 내면에 대해 매우 흥미로운 관찰을 하고 있
다. 그는 자신이 인생의 가장 단순한 문제, 즉 무엇이 선이고 무엇이 악이
냐 하는 문제조차 어떻게 답해야 좋을지 모르는 인간이면서, 오로지 많은
돈과 칭찬을 얻고 싶어서 책을 쓰고 신문잡지에 기고했다고 고백한다. 그
리고 무익한 일을 하면서도 자신이 매우 중요한 인간이라는 자긍심을 갖
기 위해 그러한 활동을 정당화했던 논리가, '진보'에 대한 관념이었다고
한다(《톨스토이 참회록》, 26-9쪽). 그것은 "존재하는 모든 것은 옳다"는 이
론이었고, 또 "존재하는 모든 것은 진보한다"는 논리였다.

톨스토이의 이 지적은 정곡을 찌른다. 어느 시대에나 개인이 인정할 수
없는 특정한 삶의 방식을 '시스템'이 개인에게 강요할 때 시스템의 대변
자들이 내세우는 논리가 '진보의 논리'다. 역사적으로도 '진보'와 '발전'
의 이념은 전쟁을 비롯한 온갖 폭력과 억압을 정당화하는 근거가 되어왔
다. 이 논리에 의하면 만물은 진보하고 나도 진보한다. 그러나 왜 내가 만
물과 더불어 진보하는지 사실은 모른다. 회심 이전에 톨스토이는 이렇게
생각했다. 진보는 문화에 의해 이루어지고, 문화의 정도는 책과 신문, 잡
지의 보급으로 측정된다. 톨스토이는 책을 쓰고 신문잡지에 집필하는 일
로 보수를 받으며 존경도 받는다. 따라서 톨스토이는 유익하고 우량한 인
간이다. 사실 톨스토이만이 아니라 그만 못한 대부분의 지식인들도 자기
자신에 대해 은연중에 이런 식으로 생각한다. 그러나 무엇을 써야 할지,
무엇을 말해야 할지 모른다는 사실을 은근슬쩍 감추고 남을 가르치려는
욕망을 앞세우는 것은 지식인라면 누구나 가지고 있는 습성이고, 그런 속
임수를 정당화하는 것이 '진보의 미신'이다. 톨스토이는 이 점을 매우 솔
직하면서도 날카롭게 지적하고 있는 것이다.

회심 이후 톨스토이는 진보에 대한 관념을 미신이라고 부른다. 그는 자신이 빠져있던 '진보의 미신'으로부터 점차 벗어나게 된 계기로 프랑스 여행 중에 보았던 길로틴 처형 장면을 이야기한다. 그는 "목과 몸뚱이가 떨어져서 두 부분이 덜커덕 하고 따로따로 상자 속에 떨어지는 것을 보았을 때" 진보에 대한 관념이 허위임을, 머리가 아니라 온 존재로 깨닫는다 (《톨스토이 참회록》, 28쪽). 설령 이 세상의 모든 사람이 태초부터 그것이 필요한 일이라고 간주하더라도 "나는 결단코 그것이 불필요하다는 것을 알고 있지 않은가? 그것이 나쁜 일이라는 것을 알고 있지 않은가?"라고 자신에게 묻는다. 그리고 그는 선악을 심판하는 것은 세상사람들이 하는 말도 진보의 법칙도 아니며, 맥박 치는 심장을 가진 바로 나 자신임을 몸서리치며 깨닫는다.

이때 톨스토이가 발견한 '나'는 개인주의적인 '나'가 아니다. 그것은 국가나 법제도에 의해 지배와 복종을 강요당하기 이전 원래 그대로 자연인으로서의 인간이자, 모든 것을 다 버리고 궁극 앞에 선 인간이다. 처음이자 마지막 인간인 것이다. 이 점에서 그것은 개인주의적인 '나'가 아니라 '전체로서의 나'다. 나중에 톨스토이는 이 원인간으로서의 '나'를 러시아의 농민들에게서 발견하게 된다. 언제나 빈곤하고 짓밟히는 사람들이지만 그들 사이에서는 계급사회와 산업사회의 인간들에게 제2의 천성이 되어버린 노예근성, 즉 하인이 주인을 대하거나 하급자가 상관을 대하는 것과 같은 노예근성을 찾아볼 수 없었다. 톨스토이는 언제나 손해보고 당하며 살면서도 한없는 선량함과 소박함을 간직하고 있는 러시아의 농민들에게서 이상적인 인간의 원형을 발견한다. 현실 속에서 농민 개개인이 도덕군자일 수 없고, 그들 역시 때로 냉혹하고 비정하다는 것을 톨스토이가 몰랐을 리 없지만, 톨스토이는 마치 따뜻한 신처럼 어느 농부의 마음에서나 "비천함 뒤에 감추어진 슬픔과 무지의 가면 속에 있는 눈물 젖은 얼굴을 꿰뚫어 보았던 것"이다(《톨스토이의 삶과 문학》, 190쪽). 《부활》의 어디선가

카츄샤가 네흘류도프에게 "당신은 나를 통해 당신 자신을 구원하고 싶어하는군요"라고 말하는 대목이 있는데, 어쩌면 톨스토이는 러시아의 농민을 통해 자기자신이 구원받고 싶었는지도 모른다.

톨스토이 전기(傳記)를 쓴 민병산은 어린시절 톨스토이의 경험에서 순례자들과의 만남을 중요하게 언급했다. 톨스토이는 만 여덟살이 되어 모스크바로 이사할 때까지 형제들과 함께 야스나야 폴리야나에서 살았고, 어려서부터 개미의 행렬처럼 그곳을 지나는 순례자들을 많이 보았다. 그리고 거지행색을 한 그 순례자들을 업신여겨서는 안된다는 것을 배웠다. 그들 가운데 어린 톨스토이에게 강한 인상을 남긴 이가 《유년시대》에 그리샤라는 이름으로 묘사되어 있으며, 아마 《바보 이반》의 모델이었을 에브도쉬므쉬까라는 백치 농부였다. 단순하고 정직하며 대지에 무릎을 꿇고 눈물을 흘리는 바보 에브도쉬므쉬까. 이 '거룩한 바보'는 어떤 의미에서 톨스토이가 일생을 통해 추구한 인간의 이상형이었다(민병산, 《똘스또이》, 창작과비평사, 1985년, 46쪽). 톨스토이는 이 순정을 죽을 때까지 지킨다. 이 점에서 톨스토이의 인생에서 특이하게 눈에 띄는 것은 그의 비범한 순진성이다. 그는 늙어 죽을 때까지 어릴 때 마음을 지녔고, 그 자신이 '거룩한 바보'가 되고 싶어 했다. 다만 그는 지식인이었기 때문에 그 길을 가는 데 그렇게 많은 말과 격정이 필요했는지 모른다.

오늘의 감각으로 보면 톨스토이라는 한 개인의 삶은 낭만적 개성과 열정으로 충일해있다. 그러나 당시 러시아 귀족 중 톨스토이 혼자만 양심에 화살을 맞았던 것은 아니다. 당시 러시아에는 참회하는 귀족들이 상당수 있었고, 그들은 자신들의 특권적인 지위를 불명예로 여기고 급진적인 사회개혁을 요구했다. 톨스토이가 살았던 시대 러시아는 혁명적인 변화의 기운이 감돌고 있었다. 제정 말기 러시아는 차르체제의 모순이 극에 달했고, 유럽의 다른 나라에서는 사라진 농노제가 아직도 존속하고 있었다. 이들은 조국 러시아가 서유럽에 뒤떨어지게 된 것은 전근대적인 전제정치와 농노제 때문이라고 여겼고, 자신들이 귀족으로서 그 체제의 일부라는 사실을 수치스럽게 생각했다. 대부분 서구화된 지식인이었던 이들은 과학적 진보와 세속적 휴머니즘을 받아들여 사회변화를 가져오려고 했다.

그러나 톨스토이는 이 서구적 과학주의자들의 진보주의적 경향과는 반대되는 입장을 취했다. 두차례의 유럽여행(1857년, 1860~61년)을 통해 톨스토이는 산업화된 서유럽 자본주의 사회에서 공동체성이 파괴되어가는 것을 보고, 근대사회의 물질적 번영 속에 인간성이 상실되어가는 것을 보았다. 그래서 톨스토이는 오히려 러시아의 후진성에도 불구하고 러시아 농민의 소박한 삶 속에 보존되어 있는 참다운 인간성에 깊이 공감했던 것 같다. 그리고 이 때문에 당시 과학적 진보주의자들이 내세웠던 산업화와 도시화, 근대화가 아니라, 러시아 농민과 그들의 신앙에서 희망을 발견하고, 농사를 가장 문명화된 인간적 삶의 방식이라고 생각하게 된 것 같다. 또한 이것은 당시 러시아의 많은 지식인들이 러시아와 유럽 사이를 시계추처럼 쉴새없이 왕래했던 데 반해 톨스토이는 단 두차례 유럽여행 외에는 모스크바와 고향 야스나야 폴리야나에서 시골 귀족으로 살았다는 단순한 사실과도 관련이 있을 것이다.

3

톨스토이의 삶을 들여다보고 있노라면 동시대 러시아의 위대한 아나키스트 크로포트킨을 떠올리게 된다. 톨스토이와 마찬가지로 크로포트킨도 명문귀족 출신이었고, 황실근위대 장교 출신이었다. 톨스토이가 예술가였다면 크로포트킨은 출중한 과학자, 지리학자였다. 그러나 톨스토이처럼 크로포트킨도 인생의 어느 시기부터인가 과학자로서 자신의 천부적인 재능을 발휘하며 평온하게 살 수 없었다. 두사람은 모두 상류계급의 무관심과 정신적 천박함, 냉혹함을 못 견뎌했다.

크로포트킨 역시 톨스토이와 비슷한 체험을 한다. 그는 군복무 때 자원해서 시베리아에서 5년간 지내게 되는데 거기서 러시아 농민을 만나면서 인생과 인간의 본질에 관해 평생의 교훈을 얻게 된다. 그는 말을 타고 5만 마일이 넘는 긴 여행을 하면서 농민들이 사는 모습을 보고 그들 사이에서 평등의 정신을 발견하고 깊은 인상을 받는다. 그가 만난 러시아 농민은 "지주나 경찰 앞에서 노예처럼 복종했지만 그들을 자신보다 잘난 인간이라고 생각하지 않았다. 그들은 권력에 쉽게 복종했지만 존경하지는 않았다." 크로포트킨은 농민에게서 "소박한 감성과 자연스럽고 평등한 인간관계, 진심에서 우러나오는 선의를 느꼈다. 마을의 따뜻한 밤 풍경, 작은 여관, 농민들과의 대화, 일상을 뛰어넘는 일들에 대한 농민들의 열렬한 관심"은 그에게 깊은 인상을 남겼고, 그는 농민들과 함께 머무는 것을 진심으로 행복해했다(김유곤 옮김, 《크로포트킨 자서전》, 우물이 있는 집, 2003년, 169쪽).

이처럼 농민들과 만나는 과정에서 크로포트킨은 아나키스트로서 결정적인 자기의식을 형성하게 된다. 그는 농민들이 자발적으로 서로 도우며 사는 모습을 보면서 관료기구는 절대 민중을 위해 유용하게 사용될 수 없다는 사실을 깨닫게 된다. "나는 그 같은 환상에서 영원히 벗어났다. 나는 인간과 인간성뿐 아니라 인간사회의 내적인 원천을 이해하기 시작했다. 문서에는 좀처럼 등장하지 않는 이름 없는 민중의 건설적인 노동이 사회의 발전에 얼마나 중요한 역할을 하는지 눈앞에 또렷이 나타나기 시작했다. … 이름 없는 민중이 모든 중요한 역사적 사건 — 전쟁까지를 포함해 — 을 완성하는 것을 목격한 나는 이들의 역할을 실감하게 되었다. 《전쟁과 평화》에서 톨스토이가 표현한 것처럼 지도자와 민중과의 관계에 대해 다시 생각하게 되었다. … 나는 그때까지 견지해온 신념을 시베리아에서 모두 버렸다고 말할 수 있다. 나는 이미 아나키스트가 될 준비를 하고 있었던 것이다."(《크로포트킨 자서전》, 289-90쪽)

톨스토이와 달리 크로포트킨은 유럽 곳곳에서 국제적인 노동자운동을 조직하고 평생 혁명에 몰두했지만, 그 역시 도덕적으로 발달된 인격이 모든 조직의 기초가 되어야 한다고 말했다. "혁명은 성공한 뒤의 정치적 보상이 아니라 그 시작부터가 짓밟히고 억압당하는 사람들을 향한 정의(正義)의 행동이어야 한다. 그렇지 않은 혁명은 반드시 실패한다"(《크로포트킨 자서전》, 249쪽)는 크로포트킨의 인식도 러시아 농민에 대해 그가 느낀 깊은 연대감과 애정에 기반한 것이다.

　이처럼 농민에게서 배우고 전통적인 농업공동체의 중요성을 중심에 놓고 생각했던 것은 크로포트킨을 비롯한 아나키스트들의 기본입장이었다. 오늘날 우리는 중세봉건사회에서 근대산업사회로의 이행 과정을 당연한 것으로 여기지만 19세기 정치사상사를 보면 그것이 그렇게 자명한 것이 아니었다. 역사는 다른 방향으로도 진행될 수 있었고, 다른 길을 모색한 지식인들이 실제로 있었다. 가령 크로포트킨은 중세의 길드조직이 아래로부터 건설되었음을 예로 들면서, 미래의 자율적이고 자치적인 사회형태의 모습을 과학기술에 근거한 산업사회의 발전된 형태가 아니라 중세 농업사회와 장인사회에서 찾았다. 과거에서 미래의 지향점을 찾았던 것이다. 이처럼 아나키스트들은 다른 길을 제시했고, 이 때문에 자본주의만이 아니라 실은 사회주의자들과 더 지독하게 싸웠다.

　근대 아나키즘은 처음에 사회주의운동의 하나로 출발했다. 근대유럽에서 발전한 사회사상은 대부분 농업사회에서 대량생산체제의 산업사회로 전환하는 것을 긍정적으로 받아들였다. 이 점은 서로 적대했던 자본주의와 사회주의 둘 다 마찬가지였다. 생산력 발달에 의해 가능해진 대량생산과 물질적 풍요, 노동시간의 단축, 이런 것들이 보다 나은 인간 삶을 가져다줄 것이라고 생각한 것은 둘 다 마찬가지였다. 그러나 아나키즘은 이런 생각에 동의하지 않았다. '행복'에 대한 생각이 달랐던 것이다. 아나키스트들은 "어떤 이론이나 정해진 과정에 따라 세상이 변하는 게 아니라 묵묵히 일하는 소박한 사람들의 뜻에 따라 세상이 변해야 한다고 믿었다. 그리고 삶의 자유와 풍요로움은 단지 물질적인 것만을 뜻하지 않고, 같이 일하고 즐기고 누리는 삶 속에도 자유와 풍요로움이 녹아있다고 생각했다. 아나키스트들은 이런 삶의 즐거움과 만족감이 물질적인 풍요로움보다 더 소중하다고 믿었던 것이다."(하승우, 《아나키즘》, 책세상, 2008년, 105쪽)

　근대산업사회에 대해 사회주의가 취한 태도는 맑스의 사적유물론의 필연적인 결과였다. 사적유물론에 따르면 역사는 원시공산제에서 노예제, 봉건제, 자본주의, 공산주의의 단계로 발전해나간다. 맑스는 이것을 과학이라고 생각했다. 이 도식에 따르면 공산주의 사회로의 이행을 위해서는 자본주의라는 단계를 거쳐야 하고, 산업화와 공업화를 통해 물질적 조건이 갖추어져야 한다. 그리고 산업화 과정에서 형성된 다수의 노동계급이 사회의 공공성을 대변하는 보편계급으로서 사회변화를 주도해야 한다는 것이 맑스주의의 기본입장이었다. 그런데 "이 노동계급은 산업화 과정에서 땅과 생산수단을 빼앗긴, 이전의 농민들이었다. 즉 노동계급의 증가와 산업화를 위해서는 농민이 도시로 떠나고 농촌공동체가 파괴되어야 했다. 하지만 맑스주의는 이 희생에 관심을 기울이지 않았다."(《아나키즘》, 106쪽) 오히려 그것도 하나의 발전이라고 보았다.

　그러나 이 점에서 아나키스트들은 달랐다. 아나키스트들은 그런 변화가 인류에게 가져올 파괴적인 결과를 예견하고 있었다. 이런 아나키스트들의 생각은 프루동에게서 분명하게 드러난다. 프루동은 맑스의 사적유물론이 전제하는 경제 독단주의에 반대했으며, 혁명적 폭력행위를 개시하자는 주장에도 반대했다. 하승우는 맑스와 프루동의 차이에 대해 이렇게 기술하고 있다. "인간노동이 왜곡되고 소외되는 원인을 사적 소유에서 찾은 맑스는 계급투쟁과 혁명으로 생산관계를 변화시켜 소유를 없애야 한다고 주장했다. 이와 달리 법률적 측면에서 소유권을 비판한 프루동은 소유를 축적이 불가능한 점유로 대체하고 협동조합의 건설과 이를 지원할 인민은행을 창립해 자본주의 사회를 변화시키려 했다. 요컨대 프루동의 관심은 노동의 상호성을 담보할 수 있는 사회체계를 구상해 농민과 노동자 스스로가 자신의 삶을 개선하도록 지원하는 데 있었다."(하승우, 《세계를 뒤흔든 상호부조론》, 그린비, 2006년, 33쪽)

이것은 기존의 권위를 대체할 또다른 권위를 만들어내는 방식으로 일하지 않는 아나키스트들의 기본 기질, 민중이 스스로 하는 자발적이고 자율적인 과정을 중시하는 아나키스트의 기본 경향과 관련이 있을 것이다. 그래서 그들은 몇몇 똑똑한 지식인이 나서서 역사와 사회발전의 숨겨진 비밀을 파헤치고 미래의 청사진을 그린 다음, 깃발을 세우고 민중에게 희생을 강요하면서 따라오라고 요구하는 것을 받아들일 수 없었을 것이다. 오히려 그들은 소위 역사의 객관적 발전이라고 하는 것이 노동자와 농민에게 가져올 파괴적인 결과에 더 마음을 쓴다. 하승우에 따르면 그들은 "산업화가 인간의 이기적인 욕망을 자극해서 경쟁을 강화하고 인간과 자연을 생산도구로 만들 것이라 우려했다. 아나키스트들은 대규모 공업화가 자율적인 공동체를 파괴하고 사람들에게 중앙집권화된 조직을 강요할 것이라고 비판했다. 특히 농촌의 파괴는 인간이 자급할 수 있는 기본적인 조건을 무너뜨릴 것이라고 걱정했다. 그래서 아나키스트들은 노동계급보다 농민을 중심으로 하는 혁명 이후의 사회를 구상했다."(《아나키즘》, 106쪽)

톨스토이가 길로틴 처형 장면을 보고 실존적으로 진보에 관한 관념을 거부하게 되었다면, 아나키스트들은 대량생산에 근거한 산업사회의 발전이 전통적인 자율적 농민공동체를 파괴하는 것을 보면서 당시 만연해있던 진보의 관념과 대결하게 되었다. 크로포트킨을 비롯한 러시아의 아나키스트들은 이러한 농민공동체를 지키고 농민들의 자치와 자립을 돕는 것이 무엇보다 중요한 과제라고 보았다. 이것은 당시 이미 산업화로 인해 전통적인 농민공동체가 파괴된 서유럽과 달리 아직 농민공동체가 살아있던 러시아의 상황과 관련이 있을 것이다. 러시아 농민들은 전통적으로 '미르'라는 공동체 속에서 상호부조하는 자치적 삶을 유지해왔는데, 이것이야말로 톨스토이와 크로포트킨 같은 러시아 지식인들을 감동시킨 농민적 삶의 방식이었을 것이다.

톨스토이에게 이 감동은 죽을 때까지 지속되어 만년의 톨스토이는 자기 영지의 농부들에게 토지를 나눠주고 자신도 직접 농사를 짓는 농부로 돌아가려 했다. 러시아에서는 1861년 형식상 농노제가 폐지되었지만, 농민들은 토지 소유를 대가로 많은 배상금을 지불해야 했기 때문에 이런 부담이 토지노예제를 대신했다. 톨스토이는 이를 가리켜 낡은 형태의 노예제를 대신하는 새로운 형태의 노예제, '우리 시대의 노예제'라 칭했다. 따라서 그는 농민들을 노예화하는 핵심 사안인 토지재산권 문제에 깊은 관심을 갖고 "어떤 땅이 그 땅을 경작하지도 않는 어떤 사람의 소유라고 할 때 그 땅을 이용하지 못한다는 것이 옳은 일인가?"라고 순진하게 묻는다 (《우리 시대의 노예제》,《국가는 폭력이다》, 달팽이, 2008년, 144쪽). 그에 따르면 역사는 토지소유권이 경작민의 토지 보유를 좀더 안전하게 하려는 바람에서가 아니라, 정복자의 토지강탈과 토지의 공신분배에서 비롯되었다는 것을 보여준다. 토지재산권은 농민들에게서 땅을 빼앗아 땅에 손끝 하나 대지 않는 자들에게 넘겨주기 위한 것이었다. 따라서 "토지 재산은 농업을 파괴하는 수단"이다. 이러한 인식 위에서 톨스토이는 헨리 조지의 '단세안(다른 모든 세금을 폐지하고 토지보유세 하나만 남겨두자는 제안)'에 공감하고 그것을 실행하기 위해 노력한다.

농민과 농촌에 대한 톨스토이의 생각은 농민의 삶의 조건을 개선하는 것뿐만 아니라 농적 삶의 이상에 대한 한없는 동경으로 나타난다. 땅에 발을 딛고 흙일을 하며 결국 흙으로 돌아가는 농부들의 평등하고 호혜적인 삶과, 그러한 삶으로부터 우러나는 신앙을 톨스토이는 가장 위대한 신앙이라고 보았다. 나중에 간디 역시 《힌두 스와라지》에서 거듭 톨스토이의 비폭력주의와 마을공동체의 중요성을 언급하면서 몸소 소농의 삶을 실천하고자 했다. 톨스토이도, 간디도 살아남기 위해서는 상대방을 적으로 삼고 경쟁해야만 하는 자본주의 산업사회의 삶의 방식이 아니라, 살기 위해서는 서로 협력하고 도와야만 하는 소농의 삶의 방식을 보다 문명화되고 인간적인 삶의 형태로 보고, 미래의 희망도 거기 두었던 것이다.

4

톨스토이의 종교적 사회사상을 이해하기 위해서는 당시 아나키즘이 러시아의 지식인들에게 얼마나 강력한 흡인력을 가지고 있었는지 이해해야 한다. 이것은 톨스토이가 굳이 자신은 아나키스트라고 밝히지 않았어도 마찬가지다. 톨스토이와 아나키즘과의 친화성을 가장 잘 보여주는 것은 무엇보다 국가에 대한 그의 견해이다. 톨스토이는 복음서, 특히 산상수훈에 근거해서 국가와 사회에 대한 자신의 견해를 개진하고 있다. 그의 기독교적 사회사상은 산상수훈에 근거한 정치학이며, 제도로서의 교회나 국가, 사법기관이 아니라 오로지 인간적인 것으로만 인간을 일깨우고 싶어했던 그의 원망(願望)이 담겨있는 정치학이다. 톨스토이는 산상수훈과 기독교의 가르침 전체가 "악한 자를 대적하지 말라"는 복음서의 말씀에 들어있다고 보고, 이 말을 "악한 자에게 폭력으로 대적하지 말라"는 뜻으로 해석했다. 톨스토이의 이 해석에는 비폭력주의가 내포되어 있으며, 동시에 악으로서의 폭력에 대한 근원적인 통찰이 들어 있다.

톨스토이는 국가 자체를 폭력으로 보았다. 산상수훈을 기독교 윤리의 핵심으로 보는 그의 종교사상은 이 지점에서 강력한 사회적 함의를 지니게 된다. 톨스토이가 보기에는 범죄자가 휘두르는 물리적 폭력보다 공적이고 점잖은 형태를 띤 폭력이 인류에게 더 해가 된다. 아무리 아름다운 이념이나 조국과 애국의 이상으로 포장했어도, 아무리 유혹적인 모습으로 미화했어도 폭력은 어디까지나 폭력이다. 그는 이렇게 말한다. "권력기관의 토대는 물리적 폭력이다. … 권력은 언제나 군대를 지휘하는 자의 손아귀에 있었다. … 권력의 자리에 있는 사람들은 권력을 소유했다는 사실 때문에 권력을 소유하지 않은 사람들보다 악을 저지르기가 언제나 더 쉽다.

즉 다른 사람들보다 개인적인 이익을 위해 공공의 이익을 저버리는 것이 언제나 더 쉬운 것이다."(〈하느님의 나라는 너희 가운데에 있다〉, 같은 책, 29-30쪽)

톨스토이가 볼 때 모든 불평등은 소유에서 시작되고 폭력으로 귀결된다. 왜냐하면 더 많이 소유하고자 하는 욕망으로 인해 불평등이 생기고, 불평등한 소유를 지키거나 늘리기 위해 폭력이 불가피해지기 때문이다. 재산을 가진 자들은 자신들을 보호하기 위해 국가를 만들어내고, 국가는 스스로를 유지하기 위해 조직화된 폭력적인 권력의 형태, 즉 군대, 세금징수, 사법기관 그리고 "오로지 재산의 보호에만 소용되는 완벽한 억압체제"를 만들어낸다. 톨스토이는 이렇게 말한다. "사유재산은 모든 악과 고통의 뿌리다. 재산이 넘치는 사람과 재산이 없는 사람 사이에는 항상 충돌의 위험이 도사리고 있다." "사람들은 일반적으로 다른 민족으로부터 국가를 방어할 필요성 때문에 군대가 늘어난다고 생각한다. 정부가 노예화되고 억압받는 국민들로부터 스스로를 보호하기 위해 군대를 필요로 한다는 사실을 기억하지 못하는 것이다. … 노동자에게 땅이 없고 게다가 자신과 가족을 부양할 양식을 땅에서 얻을 수 있는 인간 본연의 권리조차 없다면, 그것은 그가 그런 상황을 바랐기 때문이 아니라 어떤 특정한 사람들 — 지주들 — 이 노동계급한테서 땅과 그 권리를 박탈했기 때문이다. 이 비정상적인 사물의 질서는 군대에 의해 지탱된다."(〈하느님의 나라는 너희 가운데에 있다〉, 같은 책, 35쪽) 폭력으로서의 국가, 그리고 그 원인으로서의 사유재산에 대한 톨스토이의 이러한 생각은 그가 두번째 유럽여행 중 브뤼셀에서 만났던 프루동의 생각과 일치한다. 프루동은 "소유란 도둑질이다"라는 말을 19세기의 유행어로 만든 장본인이자 아나키스트였다.

그리고 톨스토이의 이런 생각은 바쿠닌이 《국가주의와 아나키》에서 맑시즘에 대해 비판한 내용과도 일맥상통한다. 물론 대중의 폭력적 저항을 지지한 점에서는 톨스토이와 결정적으로 달라지지만 바쿠닌은 그 어떤 혁명이라도 독재의 형태를 취하거나 국가를 유지시킨다면 민중을 해방할 수 없다는 점을 분명히 했다. 바쿠닌은 이렇게 말했다. "나는 자유 없이 인간적인 것을 생각할 수가 없다. 나는 공산주의자가 아니다. 공산주의는 사회의 모든 세력을 국가에 흡수시키려 하고 있다. 그렇게 되면 불가피하게 재산을 국가의 손에 집중시키게 된다. 나는 국가의 폐지를 바라는 자이다. 국가는 도덕과 문명이라는 구실 아래 인간을 노예화하고, 억압하고, 착취하며 약탈한다. 나는 국가가 아니라 … 자유로운 연합을 기초로 한 사회재산 형성에 찬성하는 자이다. 어떠한 종류건 위로부터의 권위에는 반대한다. 국가의 폐지를 외치는 나는 재산의 개인상속도 폐지할 것을 주장한다. 개인상속은 국가의 제도와 원리에서 나온 결과일 뿐이다."(이문창, 〈크로포트킨과 그의 생애〉, 《크로포트킨 자서전》, 605쪽에서 재인용) 역사 속에서 바쿠닌에 대한 평가는 엇갈리지만, 그의 이 말은 아나키스트들의 기본정신을 대단히 명확하게 보여주며, 그것은 톨스토이의 생각과 통한다.

국가를 본질적으로 폭력으로 규정하는 톨스토이의 관점에서 보면 통치체제가 행하는 모든 개혁과 개선들은 쓸모없다. 의회도, 법도, 혁명도 국가를 폭력이라는 악에서 구해내지 못한다. 심지어 조국이나 애국심이라는 것도 전혀 달리 해석된다. 그에 따르면 "애국심은 인위적이며 비이성적이고 유해한 감정이다. 오늘날 인류가 겪고 있는 병폐의 상당 부분이 애국심에서 비롯된다. 전쟁은 애국심 때문에 생긴다. 그러므로 애국심을 조장하는 일은 해서는 안되는 일이다. … 감정으로서의 애국심은 바람직하지 못하며 유해하고, 원리로서의 애국심은 어리석다. 각 국민과 각 국가가 스스로를 최상의 국민과 국가로 여긴다면, 모두가 해악을 낳는 거대한 망상 속에 살아갈 게 분명하기 때문이다."(〈애국심과 정부〉, 《국가는 폭력이다》, 54쪽) 톨스토이에 의하면 이미 2,000여년 전에, 인류의 지혜를 대표하는 최고의 스승들이 형제애라는 보다 높은 차원의 개념을 펼쳐보였고, 오늘날 이 개념은 인간의 의식 속에 더욱 깊숙이 침투해 매우 다양한 형태로 현실화되기에 이르렀다(〈애국심과 정부〉, 같은 책, 57쪽). 동일한 맥락에서 톨스토이는 당시 독일에서 최초로 실시되고 있던 국민개병제를 날카롭게 비판한다. 그에 따르면 국민개병제는 시민들을 그들 자신의 압제자로 만드는 제도이며, "사회적 개념의 삶에 존재하는 내적 모순의 마지막 표현"이다. 그리고 "인간에 대한 인간의 투쟁이 낳는 소름끼치는 공포와 존재의 덧없음을 깨달은 사람들은 인생의 의미를 공동체에서 찾을 수밖에 없으며, 바로 여기에 사회적 개념의 삶의 의의가 있다"고 한다(〈하느님의 나라는 너희 가운데에 있다〉, 같은 책, 37쪽).

그럼에도 불구하고 톨스토이에 따르면 근대국가의 지식인과 예술가, 심지어 종교인까지도 이런 사실을 모른 채 국가의 논리에 복종하며 제 밥그릇 지키기에 급급하다. 그 와중에 사회주의자들이 치유하겠다고 나서지만 그들은 오히려 병을 부르는 의사들이다. 그는 이렇게 말한다. "혁명이 일어난다고 하더라도 새로운 권력이 원래의 권력보다 덜 억압적이지 않을 것이다. 새로운 권력은 이전의 권력보다 훨씬더 잔혹하고 전제적일 수밖에 없다. 모든 혁명의 역사가 이 사실을 입증하고 있다." "어떤 당파가 승리하든 그 당파는 권력을 유지하고 고유의 체제를 도입하기 위해 기존의 모든 폭력적 방법을 동원할 것이고, 심지어 새로운 방법을 개발할 것이다. … 폭력과 억압은 여전히 사라지지 않고, 오히려 더욱더 가차없이 행해질 것이다. 왜냐하면 서로에 대한 증오가 투쟁에 의해 심화되고, 노예의 방법이 새로이 개발되고 강화될 것이기 때문이다."(〈하느님의 나라는 너희 가운데에 있다〉, 같은 책, 25-6쪽)

그렇다면 어떻게 할 것인가? 톨스토이에 의하면 변해야 할 것은 국민과 정부 사이의 관계가 아니라 인간 자신이다. 그에 따르면 "우리 시대의 모든 사람들이 인류를 변화시킬 생각을 하고 있지만 정작 아무도 자기자신을 변화시킬 생각은 하지 않고 있다."(〈아나키즘에 대하여〉, 같은 책, 88쪽) 그러나 "단 하나의 영구적인 혁명만이 있을 뿐이다. 그것은 바로 도덕적인 혁명, 영혼의 갱생이다."(〈아나키즘에 대하여〉, 같은 책, 87쪽) 그러므로 기존의 국가권력을 또다른 권력으로 대체하는 것이 아니라 모든 민족공동체가 형제애를 통해 내적, 영적으로 결합함으로써 서로 간의 유대를 공고하게 해야 한다. 그러나 종교적, 윤리적 형제애가 현재의 폭력적 압제를 대체하지 못한다면 진정한 도덕성은 개인 양심의 보이지 않는 비밀공간과 인간관계 속에서만 존재할 수 있다고 톨스토이는 보았다. 하느님나라는 너희 안에, 그리고 너희 가운데 있다! 톨스토이는 폭력혁명을 통해 국가체제를 무너뜨리는 것은 가능하지도 않고, 해서도 안된다고 보았다. 그보다는 불복종이라는 각 개인의 비폭력적 행동을 통해 서서히 국가조직이 힘을 잃고 결국은 저절로 와해되기를 바랐다.

어떤 의미에서 톨스토이는 국가 대신 신의 나라를 세우려 했고, "삶에 대한 새로운 개념으로서 기독교 정신"을 실현하려 했으며, 전통적이면서도 새로운 원시기독교 사회를 재건하려 했다. 필요한 것은 모든 양심적인 인간이 일체의 폭력관계를 청산하는 종교적 혁명이다. 그는 자신의 양심 외에 그 어떤 의무규정에 대해서도 독립을 선언했다. "이 짧은 인생에 왜 내가 양심의 소리를 저버리고 당신의 가증스런 범죄의 공범자가 되어야 한단 말인가? 나는 그럴 수 없다. 그러지 않겠다. 그래서 어떤 일이 생길지 나는 알지 못한다. 단, 나는 양심의 요구에 따른다면 아무런 해가 되지 않으리라 생각한다. … 이렇게 거역할 수 없는 지고(至高)의 재판관, 즉 양심의 목소리에 의해 각 개인에게서도 타당성을 입증받을 수 있다."(〈우리 시대의 노예제〉, 같은 책, 179-180쪽) 이 양심의 소리에 따라 그는 자발적으로 교회에서 탈퇴했고, 국가의 어떤 기구에도 복종하기를 거부했다.

이러한 톨스토이의 정치학은 기본적으로 윤리학에 기초한 정치학이며, 이 점에서 그 시대의 아나키즘과 일맥상통한다. 그는 당시 체제의 바깥에서서 체제의 토대를 근원적으로 파헤치고 준엄하고 통렬하게 비판했다. 그럼으로써 톨스토이는 러시아에서 차르체제의 기반을 뒤흔들고, 그 자신은 원치 않았어도 볼셰비키혁명을 위한 갱도를 뚫었다. 톨스토이는 1917년 볼셰비키혁명이 일어나기 전에 죽었지만, 회심 이후 근 30년을 한결같이 국가권력에 대항해 공개적으로 발언하고 저항함으로써 무너질 듯하면서도 결코 쉽게 무너지지 않았던 차르체제와 자본주의, 교회의 권력에 결정타를 가할 때가 무르익게 했다. 국가조직이 인간성이나 인류공동체에 기반하고 있지 않다는 것은 마키아벨리나 홉스 이래 근대정치의 아주 당연한 전제였지만, 톨스토이는 이것을 윤리적 주제로 전환시켜 마치 머리카락을 잘린 삼손이 마지막 혼신의 힘을 다해 원수의 잔칫집 기둥을 붙잡고 밀어댔듯이 근대문명 구조의 오류가 자리잡고 있는 썩은 뿌리를 향해 우악스럽게 도끼질을 해댔던 것이다.

그러나 이런 식의 도끼질, 근본적인 비판은 결국 자기자신을 위태롭게 한다. 언제나 예언자는 광야로부터 나와서 도시와 문명의 세계로 등장하지만 정작 사람들을 광야까지 데려가서 그곳에서 살게 하지는 못한다. 물론 톨스토이에게 광야는 황무지가 아니라, "마른 땅에 샘물이 터지고, 사막에서 시내가 흐르는"(이사 35:6-10) 오아시스였지만 말이다. 그러나 사람들은 대부분 사막에서 오아시스를 발견하지 못한다. 대신 문명의 구역질나는 배설물이 넘쳐나는 도시와 깨끗한 사막 사이의 어딘가에 천막을 친다. 왜냐하면 대부분의 사람들에게 사막의 깨끗함이란 사실상 가난과 고독, 황량함으로 여겨지므로 두려움의 대상이기도 하기 때문이다. 모든 것을 무로 돌리고 문명과 인간적 성취가 지니는 허망함과 위선, 기만을 폭로하는 사막에서 새로운 힘을 얻을 수는 있지만, 거기서 살지는 못하기 때문이다.

톨스토이 개인의 인생을 보면 한편으로 그는 유토피아의 실현가능성과 불가능성 사이의 양극단을 왕래하면서 엄청난 그 진폭 속에서 내적 모순을 드러냈고, 다른 한편으로는 자신이 벌인 우상파괴운동이 커다란 대중적 반향을 일으키고 민중의 영혼을 뒤흔드는 것을 보면서 지독한 자기모

멸에 빠졌던 것 같다. 또한 톨스토이는 근대문명의 근원적 오류에 대한 자신의 주장을 정당화하기 위해 서슴없이 예술과 학문을 비롯해서 근대 문화유산 전체를 화형(火刑)시키려 했다. 이럴 때 그는 독선적이고 금욕주의적인 종교적 몽상가가 되어 문명 전체를 뒤집어엎으려 한다. 그 자신은 베토벤의 열정소나타를 몰입해서 연주하고, 쇼팽의 소나타를 들으면 눈물을 주체 못하는 사람이면서도 음악은 '악마의 피리'라고 했다. 입센과 플로베르, 모파상 같은 동시대의 작가들을 비난했을 뿐 아니라 단테나 괴테 같은 고전적인 작가들도 거부했다. 푸슈킨의 작품은 "담배를 마는 데 쓰기 좋은 종이"라고 모욕했다. 예술이란 "한가한 인간의 사치"에 불과하며, 재단사 그리샤와 구두수선공 표트르가 투르게네프나 도스토예프스키보다 미적으로 더 높은 단계에 있다고 했다. 게다가 젊은 시절 지칠 줄 모르는 호색한이었고 결혼해서 13명의 자식을 둔 그가 젊은이들을 향해 금욕을 호소하기까지 했다.

톨스토이가 왜 이랬을까? 사람들이 자기 말을 곧이곧대로 듣고 인류의 문화유산을 쓰레기로 여기리라고 기대할 만큼 톨스토이가 어리석었을까? 삶의 풍성함에서 오는 자유로운 감각과 즐거움, 생산적인 힘과 활력을 포기하고 사람들이 자신의 금욕적이고 우울한 복음을 따라 살 것이라고 기대할 만큼 그는 과대망상에 빠진 답답한 노인이었을까? 많은 사람들이 톨스토이의 이 대목에서 걸려 넘어지지만, 사정은 다른 데 있었던 것 같다. 회심 이후 톨스토이는 바울이 그랬듯이 이전의 자신과 자신에게 속했던 모든 것을 쓸모없는 것, 오물로 여기고 모욕했다. 거기에는 자신이 소유했던 부(富)와 명성뿐 아니라 당시 유럽 최고의 교양과 문화도 예외가 아니었다. 톨스토이가 《예술이란 무엇인가》에서 격렬하게 유럽 최고의 예술가들과 작품들을 모욕하는 것을 볼 때면 기이하게도 그가 그 모든 것에 여전히 깊은 애착을 가지고 있는 것이 아닌가 하는 의심이 든다. 원기왕성하고 생명력 넘치며 심미적 추구마저 남달랐던 톨스토이는 그가 죄악시했던 근대문명의 산물에 여전히 강력히 끌리고 있었던 것 아닌가? 마치 광야의 세례요한처럼 러시아의 황무지에 홀로 서서 준엄하게 외쳤어도 사실 그는 자신의 넘치는 생명력과 에너지를 두려워했던 것 같다. 결국 그는 순교자가 되지 못하는 자신에 대한 환멸과 두려움 때문에 불필요한 우상파괴운동에 나서게 되었고, 그래서 광야로부터 들려오는 단순하고 소박하며 고결한 소리를 현실세계의 조잡한 언어로 굳이 번역하여 말하였던 것이 아닐까?

5

톨스토이는 생각을 끝까지 밀고 나간 사람이다. 모든 것을 마지막까지 밀고 나가서 순수한 것을 증류해냈다. 사상 중에는 그 실현 가능성이 아니라 불가능성에 의해 인간에게 독특한 방식으로 기여하는 것이 있는데, 위대한 사상들이 대개 그렇다. 공자도, 석가도, 예수도 실현 불가능한 사상을 통해 인간정신의 고양에 기여했다. 톨스토이도 그런 것 같다. 산상수훈이 어떻게 현실정치의 지표가 될 수 있겠는가? 톨스토이가 자신의 종교적 사회사상을 구체적인 현실에 적용해 발언했을 때 그 공상성은 당황스러우며, 그렇기 때문에 정치사상으로서 그의 주장을 비판하기는 너무나 쉽다.

그러나 그의 종교적 정치사상은 우리가 무의식적으로 당연하게 전제하고 있는 생각들을 뿌리로부터 뒤흔드는 부정의 방식을 통해 우리에게 깊은 가르침을 준다. 우리는 실증주의와 '진보'에 너무나 깊이 물들어 있어서 아무리 혼란스러운 상황이 발생해도 잠시 동안의 퇴보 후에 어떻게든 일이 잘돼서 발전이 다시 이루어지고, 새로운 번영의 목표들에 도달하게 될 것이라고 생각한다. 이러한 물질적 진보의 사상은 사람들 마음속에 너무나 확고하게 뿌리박고 있어서 이른바 오늘날의 '표준적인 삶'을 이루어낸 인간적인 성취들에 추호도 의문을 제기하는 것은 허락되지 않는다. 처음으로 다시 돌아가는 것, 즉 삶의 단순한 부름에로 돌아가자는 생각은 근대정신에는 너무도 낯설어서 그렇게 말할 경우 사람들은 모두 도망가버린다.

　그러나 이 시대의 탁월한 문명비평가들은 우리가 흙으로부터 멀어졌기 때문에 사물에 대한 적절한 감각을 잃게 되었고, 자연환경을 파괴한 것이 우리가 지금 빠져있는 정신적 참상의 주원인이라고 끊임없이 지적하고 있다. 인간은 선조들의 감각을 여전히 몸 안에 가지고 있고, 인류의 오랜 갈구는 현재 우리 몸 안에도 여전히 내재해있다. 여러세대에 걸쳐 도시에서 살았다 해도 인간은 여전히 땅에 발 붙이고 사는 동물이며, 자신에게 필요한 모든 것을 얻는 땅으로부터 멀어져서는 살 수가 없다. 이 사실을 모른다는 것은 참으로 이상하다. 인간은 땅으로부터 나오는 산물에 자신이 의존하고 있다는 느낌을 잃어버렸다. 이 사실만큼 인간이 자신의 근원으로부터 멀어졌음을 보여주는 것은 없다. 근대인으로서 톨스토이는 일찍이 자연스러움, 땅에 가까운 생각을 한 사람이다. 지금 우리가 눈앞에 현실로 보고 있는 모든 것을 톨스토이는 미리 예견하고, 달리 살 수 있는 가능성을 생각했던 사람이다.

　20세기 독일의 걸출한 유대인 철학자 아도르노는 근대 부르주아 정신의 핵심에 대해 이렇게 말했다. "아우슈비츠 이후에도 너는 계속 살아갈 수 있을 것인가. 특히 당연히 죽임을 당했어야 할 사람으로 운이 좋아 죽음을 모면했다고 계속 살아도 되는 것인가. 이 생존은 그것만으로도 부르주아 주관성의 기본원칙인 냉담함을 요구한다. 그것이 없었더라면 아우슈비츠도 없었을 그 냉담함을. 이것이 살아남은 자의 근본적인 죄책감이다."《부정변증법》 오늘날 가자에서 들려오는 피비린내 나는 소식을 들으면서 아우슈비츠라는 메타포가 여전히 그 힘을 발휘할 수 있을까 의문스럽기도 하지만, 사실은 어느 시대나 그 시대의 아우슈비츠를 가지고 있고, 오늘의 아우슈비츠가 가자라면, 이스라엘은 나치다. 그리고 아우슈비츠의 참상을 요구했던 근대 부르주아 정신의 냉담함은 오늘날 가자와 용산에서 벌어지고 있는 일들을 향해 계속 이어지고 있다. 자본주의는 냉담함을 미덕으로 지닐 것을 우리들 각자에게 요구한다.

개인으로서 톨스토이라는 한 인간은 죽을 때까지 이 냉담함을 거부했고, 자신의 열정으로 시대의 냉담함을 녹이고 싶었던 것 같다. 그는 가난을 바랐고, 자기 땅을 농민들에게 나눠주고 싶었으며, 글쓰는 일로 돈을 벌고 싶지 않았다. 톨스토이는 매일 일기에 자기가 저지른 과오와 실수, 유치한 행동을 기록하고 되씹었다. 예언자가 하는 선포와 그의 실제 삶 사이에는 간격이 있게 마련이고 그것은 손가락질의 대상이 되기 쉽지만, 톨스토이의 경우 누구보다 그 자신이 스스로에 대해 가혹한 판결을 내렸다. 그가 원했던 것은 "가진 것을 모두 버리고", "친척과 아비의 집을 떠나" 순례자로서 러시아의 거리를 헤매는 '거룩한 바보'가 되는 것이었다. 그는 바람에 굴러다니는 가랑잎 같은 유랑자, 무산자가 되어 살고 싶었다. 갈릴리의 예수처럼 살고 싶었던 것이다.

만년의 톨스토이는 순교자가 되고 싶은 마음이 간절했고, 그래서 두차례 가출을 시도했지만 그때마다 돌아온다. 한번은 임신한 아내 소피아가 출산을 앞두고 있었기 때문이었고, 또한번은 소피아가 자살을 하려 했기 때문이었다. 톨스토이는 결정적인 희생을 하고 싶었지만 그러지 못했고, 대신 죽을 때까지 자신이 원하는 것과 실제 행동 사이에서 괴로워했다. 다른 사람의 눈에는 이것이 위선으로 보였을 것이다. 그러나 이상이 없는 사람에게는 위선도 없다. 왜냐하면 위선이란 자신이 바라는 고결한 이상과 현실의 행동 사이의 간격으로부터 발생하는 것이기 때문이다.

결국 죽음을 코앞에 둔 시점에 톨스토이는 가출을 결행하고, 길위에서 죽는다. 그때까지 그는 끝없는 내적 시련을 겪는다. 그러나 자신이 했던 말과 글대로 살고자 했던 톨스토이가 내적으로 흔들렸다는 사실은 감동을 준다. 인간으로서 그가 좌절하는 모습은 오히려 그가 자신의 이상대로 사는 영웅적 삶에 성공했을 때보다 더 큰 감동을 준다. 왜냐하면 강경해 보이는 그의 안에 감춰진 결정적인 약점, 즉 철저한 순교자가 될 수 없었던 점이 보통사람 톨스토이의 가장 아름다운 점이라고 생각되기 때문이다.

완전함이란 언제나 인간성을 일정 부분 포기함으로써만 가능한 것이고, 처자식도 버리고 "죽은 자의 장사는 죽은 자에게 맡기는" 냉정함을 요구한다. 톨스토이 역시 끝까지 그의 사상대로 살려면 교회와 국가만이 아니라 보다 따뜻하고 밀착된 관계인 가족으로부터도 멀어져야 했을 것이다. 그러나 톨스토이는 그러지 못했다. 그는 바위처럼 굳건한 성자가 되지는 못하고 끝까지 괴로워하는 인간으로, 성자가 되고자 하는 인간으로 남았다. 그는 진리를 향한 순례자로 남았다. 그는 결코 신을 찾은 자가 아니라 '신을 찾고 있는 자'였다. 그는 완전한 삶을 살지 못했으며, 민병산의 말대로 우리 가운데 한 인간, 보통사람이었다. "위대했던 순간도 많았지만 다음 순간에는 다시 예전과 다를 바 없이 위선적이고 허영심 많은 인간으로 돌아갔다. 그러나 그는 비극적이게도 언제나 그런 자신의 오류를 인식했고, 완성을 향해 정열적으로 노력했다. 그는 성자는 아니었지만 성스러운 의지를 지녔고, 독실한 신자는 아니었지만 위대한 신앙의 힘을 갖고 있었으며, 조용히 침착하게 자족하는 조화로운 신성의 초상은 아니었지만 삶의 여정에서 결코 자족하며 휴식을 취하지 못하고 매순간마다 더욱더 순수한 모습의 자기를 실현하기 위해 분투해야 하는 인간의 상징이었다." (슈테판 츠바이크, 나누리 옮김, 《카사노바, 스탕달, 톨스토이》, 필맥, 2005년, 303쪽)

민병산은 어린시절 톨스토이가 즐겨 했던 두가지 놀이를 언급하고 있다(《똘스또이》, 46-51쪽). 톨스토이 자신도 일흔이 넘어서 쓴 〈녹색지팡이〉라는 동화에서, 어렸을 때 자신이 무척 즐겼던 놀이를 회상한다. 그것은 어릴 적 맏형 니콜라이가 생각해내서 네형제가 함께 했던 '개미형제'와 '녹색지팡이' 놀이였다. 그 대목을 옮겨보면 이렇다. "그러니까 바로 그 장형이 어느 날, 내가 다른 형들과 함께 있을 때 — 그때 나는 다섯살, 미챠는 여섯살, 세료자는 일곱살이었다 — 우리들에게 자기는 어떤 비밀을 가지고 있는데 그것이 밝혀지는 날에는 그 비밀에 의해 모든 사람들이 행복하게 될 것이다. 즉 고통도, 그 어떤 불유쾌한 일도 없게 될 것이고 아무도 어느 누구에게 화를 내거나 하는 일도 없을 것이며, 사람들은 모두가 서로 사랑하게 될 것이고, 모든 사람들은 '개미형제'가 될 것이라고 말한 것이었다. 나는 지금에 와서도 이 '개미'라는 낱말이 늪에 널려있는 조그만 언덕의 개미를 연상케 하여 유달리 마음에 들었다." 그런데 인류를 행복하게 해주는 비밀, 어느 누구도 싸움을 하지 않고 의좋게 지내는 비밀을 맏형 니콜라이는 자기 손으로 녹색지팡이에 적어놓았으며, 그 녹색지팡이는 야스나야 폴리야나의 한 골짜기 가장자리 길가에 묻혀있다는 것이었다. 톨스토이는 일흔이 넘어서도 그 이야기를 믿었고, 자기가 죽으면 그 '녹색지팡이'가 묻혀있는 곳에 묻어달라고 했다. 그리고 그는 거기 묻혔다.

톨스토이는 맏형 니콜라이가 말했던 이 진리, 온 인류가 행복하게 되기 위한 진리는 존재하며, 그것은 언젠가는 모든 사람들에게 밝혀지리라는 것을 죽을 때까지 믿고 추구한 사람이었다. 어릴 적 형에게서 들은 '개미형제'의 이야기는 그에게 구원의 이야기였고, 그는 그 '개미형제'의 이상을 늙어서까지 품었다. 이 점에서 톨스토이의 마음속에는 언제나 영원한 어린아이가 하나 있었고, 그 어린아이 안에는 하느님나라가 이미 들어와 있었을 것이다. "누구든지 이 어린아이와 같이 되지 않으면 하느님나라에 들어가지 못한다"는 말씀은 누구보다도 톨스토이에게 맞는 말이다.

(《녹색평론》 2009년 3-4월호)

'진보'와 '희망'에 대하여

1

내 또래의 웬만한 사람들은 '리영희'라는 이름을 그냥 의미없이 부르지 못한다. 70년대, 80년대에 대학을 다닌 사람들에게 '리영희'라는 이름은 아이에서 어른으로 가는 인생의 한 길목에 서있는 이정표이고, 수많은 지적 지진아들에게 '세계인식'의 세례를 베푼 사제의 이름이다. 그 시절 '리영희'라는 통과의례를 거친 사람과 그렇지 못한 사람은 마치 두갈래 길에서 헤어졌던 사람들처럼 어느 대목에 이르러서는 '대화'하기 어렵다.

이 책은 어찌 그럴 수 있었을까 싶을 정도로 무지막지하고 야만적인 세월을 견디고 자기를 지켜낸, 한 지식인의 삶과 내면의 여정에 대한 기록이다. 선생은 2000년 뇌출혈로 우측 반신마비가 온 이후 집필을 중단한 지 5년 만에 대화 형식으로 된 이 책을 출간했다. 외견상 대화 형식이어서 가벼운 인터뷰 정도로 생각할 수 있지만, 실제로 읽어보면 회상문 형태로 쓴 시대의 기록으로서, 논문 형태의 글 못지않게 객관적 증거를 밝히고 있고

이 글은 《대화》(리영희·임헌영 대담, 한길사, 2005년)를 읽고 썼다.

비판정신의 날이 서있는 무게있는 글이다. 그러면서도 격랑의 세월을 지나온 한 지식인의 내적 성장과정과 거기 개입한 시대의 풍경이 하나로 녹아들어서 흥미진진한 이야기책을 읽는 듯한 느낌을 불러일으킨다.

선생은 1929년생이니 일제말에 소년시절을 보내고, 8·15 해방과 미군정, 이승만 정권, 6·25, 4·19, 5·16 그리고 군부 독재정권에 이르기까지 험난했던 한국 현대사의 격랑 속에서 시종일관 시대의 중심을 향해 돌진해 들어가고 발언했다. 고향인 평북 대관의 들과 산을 뛰어다니던 소년시절부터, 늘 먹을 것이 부족하고 인간으로서 최소한의 동물적 욕구를 충족하기 어려웠던 학생시절, 전쟁의 한복판에서 감수성 예민한 20대 청년의 영혼이 상처를 입어가는 7년 동안의 처참한 경험, 50년대부터 70년대 초까지 언론인으로서 국가권력의 핍박과 탄압으로 조선일보와 합동통신사에서 쫓겨나고 가족의 생명을 부지하기 위해 일자리를 찾아 거리를 헤맸던 고통스러웠던 시절, 차라리 자살이 유일한 구원으로 다가왔던 군사정권 30년 ─ 선생은 이 고난의 세월을 회상하며 인간적 고통과 회한, 삶의 보람 같은 것을 솔직하게 털어놓고 있다. 선생은 그 시절의 고통스러웠던 경험이 지금도 먹을 것을 위해 이루 말할 수 없는 굴욕과 괴로움을 당하고, 걸핏하면 중정(중앙정보부), 안기부(국가안전기획부) 대공반, 경찰 추적의 손을 피하기 위해 자다 말고 맨몸으로 울타리를 뛰어넘고 으슥한 구덩이를 찾아 숨고 그러다가 끝내는 흉악한 집단의 손에 붙잡혀서 묶여 끌려가는 꿈으로 나타난다고 한다 (148-9쪽).

어둡고 야만적인 시대를 살아가는 지식인이 '한때' 시대에 대해 비판적이고 저항적인 발언을 할 수는 있다. 지금 우리사회는 '소싯적에', '한때' 그랬던 사람들로 넘쳐난다. 그러나 평생 그러기는 어렵다. 인간적 성취와 가정생활의 안락함을 포기하는 것에 더해서 끝없이 불안하게 쫓기는 삶이 이어지고 노년의 평화까지 저당 잡히느니 차라리 깃발을 내리고 현실에 투항하고 만다. 이들에게 '한때'의 투쟁은 가슴에 달린 훈장일 뿐,

현실에 대해 지속적으로 비타협적 거리를 유지하게 하는, 살아있는 동력이 되지 못한다. 이들은 자기 정신의 허약함을 시대의 변화 또는 강고함 때문이라고 변명한다. 그러나 리영희 선생은 늘 비판적 거리를 확보한 채 시대의 중심을 향해 발언해왔다. 그것은 직접적 정치활동 참여가 선생의 본래 취향이 아닌 탓도 있겠지만, 자신이 할 수 있는 것과 없는 것, 자기 활동의 한계와 범위를 명확하게 인식하고, 혼란 속에서도 자기소임을 끝까지 다한 결과일 것이다. 선생은 "나는 국가권력과는 끝까지 친화적일 수 없는 운명을 타고난 것 같아"라고 하신다. 그러면서도 너무나 가혹한 시련에 삶 자체가 유린되고 파괴당하는 운명을 피할 수 있었다는 점에서 선생은 운이 좋으시다. 시련과 고생 끝에 노년의 평화와 여유를 누리는 육친을 바라보는 자식의 심정처럼, 선생의 노년이 행복해 보여서 마음이 가벼워진다.

2

모든 글에는 내력이 있다. 이 책에서는 그동안 우리가 읽어온 선생의 글들이 한국 현대사와 선생 개인사의 어떠한 맥락에서 나오게 되었는지 그 내력을 이야기하고 있고, 거기에 글을 읽었던 내 기억이 겹쳐져서 책 읽는 재미를 더해준다. 베트남전쟁의 실상과 미국의 추악한 이면(裏面), 중국혁명의 감동적인 장면들, 동북아 정세 속에서 남북한의 위태로운 상황에 대한 연구논문들은 우리 시대의 많은 젊은이들에게 자신이 몸담아 살고 있는 사회의 적나라한 실상을 보여주었고, 감수성 예민한 20대의 젊은이들로 하여금 세계와 나와의 관계를 충격적으로, 주체적으로 자각하게 했다. 선생은 "글을 쓴다는 것은 우상에 도전하는 행위"(《우상과 이성》서문)라고 했고, 그 말대로 선생의 글을 읽은 많은 학생들이 우상 파괴자의 길로 나섰다. 어둠이 빛을 이기지 못하듯이, 선생이 비춰준 이성의 빛은 무지의 어둠을 사라지게 했다. 이것은 단순히 특정 사안에 대한 정보를 습득하고 못 하고의 문제가 아니라, 근본적으로 지금까지와는 다른 방식으로 역사와 사회를 보게 되는 것을 의미했고, 어떤 사건이나 주장의 이데올로기적 성격을 깨닫게 되는 것이기도 했다. 구체적으로 그것은 억압받는 가난하고 약한 자들의 해방이라는 관점에서 역사와 사회를 이해하는 것이었다. 이러한 세계인식과 함께 세상을 액면 그대로 천진난만하게 받아들이고 불러주는 대로 받아 적었던 긴 지적 유년기는 끝나게 된다.

선생은 글쓰기의 모범을 노신에게서 배웠다고 한다. 어떤 목적으로, 어떻게, 누구를 위해 글을 써야 하는지, 글쓰기의 기본 이념과 방법, 마음가짐이 어떠해야 하는지를 노신의 글을 읽음으로써 터득하게 되었다고 한다 (383쪽). 실제로 선생의 삶의 여정은 노신과 닮은 데가 있다. 노신이 의학도의 길을 포기하고 중국 개화기에 무지와 나태, 미신에 빠져있던 중국인들의 정신을 개조하기 위해 글쓰기의 길을 택했듯이(87쪽), 선생도 글쓰기를 통해 혼란스러운 한국사회를 개혁하고자 했고, 한국 국민이 전혀 알지 못하고 있는 자기 운명에 관한 중요한 사실들과 진실을 밝혀서 그들의 의식의 눈을 뜨게 하고자 했다.

이런 의미에서 선생은 계몽적 지식인으로서 자신의 역할을 분명하게 의식하고 있었다. 선생은 자신이 글을 쓰는 목적에 대해 이렇게 말한다.

글을 쓰는 나의 유일한 목적은 진실을 추구하는 오직 그것에서 시작하고, 그것에서 그친다. 진실은 한사람의 소유물일 수 없고 이웃과 나누어야 하는 까닭에, 그것을 위해서는 글을 써야 했다. 그것은 언제나 어디서나 고통을 무릅써야 했다. 과거에도 그랬고 지금도 그렇고 영원히 그럴 것이다. 그러나 그 괴로움 없이 인간의 해방과 행복, 사회의 진보와 영광은 있을 수 없다. (《우상과 이성》 서문)

실제로 선생은 누구보다도 빠르고 정확하게 사물의 핵심에 도달하는 저널리스트로서의 본능적 감각과 지칠 줄 모르는 학자적 탐구심을 지녔고, 이를 통해 현실에 대한 객관적이고도 냉철한, 과학적인 분석을 해주었다. 선생의 글들은 말 그대로 시대의 야만과 어둠을 밝히는 빛이었고, 선생은 무지의 어둠에 맞서 외롭게 이성(理性)의 등불을 들고 근대화의 길을 밝힌 계몽적 지식인의 전형(典型)이었다. 리영희 선생은 수술메스를 든 외과의사의 단순함과 단호함을 가지고 남보다 신속하게, 그리고 정확하게 사물의 진상을 보고, 무지몽매한 사람들에게 진실을 알리는 계몽적 역할을 했다.

선생은 매우 치밀하고 분석적인 성격을 타고난 것 같고, 불의를 보면 참지 못하는 불 같은 정의감과 혈기, 열정을 간직하고 있었던 것 같다. 아마도 이러한 성격 때문에 사물의 진실된 모습에 대한 집요한 탐구가 가능했고, 시련과 고난 속에서도 자기를 잃지 않을 수 있었을 것이다. 선생의 권총사격술이 수준급이었다는 것은 치밀하고 집요한 성격과 관련이 있고, 몸으로 직접 치고받는 권투나 레슬링을 싫어했던 것은 폭력과 전쟁을 혐오하고 평화를 추구하는 성격과 관련이 있을 것이다.

젊은 장교 시절 진주 기생과의 일화는 반성적 인간으로서 선생의 면모를 잘 보여준다. 스물두살이었던 선생은 그저 술 따르는 여자로만 생각하고 기생이라고 함부로 대했던 한 여성이 보여준 인간적 위엄에 정신을 차릴 수 없을 정도로 압도당하고, 그에게 큰절을 하며 사죄하고 고개를 숙인 채 물러나온다. 사람 목숨이 파리 목숨인 전쟁통에 장교인 자신에게 대드는 보잘것없는 기생 하나쯤 기분 내키는 대로 처치하거나 무시해버릴 수도 있었겠지만, 이때 선생은 그 기생의 인간적인 큼 앞에 자신이 얼마나 왜소한지 절실히 깨닫고, 직업이나 신분과 상관없이 본래 인간이라는 존재가 지니는 '인간적 위엄'이라는 것에 대해 생각하게 된다(134-6쪽). 별것 아닌 것으로 보이는 한 인간이 그렇게 훌륭하고 존엄할 수 있다, 무릇 인간이라는 존재 자체가 존엄하다는 사실을 충격적으로 깨달은 것이다. 또한 이러한 경험으로 인해 선생은 내 안과 밖의 편견이나 소문에 영향받지 않고 있는 그대로 사물의 본질을 관찰하고 이해하려는 지적인 성실성, 자기 아첨 없는 진리에 대한 복종심을 키워가지 않았나 싶다.

선생은 가난하고 외로웠다. 소년시절에는 서울에서 담배말이와 성냥 장사를 했고, 국비로 먹여주고 입혀주고 공부시켜준다는 단 한가지 조건에 망설일 것 없이 해양대학에 지원한다. 돈이 없어 아버지 환갑잔치를 못 해드리고 남의 집 셋방에서 돌아가시게 한 것이 지금까지 회한으로 남아 있고, 중앙일간지 외신부장을 하면서도 아르바이트를 두개, 세개씩 해야 가족들의 생계를 유지할 수 있었다. 그만한 조건이면 얼마든지 가난을 피해 갈 길이 있었을 텐데도 있는 그대로 고지식하게 가난한 삶을 받아들이고는 "나는 가난하게 살게끔 운명지어졌나 봐요"(85쪽)라고 한다.

학연과 지연으로 얽히고설킨 한국사회에서 북한에서 내려온 소학교 친구도, 동향(同鄕) 사람도 없고, 중학교와 해양대학의 친구들은 가는 길이 전혀 달라 교류가 없었으니 선생은 정말로 비빌 언덕이 없었을 것이다. 이처럼 외로운 자신의 삶에 대해 선생은 이렇게 말하고 있다. "나는 사실 평생을 두고 독불장군으로, '외로운 늑대'처럼 소리 지르는 처지였어요. … 형무소에 수감되어 있거나 지하실 감방에 있거나 … 난 참 외롭게 살아왔어요. 그런 것이 나로 하여금 누구의 호의나 힘에 의지하지 않고 그저 나 혼자 하는 것이라는 정신자세를 은연중에 내 내면에 구축하지 않았나, 그렇게도 생각합니다."(563쪽) 선생은 어릴 때 자라면서도 어떤 집단 속에서든 늘 불편함을 느꼈고, 단체적 행동양식에 동화되는 데 어려움을 느꼈다고 한다(163쪽). 이러한 개인적 성향과 경험은 주변의 영향에 좌우되지 않고 과학적으로, 독자적으로 사물을 이해하고 분석하는 주체적인 의식을 형성하는 데로 이끌었을 것이다.

여기에 더해서 20대에 겪은 전쟁경험은 군대와 폭력에 대해 전적인 거부와 반감을 가지게 만들었다. 당시 한국 군대는 일본제국주의의 천황군대를 그대로 옮겨놓은 듯한 폭력적이고 사디즘적인 집단이었고, 선생은 거창 양민 학살사건 같은 끔찍한 폭력 앞에서 그런 잔인무도한 일을 저지를 수 있는 군대라는 이름의 인간집단에 대한 형언할 수 없는 증오심과 혐오감에 빠지게 된다(128쪽). 전쟁을 겪었다고 해서 누구나 평화주의자가 되는 것은 아니지만, 선생은 끔찍한 전쟁의 경험을 통해 군대라는 집단이 인간생명에 대해 저지르는 폭력과 파괴에 대해 깊이 성찰하게 되고, 평화주의자로서의 면모를 형성해가게 된다. 군대에서 겪은 이 깨달음의 과정을 통해 선생은 인간적 성장을 하며, 동족상잔을 목격하면서 민족의 의미에 대해 생각하게 되고, 전쟁의 인간파괴에 대한 질문이 늘 머리에서 떠나지 않게 된다(145쪽). 그래서 선생은 후일 군인들에 의해 5·16 쿠데타가 일어났다는 소식을 들었을 때 "썩어빠진 군대가 무엇을 개혁하겠다고 나서는 거냐?"(271쪽)라고 제일성을 터뜨린다. 그리고 민족의 항일투쟁과 광복운동을 비롯해 억압받는 가난한 인민대중의 이익을 대변했던 공산주의, 사회주의 지하운동 역량의 결합체인 북쪽의 승리가 반드시 거부돼야 하는 것인지 의문을 갖기 시작한다(166쪽).

이러한 성격과 개인적 경험으로 인해 선생은 이념적 편견 없이 사물을 있는 그대로 구체적으로, 과학적으로, 냉정하게 관찰하고 정직하게 사유하게 되지 않았나 싶다. 그리고 전쟁의 포연(砲煙) 속에서도 멈추지 않은 독서와 지칠 줄 모르는 지적 탐구, 자기반성적인 성찰을 통해 자기 안과 밖의 어떠한 편견에도 영향을 받지 않는 주체적이고도 냉철한 의식을 형성하게 되지 않았나 싶다. 그 결과 선생은 원칙적으로 지식인이 할 수 있는 가장 중요한 일을 했다. 즉 자신이 쓴 글을 통해 대중들의 생각을 변화시키고 사회개혁에 일조할 수 있었다.

3

선생은 책을 읽을 때마다 끝나면 책 뒷장에 짤막하게 독후감을 적는 습관이 있다고 한다. 토마스 베리의 《사상과 자유의 역사》를 읽고 선생은 다음과 같은 독후감을 썼다.

> 초자연적 신학이론과 교회의 권위에 대항해서 인간과 인간이성을 해
> 방하기 위한 싸움이 보여주는 이 처절한 투쟁사 … 그러면서도 인류의 사
> 상사와 문명사는 반이성적 억압세력의 패배의 역사임을 입증하고 있다.
> 이 인식 없이는 자유사상을 위한 투사는 희망을 잃은 지 오래일 것이
> 다.(1968년 5월 1일)(380쪽)

투사에게는 희망이 필요하다. 리영희라는 자유투사의 희망의 보루는
역사의 진보에 대한 믿음이었던 것 같다. 역사의 실증적 근거와 철학적 관
점에서 볼 때 인간집단은 실패 속에서도 다음의 실패와 괴로움을 감소하
는 지혜를 느리게나마 터득하고, 다음에 올 운명에 대해 자각하게 된다고
한다(268쪽). 실패를 통해 역사는 전진한다는 것이다. "김영삼, 김대중, 노
무현 정권의 탄생이 지니는 역사적·민족적 의미는 미국이라는 음흉한 외
부세력의 의도와 압력을 조금씩이나마 무력화해나간 남한 국민의 역사적
성취"라는 데 있으며(269쪽), 선생은 "억제된 역사발전의 원리와 작용에
대한 믿음을 갖고 있기 때문에 민족의 미래에 대해서도 미리 실망하지 않
는다."(270쪽) 선생은 스스로에 대해 '조심스러운 낙관론자'라고 한다.

선생은 30대 혈기왕성한 외신기자일 때에도 매일 전세계적인 규모로
인류의 심장의 박동과 생명의 열기가 직접 전달되어오는 소식에 접하면서
"감격적인 전인류적 생존의 모든 행태에 대한 뜨거운 공감과 깊은 지적
이해와 사상적 일체감"을 느꼈다(299쪽). 60년대, 70년대 박정희 군사독재
정권이 점점더 극악해질 때에도 선생은 전세계에서 전해오는 민중, 민족
해방의 소식들에 감격하고 고무되었다. 특히 조선일보 외신부장이 된
1960년대 중반 이후 선생은 세계의 곳곳에서 활화산처럼 불을 뿜고 있는
수많은 민족들의 현상 타파의 열기에 감염된 듯이 흥분하고 몰두했다. 쿠
바에서 카스트로에 의한 새로운 삶의 형식의 힘찬 실천운동과 검은 대륙

아프리카에서 백인들에 의해 동물 취급을 당하던 흑인들이 전개하는 사회혁명, 베트남 민중이 세계 최강의 제국주의 미국 군대를 상대로 전개하고 있는 눈물겨운 투쟁, 중국에서 벌어지고 있는 모택동식 제3의 생존양식의 힘찬 전개 등 뉴스의 홍수 앞에서, 선생은 때로는 며칠씩 집에 갈 것도 잊어버리고 그 뉴스의 흐름에 빠지기도 했다(405쪽).

당시 한국을 제외한 나머지 전세계에서 일어나고 있는 정세 변화는 소위 동서진영 대결체제의 와해, 즉 해빙으로서, 전세계를 지배해온 모순·갈등·힘의 압박 체제가 급속히 해체되기 시작하는 것이었다. 여기서 선생은 적극적으로 미래를 낙관할 수 있는 희망의 요소들이 지배적이라고 보았다. 미국이 세계정치를 농락할 수 없다는, 신생 독립국가들의 결집된 힘과 의지를 보았고, 미·영·불 등 전통적인 백인 제국주의, 식민주의가 아프리카대륙에서 지난날의 피압박민족을 더이상 지배할 수 없다는 결정적인 증거를 보았으며, 리비아를 비롯한 석유생산국들의 유전(油田) 국유화에서는 석유를 둘러싼 제국주의 세력의 퇴조를 보았다. 그랬기에 선생은 확신을 가지고 냉전 이데올로기의 우상을 파괴하는 전도사로 나설 수 있었고, 미국 자본주의의 잔인무도함을 끈질기게 폭로할 수 있었다. 선생은 진보에 대한 희망이 있었기 때문에 진보주의자가 될 수 있었고, 투쟁할 수 있었다.

그러나 선생에게 빚진 사람으로서 나는 역사의 진보에 대한 믿음을 가질 수 있는가? 역사는 진보하지 않는다. 역사는 되풀이되고, 쌓일 뿐이다. 축적될 뿐이다. 쌓였다가 흩어지고 또다시 쌓인다. 다음 세대는 그 전 세대까지 역사의 축적물 위에 있을 뿐, 인간성은 진보하지 않는다. 예수와 붓다, 간디, 전태일 같은 몇몇 위대한 개인들이 보여준 인간성의 드높은 경지는 있다. 그러나 그들도 역사를, 인간성을 진보시키지는 못했다. 함석헌은 정치적 지배자와 영웅들이 만들어가는 역사를, 바닷가에서 모래성을 쌓는 어린아이들의 놀이에 비유했다. 아이들이 공들여 모래성을 쌓아봤자 바닷물이 밀려오면 모래성은 흔적도 없이 사라진다. 때로 화려하고 웅장한 모래성을 쌓을 수 있고, 그 아름다움에 즐거워할 수 있지만, 여전히 그것은 모래성이다. 무수한 모래성이 세워지고 무너지고 하지만, 영원히 남는 것은 씨올의 바닥, 생명 그 자체다. 그리고 생명 그 자체는 진화하고 진보한다. 그래서 역사는 '되풀이'이며 '자람'이다. 모래성은 되풀이해서 세워지고 무너지지만 씨올은 자란다. 이런 의미에서만, 현상적인 나와 세계를 넘어선 저 밑바닥 생명의 본성에서만 우리는 진보를 말할 수 있다. 현상적인 역사를 보고, 정치·사회적 지평에서 역사의 진보를 말하기는 정말 어렵다. 역사의 관찰자로서 정치적·사회적 진보를 말하는 것은 불가능해 보인다.

선생은 전세계에서 시시각각 들려오는 민중 해방의 소식에 가슴이 벅차올랐지만, 오늘날 미국이 주도하고 있는 세계 자본주의체제의 야만성은 더욱 심해지고 있고, 민초들의 자발적이고 자생적인 삶은 재생 불가능할 정도로 파괴되고 있다. 선생이 이상적인 인간형의 가시적인 모형으로 제시했던 사회주의적 인간형은 자본주의의 공격 앞에 허망할 정도로 무력했을 뿐만 아니라, 사회주의체제 안에서도 현실화될 수 없었다. 그것은 자본주의 사회의 물질주의적, 경쟁주의적 인간형을 교정하기 위한 추상적 관념으로서는 유효할 수 있겠지만, 현실적으로 대중의 자발성을 이끌어낼 수 있는 모델이 아니다. 역사의 진보에 대한 낙관적 신념의 근거로 리영희 선생이 제시했던 사회주의적 인간형이 미국을 중심으로 한 자본주의적, 시장적 인간유형과의 경쟁에서 역사적으로 먼저 무너졌고, 무너진 이후 드러난 사회주의 사회와 그 인간군상의 실상은 선생의 글에서 많은 배움을 얻었던 사람들을 당혹스럽게 했다. 자본주의 사회와 사회주의 사회의 대안적 형태로 선생이 조심스럽게 제시했던 북유럽식 사회민주주의 사회란 본질적으로 자본주의 사회다. 그것은 아시아와 아프리카, 전세계의 가난하고 힘없는 자들의 고통을 기반으로 한 것이기 때문에 부도덕하며, 산업자본주의의 끝없는 팽창을 전제로 한 것이기 때문에 불가능하다. 그래서 지금 우리는 진보에 대한 선생의 희망이 무너진 지점에 와있다. 우리는 진보의 무덤 위에 서있다. 지금 세계에서 들려오는 소식들은 어둡고 무시무시한 묵시적 종말을 예견하게 할 뿐이다.

지금 신자유주의 경제체제 속에서 우리가 겪는 인간본성의 파괴, 공동체의 해체, 물질주의적인 무한경쟁, 최소한의 인간적 자긍심과 고결함도 유지할 수 없게 만드는 시장주의의 전면적·총공세적 침투, 나와 타인을 끊임없이 갈라놓음으로써만 생존할 수 있게 만드는 능력본위주의는 그 어둠의 뿌리가 너무도 깊다. 나아가서 오늘날 과학기술주의는 지적 허무주의에 근거하고 있다. 과학기술 그 자체는 진보하고 있지만, 그것이 인류의 미래를 위해 진보의 방향으로 나가고 있는가? 과학기술의 발전과 그로 인한 물질적 풍요, 생활의 편리함을 지금 우리가 누리고 있지만, 그것은 온 인류가 보편적으로 향유할 수 있는 것인가? 그리고 언제까지 향유할 수 있을 것인가? 내가 지금 누려서 좋은 것이라면, 그것은 지구상의 누구나 누릴 수 있는 것이어야 하고, 지금의 인류뿐만 아니라 미래의 인류인 우리 후손들도 누릴 수 있는 것이어야 한다. 그래야 우리는 윤리적일 수 있다. 그러나 현실은 전혀 그렇지 못하다. 그것은 애당초 불가능한 꿈이고, 사실은 악몽이다. 황우석의 꿈은 지구상의 수많은 민초들에게 사실상 재앙이다. 그래서 오늘 우리는 근본적으로, 존재론적으로 비윤리적이다. 그리고 이 문제에 대해서, 과학기술주의의 미래에 대해서 생각하지도, 고민하지도 않는다는 점에서 우리는 지적 허무주의에 빠져있다. 허무주의는 존재하는 모든 것에 대한 냉소주의로 발전하며, 세계 안에 있는 모든 것을 하찮아 보이게 만든다. 그것은 인간을 잔인하고 자기중심적인 존재로 변질시킨다.

그러므로 오늘 우리가 세계의 현상을 들여다보고 거기에 근거해서 역사의 진보와 희망을 말한다는 것은 불가능해 보인다. 선생은 이성적 관찰자의 시선으로 역사적·사회적 현상을 분석하고 역사의 희망을 말할 수 있었다. 그러나 이성은 나약할 뿐만 아니라 간교하고, 우상은 내 밖이 아니라 내 안에 있다. 선생은 근대적 합리성의 실현을 위해 싸웠으나 우리에게 근대성은 싸워야 할 대상이다. 더이상 합리적인 우상파괴자의 자세로 오늘 이 세계에 대해 공세를 취할 수 없다. 이성에 대한 신뢰에 근거해서 정치사와 사회사의 진보를 말하는 것은 더이상 가능하지 않다. 지금 인류가 처한 위기는 정치·사회적 지평을 넘어서는 전지구적이고 전인간적인 위기이기 때문이다. 그것은 인간본성과 생명의 근본적인 위기다.

그래서 이제 우리가 말할 수 있는 희망은 역사의 진보에 대한 희망이 아니다. 하벨이 말했듯이 희망이란,

세계가 아니라 마음의 한 상태이다. 그리고 그것은 본질적으로 세계에 대한 특정한 관찰이나 상황에 대한 특정한 평가에 근거하는 것이 아니다. 그것은 우리가 직접 경험하는 세계와 그 지평을 넘어서며, 그 넘어선 곳에 닻을 내리고 있다. 그것은 일이 잘될 것이라는 확신이 아니라 잘되든 못되든 이렇게 해야 말이 되지, 하는 믿음이다.

— Václav Havel, *Disturbing the Peace*, London : Faber and Faber, 1995, p. 181

역사의 진보에 대한 낙관주의가 아니라 이대로 가면 공멸이라는 자각, 될 수 있다는 희망이 아니라 그래도 이러해야 한다는 신념에 근거해서만 우리는 세계의 변화에 대해 말할 수 있다. 희망은 내 밖이 아니라 내 안에 있으며, 내 안에서 나를 넘어서는 데에서 희망은 나온다. 인간이 자기 안에서 자신을 넘어설 수 있을 때 정치·사회적 진보도 가능하며, 생명의 근원적 자리에서 생명을 쇄신하고 넘어설 수 있을 때, 그때 비로소 이성도 제구실을 할 수 있다.

4

선생은 요즘도 지팡이를 짚고 시위현장에 나타나신다. 이라크 참전 반

대 시위현장에 선생이 참여해서 성명서를 읽었다는 보도를 읽은 기억이 난다. 노무현 정권의 대북정책, 남북한의 위기상황, 최근에는 독도문제에 대한 선생의 발언도 계속 경청하고 있다. 세계를 향한 선생의 관심과 열정은 지칠 줄 모른다. 중국 송나라 때 유학자 범중엄(范仲淹)은 선비의 태도에 대해 이렇게 말했다.

천하가 근심하기에 앞서 근심하고, 천하가 즐거워한 다음에 즐거워한다.
(先天下之憂而憂, 後天下之樂而樂.)

선비들은 이런 태도로 내 안의 관념과 내 밖의 세계를 일치시키려 노력했다. 조광조를 위시한 조선의 유학자들도 그런 길을 갔고, 처절하게 시련을 당했다. 리영희 선생의 실천은 이러한 유교적 선비들의 발자취 위에 있고, 선생의 성실성은 유교적 휴머니즘에서 나오는 것 같다.

유교는 동아시아 전통사회의 사람들이 인간답게, 고결하게 살기 위한 길로 장구한 세월에 걸쳐 다져온 마음의 습관이다. 선생의 경우 현실 종교, 특히 기독교와 기독교인이 보이는 위선과 독선, 반이성적 측면을 혐오했고, 대신 전통적 유교의 휴머니즘이 자기도 모르게 가슴깊이 자리잡았던 것 같다. 선생이 유교적 인본주의를 통해 인간적 고결함을 지킬 수 있었고, 아름다운 인간으로 남을 수 있었다면, 유교에 아름다운 점이 있는 것이다. 특히 선생이 감옥에서 부인에게 보낸 편지에서는 들꽃 같은 순수한 마음이 느껴진다(670-3쪽). '평등부부', '탈가부장주의'라는 말로는 도저히 담아낼 수 없는 부부 사이의 깊은 인간적 만남의 차원이 느껴진다. 세월의 풍상에도 닳지 않고 꺾이지 않는 푸른 기백, 독야청청함은 선생의 냉철한 지성이 아니라 어린아이 같은 연한 마음에서 나오는 것 같다. 아주 강인한 사람의 비단결 같은 속마음을 엿보는 것 같아 편지를 읽으며 즐거웠다.

선생은 더이상은 예전처럼 글을 쓰지 않으실 모양이다. 책을 읽으면서 리영희 선생의 삶 자체가 한국 현대사의 결정판이고, 사회적 전기(傳記)라는 생각이 들었다. 비록 실패했고, 지금은 초라해 보이지만 지난 50년간 현실사회주의를 통해서 추구되고 경험되었던 정의와 평등, 공동체적 가치와 신념은 인류의 소중한 유산으로 남을 수 있을 것이며, 남아야 한다. 이런 점에서 리영희 선생의 공헌은 여전히 빛난다.

선생은 마음에 간직한 가장 귀한 친구로 장일순 선생을 꼽았다. 그리고 텔레비전 프로그램을 위시한 대중문화에 나타나는 한국사회의 "반도덕, 인간소외, 이기주의 범죄의 생활체제화"(727쪽)를 보면 소름이 끼친다고 하신다. 또 미래의 한국사회가 강대국이 아니라 도덕적으로 존경받을 수 있는 국가였으면 좋겠다고 소망을 피력하신다. 선생에 대해 무한한 신뢰와 존경을 가지게 하는 대목들이다. 만일 선생이 좀더 오래 건강하게 사신다면, 장일순이라는 이름에서 새 길을 찾지 않으실까 짐작해본다.

구약성서에서 이스라엘의 조상인 야곱은 험하고 고달픈 인생길을 걸어온 사람이었다. 이집트 왕 파라오가 나이를 묻자 늙은 야곱은 "130년을 살았지만 험악한 세월을 보냈습니다"라고 대답한다(창 47:8-9). 팔순을 얼마 남기지 않은 선생 역시 험악한 세월을 살아오셨다. 이제 내세에서의 안락을 위해서가 아니라 세계에 대한 미학적 체험을 위해, 선생이 원하시는 '퇴계'로서의 삶을 위해 나를 넘어서는 초월의 세계, 근본으로 돌아가는 삶을 누리시기를 기원한다. (《녹색평론》 2005년 5-6월호)

"아담아, 네가 어디 있느냐?"

1

이 책은 한 지식인의 내적 삶의 여정에 대한 기록이다. 이 책에서 리 호이나키는 자신을 둘러싼 세계의 불의와 끔찍함을 예민하게 의식하고, 거기 민감하게 반응하면서 그때마다 인생의 중요한 결정을 내리고 있다. 그리고 그 과정에서 자신의 내면에서 일어난 일들을 매우 섬세하고 진솔한 언어로 기록했다. 호이나키는 외적인 사건들이 자신의 내면에서 일으키는 반향을 울림이 깊은 시적인 이야기로 표현할 수 있었고, 자신의 내면을 깊이 응시하면서도 자기 탐닉이나 자기 연민에 빠지지 않았다. 그 때문에 이 책은 한 개인의 내적 체험에 대한 기록이면서 동시에 근대세계의 본질적 성격과 그 악마성에 대한 근원적인 통찰로 이어질 수 있었다.

물론 여기서 이 책의 내용을 몇마디 밋밋한 문장으로 요약하고 비평할 수도 있겠지만, 책을 읽는 동안 반복해서 곱씹어보게 만들었던 정확하고

이 글은 《정의의 길로 비틀거리며 가다》(리 호이나키, 김종철 옮김, 녹색평론사, 2007년)를 읽고 썼다.

예리한 문장들, 읽고 나서도 책을 손에서 놓을 수 없게 만들었던 마음의 동요를 생각하면 객관적인 거리를 두고 비판적으로 이 책을 평가하는 일은 못하겠다. 어쩐지 그렇게 하는 것은 이 책이 추구하는 세계에 대한 모독인 것처럼 느껴지고, 책을 읽으면서 경험했던 일체감에 대한 일종의 배신행위로 느껴진다. 사실 이런 생각을 하다보면 할 수 있는 게 별로 없다.

호이나키의 글이 지니는 힘은 시적 언어의 풍부함 때문이기도 하지만, 사실은 그의 경험의 무게에서 비롯된다. 그를 탁월한 이야기꾼으로 만들어준 그의 경험을 나는 마음으로부터 깊이 존중하지만, 정작 내게는 그런 경험이 없다는 사실이 책을 읽으면서 자꾸 의식될 수밖에 없었다. 그래서 내가 할 수 있는 한가지 일을 하기로 했다. 마치 술에 취한 사람처럼 이 책에 취해보기로 한 것이다. 이 책에서 호이나키가 말하고자 했던 바를 '내'가 나서서 말하면 싱겁고 원론적인 또하나의 근대 극복 담론이 되겠지만, 호이나키 자신이 나서서 말하면 다를 수 있을 것이다. 말하자면 호이나키로 호이나키를 읽는 것이다. 그러므로 이 글은 서평이 아니라 말하자면 '호이나키 깊이읽기'를 한번 시도해본 것이다.

이 책을 읽으면서 반복해서 느꼈던 것은 전통과 역사가 갖는 힘이다. 사람이 나서 성장하면서 별달리 한 일 없이 거저, 한 공동체의 전통과 역사의 대열에 합류하고 그것을 향유하게 되는 것은 인생에서 가장 큰 축복인 것 같다. 특히 삶에서 성찰을 가능하게 하고, 그럼으로써 인간이 도덕적 존재로 머물러있을 수 있게 해주는 믿음의 전통은 더없는 축복으로 여겨진다. 이 점에서 동서양의 전통은 별 차이가 없는 것 같다. 우리 조상들은 우리의 우물에서 생수를 마셨을 것이다. 동서양의 선조들은 그들을 인간다운 존재로 지켜준 믿음의 전통을 대대로 가꾸어왔고, 이 책에서 나는 호이나키라는 한 지식인을 붙들어준 서양 기독교 전통의 좋은 점을 다시 확인할 수 있었다. 그는 어디서도 기독교 신앙을 티나게 내세우지 않았지만, 한걸음만 물러나서 보면 곳곳에서 우리 시대의 불경(不敬)에 대한 그의 분노를 느낄 수 있었고, 그로 하여금 근대세계와 결정적으로 불화하게 만들고 또한 그가 근대세계와 자신과의 불화를 해석하고 표현해낸 경로가 사실은 기독교 전통임을 알 수 있었다. 이것은 그가 자신이 속한 기독교 전통의 '집' 안에서 몸과 마음의 자양분을 얻고, 생각의 길을 닦아왔기 때문일 것이다.

그의 생각의 '집' 안에 머물며 그의 '이야기'를 듣는 것은 단순히 위안이 되는 것을 넘어서 현 세계의 강고한 원리를·향해 '아니오'라고 말할 수 있는 용기를 준다. 대면하지 않고 싶었던 이 시대의 정체(正體)와 직접 마주하고 또 그것을 거부하는, 자신 없는 일을 어쩌면 나도 할 수 있지 않을까 생각해볼 수 있게 한다. 그리고 목적지에 도달하든 못하든 길을 가는 도중에 맺게 되는 인연들, 도상(道上)의 친구로부터 이야기를 들을 수 있는 기쁨에 감사하게 만든다. 그래서 결국은 '이야기'가 우리를 구원한다는 사실을 깨닫게 한다.

2

호이나키가 볼 때 근대의 다양한 현상을 관통하는 한가지 특징은 '뿌리 없음'이다. 사람이 세상에 나서 산다는 것은 세계 안의 한 장소에 자리를 잡고 거주하는 것을 의미하며, 그 장소에 이미 뿌리내려 살고 있는 공동체의 한 구성원이 되어 다른 사람들에게 매이게 되는 것을 뜻한다. 이 때문에 그에게 가장 인간다운 도덕적 품성은 인간다운 반응의 출발점으로서 타자에 대한 '충성심'이다. 때로 이것은 '애국심'이라는 다소 낯선 언어로 표현되기도 했다. '충성심'이란 경계가 정해진 구체적인 한 장소에 속해 있으면서 그 안에서 진실을 추구하고 선을 찾으며 나를 둘러싼 가까운 환경 속에서 아름다움을 발견하는 것이다. 그것은 코즈모폴리턴적이고 보편적인 인류애가 아니라 자신이 알고 있는 타자들과의 친밀한 사귐이자 사랑이며, 거창한 언어로 표현되기보다는 나날의 반복되는 사소한 보살핌,

사려 깊음, 신중함 같은 행동들을 통해서 표현되는 삶의 습관으로서의 사랑이다. 따라서 그것은 내가 속한 나라에 대한 진정한 사랑을 표현할 수 있는 하나의 가능성으로 생각되었고, 이 점에서 '애국심'이라는 말로 표현될 수 있었을 것이다.

호이나키에 의하면 근대가 내포하는 거의 모든 문제는 이러한 도덕적 품성의 토대로서, '뿌리박은 삶'을 밑바닥에서부터 흔들고 파괴하는 데서 비롯된다. 이를테면 경제적인 측면에서 근대 서구의 경제는 보편적이고 추상화된 사고에 기반하고 있으며, 그것은 통계수치라는 추상적인 개념을 강조한다. 중요한 것은 "보편적으로 측정 가능한 사회적 이익이 얼마만한 수치로 주어지느냐"이지, 특정 공동체의 실제 성원이 얼마나 경제적인 독립성과 자율성을 확보하는가가 아니다. 이것은 효율성과 생산성, GNP 또는 GDP와 같은 추상적인 사회·경제적 지표들이 경제에서 결정적인 요소가 된다는 것을 뜻한다. 말하자면 눈앞에 있는 구체적인 인간이 아니라 컴퓨터 속의 추상적인 숫자가 중요해지는 것이다(304-5쪽).

이러한 경제에서는 개인과 가족과 공동체 대신 소속이 모호한 대중이 경제행위의 주체이자 대상으로 가정되며, 삶의 풍성함과 만족감 대신 추상적인 수치가 경제의 척도가 된다. 구체적인 인간이 아니라 소속을 알 수 없는 대중과 수치가 경제의 기본 척도가 될 때, 경제의 무한한 발전을 상정하는 것이 가능해진다.

호이나키에 의하면 "사회적이고 개인적인 역사와 사유하는 사람 자신이 자리잡고 있는 장소를 떠나서 그 인간 전체를 떠나서 추상화되어, 독립적으로 혹은 어떤 종류의 고립 속에서 일어나는 사유라는 것은 존재하지 않는다."(143쪽) 생각해보면 내가 속해 있는 장소와 그 장소에 속한 존재들과의 관계에 충실한 만큼 나는 기쁨과 슬픔, 고통과 풍성함의 살아있는 세계에 속해있을 수 있고, 그만큼 내 삶을 스스로 결정할 수 있으며, 그만큼 자유로울 수 있다.

그러나 근대적 추상화, 보편화의 과정에서 장소 또는 지역의 고유한 특징은 일차적으로 배제된다. 장소를 배제함으로써 세계 어디서나 보편화된 동일한 기준을 적용하고, 그럼으로써 유동성을 최대한으로 확보하려고 한다. 그리고 확보된 유동성 안에서 지식과 권력, 자본이 무서운 속도로 움직인다. 결국 근대적 추상화와 보편화란 지식과 자본의 유동성을 조장하기 위해 우리 정신 안에 뚫린 도로망이다. 근대적 기관의 상층부에 있는 소수의 사람들은 이 고속도로 위를 무서운 속도로 질주하면서 그 속도를 통제할 수 있지만, 대부분의 근대인들은 길을 잃고 헤매며, 자신이 어디에 있는지 모른다. 그러므로 근대성을 특징지으며 동시에 근대를 지탱시켜주는 역사적 과정은 뿌리 뽑힘, 즉 구체적인 장소로부터의 이탈이다.

그리고 이 근대적 뿌리 뽑힘의 과정을 통해 이득을 보는 사람들이 있다. 이들은 극단적으로 파편화되고 전문화된 학문적 담장의 틀 안에서 자신들의 '뿌리 없음'을 보편적이고 객관적인 사고라고 위장하지만, 실제로는 자본과 권력, 테크놀로지의 공모 하에 어떻게든 한탕 해보려는 뜨내기 과학자들, 학자들이다. 이들 한탕주의자들은 과학과 기술, 심지어 예술 분야에 이르기까지 세계와 사람들의 삶을 전면적으로 점령하고, 복잡하고 다양한 관계들과 장소들에 깊이 뿌리박은 토박이들을 밀어내고 있다. 모든 지식은 구체적인 데서 출발한다. 그러나 구체적인 장소에 뿌리를 두지 않은 이들 뜨내기 한탕주의자들은 구체성을 결여한 자신들의 지식을 보편타당한 지식이라고 위장한다.

이들은 자신이 속한 장소와 그 장소에 거주하는 생명체들에 대한 충성심 대신 돈에 대한 충성심을 위해 복무한다. 구체적인 장소와 인간적 관계들과의 연결성을 상실하게 되자 도덕적 지성이 실종해버리고 만 것이다. 대신 오로지 돈에 대한 충성심만을 요구하는 시장전체주의가 지배하게 되었다. 이로 인해 지구상의 모든 피조물은 인간마저도 팔려갈 물건처럼 제 몸에 가격이 매겨지는 신세로 전락했으며, 사실상 경제 전체주의의 상황에 처하게 되었다. 경제 전체주의에서는 모든 물질과 피조물, 생각들이 상품화되어 교환 가능하고 써서 없애버릴 수 있는 것이 된다. 사람도 다른 것들과 함께 상품이 된다. 웬델 베리가 말했듯이 이러한 시장전체주의 체제에서는 '삶의 형태'들이 특허 대상이 되고, 자연과 문화의 재생 가능성이 파괴된다. 시장전체주의와 기술주의적 독재가 판을 치게 된 것이다.

이러한 태도가 극단적인 형태로 나타나는 것을 우리는 최근의 생명공학에서 본다. 흔히 보편성과 학문적 객관성으로 위장한, 전문화된 폐쇄적 구조 속에서 뿌리 없는 뜨내기 과학자들은 사실상 돈과 명예를 위한 경쟁에 열렬하게 뛰어들며, 그럼으로써 어떻게 살 것인가라는 구체적인 삶의 문제에서 점점더 멀어지고, 대신 과학과 기술이 펼쳐보이는 기기묘묘한 요술의 세계에 대한 환상을 대중에게 심어준다. 이 때문에 역설적이게도 과학의 언어는 점점더 선동적이고 저질스러워진다.

오늘날 근대적 제도 바깥에서 살아간다는 것이 가능한가? 심심산골로 도망하듯 들어간다 해도 납세와 병역의 의무를 피한다는 것이 가능할까? 더 나아가서 의료와 교육 분야에서 당국의 인증 여부와 상관없이 지역 나름의 독자적인 상호부조의 체계를 구축한다는 것이 가능할까? 개인으로서 그런 일을 도모하는 것은, 커다란 모험과 불편을 감수하는 것이다. 근대인들은 공익을 위한, 도움을 주겠다는 선의로 가득 찬 온갖 제도들에 둘러싸여 있다. 안락한 노후도 자식이나 형제의 도움이 아니라 연금에 의지하면 되고, 아플 때는 누군가의 보살핌이 아니라 의사와 간호원, 보험에 의지하면 된다. 교육은 공부 잘했던 삼촌이나 이모가 아니라 학교나 학원에 의지하면 된다. 심지어 국민의 영어 실력을 향상시키는 일에도 국가는 열의에 차있다.

그러나 이 모든 시스템은 돈이라는 혈액이 있어야 끊임없이 돌아간다. 돈이 없어서 시스템의 주변부나 바깥에 있게 될 경우 졸지에 참혹한 상황에 떨어지고, 언제나 눈앞에 죽음의 가능성을 열어두고 살아야 한다. 근대인들은 시스템 안에서 살면서 안전하다고 생각하지만, 실은 시스템 밖으로 한발자국만 밀려나면 삶의 낭떠러지가 입을 벌리고 삼킬 준비를 하고 있다. 왜냐하면 그에게는 돌보아줄 가족도, 친구도, 이웃도 없기 때문이다. 사실 근대의 편리함과 윤택함이란 인간이 자신이 속한 장소에 뿌리내리면서 누렸던 이 모든 관계들과 인연들, 도움의 망들을 절단해서 메피스토펠레스에게 갖다바침으로써 얻은 것이다.

그러나 인간은 자율적이 되는 만큼 존재한다. 얼마나 타율적인가가 아니라 얼마나 자율적이고 주체적인가에 따라 그만큼 존재하는 것이다. 시스템 안에서 생각하고, 시스템 안에서 내 자리를 받아들인다는 것은 이 자율성을 부정하는 것이며, 노예가 되는 것이다. 따라서 그것은 존재에 대한 부정이며, 불경(不敬)이다. 바로 이런 이유 때문에 호이나키가 보기에 오늘날 신앙을 가진 사람으로서 가장 근본적인 질문은 시스템들의 지배에 맞서서 '내가' 어떻게 살 것인가 하는 질문이다.

그러므로 호이나키에 의하면 기술과 대면해서도 결정적인 것은 "그 기술적인 장치가 나 자신을 훼손하는지, 그렇다면 어떻게, 얼마나 훼손하는지"를 확인하는 것이다(201쪽). 나 자신에 대한 기술의 심각한 침해, 혹은 박탈을 허락하는 것이야말로 우리 시대의 가장 커다란 죄악일 것이다. 왜냐하면 그것은 시스템 밖에서 "모든 사람을 예외 없이 에워싸고 있는 빈곤과 나약함"(184쪽)을 제대로 보지 못하게 만들고, 기쁨과 슬픔, 선과 악 사이에서 괴로워하고 갈등하는 인간적 경험을 소멸시키기 때문이다. 거기에서는 선악의 전통적인 도덕적 가치관은 문제가 되지 않고, 다만 내가 시스템 안에 있는가 아닌가만이 문제가 된다. 최대한 시스템과 나를 일체화시키는 것만이 선이다. 그러나 시스템은 자연스러운 '창조 세계'가 아니라 '조작된 세계, 인공의 세계'이다(191쪽). 이 인공적인 세계에서 개인은 발달된 복지제도에 의지할 뿐 타자의 존재를 느낄 필요도 없으며, 아무도 딴 사람에게 다가갈 필요를 느끼지 않는다. 사회가 완벽한 제도를 갖출수록 그만큼 아름다움은 소멸되고, 그만큼 사회는 괴물스러운 것이 되며, 그만큼 덕행은 찾아볼 수 없는 것이 된다(182쪽).

그러므로 모든 분야에서 근대적인 '뿌리 뽑힘'의 실질적인 결과는 개인을 점점더 무력하고 무감각하게 만들며, 갈수록 자율성을 박탈하는 것이다. 시스템 안에 있는 나는 무엇을 먹고 무엇을 입어야 할지, 어떻게 살고 어떻게 죽어야 할지 이 모든 것을 친절하고 양심적인 전문가와 관료들에게 물어야 한다. 시스템 안에 있는 존재로서 나는 오로지 시스템 운영자의 지시와 가르침에 복종해야 한다. 따라서 내가 시스템 중심의 세계관의 지배에 복종하고 있는 한, 자발적인 민주적 사회는 불가능하다. 세계가 합리적으로 운영되는 시스템으로 조직되어 있다면, 시스템을 유지하는 것이야말로 가장 중요하며, 잡스러운 민주적 움직임을 위한 자유로운 공간은 있을 수 없기 때문이다(125쪽). 그러므로 시스템의 세계에는 신앙도, 민주주의도, 시(詩)도 없다. 대신 호이나키에 의하면 근대세계는 반드시 "기술주의적 엘리트들이 지배하는 특이한 종류의 전체주의"(125쪽)로 가게 된다. 호이나키는 이처럼 기술주의적 시스템이 지배하는 근대 전체주의 사회에서 어떠한 명예로운 삶의 가능성이 있는지 고민한다. 이 책은 그 과정에서 자신이 실제로 걸었던 길에 대한 구체적인 기록이다.

3

호이나키는 장소를 중심으로 구성되어 있지 않은 근대세계에서 한 장소를 중심으로 뿌리내린 세계를 꿈꾸었다. 그는 무엇과도 바꿀 수 없는 독자적인 장소, 그 자신의 장소에 뿌리내리고자 했다. 그리고 그는 농사의 실천을 통해 뿌리내리기를 시작했다. 농사의 실천으로 말미암아 생겨난 모든 유대 관계는 그를 땅과 가족과 친구와 이웃들에게로 연결시켜주었고, 나아가서 어떻게 덧없는 시간의 세계 속에서 존재해야 할지를 가르쳐주었다. 호이나키는 서구의 역사와 인간활동 중에서 농민과 농사일이 땅

위에 뿌리를 내리고 사는 삶의 형태 가운데 가장 근원적이거나 으뜸이 된다고 보았다. 그리고 시스템 바깥에, 즉 과학적, 기술주의적 세계관 바깥에 서있으면서 자율적이 될 수 있는 길을 거기서 발견한다. 그는 그 길을 택한 자신의 심정을 이렇게 말한다.

> 이러한 조용하면서도 기분 좋은, 현실과의 변화무쌍한 접촉을 즐기자면 주류로부터 밀려난 어떤 종류의 주변성(周邊性)을 추구할 필요가 있는 게 아닌가 하고 나는 생각한다. 낙오할 물리적인 장소, 주류와 떨어져서 살 물리적인 공간, 건강한 고립에 도달하고 그것을 실천할 수 있게 하는 정신적 기율 같은 것 말이다. 아마도 그러기 위해서는 사람은 바보로 보일 만큼 어리석은 괴짜의 삶을 택하여야 할지 모른다. (133-4쪽)

호이나키는 무기력한 삶을 거부했고, 자신을 얽매어오는 시스템에 대해 '아니오'라고 말할 수 있었다. 그는 좋은 세계와 좋은 삶, 즉 한 장소에 뿌리박고 사는 사람들로 구성된 세계를 향해 길을 떠났다. 그는 막 정년보장 심사를 통과한 교수직을 버리고 시골 마을로 떠났다. 오래된, '거룩한 바보'의 전통과 그 대열에 속하기로 결단한 것이다. "가능한 한 전면적인 낙오자로서 살기"로 한 것이다(132쪽).

그리고 농사를 통해 땅과 동물과 사람들의 도움으로 생존을 영위하면서 그는 자신이 "다만 하나의 피조물일 뿐, 결코 내가 세상을 '통제'할 수 없다"는 사실을 몸으로 깨닫게 된다. 농사와 그에 연관되는 활동은 일차적으로 사람들 사이에 친밀감을 퍼뜨릴 수 있지만, 궁극적으로는 "우주의 움직임 앞에서 내가 얼마나 작고, 의존적일 수밖에 없는가"(93쪽) 하는 사실을 깨닫게 한다. 요컨대, 농업은 우리가 이 세계 속에 어떻게 존재해야 하는가를 우리에게 가르쳐줄 수 있다. 그래서 "어떻게 우리가 이 순간에 온몸으로 기쁨 속에서 살아있으며, 그러면서 동시에 죽음이 바로 저 너머에서 우리를 기다리고 있을지도 모른다는 사실을 평화롭게 받아들여야 하

는지를 우리는 배우는 것이다."(93쪽)

귀농을 해서 한적한 시골 마을로 들어가거나, 아니 지구 끝으로 간다 하더라도 우리는 근대의 기술주의적 독재와 시장전체주의가 자연과 인간을 할퀴고 간 상처와 마주하게 된다. 아마 호이나키도 이와 같은 상처와 좌절, 믿었던 우정의 배신 같은 것을 경험했을 것이고, 아마 미리 예상했을 수 있다. 그가 안락한 교수직을 버리고 농사꾼이 되기로 했을 때 단순히 악인들의 세계를 떠나 착하고 선량한 사람들의 세계로 간다거나, 아니면 기계와 소음이 들끓는 도시를 탈출하여 있는 그대로의 아름다운 자연, 순박한 사람들과 마주한다는 기대감을 가지지는 않았을 것이다. 오히려 그가 그렇게 했던 것은 그것이 그에게는 믿음의 문제이기도 했기 때문이었다.

믿음이란 단순히 죄와 악을 떠나서 선의 세계로 도피하는 것이 아니다. 믿음이란 선과 악, 고통과 괴로움, 위험과 불안으로 가득 찬 살아있는 세계 속으로 걸어 들어가는 것이고, 배신과 은총, 용서의 세계 한가운데로 들어가서 상처받을 각오가 되어있는 것이다. 호이나키의 말로 표현하자면, "성자들의 우정, 시인들이 묘사해온 감각적 기쁨과 고통스러운 드라마들, 이 지구상에서 서식하는 하나의 생명체로서 필연적으로 겪어야 하는 위험과 불안을 경험하기로" 결심하는 것이다(190쪽). 그러므로 호이나키에게 새로운 삶으로의 결단은 근대의 특징적 현상인 뿌리 뽑힘에 대한 역전(逆轉)이면서 동시에 그의 믿음이 궁극적으로 무엇에 토대를 두고 있느냐는 질문에 대한 답이었다.

초월적인 것에 대한 믿음을 지닌 사람에게 있어서, 제도와 시스템을 향한 이 '아니오'는 불경의 세계를 버리고 떠나는 첫걸음이다. 불경은 "자기의 것이 아닌 신성한 어떤 것을 참칭하거나 아니면 거꾸로 신성한 것을 흔히 모멸적으로 부정한다." 호이나키에 의하면 "오늘날의 세계 ― 하나의 제도로서 개념화되고, 조작되고 있는 ― 를 구성하는 것은 바로 이러한 참

칭과 부정이며, 거기에 특이하게 근대적 교만성이 뒷받침되어 있다."(191 쪽) 그는 이렇게 말한다. "내가 실재한다고 믿는 것은 오직 참여를 통해서 만, 즉 신성한 것의 존재 속에서의 나눔을 통해서만 존재한다. 믿음을 통해서 나는 세계가 있고, 또 그것이 오직 의존적으로 존재한다는 것을 안다. 아무것도 — 내가 신(神)이라고 부르는 것을 제외하고 — 독립적으로 존재할 수 없다."(191쪽) 그래서 그는 시스템이라는 우상을 거부하고 스스로 존재하는 길을 택한다. 그러자 삶의 복잡성과 풍요로움이 축복으로 계시된다.

그는 '거룩한 바보', 가능한 한 낙오자의 길을 가는 것이 세계와 우주의 중심에 이르는 길임을 깨닫게 된다. 이것은 그가 화장실 청소라는 반복적인 일을 하면서 우주의 중심에 있다는 깨달음을 얻게 되는 이야기에서 잘 드러난다.

이것이야말로 사람이 최고의 수준으로 잘해보려고 노력해야 하는 바로 그 일인 것이다. … 청결한 화장실이라는 금방 사라질 질서와 아름다움을 창조하는 행위는 신(神)에 의해 창조된 세계의 본질, 세계의 진실 속으로, 그리고 창조된 세계로서의 자기자신 속으로 깊이 들어가는 행위가 될 수 있다. 이것은 있는 그대로의 덧없는 세계에 대한 자연스러운 경험이 될 수 있다. 그것은 순수하게 일시적인 아름다움의 창조인 것이다. 영구적인 예술작품을 창조하려는 모든 시도는 일종의 교만이고 이 세계의 근원적인 덧없음을 벗어나려는 기도이며, 신(神)이 되고자 하는 위험한 유혹이다. … 이런 생각이 떠오르자 나는 내가 중심, 우주의 중심에 있고, 이것보다 더 중심에 서있을 수는 없다는 뚜렷한 느낌을 갖게 되었다. (262-3쪽)

여기서 호이나키는 종교의 중심적인 체험, 즉 우주와 세계의 중심, 우주의 배꼽에 대한 체험을 말하고 있다. 중심은 일반적으로 신적 존재의 현시가 이루어지는 장소로서 물질적이면서 동시에 초월적이고, 세계 한가운데에서 일자(一者)가 다자(多者)를 향해, 그리고 다자가 일자를 향해 움직임으로써 역동적인 긴장과 탄생이 일어나는 장소로 여겨졌다. 그래서 흔히 세계의 중심은 배꼽(omphalos)으로 상징되었고, 실제로는 어떤 성스러운 산이 우주의 중심이라고 여겨졌다(264쪽).

인간은 이러한 중심의 체험을 통해 자아를 혁명적으로 변화시키고, 사랑하고 행동하는 힘을 얻게 된다. 그런데 호이나키는 이 우주의 중심에 대한 체험을 무슨 유별난 영성 훈련이나 신비체험을 통해 하는 것이 아니라 화장실 청소를 하는 가운데 하고 있다. 그는 이렇게 말한다.

> 누구라도 개인적인 여행을 할 수 있고, 우리의 도시들 한가운데에 있는 성스러운 산으로 순례의 길에 나설 수 있다. 이러한 중심은 흔히 사회의 '시궁창', 즉 내가 화장실의 비유 속에서 본 것과 같은 데서 발견된다. 많은 사람들이 위를 쳐다보고 있는 — 별들 사이의 혹은 사이버스페이스의 판타지를 향해서 — 바로 그 순간, 진정한 중심은 저 멀리 아래에, 사람의 삶에 필수적인 나날의 '천한 일'을 하는 육체적인 경험 속에 있다. … 중심은 어둡고, 천한, 낮은 곳에 있으며, 거기서 우리는 모든 빛을 초월하는 '빛'에 감촉될 수 있다. (265쪽)

세상의 가장 낮은 곳에서 중심을, 하느님의 신비를 체험한다. 사실 이것은 신비이다. 왜 그런가고 묻는다면 — 그건 답할 수 없다. 그냥 그것이 진리라고 말할 수 있을 따름이다.

그러나 이것은 요한이 말하는 성육신 신앙의 핵심적인 진리이기도 하다. 요한복음서에서 예수는 육신이 되어 우리 가운데에 거하는 하느님이다. 요한복음서에서 하느님의 신비는 말씀이 육신이 되어 우리 가운데에 장막을 치고 조촐하고 비천한 모습으로 거한다는(요한 1:14) 성육신의 신비로 표현되었다. 하느님이 지상의 한 장소에 뿌리를 내리고 우리 가운데에 한 농민으로 살다가 죽임을 당하고 다시 올림을 받았다는 것이다. 성육신의 이야기 속에서 하느님은 생멸하는 시간의 흐름 속으로, 기쁨과 슬픔과 고통과 시련의 세계 속으로 몸소 자기를 낮추어 들어와 스스로 물질이 되신다. 이 성육신의 사건 자체가 하느님의 사랑이다. 생명의 본질은 시간 안의 존재라는 데 있고, 하느님의 사랑이란 바로 이 시간이라는 양식에 대한 그의 애정이다. 지구상의 한 장소에 뿌리를 내리고 살아가는 생명체로서 인간은 시간 안에서 나서 사랑하고 사랑받으며, 기뻐하고 슬퍼하며, 고통과 시련을 겪으며 깨달음을 얻는다. 그리고 결국에는 죽는다. 그런데 하느님이 바로 그런 인간이 되셨다는 것이다. 요한의 어법으로 말하자면, 하느님은 세상을 이처럼 사랑하셨던 것이다(3:16). 구약성서 창세기에서 하느님이 천지만물을 하나하나 창조하실 때마다 "좋구나!" 했듯이 유한한 인간적인 삶 자체를 좋아하셨다는 것이다. 그러니 어찌 우리가 하느님이 좋아하신 것을 아니 좋아하겠는가? 삶과 죽음의 위험하고 덧없는 피조물의 세계로 들어가기를 주저하겠는가?

종교적 통찰의 놀라운 신비는 삶의 고통과 덧없음을 생명에 대한 찬미로 바꾸어놓는다는 데 있다. 생명의 유한함과 허망함을 있는 그대로 받아들이면서 감사와 기쁨으로 찬미하게 되는 것이 곧 믿음이며, 요한은 고난을 당하는 하느님, 자기자신을 제물로 바친 하느님에 대해 말함으로써 이러한 역설적인 삶의 신비를 웅변적으로 설파했다. 하느님인 그리스도의 육체는 죽음의 형틀인 십자가에 못 박힌다. 그러나 그 십자가는 다름 아닌 생명나무이다. 십자가가 곧 생명나무이다. 죄수를 죽이는 죽음의 형틀인 십자가가 곧 하늘에 이르는 사다리다. 중심은 가장 낮은 곳에 있다. 세상의 가장 낮고 비참한 곳이 하늘에 이르는 문이다. 요한은 죽음의 형틀인 십자가에 이미 부활의 생명꽃이 핀 것을 보고 있다.

이러한 인식이 가능할 때 비로소 인간은 생명, 즉 살라는 명령에 충실할 수 있고, 살아있는 선조들과 이웃들의 세계, 즉 기쁨과 슬픔, 고통과 시련의 세계, 이 지구상에 서식하는 하나의 피조물로서 우리가 필연적으로 겪어야 하는 위험과 불안의 살아있는 세계 속으로 용기 있게 걸어 들어갈 수 있는 것이다. 우리가 보고 듣고, 만지고 냄새 맡을 수 있는 물질의 세계를 떠나서 초월에 이르는 길은 없고, 생로병사의 구체적이고 살아있는 삶의 세계를 피해서 구원에 이르는 길 또한 없기 때문이다. 성례전의 신비가 말해주듯, 우리는 물질이라는 한계 안에서만 무한과 초월을 경험할 수 있는 것이다.

4

호이나키는 스스로 시골 농사꾼이 되고 도시 노동자의 가장 밑바닥으로 들어감으로써 구체적인 장소에, 살아있는 감각적인 체험에 뿌리를 내리고자 했다. 그리고 거기서 그는 타자들에게 신체적으로 가까이 다가감으로써 그들을 도울 수 있었다. 그는 이 우주가, 다른 사람에게로 다가가고 다른 사람을 사랑하는 것을 저지하거나 불가능하게 만드는 그러한 종류의 장소가 되는 것에 저항했다. "사람의 선의가 존재하게 하고, 그로 인한 기쁨이 있게 하는 수많은 기회 대신에, 오직 이미 프로그램에 따라 짜여진 재화와 서비스를 예정된 계획표에 따라 전달할 뿐인 시스템의 세계에 저항한 것이다."(184쪽)

그가 그린 세계는 상냥한 얼굴을 한 자동인형들의 세계, 온갖 위험과 불편함으로부터 우리를 지켜주는 자동화된 편리함의 세계가 아니라 친구나 낯선 사람의 덕행에 의지해야만 하는 세계이다. 거기서 사람들은 자동인형이 아니라 선하거나 악하고, 친구가 되거나 원수가 된다. 거기서 우리는 우정을 나눌 친구를 간절히 원하게 되고, 강도 만난 사람처럼 어떤 사마리아인의 덕행에 의지해야 하는 신세, 선한 이웃을 기다려야 하는 신세를 받아들여야 한다.

그때 우리에게 절실하게 필요한 것은 어떤 은총 혹은 선물이다. 살아있는 삶의 세계에서 우리는 늘 선물을 기다려야 하는 것이다. 그리고 늘 기다리던 선물이지만 내가 선물을 받게 된다면 그것은 예기치 못한 은총이다. 이웃과 친구는 늘 예기치 못한 선물처럼 은총으로 우리에게 주어진다. 돌이켜보면 나라는 인간은 온통 선물을 받음으로써 존재하게 되었다. 나의 선조와 부모, 친구, 이웃, 하늘을 나는 새와 들판의 풀꽃, 바다 속을 유영하는 물고기 들 — 그 모든 것들에 대한 지혜로운 가르침들을 남긴 이름 모를 과학자들과 시인들에게서 선물을 받음으로써 나는 살아갈 수 있는 것이다. 나의 존재 자체가 선물을 받음으로써 가능해진 것이다. 아마도 인간이 선물을 받음으로써만 존재할 수 있다는 사실은 은총에 관한 기독교적 가르침의 인간학적 근거일 것이다. 그래서 우리는 이 거저 받는 "은총을 통해서 우리는 사물을 영적으로 이해하고, 그 사물의 친밀한 내부로 꿰뚫고 들어갈" 수 있는 것인지도 모른다(186쪽).

근대에 저항하는 호이나키의 이 모든 행동은 실제로는 새로운 삶터를 찾아서, 그 장소 속에 있기 위해서 시골로 옮겨가는 행동으로 시작되었다. 그러므로 한 장소를 찾아가는 것은 살아있는 이웃과 친구를 만나는 경험의 출발점이다. 이 경험을 통해 그는 자신이 예전에 품었던 모든 질문을 근본적으로 변경하거나 혹은 해체해버리고, 다시 새롭게 되고, 경쾌하게 되어 일상적 삶이 자신의 중심이라는 사실을 발견하였다(81쪽). 그러므로 "내가 어디에 있는가, 내가 있는 '장소'가 어디인가?"라는 물음이 모든 인간적 삶의 출발점이다.

이것은 성서의 오랜 가르침과도 통한다. 구약성서 창세기 3장에서 하느님은 자신의 명령을 어기고 선악과를 따먹고 두려워서 숨어있는 아담을 향해 이렇게 말한다. "아담아, 네가 어디 있느냐?" 죄 가운데에서 두려워하며 핑계거리를 잔뜩 만들어가지고 자신 앞에 나선 아담을 하느님은 나무라지만 그에게 옷을 입혀주고 살 곳을 마련해주신다. 낙원 밖에서도 살길을 마련해주신 것이다.

아마도 에덴동산 밖에서 끊임없이 "아담아, 네가 어디 있느냐?"라는 질문 앞에 자신을 세워야 하는 것이 타락 이후 모든 인간의 운명인지도 모른다. 낙원에서 쫓겨나 낙원 밖에서 살지만, 끊임없이 낙원에 대한 기억 앞에 자신을 세워야 하는 것 말이다. 아담이라는 말은 최초의 인간의 고유한 이름으로서, 개체 인간을 지칭하는 말이면서 동시에 '인간'이라는 보통명사이기도 하다. 말하자면 하느님의 이 부름은 아담이라는 한 개인을 향하면서 동시에 어느 시대에나 낙원에서 추방당한 인간 모두를 부르는 말이기도 하다. 아담의 타락 이후 인간은 누구나 이 물음 앞에 서 있다. 그러므로 이 물음 앞에 얼마나 자주 서는가, 이 물음에 얼마나 진지하게 답하는가 하는 정도로만 나는 진실해질 수 있다.

진실과 거짓, 선과 악 등 온갖 모순된 딜레마로 구성된 세계와 나는 어느 지점에서 교차하고 있는가? 내가 하는 말과 내가 쓰는 글은 내가 몸담아 살아가고 있는 이 장소와 어떻게 연결되고 있는가? 또한 이 질문은 내가 무엇을 이미 거부했으며, 아직도 무엇을 받아들이고 있고, 무엇을 마지못해 견디고 있는지를 살피는 규칙적인 성찰(190쪽)의 과정이기도 하다. 그것은 기술주의와 산업주의가 펼쳐보이는 편리함과 안락함의 세계를 낙원의 대용품으로 받아들이기를 거부하고, 여하한 번드레한 장식물, 겉치레에도 만족하지 않고 끊임없이 진짜를 찾는 것이다. 근대의 제도화되고 프로그램화된 세계가 펼쳐보이는 음산하고 기괴한 풍요와 안전, 안락함에 맞서 심판과 구원, 선과 악이 교차하는 살아있는 인간들의 세계로 들어가는 것이다.

이 길을 가는 과정에서 호이나키는 수많은 친구들을 만나서 길동무했다. 미국의 기독교 아나키스트였던 애먼 헤나시, 육체노동의 중요성을 거듭 말하고 장소에 뿌리내리는 삶을 살 것을 주장하고 동시에 실천했던 시몬느 베이유, 집의 가능성, 장소의 실재에 대한 믿음을 거듭 확인시켜 주었던 웬델 베리는 그의 가장 친한 동무들이었다. 이 동무들과 함께했기 때문에 그는 한 장소에 뿌리박고 사는 삶의 기술을 익히고, 그리하여 자기가 잘 아는 장소 속에서 기품있게 행동할 수 있었다. 이 친구들이 있었기 때문에 아마도 그는 끊임없이 아담을 향한 질문 앞에 자신을 세울 수 있었고, 근대적인 시스템 전체에 대한 자신의 태도를 거듭 문제삼을 수 있었을 것이다.

그 길은 친구와 우정이 있었기 때문에 가능했던 것이다. 그는 이 책 마지막에서 그러한 전통에 속하는 것, 믿음의 대열에 합류하는 것에 대해 이렇게 말한다.

> … 이 순간 세계 속에 내가 온전히 참여하기 위해서, 나는 헤나시의 독거혈, 소로우의 감방에 해당하는 것을 찾아야 한다. 나는 가능한 한 깊이 아나키스트 전통 속으로 내 몸을 던져, 자유주의 경제학의 풍요에 대해 깊고 크게 울리는 소리로 '아니오'라고 말할 필요가 있다. 나는 내가 당연히 '아니오'라고 해야 할 장소를 모조리 찾아내고, 외설적인 기관, 관행, 이미지에 대해 '아니오'라고 해야 한다. 나는 이 길을 간 영웅적이고 선한 사람들 속에서 발견되는 자기포기를 흉내낼 수 있는 내 나름의 골방을 구축할 필요가 있다. 이것은 산업·관료체제에 대한 전면적인 비협력으로 나아가기 위한 것이며, 수많은 희생자들의 고통을 나누면서 현대적 신화가 주는 안락, 특권, 안전을 거부하는 길을 찾기 위한 것이다. (335쪽)

이제 남은 것은 내 자신 앞에 있는 아담의 질문이다. 이 물음 앞에서 내가 실제로 어떤 답을 얻느냐는 것은 각자의 몫이지만, 한가지 분명한 것은 사람은 자신의 장소가 주는 희로애락을 느끼는 그만큼 자유로우며, 관계 속에서 기쁨과 슬픔을 향유하는 만큼 낙원에 가까이 다가서 있다는 사실이다. 그러므로 아담을 향했던 "네가 어디 있느냐?"라는 질문 앞에서 우리가 느끼는 책임감이야말로 사물의 핵심으로부터 오는 근원적인 것이고, 인간을 인간되게 하는 것이다. (《환경과 생명》 2008년 봄호)

'살아있음'의 신비, '알지 못함'의 인식론

1

웬델 베리의 이 책은 얼핏 보면 아주 긴 서평이다. 웬델 베리는 여기서 에드워드 윌슨의 *Consilience : The Unity of Knowledge* (Alfred A. Knoph, Inc. 1998)를 세밀하게 분석, 비판하고 있기 때문이다. 그러나 조금만 더 깊이 보면 이 책은 현대과학문명 전반에 대한 저자 웬델 베리의 비판적 성찰이다. 작게 보면 자연과학과 인문학의 통합이라는 윌슨의 야심찬 프로젝트에 대한 심도 있는 비판서이지만, 크게 보면 현대과학의 방법론적 전제로서 물질주의와 환원주의, 기계론적 사고 그리고 현대과학의 외적 맥락이자 동시에 현대과학이 내면화하고 있는 산업주의와 제국주의 이데올로기에 대한 급진적이고도 근원적인 성찰과 비판을 담고 있다. 과학비평을 매개로 현대문명 전반의 야만성과 착취적인 성격을 뿌리까지 파헤친다는 점에서, 그리고 문화의 전달자로서 대학의 학술시스템이 가지는 폐쇄적 전문가주의를 비판하고 구체적인 삶에서 체화되는 예술과 종교의 가능성

이 글은 《삶은 기적이다》(녹색평론사, 2006년)의 역자 해설로서 씌어진 것이다.

을 찾는다는 점에서 이 책은 포괄적인 문명비판서의 성격을 지닌다.

이 책에서 본격적으로 비판하고 있는 에드워드 윌슨은 국내에도 잘 알려져있는 과학자이자 저술가이며, 그동안 여러권의 책이 번역 출간되었다. 《사회생물학》(1975), 《인간 본성에 대하여》(1979), 《개미 세계 여행》(1994), 《생명의 다양성》(1992), 《자연주의자》(1994), 《우리는 지금도 야생을 산다》(1996)가 출간되었으며, 최근에 《생명의 미래》(2002)가 나왔다. 그러고 보면 웬만한 윌슨의 책은 거의 다 번역되었다고 할 수 있다. *Consilience*는 2005년 4월, 《통섭》(최재천·장대익 옮김, 사이언스북스)이라는 제목으로 국내에서도 번역 출간되었다. 《통섭》은 2005년 국내 출판도서 중 우수도서로 자주 신문지상에 오르내리며 하버드대학의 생물학 교수이자 저명한 사회생물학자, 진화생물학자로서 저자의 명성에 걸맞는 대접을 받았다.

에드워드 윌슨은 *Consilience*에서 새로운 생물학적 연구성과에 근거하여 인문학과 자연과학뿐만 아니라 예술과 종교까지 포괄하는 지식의 대통합을 이루고자 한다. 그러나 실제로 윌슨이 이 책에서 하고 있는 것은 과학주의적 관점에서 인간과 세계를 해석하는 것이다. 이 책에서 윌슨은 겸손하고 객관적인 태도로 과학적 사실을 발견하여 제시하는 데 머무르지 않고, 유전생물학 연구를 통해 발견해낸 사실들과 방법론으로 모든 인간현상과 사회현상을 해명하고자 하며, 이러한 그의 시도는 오늘날 지배적인 과학 이데올로기에 의해 철학과 종교사상을 재형성하고 주도하고자 하는 이념적 의도를 내포하는 것으로 보인다. 그리고 과학자가 과학의 영역을 뛰어넘어 과학주의 이데올로기에 의해 인간과 세계에 대한 해석을 시도할 때 나타날 수 있는 위험성이 윌슨에게서도 고스란히 나타난다. 그는 자연과학이 해명할 수 없는 영역을 해명하고자 하며, 스스로 해명했다고 생각한다. 17세기 가톨릭교회가 갈릴레오에게 했던 일을 이제는 거꾸로 과학자가 인문학과 종교, 예술을 향해 하고 있다. 힘의 관계로부터 자유로운 인간 지성이란 불가능한 것인가?

17세기 가톨릭교회가 과학이 실제로 입증한 것을 논박하려 했다면, 월슨은 자신이 알지 못하는 것에 대해 안다고 주장하고 있다. 가톨릭교회가 갈릴레오에게 했던 행위가 폭력적이고 전제적인 측면을 지닌다면, 월슨이 하는 일 역시 전제적이고 폭력적이다. 이것은 《통섭》이라는 번역본 책의 제목에서도 잘 드러난다. 월슨은 대통합의 개념으로서 '부합, 일치'를 뜻하는 consilience란 개념을 쓰는데, 이 말은 '함께(con)' '뛰어오르다, 도약하다(salire)'에서 온 말이다. 이 책의 번역자 중 한사람인 최재천 교수는 이 말을 '통섭(統攝)'으로 번역하고 '큰 줄기를 잡는다'는 뜻으로 해석한다. 그러나 이 말은 '섭정(攝政)', '삼군(三軍)을 통섭한다'는 말에서 알 수 있듯이 통치자적이고 지배자적인 개념이며, 지식의 대통합을 꾀하는 월슨의 시도가 가지는 전제적(專制的)인 성격을 반영한다. consilience라는 말은 서로 다른 것들이 보다 높은 자리로 비약하고 도약해서 부합되고 일치하는 것을 뜻한다. 즉 상향일치의 의미를 지닌다. 그런데 실제로 월슨이 하고 있는 것은 하향일치다. 월슨은 물질보다 높고 큰 존재인 생명, 그보다 더 높고 큰 존재인 정신과 영을 보다 낮은 물질의 차원으로 환원시켜 물리적 법칙으로 해명하려고 한다. 생명에는 물질에 없는 존재의 차원이 있고, 정신과 영에는 생물에 없는 존재의 차원이 있다. 돌멩이와 민들레, 개미와 인간, 영은 각기 다른 존재의 층위에 속한다. 개미를 설명할 수 있는 논리, 예컨대 유전학이나 분자생물학으로 인간현상을 모두 설명할 수 있다고 생각하는 것은 지적 오만이며 폭력이다. 만일 어느 한차원에서 통합이 되어야 한다면, 그것은 존재의 층위의 가장 높은 차원에서 통합되어야 한다. 즉 상향통합, 상향일치가 이루어져야 한다. 보다 높은 존재의 차원에서 이해되고 받아들여질 수 있도록 자연과학과 생물학이 상대화되고 겸허해져야 지식의 소통과 통합이 가능해진다.

최재천 교수는 이성의 설명 능력을 낙관하는 월슨을 따라서 "설명한다, 그러므로 나는 존재한다(ennaro, ergo sum)"라는 명제를 제안한다. 그러나 사물에 대한 설명은 언제나 사물 그 자체만 못하다. 그리고 사물 자체는 어떠한 설명에 의해서도 소진되지 않는다. 위의 명제는 이 사실을 인정하는 한에서만 타당하다. 환원주의적 추상화 과정에서는 사물 자체와 사물에 대한 형식화된 지식을 동일시하는 경향이 있다. 그러나 다중적이고 다원적인 생명과 존재의 세계는 물리적 법칙이나 생물학적 이론으로 설명되지 않는다. 모든 자연과학 이론은 가설적 성격을 가지고 있으며, 새로운 발견과 통찰에 따라 수정될 수 있다. 또 어느 측면과 부분에서 타당할 수 있어도 생명과 존재의 전 차원을 아우를 수는 없다. 그러므로 인문학과 마찬가지로 자연과학의 이론과 설명 역시 겸허하게 자신의 상대성과 한계성을 인정해야 한다.

2

지식의 대통합이라는 윌슨의 계획은 공학적이다. 외견상 그는 물질적 환원주의라는 공법을 사용하여 자연과학과 사회과학, 인문학 등 수많은 고립된 방들로 나누어놓았던 벽을 허물고 여러 지식의 분과들이 한데 모여 대화하고 소통할 수 있는 공동의 학문지평을 수립하고자 하는 것 같다. 그러나 그 결과는 벽이 허물어지는 것이 아니라, 오로지 자연과학의 방이 건물 전체로 확대되었을 뿐이다. 왜냐하면 그가 사용한 물질적 환원주의라는 공법 자체가 인문학이나 예술, 종교가 숨쉴 수 있는 공간을 허락하지 않기 때문이다.

윌슨은 "우리는 우리 자신의 힘으로 알 수 있고, 앎으로써 이해할 수 있으며, 이해함으로써 현명한 선택을 할 수 있다"는 계몽주의적 신념에 근거하여 지식의 대통합을 추구한다. 그리고 그가 지식의 대통합을 위해 사용하는 방법론적 도구는 물질적 환원주의다. 그에 따르면 세계는 "합법칙적인 물질세계"이며, 모든 법칙들은 경험적으로 설명되고 이해될 수 있고, 과학적 증명에 종속되어 있다. 그는 "별들의 탄생에서 사회제도의 운용에 이르기까지 눈에 보이는 모든 현상은 궁극적으로 … 물리적 법칙들로 환원될 수 있는 물질적 진행과정에 근거한다"고 주장한다. 나아가서 그는 인간의 문화가 자연과학과 인과적 설명으로 연결될 때에만 온전한 의미를 지닌다고 보았다. 물질주의자로서 윌슨은 자연과학의 발전으로 인해 우주와 인간을 이성에 의해 파악할 수 있다는 강한 신념을 가지고 있다. 그는 유전자와 문화의 공동진화를 말하면서 인류가 유전적 진화와 병행하여 문화적 진화를 덧붙였으며, 이 두 진화는 상호 연결되었다고 한다. 유전자와 문화의 공동진화라는 개념 자체가 자연과학의 영역 안에서 설명 가능한 것인지도 의문이지만, 보다 근원적으로는 생명현상의 심오하고 다양한 차원을 몇가지 자연과학적 물리법칙들로 환원시키고 자연과학의 인과적 설명으로 귀결시키려는 그의 시도는, 동그라미 하나를 그려놓고 그것을 지구라고 주장하는 것과 같다.

윌슨은 지식의 통합에 대해 이야기한다. 그러나 지식의 통합을 논하기에 앞서 먼저 알아야 할 것은 삶은 원래 통합되어 있었다는 점이다. 윌슨은 원래 살아있는 전체로서 하나였던 생명을 물질적 환원주의라는 칼로 죽여서 분해하고 쪼갰다가 다시 하나로 합쳐놓고서는 그것이 삶과 세계에 대한 통합적이고 진정한 이해라고 주장한다. 그러나 종합하고 통합하는 과학자는 자기가 알고 있는 만큼만 끼워맞추고 의미를 부여할 뿐이다. 그는 자신이 해부했던 것을 다시 전체로 만들지 못한다. 그리고 원래 하나였던 것을 쪼갰다가 다시 어설프게 한데 모아놓고 자기 공이라고 내세워서도 안된다. 이렇게 분해했다가 다시 붙여놓은 것은 살아있는 사물 자체가 아니라 죽은 시체다.

그러나 인문학과 예술, 종교가 동경하는 세계는 원래 살아서 통합되어 있던 전체로서의 생명이다. 인문학과 예술, 종교는 본질적으로 사물의 이 '살아있음'에 다가가고자 한다. 특정한 요소나 범주로 환원되지 않으면서 독특하게 자기가 속한 장소에 뿌리내리고 살아가는 개체 사물의 존재 그 자체에 다가가고자 한다. 추상과 추상화의 범주들을 깨부수고, 고유한 생명과 가치를 지닌 사물 그 자체와 대면하고 싶어 한다. 사물의 고유한 구체성, 결코 지식에 의해 포획되지 않는 삶의 신비한 차원에 다가가고자 한다. 이 세계는 윌슨이 말하는 계몽주의적 이성에 의해 포획되는 '알 수 있음'의 세계가 아니라, '알 수 없음'의 세계다. 시와 춤, 종교는 이 '알 수 없음'의 세계, 신비의 세계에 대한 경험을 달리는 표현할 수 없는 그만의 고유한 방식으로 표현한다. "모든 이론은 회색빛이되 저 생명의 나무는 영원히 푸르다."(괴테, 《파우스트》) 생명나무가 간직한 푸르름은 입증 가능한 사실도 아니고, 통계적인 수치도 아니다. 그것은 설명될 수 없고, 단지 경험될 수 있을 뿐이다. 진심에서부터 우러나오는 모든 노래와 춤, 시와 기도는 괴테가 말한 저 생명나무의 영원한 푸르름을 간직하고 있다. 그러나 추상적 보편주의, 환원주의는 생명나무의 푸르름을 회색빛 죽은 이론으로 탈색시킨다.

웬델 베리가 말하고자 하는 것은 이러한 신비로서의 삶, 삶의 기적적인 성격을 회복해야 한다는 것이며, 이 점에서 윌슨의 '통합'은 삶의 기적적인 성격을 빼앗는다는 것이다. 웬델 베리는 이 책에서 윌리엄 블레이크의 시를 수차례 인용하고 있다. 그중 하나를 여기 옮겨보겠다.

> 한알의 모래에서 세계를 보고
> 한송이 들꽃에서 천국을 본다

블레이크의 이 시구는 삶의 기적적인 성격을 일깨움으로써 우리의 인식을 고양시킨다. 그러나 윌슨이 말하는 과학은 모래 한알에서 세계를 보지 못한다. 윌슨은 모래알을 더 잘게 쪼개고 분류하여 가능한 한 최소 단위로 환원시킬 뿐이다. 삶을 기계적이고 예측 가능한 것으로, 또 알 수 있는 것으로 다루는 것은 결국 삶을 축소시키고 환원시키는 일이다. 윌슨이 삶을 환원하고 축소한다면, 블레이크는 삶을 고양시킨다. 블레이크는 모래 한알에서 세계를, 한송이 들꽃에서 세계와 그 너머를 보고 있다. 블레이크의 시 속에서는 모래알 하나가 도약하여 세계와 동일시되고, 들꽃 한송이가 도약하여 천국과 동일시된다. 세계와 그 너머, 천국의 수준으로 모래알과 들꽃이 고양되고 그 수준에서 일치를 이룬다. 이것이야말로 진정한 consilience, "함께 도약하여 일치를 이룸"이다. 통합은 삶의 고양을 이루는 것이어야지 삶을 조잡하게 만드는 것이어서는 안된다. 사람은 누구나 물화(物化)된 삶을 거부할 권리가 있다.

월슨이 말하는 과학은 결코 모래 한알에서 세계를 보지 못한다. 그는 단지 모래알을 분류하고 명명하며 주어진 한계 안에서 설명할 뿐이다. 만일 월슨이 자신이 하는 일의 한계를 알고 그 한계 안에서 성실하게 그 일을 한다면, 그 자체로서 그가 하는 일이 가치가 없다거나 쓸모없다고 말할 이유가 없다. 그러나 그가 자신이 이해한 모래알로 세계를 설명할 수 있다고 말하는 순간, 즉 모래알을 구성하는 아주 미세한 단위들로 세계를 환원시키고 설명할 수 있다고 주장하는 순간, 그의 행위는 어리석은 지적 오만(hubris)으로 변한다. 과학자로서 에드워드 윌슨의 지적 근면성은 시인으로서 윌리엄 블레이크의 천재적인 상상력과 동일하지 않으며, 그것을 대체할 수도 없다. 그래서 웬델 베리는 "환원의 과정 후에 과학자들이 종합과 통합을 할 것이 아니라, 피조물과 애정으로 가득 찬 세계로, 우리가 살고 있는 기쁨과 슬픔의 세계로, 모든 과정들에 앞서면서 동시에 그 뒤에도 살아남는 세계로 돌아오기를" 바란다.

3

이 책 《삶은 기적이다》에서 웬델 베리는 "우리는 신비 안에서, 기적에 의해 살아있다"고 말한다. 또한 그는 "삶은 설명할 수 없는 무엇인가가 지속적으로 개입하는 것"이라는 과학자 에르빈 샤르가프의 말을 인용한다. 세계와 삶이 지니는 '알 수 없음', '신비'의 측면을 지키는 데 웬델 베리는 대단히 강경하다. 자기가 아는 유전학적 지식에 의해 이 모름의 세계, 신비를 설명할 수 있다는 윌슨의 주장을 그는 혐오한다. 윌슨에게 알지 못함이란 아직 알려지지 않은 것일 뿐이고, 따라서 그는 신비나 인간의 한계 같은 것들을 환상이나 무의미라고 간단히 밀어내버림으로써 현재의 지식뿐만 아니라 미래의 모든 지식과 아직 알려지지 않은 것들까지도 과학의 소유물이라고 주장한다.

그러나 웬델 베리의 말대로 만일 우리가 결국에는 알아내고야 말 대상으로 자연과 그 안에 있는 유기체와 생명을 연구한다면, 그것은 현재, 혹은 미래의 이해를 위한 하나의 주제로 자연을 포획하는 것이고, 그러한 이해는 극심한 산업적·상업적 낙관주의의 토대가 될 것이며, 공동체와 생태계, 지역 문화에 대한 극심한 착취와 파괴의 발판이 될 것이다. 아무리 윌슨이 환경보호론자로서 지구의 미래와 생물학적 종의 다양성을 염려한다 해도 그것은 단지 시늉일 뿐 기본 정신에서는 지구환경을 파괴하고 종의 다양성을 축소시키는 행위의 철학적 전제들을 공유하고 있다.

윌슨의 과학적 '신앙'은 궁극적으로 모든 것을 경험적으로 설명할 수 있다는 신앙이다. 윌슨은 경험주의를 지배적인 교리로 받아들일 것을 요구하며, 경험적으로 입증이 불가능한 어떠한 생각에 대해서도 고려하려 하지 않는다. 이것은 종교화된 과학이며, 웬델 베리에 의하면 '현대의 미신'이다. 윌슨은 이 신앙에 근거하여 인문학과 자연과학, 종교와 예술의 통합을 꿈꾼다. 그가 말하는 통합은 자연과학적 환원주의에 의해 인문학과 예술, 종교의 차이를 해소시키고 통합된 하나의 학문체계로 만드는 것이다. 윌슨에 의하면 통합은 "학문분과들을 넘어서서 사실들과 사실에 근거한 이론을 연결시킴으로써 공동의 설명을 위한 기초를 만들고, 문자 그대로 지식이 '함께 도약'하는 것이다." 그리고 "통합을 이루거나 반박하기 위한 유일한 길은 자연과학에서 발전된 방법론들이다. … 물질적 우주를 탐구하는 데서 그 효과가 입증된 사고의 습관에 충실해야 한다." 결국

과학적 환원주의를 종교나 예술 같은 문화의 영역에까지 강요하겠다는 것이다.

그러나 이러한 통합은 가능하지 않으며, 해서도 안된다. 오늘날 인문학과 자연과학, 과학과 종교 사이의 분리와 간격, 대화와 소통의 단절을 염두에 둘 때 윌슨의 이러한 노력을 이해 못할 것도 없다. 그러나 그는 문제의 핵심을 잘못 보고 있다. 인문학이 인문학으로, 자연과학이 자연과학으로 머무는 것 자체가 문제인 것은 아니기 때문이다. 둘 사이에 대화와 소통이 없는 것은 각자 자신의 전문성에 함몰되어 삶의 구체성으로부터 터져나오는 요구들에 귀를 기울이지 못한 채 자본의 요구에 복종하고 있기 때문이지, 인문학과 자연과학, 종교와 예술을 모두 아우르는 하나의 통합된 학문체계가 없기 때문이 아니다. 문제는 자연과학이건 인문학이건 자본의 노예가 되었다는 데 있고, 노예는 소통의 주체가 되지 못한다는 데 있다. 노예가 자기 책상 앞에 앉아서 하나의 통합된 체계를 만든다고 대화와 소통이 이루어지는 것이 아니다. 그러므로 윌슨은 과학자로서 환원의 작업 후에 종합과 통합을 하겠다는 만용을 부릴 것이 아니라, 웬델 베리의 말대로 우리가 살고 있는 기쁨과 슬픔의 세계로, 모든 추상화와 환원의 과정에 앞서면서 동시에 그 뒤에도 살아남는 삶의 세계로 돌아와야 한다. 진정한 대화는 거기서부터 시작되어야 하며, 이 대화와 소통은 다시 각자의 영역에서 결실을 맺을 수 있을 것이다.

결국 윌슨은 통합과 종합의 만찬에 우리 모두를 초대하는 것 같지만, 사실은 각자 자신의 언어를 쓰면서 식사에 참여하는 것을 허락하지 않는다. 윌슨이 제안하는 통합은 환원주의적 과학의 방법과 가치들을 예술과 종교에 강요함으로써 본래 통합을 통해 치유하고자 했던 불연속성과 분열을 더욱 강화할 따름이다. 윌슨은 두개의 측면을 화해시킬 수 있는 길을 자신이 발견했다고 생각하지만, 사실 그는 두 측면 중 한 측면만을 강조하고 있을 뿐이다. 웬델 베리의 입장은 강경하다. 그는 말한다. "신앙을 가진 사람으로서는 통합에 대해 윌슨과 대화할 아무런 이유가 없다. 정직하게 말해서 그의 제안은 천상의 존재를 부정함으로써 천상과 지상을 화해시키자는 제안이고, 거기에 응할 수는 없기 때문이다."

<h2 style="text-align:center">4</h2>

이 책의 저자인 웬델 베리는 미국의 농부이자 시인, 작가다. 대학 졸업 후 그는 한때 대학에서 교편을 잡았지만, 얼마 후 그만두고 고향인 켄터키의 시골에 들어가 농사를 지으며 많은 시집, 소설, 에세이집을 냈다. 그는 자신은 늘 학교 밖에 있을 때가 훨씬 편했다고 말한다. 그리고 이 점이 자신과 윌슨의 가장 근본적인 차이일 거라고도 했다.

웬델 베리의 글은 친절하지 않다. 그는 자신과 반대되는 사람을 설득하려 하지 않는다. 해박한 그의 인문학적, 예술적 소양은 때로 번역자를 힘들게 했지만, 그에게 동의하지 않는 독자들은 반감마저 느낄 수도 있을 것이다. 자신에게 동의하지 않는 사람들에게 그는 그저 "나는 그대와 친구가 될 수 없소. 들을 귀 있는 자는 들으시오"라고 나지막이 말하는 것 같다. 그러나 이미 그의 견해에 동의하고 있는 사람은 더욱 깊이 그에게 빨려들어 깊은 유대감과 일치감을 얻게 될 것이다.

이 책을 번역하게 된 것을 나는 행운으로 생각한다. 과학기술의 영향력과 그 지배 아래에서 매일매일 그 은혜와 파괴력을 실감하며 살아가면서도 오늘날 과학과 기술이 제기하는 문제와 도전을 어떻게 받아들이고 성찰해야 할지 그 방법을 나는 알지 못했다. 이 책은 과학에 대해 문외한인 나 같은 사람도 현대산업문명을 떠받치고 있는 핵심적인 지주(支柱)인 과학과 기술에 대해 비판적으로 성찰할 수 있도록 스스로 질문하는 법을 가르쳐주고 있다. 과학과 자본의 공모, 그로부터 파생되는 폐쇄적인 전문가 시스템과 대학의 탈지성화, 그로 인한 인간성과 생태계의 파괴 등 그의 관심사는 과학에서 시작하여 삶의 전 영역을 아우른다. 그리고 사물의 핵심에 놀랍도록 빨리 정확하게 도달하고 있다. 이 책이 신비와 기적으로서의 삶에 대해 열린 마음을 아직 간직하고 있는 독자들에게 즐겁고 기쁘게 읽힐 수 있기를 기대한다. (2006년 1월)

"네가 바로 그것이다"

캠벨 해설

1

    종교적 경험의 원초적 요소는 무엇일까? 초기 인류의 종교적 경험을 결정한 요소는 어떤 것들이었을까? 아마도 인간이 자연과 관계를 맺는 방식이 종교적 경험이나 종교적 의식의 형성에 결정적인 영향을 끼쳤을 것이다. 신화적 사고의 논리와 구조는 인간과 현상세계 사이의 살아있는 관계를 의식하는 데에서부터 시작되었다. 초기 인류는 주변에서 접하는 자연현상이나 대상들을 죽은 사물로 경험하지 않았다. 그들에게 사물은 살아있었고, 알 수 없는 힘으로 충만해있었다. 끝없이 까마득하게 펼쳐진 하늘, 붉게 물든 석양의 바다, 바람에 흔들리는 연한 푸른 잎새 — 최초의 인간들은 이 모든 것들에서 만물을 살아있게 하는 불가사의한 힘을 느꼈을 것이다. 그리고 보이지 않지만 강력하게 느껴지는 이 힘 안에서 자신들도 다른 모든 존재들과 연결되어 있음을 어렴풋이 깨달았을 것이다. 최초의 인간들의 종교적 경험은 주변의 자연현상들과 만나고, 자기 안에 존재하

이 글은 조셉 캠벨의 《네가 바로 그것이다》(해바라기, 2004년)의 역자 해설로서 쓰인 것이다.

는 자연적 본성을 자각해가는 과정과 밀접하게 관련되어 있다. 신적인 것이 자연 안에 내재하고 있으며, 자연은 인간사회와 밀접하게 결부되어 있다는 확신이 그들의 행위와 사유, 감정을 지배했다. 자연과 인간이 내적인 관계를 가지고 있다는 가정은 이 책에서 다루고 있는 신화적 사고를 이해하는 데 기초가 된다.

따라서 인간의 종교적 경험에서 지리적, 자연적 풍토가 가지는 중요성은 대단히 크다. 인간이 경험하는 자연현상의 다양성은 초월에 대한 경험을 구체적인 형태로 객관화하고 외화하는 데 영향을 끼쳤다. 열대의 우거진 밀림 속에 조각난 하늘을 바라보며 살았던 사람들과, 광활하게 펼쳐진 대초원과 사막의 하늘을 바라보며 살았던 사람들이 경험한 신(神)은 달랐을 것이다. 또한 주변의 자연환경을 우호적이고 친근한 것으로 경험하는가, 아니면 무시무시하고 적대적인 것으로 경험하는가에 따라 신적 존재에 대한 관념의 성격과 내용이 달랐을 것이다.

오늘날 몇가지 두드러진 형태로 나타나는 세계 종교들은 수천수만년에 걸친 인류의 종교경험이 녹아들고 응축된 결정체이다. 선사 인류인 네안데르탈인들이 동료들의 시체를 동물의 뼈와 함께 동굴에 매장한 것을 현존하는 최고의 종교 유적으로 본다면, 이때로부터 오늘에 이르기까지 인류는 그들의 영적, 종교적 체험의 정수(精髓)들을 축적해왔고, 오늘의 세계 종교들은 그 경험의 축적물들을 특정한 길을 따라서 발전시키고 정형화한 결과물이라고 말할 수 있다. 어느 한 문명이나 종교가 지니는 전체적인 경향이나 분위기는 지극히 복잡하고 복합적인 긴 과정의 산물이다. 그러나 이러한 종교들의 오랜 형성사를 돌아볼 때, 맨 처음 그것들이 형성될 당시의 지리적, 자연적 조건 속에서 인간이 상황을 어떻게 받아들이고 경험했는지가 여러 종교의 형태를 결정하는 데 결정적인 영향을 끼쳤음을 부정하기 어려울 것이다.

이 책에서 다루고 있는 유대-기독교 역시 이 점에서 예외가 아니다. 이 책에서는 서구 종교 중의 하나인 기독교 신화를 다루고 있다. 계시종교(啓示宗敎)로서의 기독교에 대한 내적인 확신과 헌신으로 가득 차있는 기독교인들로서는 자신들의 신앙과 종교적 헌신을 자연적, 사회문화적 환경과 인간정신 사이의 오랜 상호작용의 결과물로 보는 시각 자체를 애당초 받아들이기 힘들 것이고, 더 나아가서 성서와 기독교 전통 속의 많은 이야기들을 신화라고 규정하는 것 역시 언어도단일 것이다. 기독교인들에게 신앙과 교리는 하느님의 은혜에 의해 영원(永遠) 전부터 정해진 것이고, 성서의 아담과 이브, 아브라함과 이삭, 야곱 이야기 등은 움직일 수 없는 역사적 사실들로서 역사 속에서 하느님의 계시를 확증하는 것들이다. 그러나 캠벨은 이 책에서 성서와 기독교의 많은 이야기들을 역사와 사실이라는 관점보다는 인간과 세계, 신에 대한 근원적인 이야기로 보고, 세계의 다양한 여러 신화들과 비교하여 구조적 유사성을 발견하고, 그러한 구조에 나타나는 인간 종교성의 근본 구조를 밝히려는 데 초점을 두고 있다.

일반적으로 오늘날 세계 종교는 두가지 형태로 구분된다. 지리적 경계를 중심으로 본다면 근동에서 시작되어 유럽과 북미지역을 포괄하는 유대교, 기독교, 이슬람교와 인도, 아시아 지역을 포괄하는 힌두교, 불교, 유교가 있다. 이러한 종교들의 기틀이 마련된 시기는 문명의 여명이 밝아오고, 인류역사 속에서 도시와 국가가 발생한 시기와 맞물려있다. 이 시기에 발생한 세계 종교들은 도덕과 윤리의 신적이고 권위 있는 근거를 제공함으로써 국가와 사회조직을 유지시키고 강화하는 이데올로기적 기능을 했다. 준엄한 신의 명령으로 강조된 강력한 윤리와 도덕은 이 시기에 발생한 종교들을 떠받치는 기둥이라고 할 수 있다. 이로 인해 이 종교들은 야성적이고 원초적인 인간의 종교적 심성을 있는 그대로 노골적으로 드러내기보다는 내면화된 검열기제에 의해 억압되고 순화된 형태로 표현했다.

그러나 인간의 원초적인 종교적 심성과 거기에 근거한 신화는 도덕과 윤리라는 사회적인 검열기제가 인간의 종교의식 속에 내면화되기 이전에 형성된 것이다. 캠벨이 이 책에서 이야기하고 싶어 하는 것도 근본적으로는 이처럼 원초적이고 노골적이며 다듬어지지 않은 그대로의 인간의 종교성이다. 이 원초적인 종교성에 비추어 기독교 신화들을 해석하고자 하는 것이다. 이러한 캠벨의 관심은 위로부터 오는 계시의 빛에서 준엄한 하느님의 말씀으로 성서를 해석하는 것이 아니라, 인간경험의 빛에서 인간학적으로 해석하는 것이다. 이 경우 캠벨이 생각하는 인간경험 역시 역사·사회·정치적이기보다는 생물학적이고 심리학적인 경험 쪽에 더 가깝다. 캠벨은 그러한 경험들이 인간의 원초적인 종교적 심성의 형성에 더 직접적으로 관련되고, 따라서 신화에 바탕을 둔 종교의 요체에 더 가깝다고 보는 것 같다. 이 때문에 캠벨은 인류의 심원한 집단무의식을 이야기했던 융의 심리학을 신화 해석에 적극적으로 이용한다.

캠벨이 발견한 종교적 깨달음의 요체란 인간과 자연, 온 우주를 관통하는 근원적 자아에 대한 깨달음이다. 근원적 자아 안에서 나와 너, 그리고 자연이 하나로 연결되어 있으며, 근원적 자아란 다름 아닌 내 자신 안에서 발견될 수 있다는 것이다. 이 책의 제목대로 '네가 바로 그것'이라는 깨달음이다. 그러나 이러한 근원적 깨달음이 각 종교문화 전통 속에서 표현되는 양식은 서로 다를 뿐만 아니라 때로는 대립하는 것으로 보인다. 특히 인간과 자연, 하느님을 명확히 구분하고 위계적으로 파악하는 유대-기독교의 경우 근원적 자아와 나와의 동일성에 대한 깨달음, '네가 바로 그것'이라는 깨달음은 원천적으로 봉쇄되어 있는 것처럼 보인다. 물론 유대-기독교 전통 안에도 주관과 객관, 인간과 신의 경계가 모호한 신비주의 전통이 있기는 하지만, 그것은 주류 전통에서는 밀려나 있다. 더욱이 이 책에서 캠벨이 하고 있는 시도는 성서 전승의 형성사와 기독교라는 종교의 유형적 특성에 대한 기존의 이해와 정면으로 충돌한다. 캠벨은 성서를 밑바닥에서부터 뒤집어 읽고 있다. 그의 시도의 새로움과 도전은 단순히 비교종교학적 관점에서 성서 설화들의 신화적 배경, 내지는 신화적 요소들을 밝힌다는 데 있지 않다. 그것은 전혀 새로울 것이 없다. 성서 전통 안에 들어와 있는 유대교, 헬레니즘적 설화 전승, 내지는 신화 전승을 가려내고 그 영향을 규명하는 것은 19세기 종교사학파의 등장 이후 이미 성서학계에서 확고하게 자리잡은 연구방법이다. 이에 비해 캠벨은 유대-기독교라는 종교유형을 지금까지 이해했던 것과는 구조적으로 다른 유형으로, 즉 신화의 대립이라는 의미에서 역사적 종교로 이해되어왔던 유대-기독교 전통을, 신화적 사유구조에 입각해서 읽고 있다. 이 점이 새롭고 논쟁적인 대목이다.

그러므로 캠벨의 주장을 제대로 이해하기 위해서는 먼저 유대-기독교라는 종교의 태동 과정과 그 유형적 특성을 이해하고, 그 맥락에서 캠벨의 문제제기를 살펴보아야 한다. 이제 그것을 하나하나 짚어보기로 한다.

2

인간이 자연을 어떻게 경험하는가는 세계 안에서 자신의 실존에 대한 인식, 즉 인간의 능력과 그 의미를 궁극적으로 신뢰하느냐, 신뢰하지 못하느냐에 지대한 영향을 끼친다. 계절의 변화가 뚜렷하고, 산과 계곡, 강이 조화롭게 자리잡아 온갖 식물이 풍요로운 결실을 맺는 곳, 적절한 강우량과 주기적으로 범람하는 하천에 의해 땅이 늘 비옥하게 소생하는 곳 — 이런 곳에서 탄생하는 문명은 대체로 인간과 자연에 대한 긍정과 감탄을 문명의 추동력으로 삼는다. 또한 이러한 곳에서 탄생하는 종교는 신과 인간, 자연의 친밀성을 드러내며, 자연과 인간의 힘을 즐겁게 의식하고, 자연이 인간에게 가져다주는 새로운 생명과 활력에 대한 명랑한 감수성을 지닌다. 그들에게 우주는 안락한 장소이며, 개체 생명체들이 겪는 고통과 죽음에도 불구하고, 아니 그들이 겪는 고통과 죽음을 통해 보다 큰 우주적 생명은 끊임없이 스스로를 갱신해간다. 개체 생명들이 겪는 괴로움과 고통에 대한 감수성은 부족하지만, 우주적, 근원적 생명 안에서 누리는 인간 삶에 대한 즐거운 낙관주의가 꽃필 수 있다. 아마도 이집트나 중국의 황하 유역 같은 곳들이 이러한 축복받은 곳이었을 것이다.

그러나 성서적 종교의 근간을 이루었던 근동과 메소포타미아인들의 자연경험은 무엇보다도 불안과 두려움이 지배했다. 이 지역에는 모든 것을 무(無)로 돌려버리는 사막과 변화무쌍한 티그리스, 유프라테스 강이 있었다. 견딜 수 없이 작열하는 한낮의 태양과 살을 에는 듯한 밤의 냉기, 모래바람이 있는가 하면 순식간에 모든 것을 파괴하고 진흙으로 덮어버리는 홍수가 있었다. 이곳의 자연을 규정짓는 요소는 안정과 규칙성이 아니라 변화무쌍함과 격렬함이었다. 사람들은 자신들이 얼마나 보잘것없는 존재인가를 끊임없이 상기시키는 위력적인 자연을 경험하면서 그 배후에서 하늘과 땅과 바다를 마음대로 움직이는 신적이고 인격적인 존재를 느꼈을 것이다. 걸핏하면 적대적으로 돌변하는 자연환경 속에서 인간 자신의 능력을 신뢰할 수도, 어머니 대자연의 품에 안겨있다는 존재의 편안함을 느끼기도 어려웠을 것이다. 언제 어떻게 변할지 모르는 자연현상들 배후에서 막강한 신적 존재의 위력을 두려움 가운데 느꼈을 것이다.

인간의 나약함을 끊임없이 일깨우는 이러한 경험이야말로 유대교와 기독교, 이슬람교가 뿌리내렸던 근동과 메소포타미아 지역의 자연경험을 특징짓는 요소였다. 야콥센은 이러한 메소포타미아 지역의 지리적, 자연적 특성이 종교적 관념의 형성에 지대한 영향을 끼쳤다는 관점에서 메소포타미아 종교의 특징들에 대해 기술했다(H. 프랑크포르트 외, 《고대 인간의 지적 모험》, 이성기 옮김, 대원사, 1996년, 155-233쪽). 그의 주장은 종교적 관념 형성에 끼치는 자연의 영향력에 대한 기계적 결정론으로 확대해석될 위험성도 있지만, 삶과 죽음의 실낱 같은 경계선 위에서 생존을 위한 이야기로 종교적 사유를 펼쳐갔을 선사 인류들의 원초적 종교체험을 이해하려는 의도에서 보면, 설득력이 있다.

이 지역의 자연환경은 인간의 삶이 자연을 지배하는 막강한 힘에 종속되어 있다는 사실을 시시각각 뼈아프게 깨닫게 했다. 야콥센에 의하면 메소포타미아 종교들에서 이러한 변화무쌍한 자연현상은 변덕스러운 신적 존재들이 서로 갈등하거나 다툰 결과로 이해되었다. 우주는 개체적 의지를 지닌 신적 존재들의 통합으로 이해되었다. 말하자면 우주가 신적 존재들의 사회로 이해된 것이다. 그래서 바빌론 신화나, 구약성서에는 신적 존재들이나 천상적 존재들이 토론하는 천상 회의 장면이 자주 나타난다. 인간사회가 그렇듯이 신들의 사회도 위계적인 계급관계를 반영했다. 설사 왕이라 할지라도 이 천상적 위계관계에서 보자면 노예에 해당했다. 이처럼 우주를 신들 사이의 관계의 결과로 사회적으로 이해하다 보니 이들의 우주관은 대단히 역동적이 된다.

메소포타미아인들의 이러한 자연경험과 그로부터 나온 우주관, 세계관은 성서적 종교의 뿌리가 되었다. 특히 그들이 가지고 있던 신의 초월성에 대한 인식은 성서적 종교의 발전과정에서 대단히 중요하다. 인간과 인간의 능력을 근본적으로 신뢰할 수 없었던 메소포타미아인들에게 존재의 근거는 눈에 보이는 경험적인 것들을 초월해 있는 것으로 생각되었다. 유대-기독교 전통 역시 신을 자연 밖에 있는 존재로 경험했다. 신은 세계 밖에서 세계를 창조한 창조자이며, 자연이나 자연에 속한 인간과는 본질적으로 다르다. 신은 무엇보다도 인간과 자연이 아닌 것, 인간과 자연을 초월한 것으로 이해되었다. 야훼는 자연 안에 내재하지 않는다. 빛나는 별들과 이글거리는 태양은 야훼의 영광을 드러낼 뿐 그 안에 야훼가 존재하는 것은 아니다.

이러한 히브리인들의 신관(神觀)은 야훼하느님의 계시에 대한 출애굽기의 묘사에 잘 나타난다. 모세가 가시떨기나무 가운데 불로 임한 하느님의 이름을 물었을 때, 그 신은 '야훼'라고 말했다. 이때 '야훼'라는 말은 어떤 구체적인 이름이 아니라 "나는 나다"를 뜻한다. 이것은 인간적 언어로는 신의 본성이나 활동을 규정할 수 없으며, 신은 자신의 절대적인 자유

안에서 스스로를 계시하고 규정한다는 사실을 드러낸다. 현상세계의 사물이나 언어로는 신의 본질을 나타낼 수 없다는 것이다. 신은 어떠한 인간적 가치나 도덕, 이상(理想)으로도 정의될 수 없는 신 자신, "나는 나일" 뿐이라는 것이다.

그러므로 야훼하느님 앞에서는 탁월한 인간적 재능이나 막강한 권력도 빛이 바랜다. 그래서 성서에는 영웅이나 위인이 등장하지 않는다. 구약성서의 위대한 인물들인 모세, 아브라함, 다윗마저도 고전적 의미의 영웅이라고 할 수 없으며, 그들도 야훼 앞에서는 덧없는 미물에 불과하다. 이러한 초월적이고 절대적인 신에 대한 믿음 때문에 성서적 신앙에서는 권력을 신성화하는 것이 불가능하며, 오히려 모든 인간적 권력이 탈신성화된다. 권력을 포함한 모든 세계 내 존재들이 절대적이고 초월적인 신 앞에서는 유한하고 덧없는 것으로, 무(無)로 판명되므로 절대적인 존재를 유한한 자연 안의 사물이나 인간으로 형상화하려는 시도는 우상숭배로 철두철미 배격된다. 가나안 토착 종교와의 끈질긴 투쟁에 대한 성서의 기록은 눈에 보이는 모든 것들을 초월하고 절대적으로 자유로운 야훼하느님에 대한 히브리인들의 참으로 열렬한 신앙을 말해준다.

생명과 성장, 삶의 복잡성과 상호의존성을 긍정하는 농경사회의 종교에서는 초월의 내재, 신과 인간, 자연의 상호의존성과 동질성을 종교적 체험의 근간으로 삼는다. 그러나 히브리인들의 절대적이고 초월적인 신 이해는 이러한 현상세계와의 관련성을 부정한다. 이러한 히브리인들의 종교적 인식을 결정한 자연환경적 요소로서 광야, 사막이 지니는 중요성은 대단히 크다.

구약성서 출애굽기와 민수기에는 히브리인들의 광야 체험이 생생하게 묘사되어 있는데, 이는 이스라엘 민족과 신앙 형성의 중요한 단면을 드러낸다. 근동의 유목민이자 사회적 하층민들이었던 히브리인들은 삶의 풍성함과 안정, 쾌락을 누리는 길을 근원적으로 봉쇄당한 사막지역에 삶의 근거지를 가지고 있었다. 기원전 1250년경 모세의 인도로 이집트에서 탈출하고 기원전 1000년경 다윗 왕국을 건설하기까지 히브리인들은 이미 정착해서 풍요로운 농경문화를 이루고 있던 가나안 종족들에 비해 훨씬 뒤떨어진 유랑민으로서, 사막과 목초지를 떠돌면서 살아가고 있었다. 이들은 두가지 모순된 욕구를 가지고 있었다. 한편으로 그들은 젖과 꿀이 흐르는 땅, 약속의 땅으로 상징되는 풍요로운 삶을 염원했다. 그러나 다른 한편으로 그들은 정착 농경문화가 결국은 도달하게 되는 착취와 피착취 구조, 계급사회에 대한 근원적 거부감을 가지고 있었다. 정처 없이 떠도는 유목민들로서 가난하지만 자유로운 삶의 양식을 선호했고, 정착민들이 가지고 있는 국가권력에 대한 굴종, 계급적 착취를 혐오했다. 히브리인들이 이처럼 계급관계와 국가제도의 형성에 대해 가지고 있던 거부감은 구약성서 사무엘 상하의 사울왕을 옹립하는 과정에 대한 이야기들에 흥미롭게 나타나 있다.

발달된 도시문명과 국가의 종교는 근본적으로 화려한 물질문명을 찬양하며, 국가의 건설과 유지를 위해 사람들을 동원하고 독려하는 이데올로기적 기능을 한다. 그럼으로써 문명과 종교는 한배를 탄다. 그러나 광야는 본질적으로 비어있는 곳, 문명과 인간적 성취가 그 힘을 발휘할 수 없는 곳이다. 사막은 모든 것을 무(無)로 돌리고, 문명과 인간적 가치가 지니는 허망함과 위선, 기만을 폭로한다. 사막은 문명의 구역질 나는 배설물이 없다는 점에서 깨끗한 곳이지만, 사막의 깨끗함이란 사실상 가난과 고독, 황량함이기도 하다. 따라서 히브리인들의 사막 체험은 양면성을 지닌다. 피압박 민족으로서 문명의 필연적 부산물인 억압과 굴종에 대한 거부감 때문에 문명을 혐오하고 경멸하면서 동시에 사막의 척박함, 빈곤으로부터 벗어나 문명이 약속하는 풍성한 삶에 이르고자 하는 동경이다. 말하자면 사막에 자리잡은 히브리인들의 종교체험 근저에는 물질문명에 대한 경멸과 동경이라는 모순된 심리학적 정서가 역설적으로 공존한다.

한편으로 히브리인들의 사막 체험은 사막이 지니는 문화적 결핍, 정서적 빈곤, 열등감, 무산자(無産者)들의 복수심 같은 심리학적 특징들을 기반으로 한다. 그러나 다른 한편으로 적극적인 측면에서 말하자면 그것은 국가나 제도, 문명, 기득권에 얽매이지 않는 자유와 초월의 드높은 경지에 대한 열망과 결부되어 있다. 그래서 사막은 히브리인들의 독특한 신 체험이 있었던 장소였을 뿐만 아니라 훗날 그들이 국가를 수립하고 야훼하느님으로부터 멀어졌을 때 예언자들이 끊임없이 돌아가라고 말했던 장소이기도 했다. 히브리인들이 정착하고 국가와 도시문명을 이루면서 이스라엘의 왕들이 백성들을 착취하고, 하느님의 정의와 명령으로부터 벗어났을 때, 백성들이 가나안 토착민들의 농경문화와 그것을 뒷받침하는 자연종교들에 이끌려 야훼에 대한 신앙으로부터 멀어졌을 때, 예언자들은 이스라엘이 그들의 신 야훼와 첫사랑을 나누었던 시절, 광야 시절의 경험을 끊임없이 떠올리며 초심으로 돌아가서 새출발할 것을 촉구했다. 그만큼 야훼종교, 유대교, 기독교에서 광야, 사막에서의 체험은 일종의 형이상학적인 체험이라고까지 말할 수 있다.

3

그렇다면 이처럼 자연과 인간 안에 내재하지 않는 초월적이고 절대적인 신을 인간은 어떻게 만나고 경험할 수 있는가? 구약성서에서는 자연이나 인간 안에 신이 내재한다는 관념을 우상숭배라 하여 단호히 거부하는반면 시간 안에서 인간이 하느님과 만남으로써 맺게 되는 관계를 중요시했다. 하느님은 세계 안의 어떤 것과도 동일시될 수 없지만, 구체적인 시간, 역사 속에서 스스로를 나타내고 계시한다. 따라서 성서에서는 신과 인간의 만남의 사건으로서 역사가 중요해진다.

구약성서에 의하면 이스라엘의 신 야훼는 특정한 사람들의 집단, 즉 이스라엘 민족과 계약을 체결하고 그들의 역사 속에서 자신을 드러냈다. 신약성서에 의하면 하느님은 예수그리스도라는 역사적 인물 안에서 자신을 완전히 계시(啓示)했으며, 이후에는 교회의 사역과 활동 가운데에서 자신의 뜻을 계시한다. 하느님과 인간은 본질적으로 다르지만 역사 속에서 만난다. 따라서 유대-기독교에서 역사는 계시의 장소로 결정적으로 중요한 위치를 차지한다. 이스라엘의 신 야훼는 역사를 초월해 있으면서 동시에 역사 속에서, 이스라엘 민족사 속에서 스스로를 계시한다. 야훼하느님은 이집트의 압제 가운데에 있는 히브리인들의 울부짖음을 듣고 갈대바다의 기적을 통해 이집트로부터 인도해냈으며, 그들이 광야에서 배회하며 떠돌 때 구름기둥과 불기둥으로 그들을 약속의 땅으로 인도했다(신명기 32, 10-12). 이렇게 해서 이스라엘을 자신의 백성으로 선택한 야훼하느님은 희망과 심판을 선언하는 예언자들을 통해 끊임없이 선택된 백성의 역사에 개입했다. 이스라엘의 번영과 쇠락, 이민족의 침입과 멸망 등은 야훼하느님과 이스라엘 사이의 관계의 빛에서 해석되었다. 역사의 주인은 인간이 아니라 하느님이고, 정치의 주체도 하느님이다. 따라서 신정정치(神政政治)의 이상이 확고해진다.

국가는 인간들 사이의 계약이나 계급적 이해관계의 타협의 결과가 아니라 하느님의 경륜이 펼쳐지는 자리이고, 민족사는 하느님의 구원사로 이해되었다. 자연이 아니라 역사가 하느님을 만나는 장소로서 의미를 지니게 된 것이다. 이들에게는 구원사와 실제 역사가 동일시되었던 것이다. 이들은 자연의 신성화를 우상숭배, 즉 신화라 하여 단호하게 거부했지만, 자신들의 민족사와 하느님을 뗄 수 없이 결부시켰다. 이들은 하느님의 뜻이 계시되는 장소로서 역사를 강조하는 대신 신화를 거부했다. 그러나 구원사 밖에서, 이스라엘의 신앙적 자기이해 밖에서 보았을 때 이들이 말하는 역사는 객관적이고 실증적인 사실로서의 역사일 수 없고, 신앙에 의해 해석된 역사, 계시로서의 역사, 다시 말해 신화적인 역사이다. 성서적 종교에서 신화란 역사와 대척점에 놓이는 말이지만, 사실상 이들은 역사를 신화화했다. 유대인들은 신화와 대립된 것으로서 역사에 주목한 것이 아니라, 실제로는 역사 속에서 계시되는 하느님의 뜻에 대한 새로운 신화를 창조한 것이다.

여기서 문제가 발생한다. 구약성서의 종교가 하느님의 계시의 장소로 이스라엘 민족사를 그 중심에 놓았을 때, 어디까지나 그 역사는 한 민족의 역사이고, 민족적 이해관계와 자기중심성이라는 한계를 지닌다. 그리고 종교가 이처럼 한 민족의 역사와 직접적으로 결부되었을 때 그 종교는 부족종교, 민족종교로서의 폐쇄성과 한계를 지닐 수밖에 없다. 이로 인해 유대교인이 되려면 유대 민족사에 편입이 되어야 했고, 이것은 일차적으로 혈통상 유대인이어야 한다는 것을 의미했다. 물론 기독교는 유대교가 지녔던 부족종교로서의 한계를 벗어나지만, 예수그리스도라는 역사적 인물과 뗄 수 없이 결부되었다. 기독교에서 신앙은 특정한 삶의 형태를 받아들인다거나 삶의 근원에 대한 통찰로 이해되지 않고, 무엇보다도 역사적 인물인 예수그리스도 안에 나타난 하느님의 계시를 받아들이는 것으로 이해된다. 역사성과 결정적으로 결부된 것이다. 이스라엘 민족사 속에 나타난 하느님의 뜻에 대한 겸허한 순종, 그리고 2,000년 전 팔레스타인 땅에서 하느님의 뜻과 자신의 뜻을 완전히 일치시켰다고 하는 유대인 남자 예수를 하느님의 아들로 받아들이는 것이 신앙의 결정적 사안이 되었다. 이것은 보편적으로 설득될 수 있는 원칙이나 객관적인 진리가 아니라 경험되고 고백될 수 있는 진리이다. 그러나 이것이 보편성과 객관성을 지닌다고 주장될 때 독단과 편견, 아집이 판을 치게 된다.

반면 유대 기독교 신앙은 역사 속에서 일어나는 사건들을 신의 뜻이라는 관점에서 해석하고, 윤리적인 판단을 내리는 데 매우 적극적이며, 역사와 사회에 열정적으로 헌신하고 개입하는 삶의 태도를 낳는다. 역사는 단순히 우연적인 사건들의 연속이 아니라, 집단으로서든 개인으로서든 인간이 신을 만나는 자리로서 엄청난 무게로 다가왔다. 인간은 신의 미래를 위해 헌신하는 현재의 시간 속에서 절대적 초월자를 만난다. 시간 안에서 사멸할 수밖에 없는 인간은 역사의 이 엄청난 무게를 홀로, 또는 공동체로서 감당해야 한다. 이러한 점에서 유대교와 기독교에서는 시간 안에서 살아가는 역사적 존재로서 인간의 삶이 진지하고 엄숙하게 받아들여지고, 삶의 고통에 대한 감수성이 예민하게 발달되었다. 또한 매순간마다 역사 속에서 하느님과 대면하는 인간의 자유와 책임이 중요한 윤리적 주제로 등장하게 되었다. 따라서 구약성서와 기독교에서는 인간과 인간의 능력을 신뢰하지 않으면서 동시에 시간 안에 있는 인간 실존을 절대적이고 초월적인 신 앞에 선 존재로 엄숙하게 인식하는 역설이 생겨난다. 이것은 유대-기독교적 인간 이해의 핵심적인 요소라고 할 수 있다.

4

기독교가 유래한 근동 히브리인들의 종교는 위에서 서술한 것과 같은 심리학적, 형이상학적 특징들을 지녔으며, 그러한 특징들은 기독교의 밑바닥에 깔려있다. 기독교에서도 역시 신성(神性)은 인간 안에 있지 않으며, 기독교라는 종교의 목표 역시 초월과의 동일성에 도달하는 데 있는 것이 아니라, 결코 동일하지 않은 인간과 신 사이에 관계를 수립하는 데 있다. 신과 인간 사이의 관계는 구체적인 사회적 실체인 교회를 통해 매개된다. 교회가 하느님과 그리스도의 현실적이고 눈에 보이는 대리인으로서 이 땅에서 하느님의 나라를 실현하는 책임을 부여받는다. 결과적으로 이것은 교회라는 사회집단과 이들이 내세우는 다양한 성서적, 교리적 주장들에 엄청난 힘을 부여하게 되었다. 캠벨이 유대-기독교에 대해 근본적으로 문제제기하는 부분이 바로 이 지점이다.

캠벨은 기독교가 역사적 계시와 교회라는 사회제도를 강조함으로써 결과적으로 노정시키게 된 문제점들에 대해 매우 비판적인 입장을 취하고 있다. 캠벨은 교회가 순수한 종교적 열정에서 시작되었지만 역사적 발전

과정을 거치면서 하나의 사회제도로 정착했고, 결국에는 인간의 내적 본성을 신성(神性)과 중재하는 역할을 하기보다는 사회적, 정치적 실재로서 스스로를 위한 주장만을 하게 되었으며, 현대의 역사적, 과학적 지식으로부터 제기되는 공격에 대해서도 과거의 주장만을 시대착오적으로 되풀이하고 있다고 비판한다. 그리고 이로 인해 본연의 기능인 종교적 경험의 중재 기능을 다하지 못하게 되었다고 한다.

그러나 무엇보다도 캠벨이 이 책에서 집요하게 비판하는 것은 신비를 전달해야 할 기독교 전통의 언어가 오로지 역사적으로 이해됨으로써 사실들에 대한 서술로 변질되어버렸다는 것이다. 역사적 계시를 강조함으로 인해 종교적 언어의 본질이라고 할 수 있는 은유와 상징을 이해할 수 없게 되었고, 그럼으로써 신성과의 일치에 대한 감각이 사라져버렸다는 것이다. 캠벨에 의하면 신화의 언어는 은유이며, 신화의 은유적 언어는 모든 이름들과 형식들을 초월하는 궁극적인 신비를 인식하게 함으로써 우리 안에 경외와 겸허, 존경의 경험을 일깨우고 유지한다. 그는 이것을 우파니샤드에 나와있는 한마디 말로 표현하고 있다. Tat tvam asi, 즉 "네가 바로 그것이다"라는 말이다. 캠벨에 의하면 "신화의 역동적이고 은유적인 언어가 전달하는 경험, 내지는 깨달음이란 모든 개체적 존재의 내밀하고도 깊숙한 곳에 있는 내적인 불꽃이 결국은 만물의 근원이자 신으로서의 궁극적 존재와 하나라는 것이며, 종교적 수련의 중요한 과제는 내 안에 있는 신성을 발견하는 것이다." 캠벨에 의하면 무릇 종교란 이 내밀한 존재와의 일체감을 인식하게 하는 것이며, 종교적 언어는 이러한 인식을 가능하게 하는 것으로서 본질적으로 은유적인 성격을 지닌다. 따라서 성서와 기독교 전통의 언어 역시 캠벨에 의하면 은유이다.

은유란 무엇인가? 은유란 "무언가(핵심 tenor)를 적절한 다른 언어(매체 vehicle)로 표현하는 문학적 기법"이며, 이 경우 매체가 되는 언어는 말하려고 하는 핵심의 특징을 표현해준다. 독자는 이 핵심과 매체 사이의 관계를 파악하고, 그럼으로써 저자가 그 은유를 사용하여 표현하고자 한 의미를 이해해야 한다. 가령 "내 마음은 호수다"라고 했을 때, 마음은 호수라는 매체를 통해 표현되고 동일시됨으로써 호수가 지니는 여러가지 특성과 관련되며, 동시에 호수라는 물리적 실체를 넘어선다.

그런데 흔히 기독교인들은 이 매체와 핵심과의 관계를 제대로 파악하지 못한다. 캠벨이 보기에 기독교인들은 역사적이고 물질적인 옷에 불과한 매체를 사실화, 사물화해서 그것 자체가 핵심인 것처럼 착각한다. 은유는 영적인 실재나 현실을 묘사하는 언어들이다. 그러나 은유의 매체는 절대적일 수 없다. 문제는, 시공간의 제약을 받고 역사적인 옷에 불과한 매체를 사실적으로 이해하고 다시 이것을 절대화하는 태도이다. 이것은 성서의 문자적 차원을 역사화, 사실화하고 다시 이것을 영적으로 절대화하는 것을 의미한다. 캠벨이 이 책에서 가장 큰 문제로 지적하는 것은 은유들이 문자적으로 잘못 읽혀져서 구체적인 사실들과 역사적 사건들을 언급하는 것으로 오해된다는 점이다. 캠벨은 성서 은유와 상징들의 외연과 내연을 엄격히 구분한다. 그에 따르면 은유와 상징의 본질적 의미는 내연, 즉 영적인 핵심에 있는데 기독교인들은 외연, 즉 시공간 안에서 지시하는 내용(동정녀 탄생, 세계의 종말 등)을 본래의 메시지로 오해하고, 그로 인해 성서의 상징들을 통해 살아있는 영적 핵심보다는 역사적인 외피만을 취하게 되었다고 한다.

그러나 은유가 지시하는 내용은 문자적으로 그것이 말하는 것을 넘어서며, 독자들로 하여금 확대 연상을 하게 한다. 그러므로 피상적이고 문자적인 의미의 차원에만 머무르면 은유를 제대로 이해하지 못한다. 은유는 실재의 세계는 겉보기의 세계 이상이라고 말하며, 겉에 드러나는 세계 너머로 독자들을 인도한다. 은유는 객관적으로는 결코 알 수 없고, 단지 순간적으로 얼핏 볼 수 있을 뿐인 진리를 독자들에게 은밀하게 보여줌으로써 그 세계를 동경하도록 만든다. 이 때문에 은유는 종교적 언어로 매우 적절하며, 무릇 종교적 언어란 본질적으로 은유적이다.

은유가 종교적 언어로 사용될 경우 필연적으로 상징과 관련된다. 은유가 계속 반복되다 보면 매체로 사용되는 언어 안에 본래 전하고자 하는 핵심적인 의미가 통합되어 매체가 되는 구상적인 언어만으로도 핵심을 전달하게 된다. 그것이 상징이다. 상징은 그것이 언급하고자 하는 핵심이 무엇인지 드러낼 필요가 없다. 반면 은유는 대체로 핵심을 분명히 언급한다. 예를 들어 예수가 "나는 빛이다"라고 말했을 때 '빛'은 은유로 사용되었다. 그러나 이 은유가 반복됨으로써 빛이라는 말 자체에 여러가지 복합적이고 심오한 의미가 실려서 빛이라는 말만 가지고도 존재의 근원적 차원을 지시할 수 있게 된다. 이 경우 '빛'이라는 말은 상징이다. 다시 말해 은유에서 구상적인 언어인 매체(앞의 예에서 '빛' 또는 '호수')와 의미와의 관계는 독립적이지만, 상징에서는 구상적인 언어 자체 안에 의미가 녹아들어 있다. 그러나 자주 반복되는 은유는 쉽게 안정성을 지니게 되고, 그것이 지시하는 내용을 확대하여 상징이 되기도 한다. 종교적 은유들의 경우 대개가 그렇다. 은유나 상징이나 모두 핵심과 매체 사이의 관계는 긴밀하고 복잡하다. 핵심과 매체는 서로 녹아들며, 상대방을 변형시킨다.

예를 들어 구약성서의 중심적 은유인 '약속의 땅'을 문자적, 사실적으로 이해할 경우 그것은 땅 없이 떠돌던 고대 히브리인들이 꿈에 그리던 근동의 어느 한 지역, 즉 가나안, 팔레스타인 지역을 뜻한다. 이것은 이 말의 문자적, 사실적 의미이다. 만일 '약속의 땅'을 이렇게만 이해한다면, 그것은 지리상의 어딘가에 있는 장소로서 이미 그곳에 살고 있는 사람들을 내쫓고 차지해야만 하는 땅이다. 그리고 이렇게 볼 경우 필연적으로 그 말은 맨 처음에 그 말이 형성될 당시의 민족적이고 문화적인 한계 안에 매이게 된다. 그러나 캠벨에 의하면 이러한 문자적, 사실적 의미는 종교의 요체와는 아무 관련이 없다. '약속의 땅'이라는 말을 은유로 읽는다면, 그 말은 우리 마음속에 있는 공간, 마음의 내밀하고도 영적인 영역을 나타낸다. 그곳은 누군가를 무찔러서 내쫓은 다음 들어가야 할 지구상의 어느 지역이 아니라, 명상과 관조를 통해 들어갈 수 있는 마음의 내밀한 장소이다. 동정녀 탄생도 처녀 마리아가 남자와의 성적인 결합 없이 예수를 낳았다는 것이 아니라, 신적인 신비가 세상에 임하는 놀랍고도 기적적인 방식을 나타낸다. 하느님나라도 이 땅의 어딘가에 임하는 실제 영역이 아니라 마음의 내밀한 공간이다. 하느님나라는 우리 안에 있다.

따라서 캠벨에 의하면 기독교 신화를 이해하는 일도 신화 일반에 대한 이해와 다르지 않다. 신화의 생명력은 그 상징들의 은유적 열정으로부터 나오며, 은유를 사실적이고 문자적으로 읽을 경우 단지 피상적인 의미 차원에 머무를 뿐이며, 은유를 제대로 이해하지 못한다. 은유와 상징은 단순히 지적 개념을 전달하는 것을 넘어서서 초월의 현실성에 실제로 참여할 수 있게 해야 하며, 신비 그 자체를 지시해야 한다. 그리고 캠벨에 의하면 신비란, 바로 우리들 자신과 우리가 사는 세계의 존재 자체에 다름 아니다.

기독교 전통에서는 이 신비를 '야훼', '하느님'으로 인격화한다. 그러나 유대-기독교가 아닌 대부분의 다른 전통들에서, 신은 모든 개념화를 초월하는 특정한 에너지의 대리자이거나 현현(顯現)이며, 기능들이다. 캠벨에 의하면 신은 근원이 아니라 세계를 지탱하는 힘과 에너지를 개념화하는 한 방식이다. 신들은 에너지의 근원이 아니라, 그 대리자들이다. 그러나 근원이자 신비 그 자체는 모든 개념 규정과 정의를 넘어선다. 따라서 캠벨은 신비를 개념화해서 특정한 종교적 언어나 신론(神論) 안에 가두어 놓는 것을 거부하면서 다른 한편으로는 인간을 포함한 세계만물과 동일시할 수 있는 가능성을 열어놓는다. 특히 그는 칼 융의 집단무의식의 원형에 대한 이론을 수용한다. 결국 그러한 신비란 우리가 잘 알지도, 규명하지도 못하는 근원들로부터 나오는 에너지이며, 그것은 우리의 삶을 지배하는 정신구조와 다르지 않다는 것이다. 따라서 초월에 대해 말하는 것은 우리 안의 신에 대해 말하는 것과 다르지 않다. 신에 대한 상들은 우리 안에 있는 초월로 우리를 인도한다.

캠벨은 우리 자신 안에 신화적 코드가 고유하게 내장되어 있다고 한다. 그는 이것을 칼 융이 '집단무의식의 원형'이라고 지칭했던 것과 연결시킨다. 인간심성의 알 수 없는 심연에 자리잡은 이 "집단무의식의 원형은 변화하는 각 시대의 역사적, 문화적 은유들을 통해 표현되지만, 사실은 신화들이 생물학적으로 뿌리내린 영속적인 추동력이며, 동시에 신화의 내포적 지시 대상(connoted references)"이다. 우리들 정신에 고유하게 내장되어 있는 이 집단무의식의 신화는 "잠자는 왕자가 연인의 키스를 기다리듯이 새로운 은유적 상징이 자신을 깨워주기를 기다리고 있다". 캠벨의 논리대로라면 이러한 은유적 상징들이 원래의 꾸미지 않은 방식대로 우리 의식의 내밀한 차원에 말을 걸도록 우리가 허락하지 않는 한, 신화에 대한 진정한 이해는 불가능하다.

5

성서와 기독교 전통의 언어를 은유와 상징으로 되돌려놓으려는 캠벨의 시도는 불가피하게 기존의 기독교에 대한 이해를 뒤흔들어놓는다. 캠벨은 앞서 지적했던 시간적, 역사적 계시종교라는 기존의 기독교에 대한 이해와는 전혀 다른 방식으로 성서의 신화들을 해석한다. 캠벨은 신비 안에서 나와 우주만물의 궁극적 일치와 동일성을 추구하는 종교로 성서와 기독교의 신화들을 해석한다. 이것은 지금까지의 성서 해석과는 많이 다르다.

캠벨은 모세의 출애굽도 고대의 한 피억압 민족의 감격적인 해방 사건, 하느님의 역사적인 구원 사건으로 이해하기보다는 어느 시대, 어느 장소에서나 보편적으로 일어날 수 있는 마음의 사건으로 해석한다. 선택받은 백성 이스라엘과 스스로를 동일시하기 어려운 현대인들로서, 그리고 폭력과 아집으로 가득 찬 오늘의 이스라엘과 이집트에서 노예로 고통당하며 신음하던 이스라엘을 동일시하기 어려운 현대인들로서 은유에서 그러한 역사의 부담을 덜어내고 영적이고 내면적인 의미만을 건져내는 것이 설득력있게 느껴질 수 있다. 한편 동양인으로서도 역사적 계시보다는 동일성과 일치의 경험이 체질적으로 쉽게 받아들여진다. 또한 그동안 기독교는 역사성, 사실성을 강조하고 성서의 문자적 차원을 영적 차원과 동일시함으로써 역사적이고 사회적인 제도로서 한계를 지니는 교회의 자기주장을 신적 주장으로 둔갑시키는 오류를 범해왔다. 아마도 이러한 오류들은 캠벨의 주장대로 성서의 언어들을 결국은 우리들 자신에 다름없는 신비 그 자체에 대한 은유들로 해석한다면 예방될 수 있을 것이다.

그러나 캠벨의 해석에 의해 잃는 것도 분명히 있다. 영적이고 내면적인 의미에 집착하는 캠벨의 해석이 그동안 성서 해석에서 간과되어왔던 부분을 부각시켜주고, 포기할 수 없는 본질적이고도 고유한 종교의 한 영역에 시선을 집중시킨 점을 부정할 수 없다. 그러나 캠벨의 해석을 그대로 받아들일 경우 역사적 계시종교로서 기독교가 가지고 있는 역사적이고 사회적인 차원에 대한 강조점은 포기된다. 이러한 기독교의 강조점은 역사와 사회의 죄악에 대한 통렬한 비판의식, 개인의 죄에 대한 철저한 부정에서 나타난다. 죄에 대한 기독교의 교리는 역사와 사회의 갈등과 모순을 드러내고, 인간 내면의 왜곡과 위선을 밝힌다. 죄에 대한 이러한 철저한 의식은 경직된 도덕주의의 위험성을 내포하고 있기는 하지만, 인간과 사회에 대해 관념적, 감상적 낙관주의에 빠지지 않고 현실적 이해를 갖게 한다. 죄에 대한 기독교적 감수성은 삶의 부정성, 역사의 갈등과 모순, 즉 고통 앞에서 가장 잘 발휘된다. 그리고 캠벨의 기독교 신화 해석에서 근본적으로 잃어버리는 것이 이 부분이 아닌가 생각된다.

캠벨이 집요하게 지적하듯이 성서의 언어를 사실적이고 역사적인 언어로 문자주의 안에 가두어서도 안되겠지만, 다른 한편으로 성서의 언어가 탄생했던 당시의 역동적인 인간경험의 세계, 그 안에서 분출되는 새로운 세계와 초월에 대한 전망은, 나와 자연, 세계를 관통하는 일원적이고도 근본적인 신비에 대한 깨달음만으로는 환원될 수 없는 차원이 있다. 사실 캠벨이 시종일관 주장하는 "네가 그것이다"라는 원초적인 종교적 깨달음역시 세련된 철학적 가르침에 머무르지 않고, 그가 추구하는 대로 원초적이고도 생생한 종교적 경험을 담아내려면, 종교적 언어의 역사적이고 경험적인 차원을 보다 적극적으로 받아들이고 성찰해야 할 것이다. 성서의언어를, 죽은 문자와 사실이라는 감옥에 가두지 않으면서 역사적이고 인간적인 생동성을 되살려낼 수는 없을까? 사실 그렇게 볼 수 있을 때 무릇모든 종교가 품어야 마땅한 보편적이고 근원적인 지평과 함께 제(諸) 종교들이 탄생하고 성장한 역사적, 사회적, 문화적 특수성 속에서 각 종교들을있는 그대로 인식할 수 있지 않겠는가? 결국은 인간 자신이 역사적 존재이고, 이것은 인간이·어떤 보편적인 종교인이 되기보다는 특정 종교에 귀의할 수밖에 없다는 것을 의미하기도 한다. 이 점에서 기독교라는 종교의 빛과 그늘을 함께 이해하고 받아들이는 태도가 중요할 것이다.

캠벨의 도전과 문제제기는 어쩌면 우리를 어려운 양자택일 앞에 세우는 것일지도 모른다. 내 밖의 초월인가, 아니면 내 안의 초월인가. 동일성과 일치의 종교인가, 아니면 신의 절대타자성과 복종의 종교인가. 그러나정말로 종교문제에서 선택이라는 것이 가능한가? 초월은 내 안이건 내 밖이건 그때그때 내가 발견하는 그곳에 존재하지 않던가. 때로 어디선가 밖으로부터 들려오는 음성에 겸허히 침묵하고 무릎을 꿇어야 하겠지만, 그것은 내가 내 안 저 깊숙한 곳에서 물고기를 잡아 올리는 일과 무엇이 다른가. 살아있는 종교경험은 '이것 아니면 저것(entweder oder)'이라기보다는 '이것도, 저것도(sowohl als auch)'에 가깝지 않은가? 중요한 것은 종교와 그 상징들이란 인간경험의 심원하고도 불가해한 경지에서 나오는 것이며, 그 경험의 무게는 존중되어야 한다는 사실이다.

캠벨의 이 책은 원래 기독교 신화들에 대한 해석으로서, 일관된 논문이나 저술 형태로 출판된 것이 아니라, 상이한 주제들에 대한 캠벨의 강연

내용에서 기독교에 대한 부분들만을 추려서 편집한 것이다. 그 때문에 강연의 생생한 느낌이 살아있기도 하지만, 때로 논리가 불분명하거나 논의를 따라가기 어려운 부분들도 있다. 그리고 구체적인 사실들에 대한 서술에서 오류도 눈에 띤다. 그러한 부분들은 가능한 한 역주를 달아놓았다. 그러한 오류들이 노대가의 전체 논의 전개를 손상시킨다고 생각하지는 않는다. (2004년 8월)

2부 **작가와 현실**

운명에 맞서서, 운명과 더불어

쿠르드인의 삶과 고바디의 영화

1

빅토르 위고는 〈파리의 노트르담〉 서문에서 자신이 그 작품을 쓰게 된 계기에 대해 짤막하게 언급했다. 건축물의 아름다움에 남다른 관심이 있었던 그는 어느 날 노트르담성당 구석구석을 살피다가 탑 한쪽 구석 컴컴한 벽면에 새겨진 글자를 발견하고 손으로 더듬어 읽었다. 거기에는 그리스어 대문자로 '*ANAΓKH*(아낭케)'라고 씌어있었다. 위고는 이 낱말에 입각하여 책을 썼다고 했다.

그리스어 '아낭케'는 흔히 '숙명' 또는 '운명'이라고 번역되는데, 원뜻은 객관적인 물질적 조건이나 사회적 관습, 법, 의무 등에 의해 인간에게 부과된 삶의 필연성을 뜻한다. 자연적, 역사적, 사회적 조건에 의해 주어진 인간 삶의 부정적 측면을 총칭하는 말이다. 물질적 측면에서 보면 그것은 삶의 필요 또는 결핍을 뜻하고, 비물질적인 측면에서 보면 필연을 뜻할 것이다. 신약성서에서 이 말은 고난 또는 재난을 의미하는 말로 자주 사용되었다. 고난이든 필연이든 '아낭케'는 인간이 어쩔 수 없이 받아들여야 하는 삶의 조건으로서, 삶의 시작점이면서 동시에 벗어나고자 하는 고투가 벌어지는 지점이다. 처음부터 체념하고 받아들이든, 아니면 싸우다가 지든, 늘 이 '아낭케'와 대면함으로써 인간드라마가 펼쳐진다.

빅토르 위고는 돌 속에 깊이 파인 채 오랜 세월이 지나 새카매진 이 그리스어 단어를 손으로 더듬어 읽으면서 낡은 성당의 벽면에 이런 글자를 새겨놓지 않고는 이승을 떠나지 못했던 고통받은 한 인간의 영혼을 떠올린다. 노트르담성당의 어두운 탑 속에 새겨진 신비로운 낱말과 그 낱말 속에 그토록 우울하게 요약된 알 수 없는 운명 — 이것이 노트르담의 꼽추 콰지모도를 탄생시킨 것이다. 이 점에서 콰지모도는 운명 또는 필연의 화신이라고 말할 수 있다.

콰지모도는 뒤틀린 육체와 버림받은 운명을 타고나 세상사람들로부터 무시당하고 바보 취급당하지만 끝까지 소박한 한 인간으로 남아, 살아있는 사람의 눈으로 사물을 보고 느끼고 행동한다. 그런데 그가 끝까지 잃지 않은 소박함, 그리고 소박하기에 지닐 수 있었던 인간으로서의 올바른 감각은 성스럽다는 느낌, 아름답다는 느낌을 불러일으킨다. 콰지모도는 자신에게 주어진 운명 속에서 그가 만나는 사람들과 사물들, 심지어 성당의 종들과도 살아있는 관계를 맺고 교섭하며, 그 과정에서 괴로움과 시련을 겪지만, 삶의 감추어진 신비인 사랑을 느끼게 된다. 그리고 이러한 신비의 발견은 미학적 측면을 지닌다.

'운명'은 인간이 아무리 피하려 해도 피할 수 없는 객관적 조건으로서 소극적이고 부정적인 측면을 지니지만, 다른 한편으로 그것은 한 인간이 자신에게 주어진 자연적이고 역사적인 조건 안에서 제 발로 서서 스스로 살아가는 법을 터득해가게 만드는 적극적인 측면을 지닌다. '운명'과 '필연'에 대한 의식만이 인간을 주체적인 존재로 만든다. '운명'에 대한 의식 없이, 또는 '고난'을 거치지 않고 자기의식에 도달하는 방법은 없다. 의지란 본래 운명, 곧 '아낭케'를 향한 의지이며, 자신의 운명과 대면하는 것을 기뻐하는 정신의 태도이기 때문이다. 운명과의 만남이 가져다주는 시련을 견디며 운명에 저항하고 동시에 복종하면서 생의 무늬를 짜나가는 것이 의지의 세계인 것이다.

이처럼 운명과의 대면을 기뻐하는 삶의 태도를 가질 때 인간은 사물을 살아있는 것으로 경험할 수 있다. 운명을 자각함으로써 인간은 세상 안에는 인간이 알 수 없는 것, 건드릴 수 없는 것이 있다는 겸허한 한계 의식을 갖게 된다. 그리고 이러한 한계 의식은 내 맘대로 할 수 있는 죽은 물건이 아니라 살아있는 것으로 사물을 경험하게 한다. 자유롭고 불확정적인 요소들로 가득 찬 원시의 공간으로 삶을 체험할 수 있게 하는 것이다. 사물을 살아있는 존재로 느낀다는 것은 수치화되고 계량화되어 예측이 가능한 딱딱한 죽은 물질로 사물을 경험하는 것이 아니라, 어느 쪽으로 갈지 모르는 불확정적인 존재, 고유하게 자유로운 존재로 사물을 경험하는 것이고, 그로 인해 내가 '상처받을 수 있음'을 받아들이는 것이다. 인간을 포함한 모든 사물을 살아있는 존재로 경험할 때 받아들일 수밖에 없는 이 불확정성의 요소야말로 시련과 고통을 가져다주는 것이지만, 동시에 인간경험을 정신적 차원으로 고양시키는 필수요건이다. 따라서 시련과 고통을 수반하는 운명, '아낭케'는 비린내 나는 삶 자체를 가능하게 하고 '생의 약동'을 유지시키는 싸움터의 북소리이며, 우리가 자유롭게 사랑하거나 사랑하지 않거나 하고, 또 좌절하기도 하고 희망할 수도 있는 공간이다. 왜냐하면 '아낭케'야말로 인간의 경험이 수치화되고 계량화된 딱딱한 죽은 물질의 세계로 물화(物化)되어가는 것을 막는 버팀목이기 때문이다.

이러한 이유 때문에 최후의 극단까지 고난을 체험한 종교적 인물이나 예술작품의 주인공들은 오로지 고통과 삶의 부정성을 통과해서만 적극적인 나 자신에 도달하는 인간경험의 역설적 성격을 드러낸다. 그러한 종교적 인물들이나 예술작품에서는 비참함도 천상의 빛을 발하며, 자기 운명에 삼켜지는 수동성마저도 엄청난 능동성과 주체성을 지닌 행동으로 나타난다. 고난과 영광, 빛과 어둠이 함께 교차하는 삶의 역설을 보여준다. 그렇게 해서 폐허와 황량함, 혼돈, 고통과 시련, 낮아짐이 아름답게 느껴질 수 있는 경이로운 미적 체험이 일어나는 것이다.

'아낭케' 곧 '운명'은 세상에는 인간이 마음대로 할 수 없는 것이 있다는 사실을 반복해서 일깨워줌으로써 한편으로는 신비와 무한에 대한 감수성을 잃지 않게 하고, 다른 한편으로는 어떠한 권력이나 시스템에도 굴하지 않는 정신의 독립성을 확보할 수 있게 해준다. '운명' 앞에서는 어떠한 정치권력이나 경제권력도 그 한계가 자명하게 드러나기 때문이다.

2

작가라는 종족이 하늘로부터 부여받은 능력은 무엇일까? 아마도 그들을 다른 사람들로부터 구별하는 천품은 자기 얘기를 하면서 모든 사람의 이야기가 되게 할 수 있는 능력일 것이다.

영화 한편 보더라도 미리 알아보고 볼 것만 챙겨 보는 편인데 그날은 별생각 없이 혼자 학교 안에 있는 극장으로 향했다. 바흐만 고바디 감독의 영화 〈취한 말들을 위한 시간〉은 그렇게 우연히 보게 되었다. 몇해 전 개봉했던 영화를 가물에 콩 나듯이 일주일에 한회씩 보여준 것이었는데 보게 되었으니 참으로 고마운 우연이었다. 쿠르드족 이야기인 것은 알고 갔고, 민족주의를 설파하는 내용이리라 짐작했었다. 그런데 그것은 민족주의나 반국가주의 같은 이념의 틀 안에 결코 들어오지 않는, 살아있는 인간들의 살아있는 이야기였다. 적어도 이 영화에서는 인간의 '이야기'가 이념을 이기고 있었다. 나는 우연히 밭에서 진주를 발견한 사람처럼 만사를 제치고 고바디의 영화를 수소문해서 구해다 보았다. 그리고 당연히 감독에 대해서도 알아보았다. 1969년생이니 나이는 갓 마흔이고, 자그마한 체구에 동안에다 에너지가 넘쳐 보였다. 젊다면 젊은 나이인데, 어떻게 그런 견고한 의식에 도달할 수 있었는지, 그렇게 만든 그와 그의 민족의 경험이 어떤 것일지 궁금했다. 〈취한 말들을 위한 시간〉 외에 〈거북이도 난다〉,

〈반달〉, 〈고향의 노래〉 세 편을 더 보았다.

〈취한 말들을 위한 시간〉에서는 첫 장면부터 어린아이들이 먹고살기 위해 종종걸음 친다. 일찍 부모가 이혼하여 어릴 때부터 일곱 형제자매의 장남으로서 생계를 떠맡아야 했던 감독 자신처럼 이 영화의 아이들은 종이로 찻잔을 싸거나 무거운 짐을 져 나르며, 눈보라 치는 산길에서 말을 몰아 짐을 운반하고, 곱은 손을 불어가며 나무를 한다. 지뢰가 깔린 이란과 이라크 국경을 넘나들며 물건을 운반하여 돈벌이를 하는 아이들이 짐짝처럼 트럭 뒷칸에 앉아 노래를 부른다.

인생이란 놈은 나를 산과 계곡으로 떠돌게 하면서 나를 나이 먹게 하
고 저승으로 이끄네.

이 장면에서 고개를 외로 꼬고 목청껏 노래를 부르던 소년 중 한 명은 그 장면을 찍기 2주 전에 지뢰를 밟아 다리를 잃었다고 한다. 아이든 어른이든 쿠르드족에게 죽음은 친구처럼 가까이 있다.

쿠르드족은 '쿠르디스탄', 즉 아나톨리아 반도 동남부 약 20만제곱킬로미터에 이르는 산악지대에 살고 있는 소수민족이다. '쿠르디스탄'은 '쿠르드족의 땅'이라는 뜻이며, 천연자원의 보고이고, 특히 석유가 많이 매장되어 있어 전쟁이 끊이지 않는 분쟁지역이다. 기원전 2000년경의 쿠르다족에게까지 거슬러 올라가는 이들은, 오랫동안 유목생활을 해왔고, 원래 자기 땅인 쿠르디스탄에 계속 살아왔지만, 근대국가 형성기에 국가를 형성하지 못하면서 터키와 이란, 이라크, 시리아, 아르메니아로 흩어져 살게 되었다. 그러나 이들의 수를 합하면 2,500만에서 3,000만에 이르러 소수민족이라는 말이 무색하다. 지금까지 독립국가를 이뤄본 적이 없는 대신 이들은 크고 작은 형태의 독립적인 부족들로 지역마다 흩어져 봉건사회를 이루고 있었다. 이슬람권 아랍 왕조인 오스만투르크제국 때는 통일된 정치체제 하에서 직접통치를 받았고, 때로는 척박한 자연환경으로

인해 자치를 누리기도 했지만, 대부분의 경우 주변 강대국에 완전히 복속되는 시련을 겪어야 했다. 오늘날 쿠르드족이 거주하는 국가들의 국경지대는 서로 맞닿아 있어서 선으로 이으면 하나의 덩어리가 된다. 쿠르드족은 모두 그 덩어리, 존재하지 않는 쿠르드족의 국가를 그린 지도를 집에 걸어두고 있다고 한다.

쿠르드족은 산악민족답게 대단히 자립적이고 자존심이 강해서 타민족의 통치를 받는 것을 싫어하지만, 소수민족이면서도 그 수가 많은 쿠르드족의 완전한 자치를 어느 국가도 허용하지 않으려 한다. 그래서 이들은 오랜 세월 끊임없이 저항했고, 처절하게 탄압받았다. 쿠르드족 주변 국가들은 독립을 원하는 이들의 소망을 이용해서 언제나 자국의 이익을 취했다. 감독 고바디의 고향이었던 이란, 이라크 국경지대에서 갈등관계에 있던 양국은 상대국 내의 쿠르드족을 지원하며 반정부운동을 격화시켰고, 그 과정에서 쿠르드족은 처참하게 희생당했다. 1988년 사담 후세인이 할라브자의 쿠르드 마을에 화학무기를 살포해 5,000명 이상의 쿠르드인이 사망한 것도 양국이 쿠르드족을 전략적으로 이용하는 과정에서 벌어진 일이다. 이 사건은 고바디의 영화 〈거북이도 난다〉와 〈고향의 노래〉에서 배경이 되고 있다. 〈거북이도 난다〉에서는 주인공 소녀 아그린과 오빠 헹고가 바로 이 할라브자 출신이고, 〈고향의 노래〉에서는 오래전에 남편을 버리고 떠난 뛰어난 가수 아내가 후세인의 화학무기 살포로 인해 얼굴이 망가지고 목소리를 잃은 것으로 나온다.

고바디의 고향 바네는 이란, 이라크 접경지대의 이란 도시였고, 쿠르디스탄 지역이었다. 전쟁은 어린시절부터 고바디의 삶 한가운데를 관통했다. 1979년 이란 이슬람혁명의 여파로 일어난 쿠르디스탄 내전에서 그의 사촌 세명과 삼촌이 살해당했고, 고모가 죽었고, 여동생이 다쳤다. 그는 최초의 기억이 어머니의 등에 업혀 이 마을 저 마을로 달아나는 것이었다고 한다. 그는 어느 인터뷰에서 이렇게 말했다. "쿠르드족 아이들이 태어나서 처음 맞대는 풍경은 어머니의 행복한 얼굴이 아니다. 불타는 집과 사지가 잘려나간 사람들이다. 그들은 엄마나 아빠 대신 폭탄과 전쟁, 지뢰, '달아나'라는 단어를 먼저 배운다." 쿠르드족은 "빨리 말하고 빨리 먹고 빨리 걷는다. 언제 짐을 싸서 달아나야 할지 모르기 때문이다." 고바디도 말이 아주 빠르다.

고바디는 태어난 그날부터 자신의 삶은 고투였고, 언제나 장애가 가로 놓여 있었다고 말한다. 비단 그만이 아니라 그의 가족을 포함해서 쿠르드 인 전체의 삶이 그랬을 것이다. 전쟁과 피난이 일상화된 삶 속에서 쿠르드 인은 뼛속 깊이 강인하고 에너지가 넘치는 민족이 되었다. 고바디는 자신의 영화가 그러한 쿠르드인의 삶에 목소리와 형태를 부여하는 것임을 잘알고 있다. 고바디는 "나는 말하지 못한 이야기들로 가득 찬 땅에서 태어났다. 그곳에선 사건이 끊이지 않아 숨이 막힐 정도였다. 내 고향은 목소리를 갖지 못한 대지, 침묵 속에 고통을 견뎌온 어머니와도 같은 땅이다"라고 말했다. 삶의 대부분을 이란과 이라크 국경지역 도시들에서 떠나지 않았던 그는 8밀리미터 캠코더를 들고 단편영화를 찍기 시작했고, 아버지와 할아버지로부터 들은 이야기들, 그들의 떠돌이생활과 시련, 삶에의 의지를 영화에 담기 시작했다. 그리고 그 이야기들은 쿠르드족의 이야기이면서 고바디 자신과 가족의 이야기였고, 전체로 보면 픽션이지만 에피소드 하나하나는 사실이었고, 아이들의 이야기이면서 어른의 이야기였다.

3

〈취한 말들을 위한 시간〉과 〈거북이도 난다〉에는 아이들이 주인공으로 등장한다. 고바디는 예전에 이란에서는 종종 검열문제 때문에 아이들 얘기를 통해 어른 이야기를 하는 경우들이 있었지만, 자신의 경우는 아이들 자체가 문제고, 태어나자마자 몸만 아이였지 스무살이나 서른살의 삶으로 내던져졌던 자신의 어린시절을 영화 속에 토해놓고 싶었다고 한다.

그래서 이 영화들에서는 서러움 같은 것이 느껴지고, 어린시절 그의 분신 같은 인물들이 등장한다. 〈취한 말들을 위한 시간〉의 아윱은 고바디 자신 의 모습이기도 하다.

〈취한 말들을 위한 시간〉의 무대는 감독의 고향 바네처럼 이란과 이라 크 사이의 오랜 전쟁을 겪으며 황폐해질 대로 황폐해진 국경 마을이다. 그 국경 마을에서 지뢰밭을 누비고 다니며 먹고살려는 고아들의 분투, 그리 고 그 와중에 형 마디의 수술비를 마련하려는 눈물겨운 노력이 영화의 두 뼈대를 이룬다. 어머니는 막내를 낳다 죽고, 밀수길에 나섰던 아버지마저 지뢰를 밟고 목숨을 잃으면서 아윱은 가장이 된다. 그의 형 마디는 열다섯 살이지만 세살배기 정도에서 육체적, 정신적 성장이 멈췄고, 그마저도 수 술을 받지 않으면 곧 죽게 된다. 단 몇달만이라도 형의 생명을 연장하기 위해 아윱은 목숨을 건 밀수꾼 일을 자청하고 나서지만 수술비는커녕 생 활비를 대기도 힘겹다. 국경을 넘나드는 밀수래야 보잘것없는 물건들을 말에 싣고 눈 덮인 산을 넘어 이라크로 가서 물건으로 바꿔오는 물물교환 이지만, 이란과 이라크 국경수비대와 물건을 강탈하려는 무장괴한의 위 협을 감수해야 하고, 사방에는 지뢰가 깔려있어 언제 터질지 모른다. 게다 가 살인적인 추위 때문에 짐을 나르는 말에게 술을 먹여야 한다 ― 덜 추 운 날은 한병, 아주 추운 날은 네병. 도처에 장애물이고, 가능하지 않다는 것이 너무나 분명함에도 불구하고 형 마디의 수술을 포기하지 않으려는 열두살 소년의 의지는 불가해할 정도로 확고하다. 누나 로진의 신부(新婦) 값으로 받은 말을 이라크에서 팔아 수술비를 마련하기 위해 다시 한번 밀 수꾼 행렬에 합류하지만 아윱 일행은 무장강도의 습격을 받고, 술을 너무 많이 먹여 취해버린 말은 달아나야 할 때 눈 위에 드러누워버린다. 총소 리는 점점 가까워지고, 술에 취해 쓰러진 말은 울부짖으며 애원해도 꼼짝 않고….

이 영화 속에는 도저히 믿기 힘든 절망의 풍경이 펼쳐지지만 기이하게

도 영화는 슬픔이나 절망에 빠져있도록 관객을 내버려두지 않는다. 감상에 빠지게 하는 것이 아니라 강한 생명력으로 보는 사람을 흔들어놓는다. 아마도 그것은 이 영화에 깔려있는 쿠르드족의 삶 자체가 그렇기 때문일 것이다. 마디의 병은 먹고살기 위해 분투하는 아이들의 고달픈 일상을 더욱 힘겹게만 할 뿐 고칠 가망이 없어 보이지만, 아윱은 절대 포기하지 않는다. 그 무엇도 그가 원하는 대로 행동하는 것을 막지 못한다. 그는 죽음도 두려워하지 않는다. 무릎까지 차오른 눈을 밟으며 앞으로 걸어가는 아윱은 감독 고바디 자신이면서 시련과 고통 속에서도 음악과 유머를 잃지 않으며 자식 낳아 키우고 살아온 쿠르드인들의 삶의 모습이다. 고바디는 한 인터뷰에서 이렇게 말했다. "쿠르드인들의 에너지는 저항에서 나온다. 절대 꺾이지 않겠다는 의지에서 나온다. 우리는 미래에 대해 희망적이다. 살아오면서 나는 늘 그랬다. 태어난 날부터 지금까지 험한 세월을 살아왔지만, 내 뼈는 강인해졌고, 내 두팔은 에너지가 넘친다. 나만이 아니라 우리 모두가 그렇다. 우리는 믿기지 않을 정도로 삶을 사랑한다. 우리가 처한 이런 상황에서 어떻게 그렇게 삶을 사랑할 수 있는지 놀라울 따름이다. 나는 그 열정이 어디서 왔는지 알지 못한다."

그 열정이 어디서 오는지 정말로 고바디가 알지 못하는 걸까? 만일 정말로 알지 못했다면 그는 이런 영화를 만들지 못했을 것이다. 의식은 못했어도 그는 이미 알고 있다. 영화 속에서 그 열정은 마디를 향한 아이들의 사랑이다. 고칠 가망도 없고 시련을 배가시킬 뿐인 바보 마디는 합리적으로 생각하면 포기해야 마땅하다. 그러나 아이들은 오로지 마디를 위해 산다. 이 영화 속의 잊을 수 없는 장면들은 모두 마디를 중심으로 펼쳐진다. 못난이 마디의 얼굴에 아윱과 여동생 아마네는 끝없이 입을 맞추고, 이름을 부르고, 말을 건다. 아마네는 그 작은 몸으로 열다섯살 먹은 오빠 마디를 안고 다니며 약을 먹인다. 물이 없을 때는 꼴깍 침 삼키는 흉내를 내가며 마른 입에 눈을 비벼 넣어 약을 먹인다. 마디가 아파하는데도 어떻게 할 수 없을 때는 그 작은 팔에 마디를 안고 무덤에 가서 비석을 잡고 신께 기도드린다. 눈물젖은 얼굴로 하늘을 우러르며 간절히 기도한다. "신이시여, 신이시여. 마디를 아프지 않게 해주세요." 마디를 수술시켜준다는 조건으로 나이 많은 남자에게 팔려가다시피 시집을 가는 누나 로진, 노새의 짐광주리에 마디를 싣고 눈발을 헤치며 떠나는 로진과 동생들의 눈물어린 이별 — 이 아이들의 가슴 아픈 일상이 벌어지는 곳의 눈 덮인 산과 들과 하늘은 어찌 그리 아름다운지.

나는 이 영화가 보편성을 얻는 지점, 즉 감독 고바디와 쿠르드족의 이야기면서 동시에 우리 모두의 이야기가 되는 지점이 바로 이 대목이라고 생각한다. 마디는 기계적으로 생각하면 떼버려야 할 혹이지만, 그걸 떼버리면 아이들의 삶 자체가 성립이 안되고, '이야기'도 사라지며, 이 영화도 없다. 아무리 큰 고통을 가져다주는 근본원인이라 해도 그것을 부정할 때는 삶 자체가 성립이 안되는 그 무언가가 누구에게나 있다. 지겹고 떼버리고 싶지만 그걸 떼버리면 내가 아니고 삶 자체가 성립이 안되는 그 무엇인가가 인생에도 있고, 역사에도 있다. 마디의 일그러진 육체는 그것을 상징한다. 그것은 노트르담의 꼽추 콰지모도의 혹처럼 튀어나온 등이고, 고바디의 다른 영화 〈거북이도 난다〉에서는 주인공 소녀 아그린이 이라크 군인들에게 윤간당해서 낳은 눈먼 아이 리가이다. 〈거북이도 난다〉에서 아그린은 리가를 거북이 등짝처럼 등에 업고 다닌다. 자신의 운명에서 벗어나고 싶은 소녀는 등에 업힌 장님 아들 리가를 죽이고 자신도 죽는다. 〈취한 말들을 위한 시간〉에서 못난이 마디를 아이들이 보물단지처럼 끌어안고 다녔다면, 〈거북이도 난다〉에서는 제 아이를 등에서 떼낸 소녀가 자살하는 것으로 끝난다. 거북이가 거북이 등짝을 떼어내고 날으려 할 때는 추락해서 죽을 수밖에 없다. 거북이 등짝이야말로 거북이 자신이듯이, 군인들에게 윤간당해서 낳은 아이를 아무리 부정하려 해도 자기 아이고 자기 자신이니 그 아이를 죽일 때는 자신도 죽을 수밖에 없었던 것이다.

146

이것은 앞서 말한 '운명', '아낭케'에 대한 고바디의 예민한 감수성을 드러낸다. 만일 그가 '운명'에 대해 예민한 감각을 가지고 있지 않았다면, 영화를 다른 방식으로 끝냈을 것이다. 아마 〈취한 말들을 위한 시간〉에서는 마디를 영화 속에서 일찌감치 죽여버리거나 아니면 운 좋게 병을 고치는 것으로 그렸을 것이고, 〈거북이도 난다〉에서는 리가도 살리고 아그린도 살리든지, 아니면 리가는 죽이더라도 아그린은 살리든지 했을 것이다. 그러나 고바디는 그렇게 하지 않았다. 〈취한 말들을 위한 시간〉의 마지막 장면에서 아윱은 마디를 안고 국경을 넘는다. 철조망 앞에서 넘을지 말지 망설이다 결국 넘는다. 이라크로 가서 마디를 수술받게 하겠다는 건데, 지금까지 실패했듯이 앞으로도 실패하리라는 걸 영화를 보는 사람들은 안다. 철조망을 넘는 마지막 장면을 감독은 결코 희망적으로 그리지 않았다. 아주 담담하게 정물화를 그리듯이 그렸다. 좌절할 수밖에 없는 꿈이지만, 살아있기 때문에 그냥 그렇게 철조망을 넘는다. 그것이 인간이고, 삶은 그렇게 지속되는 것이다. 희망이란 참으로 역설적인 것이다. 절망적인 상황이 아니면 희망을 갈구하게 되지 않는다. 그리고 희망에서 나온 행동도 상황을 바꾸지는 못한다. 그런데도 계속해서 사랑하고 있고 고투하고 있는 한 희망을 갖는다. 그리고 그런 사랑과 고투가 중단되었을 때, 희망은 사라지고, 삶의 지속성도 사라진다. 〈거북이도 난다〉는 그 파괴되는 지점을 보여준다. 결국 인간은 '운명'과 대면하면서 사랑이라는 고양된 정신적 단계로 상승하기도 하고, 처절하게 파괴되기도 하는 것이다.

4

고바디는 그의 영화가 정치적으로 받아들여질 수 있지 않느냐는 질문에 "나는 전혀 정치적이지 않다. 나는 정치의 천적이나 마찬가지다. 대부분의 쿠르드인들은 정치적이지 않다. 그런데 쿠르드를 둘러싼 아랍국가들이 쿠르드를 정치적으로 만들고 있다. 미국과 비행기, 전쟁, 폭탄이 또한 쿠르드를 정치적으로 만든다"고 답한 적이 있다. 이것은 솔직하고 정확한 답변이지만, 고바디가 그의 영화적 스승 압바스 키아로스타미를 떠나게 된 것은 정치적 측면과 관련이 있다. 고바디는 키아로스타미의 〈바람이 우리를 데려다주리라〉 조감독을 했지만, 스승처럼 고요한 영화를 만들 수는 없었다고 한다. 그가 겪은 현실은 상상이나 관조의 영역을 뛰어넘었기 때문이었다. 있는 그대로의 쿠르드인의 삶의 이야기를 담아내고 싶었던 그는 "압바스 키아로스타미가 평온하고 아름답게 그려낸 마을에서 실제로 펼쳐지고 있는 비극적인 현실을 이야기하기로 결심했다." 이 때문에 그의 영화는 정치적이고, 정치적 의미를 지닐 수밖에 없다.

〈취한 말들을 위한 시간〉은 뿌리 뽑힌 사람들에게 국가란 무엇을 의미하는지 뼈아프게 보여준다. 국경지역에서 밀수(이것도 국가를 빼고 이야기하면 소박한 물물교환이다)를 해서 먹고사는 사람들에게 국가란 국경지대의 지뢰, 초소의 헌병들, 검문검색을 의미할 따름이다. 그들은 국경지대에 살기 때문에 자기 땅에 온통 지뢰가 매설되어서 농사도 못 짓고 밀수해서 먹고살 수밖에 없다. 원래 조상 대대로 살던 곳, 쿠르드인의 땅 쿠르디스탄에서, 그 길말고는 달리 살 방법도 없는데, 이들은 이리저리 쫓기고 달아나야 한다. 이 영화는 국가란, 따뜻한 피가 흐르는 모든 것, 체온이 느껴지는 모든 것과는 상극인 어떤 것이라는 사실을 분명히 느끼게 하지만, 또 그 국가의 울타리에 포함되지 않은 사람들에게 울타리 밖의 삶이 얼마나 힘겹고, 쫓기는 짐승 같은 삶인지 무섭게 보여준다. 한발짝도 넘어오지 못하게 양 국가가 지뢰를 깔아놓았지만, 이들은 그곳말고는 갈 데가 없다. 그렇다면 감독 고바디가 가야 할 곳도 그곳이고, 그의 카메라가 고정되어야 할 곳도 그곳이다. 그리고 실제로 그렇게 이란과 이라크 국경지역을 거의 떠나지 않는다는 점에서 고바디는 정치의식에 충일한 감독이라고 할 수 있다.

〈거북이도 난다〉에서는 고바디의 정치의식이 더욱 두드러지게 나타난다. 〈취한 말들을 위한 시간〉에는 '목의 가시'처럼 어른 고바디를 서럽게 했던 그의 어린시절의 이야기가 있고, 거기 나오는 아이들은 생존의 벼랑 끝에 내몰리긴 했어도 실제로도 아이들이었다. 그러나 〈거북이도 난다〉의 주인공들은 몸은 아이어도 실제로는 아이가 아니다. 그 아이들은 어른들이다. 그들은 예언자(헹고)고, 강간당한 여인(아그린)이고, 생활인('위성')이다. 이 영화에는 두팔이 없는 전쟁고아 헹고와 여동생 아그린, 그리고 그녀가 이라크 군인들에게 강간당해 낳은 눈먼 아들 리가, 마을 아이들의 대장이자 현실적 이해관계에 밝은 영리한 소년 '위성[人工衛星]'이 등장한다.

2003년 〈고향의 노래〉 상영을 위해 후세인 실각 며칠 뒤에 이라크에 갔던 고바디는 충격을 받았다. 끔찍한 장면들이라면 이력이 났던 그도 이라크전쟁의 참상, 특히 아이들의 모습을 그냥 보아넘길 수가 없었다. 그래서 그는 다시 국경지역으로 가서 영화를 만들기 시작했다. 이 영화의 배경은 이라크 국경지대인 아르빌의 쿠르드인 난민촌이다. 미군이 이라크를 침공할 무렵 이 난민촌으로 이라크 군인들에게 부모를 살해당한 헹고와 아그린, 리가가 흘러든다. 마을 아이들의 지도자격인 소년 '위성'은 꼬맹이들을 몰고다니며 지뢰를 파내 시장에 내다 판다. 미군 침공을 앞두고는 지뢰 판 돈으로 총을 사서 전쟁에 대비하기도 한다. 난민촌의 어른들도 그에게 의지한다. '위성'이라는 별명대로 그는 기계에 밝고 온갖 소식에도 밝기 때문이다. 그는 늘 명랑하고 무언가를 계획한다. 그런 그가 아그린을 보고 사랑에 빠지지만 강간의 상처를 안고 늘 죽음을 가까이 두고 사는 그녀는 그에게 전혀 관심이 없다. 아그린은 틈만 나면 절벽 위에 올라 죽음을 꿈꾼다. 그리고 결국에는 눈먼 아들 리가를 죽이고 자신도 죽는다.

전작 〈취한 말들을 위한 시간〉에 비하면 〈거북이도 난다〉는 훨씬 비관적이다. 아이들 셋 중 하나는 팔이 없거나 다리가 없고, 팔다리가 성한 아이들도 지뢰밭을 뒤지고 다니니 언제 팔다리가 날아갈지 모른다. 폭탄 껍질을 운반하거나 지뢰를 파내는 일거리를 얻기 위해 아이들은 필사적으로 손을 흔들어댄다. 이 영화는 마치 죽음만이 구원이라고 말하는 것 같다. 미국이 이라크에 개입하고 후세인이 실각하여 쿠르드족 지도자들이 미국과 연합전선을 구축할 희망에 부풀어 있었을 때인데 고바디는 오히려 더욱 절망적인 목소리를 내놓고 있다.

〈거북이도 난다〉를 만든 후 가진 한 인터뷰에서 고바디는 이렇게 말했다. "사담 후세인은 37년간 통치했습니다. 후세인 정권은 미국과 소수 강대국의 절대적인 지지를 업고 통치해왔습니다. 후세인은 그들의 일부분입니다. 나는 후세인과 저 범죄자 미국, 초강대국 미국 사이에는 차이가 없다고 봅니다. 그들은 다 똑같습니다. 그들은 모두 한뿌리에서 나왔습니다." 그는 자신의 이 영화가 저항을 위한 것이라고 말했다. 미국은 쿠르드인들을 위해 천국을 가져다줄 수 없으며, 그들은 오히려 더 끔찍한 결과만을 초래할 것이다. 영화 속에서 이것은 미군 진격에 대한 헹고의 어두운 예언들로 나타난다. "후세인이 노골적으로 폭력적인 방법을 취했다면, 미국은 민주주의라는 슬로건을 내세웠다." 미국은 쿠르드인들을 해방시킨다고 했다. 그러나 고바디는 미국 역시 공격의 방식만을 달리했을 뿐 마찬가지로 폭력적이고 침략적이라고 한다. 그들은 이미 써놓은 각본대로 자신들의 이익을 관철시킬 것이다. 미국은 쿠르드인들을 무력화시킬 계획을 갖고 있고, 쿠르드인들이 스스로 결정할 권한이 없는 한 단지 게임만이 계속될 것이라고 한다.

이 영화의 마지막 장면에서는 리가를 구하다 지뢰에 발목을 다친 '위성'이 친구와 함께 목발을 짚고 미군들이 진군해 들어오는 것을 본다. 이 장면에서 고바디는 미군들을 마치 정물처럼 그리고 있다. 이 장면에는 환상이 없다. 미국은 구원자도, 악마도 아니다. 이때 '위성'은 진군하는 미군들을 지켜보다 마지막에 방향을 틀어 미군들의 반대 방향으로 친구와 함께 걷는다. 고바디는 그 반대 방향을 유심히 보아달라고 한다. 미국은 결코 쿠르드인들을 해방시킬 수 없으며, 쿠르드인이 믿을 수 있는 것은 목발을 짚은 이 아이들의 두다리뿐이라는 것이다. 이런 고바디의 설명을 들으면 〈거북이도 난다〉에 빚어놓은 비관적인 분위기는 사담 후세인보다 훨씬 강력한 미국을 향해 저항의 목소리를 내기 위한 것인지도 모른다. 미소를 지으며 잔혹한 행위를 하는 미국에 저항하기 위해서는 더 많은 에너지와 탄성이 필요했고, 이를 위해서는 뒤로 훨씬더 많이 달려갔다 앞으로 달려나와야 했는지도 모른다.

또 〈거북이도 난다〉에서 흥미로운 대목은 주류 언론에 대한 그의 조롱섞인 비난이다. 주인공의 이름이 '위성'이라는 것도 코믹한 설정인데, 그 이름은 영화 속에서 CNN, BBC 같은 언론매체를 우스꽝스럽게 묘사하는 것과 관련이 있다. 난민촌의 쿠르드인들은 전쟁 뉴스를 듣기 위해 어렵사리 안테나를 구해다가 TV를 틀어놓지만, 정작 자신들과 아무 상관이 없는 광고와 쇼가 방송되고, 영어를 알아듣지도 못한다. 안테나를 설치했던 '위성'도 실은 TV 뉴스가 아니라 헹고의 예언에 의지해서 사람들에게 전쟁 소식을 전한다. TV에서는 전쟁 이야기를 헐리우드 액션영화의 한장면처럼 보도한다. 고바디는 "아침부터 밤까지 TV에서는 사담 후세인과 부시에 대해 떠들어댄다. 정작 전쟁으로 희생되는 민중들은 보이지 않는다. 나는 반대 방향을 택했다. 나는 이 영화에서 위성 뉴스에서 볼 수 없는 것을 보여주려고 했다. 그 뉴스들에서는 민중들이 엑스트라다. 그러나 내 영화에서 그들은 결코 엑스트라가 아니라 주인공들이다. 내 영화에서 엑스트라는 부시와 부시 같은 사람들이다." 정말로 그의 영화에서는 그렇다.

5

고바디의 영화에는 전문 배우들이 등장하지 않는다. 그는 한번이라도 영화를 본 적이 있을까 싶은 사람들을 그때그때 현지에서 찾아내 대사를 몇줄 연습시키고는 곧바로 카메라를 들이댄다. 각본도 20퍼센트 정도 쓴 상태에서 찍어가면서 현지의 상황전개에 따라, 또 사람들의 반응을 보아가며 완성해간다. 부산국제영화제에 심사위원으로 참여한 적이 있는 그는 당시 한 영화잡지와의 인터뷰에서 자신의 영화 만들기에 대해 이야기했다. 그는 자신의 영화제작 현장에는 의자가 없다고 했다. 장비도, 제작비도 없어서 잠시도 앉아있을 수가 없고, 감독만이 아니라 작가, 촬영감독, 디자이너의 일까지 다 해야 하기 때문이다. 그는 자신의 영화제작비가 아마 한국영화 제작비의 1퍼센트 정도에 불과할 것이라고 말했다. 자신의 영화 속 사람들처럼 힘들게 영화를 만들지만, 그의 두팔은 에너지로 가득차있다고 했다.

그의 이러한 에너지의 원천은 아마도 쿠르드인들의 시련에 찬 삶, 그들의 운명 자체일 것이다. 고바디는 고바디 혼자가 아니다. 그는 혼자가 아니라 모든 쿠르드인들과 함께 영화를 만들고 있다. 그의 영화에는 쿠르드인들 모두의 이야기가 들어있고, 그는 그들의 간절함과 절박함을 보편성을 얻는 고양된 수준으로 끌어올릴 수 있었다. 아마도 이것이 그의 영화를 그렇게 강력하게 만드는 원천일 것이다. 고바디는 자기 민족에 대해 이렇게 말한다. "쿠르드족은 언제나 걱정과 고난을 안고 있어서 웃지 않으면 계속 살 수가 없다. 쿠르디스탄에선 맑은 날 기분 좋게 나와도 누군가 죽었다는 소식을 듣게 되고, 전쟁터로부터 고작 10킬로미터 떨어진 장소에서 즐겁게 결혼식을 치러야 한다. 우리가 원한 삶은 아니다. 권력이 있는 다른 나라가 그렇게 만들었다. 그러므로 쿠르드족은 항상 웃으면서 미래에 대비해야만 한다." 그는 유머와 음악이 쿠르드인들을 강인하게 살아남게 만든 동력이었다고 한다. 그의 영화 〈반달〉과 〈고향의 노래〉에는 이러한 쿠르드인들의 유머와 음악이 넘쳐난다.

쿠르드인들의 삶이 그렇듯이 그의 영화들에도 비극과 희극이 한데 어우러져 있다. 비행기 폭격 소리가 들리고 대량학살로 사람들이 죽어나가고 화학무기로 목소리와 얼굴을 잃어버리고…. 그 와중에서도 사람들은 춤을 추고 노래를 부른다. 일부다처제, 철저한 가부장제 사회의 남자들이

볏을 꼿꼿이 세운 수탉의 자세로 걸어다니고, 그들은 여자들 앞에서 예를 갖출 줄 안다. 여자들은 예쁘고 씩씩하다. 일곱 부인에 열한명의 딸을 가지고 있어도 악사 일을 계승할 아들을 낳겠다고 기어이 또 부인을 얻으려 하고, 그런가 하면 친구를 따라 도망간 옛 부인을 찾아나서는 노인의 순애보도 있다. 노인은 바람난 아내가 친구에게서 낳은 아이를 맡아서 업고 철조망을 넘는다. 고바디가 그려내는 쿠르드인들의 삶은 어떤 틀에도 들어오지 않는 복잡함과 건강함을 드러낸다. 이 점에서 그는 실제에 충실한 리얼리스트다. 그리고 이것은 그가 희망이니 절망이니 말하는 차원 이전의 상태에서 사물을 보고 있음을 말해준다. 비극, 희극을 말하는 것 자체가 우습다. 쿠르드인들은 자기 운명에 맞서서, 운명과 더불어 살아간다. 쿠르드인의 삶은 그렇게 지속되며, 그것이 바로 고바디의 끝없는 상상력의 원천일 것이다. (《녹색평론》 2009년 11-12월호)

작가와 현실

1

한편의 좋은 산문을 읽는 것은 매력적인 한 인간을 만나는 것처럼 기분
좋은 경험이다. 게다가 오웰처럼 편견이 많고, 또 자기가 가진 편견을 자
기가 빤히 들여다보면서 마지막까지 독립적인 한 개인으로서 느끼고 생각
하려고 애쓴 작가의 글은 정말 재미있다. 내면이 소박하고 행복한 사람일
수록 글이 밋밋하고 재미가 적다면, 복잡하고 외로운 인간들은 언제나 적
(敵)을 의식하면서 글을 쓰기 때문에 글이 입체적이고 재미있다. 더이상
명쾌하고, 정직하고, 공정할 수 없는 오웰의 산문들은 시종일관 동료 인간
들의 현실 속으로 육박해 들어가면서도 결코 동화되지 않는 고집 센 한 인
간의 고독한 내면을 보여준다. 그의 글을 읽다보면 이런 글을 쓰는 사람은
가난할 수밖에 없고, 좌절할 수밖에 없다는 생각이 든다.

오웰은 〈나는 왜 글을 쓰는가〉라는 글에서 작가가 되리라고 예감했던
자신의 어린시절에 대해 이렇게 말하고 있다.

이 글은 《위건 부두로 가는 길》(조지 오웰, 이한중 옮김, 한겨레출판사, 2010년)을 읽고 썼다.

나는 좀 외로운 편이였으며 좋지 않은 버릇들이 몸에 붙어 학창시절에 인기가 없었다. 나는 이야기를 지어내고 상상의 인물들과 대화하는 외로운 아이의 버릇을 갖고 있었다. 그러니까 처음부터 문학에 대한 내 포부는 내가 외톨이이고 제대로 평가받지 못하고 있다는 느낌과 뒤섞인 것이었다. 나는 내게 말을 다루는 재주와 불쾌한 사실들과 직면할 수 있는 능력이 있다는 것을 알고 있었다. 이 능력 덕분에 나는 나만의 비밀스런 사적 세계를 만들고 그 세계로 들어가 내가 일상의 삶에서 겪은 실패들에 보복할 수 있었다.

이것은 개인적으로 글을 쓰고 싶은 최초의 충동이 어떻게 일어났는가에 대한 설명이면서, 작가로서의 기질을 형성하는 최초의 동기에 대한 설명이라고 할 수 있다. 작가의 기질이란 현실에서의 좌절의 경험에서 비롯되는 것이면서 동시에 자신의 세계를 구축하고, 끝까지 자기자신의 삶을 살아보고자 하는 '소수의 재능있고 고집 센 인간들'의 기질이다.

실제로 뭔가를 쓰기 시작하기 전에 대개 작가는 특유의 어떤 정서적 태도를 이미 가지고 있고, 그러한 정서적 태도 내지 취향은 어려서부터 형성된다. 작가는 이 초기의 정서적 태도로부터 벗어날 수 없고, 또 그럴 필요도 없는데, 만일 그렇게 한다면 그것은 글을 써야겠다는 충동 자체를 죽이는 일이기 때문이다. 그러나 다른 한편으로 이러한 작가의 기질이란 개인적인 호오(好惡)에 깊이 뿌리내릴 수밖에 없기 때문에, 거기에 머물러있는 한 작가는 제대로 된 글을 쓸 수 없다. 따라서 작가는 자신의 개성을 유지하면서 동시에 끊임없이 그 개성을 지우려고 노력해야 한다. 이 점에서 작가의 문학적 본능과 그 본능을 감시하는 작가의 또다른 자아는 지속적인 길항(拮抗) 관계에 있고, 작가는 글쓰는 행위를 통해 이 긴장을 감내해야 한다. 그래야만 독립적인 정신을 지닌 한사람의 작가로 탄생할 수 있는 것이다.

실제로 오웰에게 이 긴장을 감당하는 것은 자신에게 깊이 뿌리내린 개인적인 호오와 정서적인 기질을 "그 시대를 사는 모든 사람이 필요로 하는 근본적으로 공적이고 비개인적인 활동들과 어떻게 화해시키느냐"는 문제였다. 이 점에서 그에게 글쓰는 행위는 본질적으로 '정치적인' 행위였으며, 동시에 진리와 결부된 문제였다. 그는 자신이 쓴 책들을 회고하면서 "'정치적' 목적이 결여되었을 때일수록 나는 어김없이 생명력 없는 책들을 썼고, 분홍색의 화려한 단락과 의미없는 문장과 수식어들 속으로 속여 넘어갔으며, 그래서 대체로 허튼소리들을 하고 있었다"고 썼다. 그리고 《카탈로니아 찬가》에 대해서는 당시 영국에서 아는 사람이 별로 없었던 한가지 사실, 즉 스페인전쟁에서 무고한 아나키스트들이 엉뚱하게 비난받고 있다는 사실을 그가 알고 있었고, 만일 그 사실에 분노하지 않았다면 아예 그 책을 쓰지 않았을 것이라고 했다. 그래서 그 책에서 그는 자신의 "문학적 본능을 위반하지 않으면서 진실의 전부를 이야기해보려고 무척 노력했다"고 했다. 그러므로 오웰에게 글쓰는 행위는 일차적으로 정치적인 행위였으며, 동시에 진리에 복종하는 행위였다.

  오웰에게 작가의 정치적 동기란 "세계를 특정 방향으로 밀고 가려는 욕망, 성취하고자 하는 사회가 어떤 사회여야 할 것인가라는 문제를 놓고 다른 사람들의 생각을 바꿔보려는 욕망"이다. 그는 이러한 정치적 동기에 충실한 소설들과 산문들을 썼다. 그러나 기질상 그는 매우 심미적이고 개인적이며 사적인 성격이 강한 사람이었던 것 같다. 그는 만일 자신이 평화 시대에 태어났더라면 화려한 책, 혹은 단순한 묘사 위주의 책을 썼을 것이 틀림없고, 자신이 정치적으로 어느 쪽에 복무하는지도 모르면서 살았을 것이라고 했다. 그런 그가, 그의 표현대로라면, 일종의 '팸플릿 저자'가 되지 않을 수 없었던 계기로 아마도 인도와 버마(미얀마)에서 제국주의 경찰로 복무했던 경험, 영국의 노동자계급, 부랑자들과 함께했던 밑바닥 체험을 들 수 있을 것이다. 그는 제국 경찰로 5년을 복무하면서 제국주의,

식민주의의 본질을 몸소 체험했고, 런던과 파리에서 부랑자들과 떠돌아다니면서 가난을 경험하고 실패를 맛보았다. 이런 경험들을 통해 그는 '권위'라는 것에 대해 근본적으로 회의하고 증오하게 되었으며, 다른 한편으로 노동계급의 존재를 알게 되었다.

그러나 결정적으로 오웰의 정치적 방향을 규정한 것은 1937년 발발한 스페인전쟁이었다. 그는 "스페인전쟁과 1936~1937년의 사건들은 정세를 결정적으로 바꿔놓았고, 그 후 나는 내가 어디에 서있는가를 알게 되었다. 1936년 이후 내가 진지하게 쓴 작품들은 그 한줄 한줄이 모두 직접적으로나 간접적으로 전체주의에 '반대'하고, 내가 아는 민주적 사회주의를 '위해' 씌어졌다"고 했다. 그렇게 소란한 세월을 살면서 "어느 쪽에 설 것인가, 어떤 방법을 따를 것인가" 하는 문제를 회피할 수 있다고 생각하는 것은 난센스라고 했다.

따라서 작가로서 오웰의 출발점은 언제나 '당파의식, 곧 불의(不義)에 대한 의식'이었다. 그가 책을 썼던 이유는 언제나 폭로하고 싶은 어떤 거짓말이 있기 때문이었고, 사람들로 하여금 주목하게 하고 싶은 어떤 진실이 있기 때문이었다. 그러나 동시에 그에게 글을 쓴다는 것은 미학적 경험이었다. 작가로서 오웰이 정말로 하고 싶었던 일은 '정치적 글쓰기를 예술이 되게 하는 일'이었다. 《위건 부두로 가는 길》, 특히 이 책 1부 '탄광지대 노동자의 밑바닥 생활'은 정치적 글쓰기가 어떻게 예술이 될 수 있는지를 보여주는 생생한 예이다. 오웰이 이 책을 쓴 시기는 히틀러가 등장하고 유럽 곳곳에 전체주의의 그림자가 짙어지면서 1936~1937년 스페인전쟁으로 이어지는 일련의 사회정치적 상황이 무르익어가던 때이다. 이 책은 그러한 상황 속에서 오웰이 영국 북부 요크셔와 랭카셔 탄광지대를 발로 뛰어다니며 탄광지대 노동자들의 삶을 직접 보고 듣고 경험한 것을 바탕으로 쓴 것이다. 그는 이 책 원고를 출판사에 던져주고 득달같이 스페인으로 향했다. 그리고 스페인전쟁에서의 체험을 바탕으로 《카탈로니아 찬가》를 썼다. 그러므로《위건 부두로 가는 길》은 '정치적 글쓰기'를 '예술적 글쓰기'로 만들고 싶어 했던 오웰의 여정에서《카탈로니아 찬가》에 이르는 도상에 있고, 특히《위건 부두로 가는 길》2부에 나타나는 오웰의 아나키스트적인 기질은《카탈로니아 찬가》에서는 스페인전쟁에 같이 참가했던 아나키스트들을 실제로 옹호하는 것으로 나타난다. 그리고 켄 로치 감독의 심금을 울리는 영화, 〈랜드 앤드 프리덤〉은 오웰의《카탈로니아 찬가》를 근저에 깔고 있다.

2

《위건 부두로 가는 길》은 전체가 13장으로 이루어져 있으며, 그중 1부 '탄광지대 노동자의 밑바닥 생활'(1~7장)은 오웰이 실제로 광산노동자의 생활을 체험하면서 관찰한 내용을 바탕으로 다른 자료들까지 활용해서 쓴 꼼꼼한 르포르타주이고, 2부 '민주적 사회주의와 그 적들'(8~13장)은 그 자신 사회주의자이면서도 사회주의자들에게 실망을 느꼈던 오웰이 어떻게 하면 당시 대중들을 사회주의사상으로 설득할 수 있을지 고민하면서 쓴, 이른바 '팸플릿'적 성격이 강한 글이다. 그러나 열세편의 글들은 각기 하나의 산문으로 읽어도 좋을 만큼 독립적인 성격이 강하다. 아마 2부 '민주적 사회주의와 그 적들'은 당시 사회주의자들 사이에서 논란을 일으켰고, 오웰은 그다지 동조자를 얻지 못했던 것 같다. 그러나 지금 와서 보면 마지막까지 독립적인 개인으로 남았던 오웰이, 당시 무리지어 다니면서 자기 무리의 이해관계를 자기 입장인 양 옹호했던 사람들보다 훨씬 보편성을 지닌다.

이 책 1부 '탄광지대 노동자의 밑바닥 생활'은 작가로서 오웰의 재능이 돋보이는 글이다. 특히 초반부에서 인물과 사물을 정확하게 묘사해내는 오웰의 능력에는 감탄할 수밖에 없다. 산업도시의 살풍경과 그 안에 비집고 사는 인간유형들, 산업화 이전에는 결코 발견할 수 없었으나 산업화,

근대화와 함께 생겨난 노예 같은 인간들을 오웰은 소름끼치도록 정확하게 묘사하고 있다. 아마도 이것은 오웰이 냉혹할 정도로 정확한 관찰력을 지녔으면서 동시에 인물들에 대한 감정이입의 능력을 갖추었기 때문에 가능했을 것이다.

가령 오웰이 묵었던 브루커 부부의 하숙집은 탄광촌의 전형적인 주거 형태 중 하나였는데, 오웰은 그 집에서 제공하는 잠자리와 식사, 하숙인들에 대해 아주 실감나게 묘사하고 있다. 특히 주인 브루커 씨 부부에 대한 묘사는 잔인할 정도로 사실적이다. 브루커 씨는 광부로 일하면서 부업으로 이런저런 종류의 가게를 하다 마지막에 처녑 가게를 하면서 직접 하숙을 치고 있는 사람이었다. 그 집에는 독신의 광부나 노령의 연금생활자, 출장판매원들이 장기 하숙했다. 이들은 생활보호위원회에서 주는 실업수당을 타지 못하게 될까 봐 전전긍긍하는, 말하자면 사회의 가장 밑바닥에 있는 가난한 사람들이었고, 브루커 씨 부부는 이들을 요리조리 뜯어먹으며 산다. 불쌍한 사람들을 뜯어먹고 살자니 신세가 고달프기만 할 뿐 이들 부부의 처지도 딱하기는 매한가지다. 바퀴벌레가 바글바글한 처녑 창고, 찰랑찰랑한 요강단지에 엄지손가락을 담근 채 들고 다니는 브루커 씨, 그리고 그 브루커 씨의 시커먼 손도장이 찍힌 빵, 브루커 씨 부인이 끝없이 늘어놓는 푸념 ― 이런 종류의 것들이 그 하숙집의 공기를 가득 메웠다. 말하자면 하류 중산층 출신으로서 오웰의 부르주아 취향에 거슬리는 구질구질한 것들로 가득 차있었고, 오웰은 이런 것 하나하나에 대해 사실은 돌아버릴 지경이다. 어느 날 아침식사 때 식탁 밑에 가득 찬 요강단지가 있는 것을 본 오웰은 떠나기로 마음먹는다.

오웰은 자기가 떠나기로 마음먹은 이유에 대해 이렇게 말한다.

더럽고 냄새나고 음식이 형편없기 때문만은 아니었다. 무의미하게 정체되어 썩어간다는 느낌, 사람들이 지하에 갇혀 바퀴벌레처럼 같은 자리를 빙글빙글 기어다니며 끊임없이 비열한 불평불만만 늘어놓고 있다는 느낌이 더 견디기 힘들었다. 브루커 부부 같은 사람들의 가장 끔찍한 점은 같은 얘기를 하고 또 한다는 것이었다. … (늘 "그러니 얼마나 힘들겠수?"라는 푸념으로 끝나는) 브루커 부인의 자기연민뿐인 이야기는 신문지 조각으로 입을 닦는 버릇보다 내 비위를 더 거슬렀다. (26쪽)

사실 부르주아만이 이렇게 관찰할 수 있고, 이렇게 묘사할 수 있다. 이 점에서 그의 글에는 부르주아로서 그의 개성과 한계가 분명히 드러난다. 그런데 곧바로 작가로서 오웰의 또다른 자아가 나타나 이렇게 말하고 있다.

그렇다고 브루커 부부 같은 사람들은 역겨우니 잊어버리면 그만이라고 해봤자 부질없는 짓이다. 그들 같은 사람들은 얼마든지 있으며, 그들 역시 근대세계 특유의 부산물인 것이다. 그들을 만들어낸 문명을 받아들이면서 그들을 무시할 수는 없는 노릇이다. 그들 역시 산업화가 우리에게 가져다준 것 가운데 일부이다. 콜럼버스가 대서양을 횡단하고, 최초의 증기엔진이 돌아가고 … 이 모든 일의 결과로 그런 사람들이 생겨난 것이다. 그 때문에 미로 같은 슬럼가가, 나이 들고 병든 사람들이 바퀴벌레처럼 빙글빙글 기어다니는 컴컴한 부엌이 생겨난 것이다. (27쪽)

여기서 오웰은 부르주아로서 자신이 브루커 부부의 하숙집과 그 집에 사는 사람들, 거기서 벌어지는 일들에 대해 느꼈던 그 모든 역겨움을 상대화해버리는 근대문명의 어두운 뿌리에 대해 말하고 있다. 오웰 자신이 속해있는 말끔한 부르주아만이 아니라 근대적 가난과 슬럼, 다시 말해 브루커 씨 부부의 하숙집도 바로 그 어두운 뿌리로부터 태어난 것이다. 이렇게 해서 역설적이게도 브루커 씨와 그의 하숙집, 그 하숙집 사람들에 대한 오웰의 묘사는 보편성을 얻게 된다. 나는 글을 이렇게 쓸 수 있어야 작가라 불릴 자격이 있다고 생각한다. 자기 느낌과 감상에 빠져 허우적대며 인습적이고 상투적인 견해를 반복하는 작가는 자기연민에 빠져 언제나 똑같은 것들에 대한 불만을 늘어놓는 브루커 부인을 연상시킨다.

떠나는 날 오웰은 기차를 타고 가며 그곳 풍경을 바라본다. 기차는 슬럼가를 지났고, 오웰은 순간적으로 한 젊은 여인과 눈이 마주친다. 그녀는 차가운 돌바닥에 무릎을 꿇고 앉아 꼬챙이로 배수관을 쑤시고 있었다.

> 짧은 순간이었지만 나는 그녀의 모든 것을 볼 수 있었다. 올 굵은 삼베 앞치마, 꼴사나운 나막신, 추위에 빨개진 팔을 놓칠 수 없었던 것이다. … 둥글고 창백한 그녀의 얼굴은, 슬럼가의 젊은 여자들이 흔히 그러하듯 유산과 고역 때문에 스물다섯인데도 마흔은 돼 보이도록 지쳐있었다. 그리고 내가 본 그 순간 동안, 내가 익히 본 적이 없는 어둡고 절망적인 표정을 짓고 있었다. 그때 나는 "우리가 느끼는 것하고 똑같이 그들이 느끼는 건 아니다"라고 한다면, 그리고 슬럼에서 자란 사람들은 슬럼밖에 상상할 수 없다고 한다면, 그건 우리의 오산이라는 생각이 퍼뜩 들었다. 그때 내가 그녀의 얼굴에서 본 것은, 까닭 모르고 당하는 어느 짐승의 무지한 수난이 아니었다. 그녀는 자신에게 어떤 일이 벌어지고 있는지 충분히 잘 알고 있었다. 모진 추위 속에, 슬럼가 뒤뜰의 미끌미끌한 돌바닥에 꿇어앉아 더러운 배수관을 꼬챙이로 찌르고 있다는 게 얼마나 끔찍한 운명인지를, 내가 알듯 그녀도 잘 이해하고 있었던 것이다. (27-8쪽)

이것은 그냥 듣기 좋은 말로 가난한 사람이나 부자나 똑같은 인간이라고 말하는 것과 다르다. 자신이 생각하고 느끼고 글을 쓰는 내용 거의 모두가, 사회 내의 특정한 계급적 위치에 자신이 속해있다는 사실에서 기인한다는 사실을 아는 작가, 다시 말해 자신의 취향과 관념이 어쩔 수 없이 계급차별의 산물임을 의식하고 있는 작가만이 이렇게 쓸 수 있다. 이런 작가는 객관적 사실의 엄중함을 알기 때문에 쉽게 계급이 철폐된 사회가 가능한 듯이 낙관적인 포즈를 취하지 않으며, 동시에 자기가 아는 것에 대해 우쭐해하지도 않는다. 현실의 미묘함과 복잡성을 알면서도 모호하고 비열한 태도를 취하지 않기란 정말 어렵다. 오웰은 계급차별이 악이라는 데 대해서는 단호한 입장을 취하지만, 그 누구에게도, 심지어 계급차별의 희생자들에게도 아첨하지 않는다. 오직 자신에게 정직할 뿐이다.

이어지는 탄광지대 노동자들의 삶에 대한 오웰의 보고는 대단히 사실적이다. 가끔 작가들은 끔찍한 가난과 고통 속에 애쓰며 살아가는 사람들 옆에 숨막히게 아름다운 풍경을 묘사하곤 하지만, 오웰은 탄광지대의 풍경을 그렇게 묘사할 수 없었다. 그는 "그런 곳들의 추함은 워낙 끔찍하고 확연하여 체념하지 않고는 볼 수가 없다. … 그것은 거인이 땅에 마음대로 쏟아버린 쓰레기 같다"(141쪽)고 썼다. 이렇게 오웰은 자신이 받은 충격을 묘사하지만, 그러면서도 자신의 막장 체험에 근거해서 광부들이 어떻게 일하는지 숫자를 사용해가며 아주 꼼꼼하게, 객관적으로 쓰고 있다. 광부들의 주택과 먹을거리, 실업했을 경우의 실업급여 등 이 부분의 서술에서는 르포 작가로서 오웰의 성실성과 치밀함을 확인할 수 있다.

이 부분을 읽으면서 좀 놀랐던 것은 1930년대 영국의 광부들이 탄광에서 사용하는 램프 대여비용을 스스로 치러야 했고, 사고로 죽는 동료의 재해보상금을 광부들의 급여에서 차감했다는 사실이다. 산업화 과정에 수반되는 비인간적인 착취와 수탈에 예외가 없다는 것은 다 아는 사실이지만, 오웰은 이 점을 꼼짝없이 인정할 수밖에 없게 눈앞에 들이민다. 오웰이 그리는 광부는 "검댕 묻지 않은 거의 모든 것을 어깨로 떠받치는 검댕투성이 여인상 기둥"(31쪽)과도 같다. 그는 이렇게 고백한다. "우리 모두가 지금 누리고 있는 비교적 고상한 생활은 실로 땅속에서 미천한 고역에 시달리는 사람들에게 빚지고 얻은 것이다. 눈까지 시커메지고 목구멍에 석탄가루가 꽉 찬 상태에서 강철 같은 팔과 복근으로 삽질을 해대는 그들 말이다."(49-50쪽)

그러나 오웰에게 자기 시대가 살기에 완전히 나쁘기만 한 것은 아니었음을 일깨워주었던 것은 근대기술의 눈부신 승리와 그 결실이 아니라, 참으로 묘하게도 그가 어린시절 이따금 보았던 노동계급 가정의 정경이었다고 한다(159쪽). 오웰은 영국이 아직 번영기이던 1차대전 이전 노동자계급 가정의 거실 풍경을 가장 이상적인 풍경으로 그린다.

> 나는 형편이 가장 나은 편인 노동계급 가정의 거실 풍경이 완벽한 균형을 이룬다고 할 만큼 너무나 편안한 것을 보고 깜짝 놀라곤 했다. 특히 겨울날 저녁에 차를 마시고 난 뒤, 조리용 난로에선 불꽃이 춤을 추고, 난로 한쪽에선 아버지가 셔츠 차림으로 흔들의자에 앉아 경마 결승전 소식을 읽고, 어머니는 다른 한쪽에 앉아 바느질을 하고, 아이들은 1페니 주고 산 박하사탕 때문에 행복해하고, 개는 카펫에 드러누워 불을 쬐는 정경을 볼 수 있는 집은 정말 가볼만한 곳이다. 단, 그런 분위기 속에 함께 있는 정도가 아니라 충분히 그 일부가 될 정도로 편한 존재로 받아들여질 때 말이다. (157-8쪽)

이것은 노동계급과 그들의 삶을 낭만화하거나 이상화하는 것이 아니다. 이것은 오웰이라는 인간이 지닌 근본적인 소박함을 드러내는 말이며, 그가 바라는 좋은 삶이 어떤 것인지 보여주는 말이다. 그리고 이것은 오웰의 가슴속에 살아서 그를 '정치가'가 아니라 '작가'로 남을 수 있게 해주는 어린시절의 그 '소년'이 하는 말이다. 그러나 끝없는 확장을 통해 이익을 추구하는 산업화된 자본주의 사회에서 노동자들의 안정된 삶이란 애초에 불가능한 것이고, 그가 바랐던 좋은 삶 역시 근본적으로 불가능한 것이다.

3

이 책 2부 '민주적 사회주의와 그 적들'에서 오웰은 빈곤과 압제, 전쟁을 혐오하는 다수 대중들로부터 사회주의가 지지를 받아야 함에도 불구하고 어째서 배척당하는지 질문을 던지고, 그 이유에 대해 나름대로 진단하고 처방을 내리고 있다. 말하자면 '팸플릿 저자'로서 오웰의 면모가 드러나는 부분인데, 지금 우리로서는 구체적으로 오웰의 진단이나 처방이 적절했는지보다는 그가 작가로서 어떻게 현실문제를 이해하고 자신의 생각을 기술해나갔는지가 더 흥미롭다. 여기서는 다가오는 파시즘의 먹구름을 시종일관 의식하고 조급해하면서 그가 글을 쓰고 있다는 것이 느껴진다.

오웰이 보는 사회주의의 문제는 일차적으로 사회주의자들의 문제이다. 그는 사회주의자들 때문에 사회주의에서 발걸음을 돌리는 것은 차장 꼴이 보기 싫다고 기차를 안 타겠다는 것만큼이나 어리석은 것이라고 하면서도 (297쪽), 그러한 반응을 진지하게 받아들인다. 그는 두가지를 이야기하는데, 하나는 모든 피착취 인민의 이해관계는 같으니 각 계층들 사이의 차이를 강조하기보다는 일치된 이해관계를 강조하는 전략을 써야 한다는 것이고, 다른 하나는 사회주의가 상식적인 양식과 조화를 이룬다는 사실을 보여주어야 한다는 점이다.

먼저 오웰은 사회경제적으로는 프롤레타리아에 더 가까우면서 정서적으로나 문화적으로는 자신을 부르주아와 동일시하는, 자신과 같은 사람들이 영국에는 너무나 많은데, 이런 상황에서 부르주아의 위선과 속물근성을 폭로하고 계급투쟁을 들먹이는 것은 이들을 겁주고 도망가게 하는 것이라고 한다. 그는 자신의 어린시절 교육과 경험 등을 예로 들어가며 계급간 차별의식이 얼마나 뿌리 깊은 것인지 말하고, 절대 그것은 해소될 수 없으니 다양한 계층 간의 차이를 부각시키기보다는 정의와 자유, '지배에 대한 거부'처럼 다 같이 그 아래에서 단결할 수 있는 큰 명분을 내세울 필요가 있다고 한다. 여기까지 오웰의 이야기는 맞을 수도 틀릴 수도 있고, 그것은 지금 그리 중요하다고 생각되지 않는다. 정작 중요한 것은 두번째 문제제기이고, 여기서 사회주의자이면서 사회주의를 넘어서 현실의 심장을 향해 돌진해 들어가는 작가로서 오웰이라는 한 개인의 저력을 느낄 수 있다.

오웰이 보기에 전통이나 기본적인 미학적 정서를 중시하는 상식적인 사람들이 사회주의를 멀리하는 이유는 진보와 기계에 대한 사회주의의 태도와 관련이 있다. "사회주의자들이 그리는 세계는 언제나 완전히 기계화된 세상이며 엄청나게 조직화된 세상이다."(255쪽) 그들이 말하는 사회주의가 실현된 세계는 질서와 효율의 세계이고, 옛 문명들이 노예에 의존하듯 기계에 의존하는 세계이다. 민감한 사람들은 조잡하고 무지하고 미숙한 형태의 기계 숭배를 혐오하며, 사회주의가 제시하는 번쩍번쩍하는 미래상, 배에 기름기 찬 '진보'관 때문에 사회주의로부터 뒷걸음질친다. 그러나 오웰은 이런 진보관은 사회주의사상의 본질이 아니라고 한다(256쪽). 인간의 덕성은 상당수가 재앙이나 고통, 어려움에 맞서는 과정에서만 발휘될 수 있고, 인간은 대체로 수고를 하며 살아야 마땅하다. 그런데 기계적 진보의 경향은 재앙이나 고통이나 어려움을 제거하는 것이고(262-3쪽), 따라서 기계가 압도함에 따라 인간활동은 손상될 수밖에 없다(265쪽).

그런데 이 지점에서 오웰은 자신의 생각이 의미하는 바를 끝까지 밀고 나가지 않는다. 그는 인간의 덕성과 기계적 진보는 같이 갈 수 없다고 결론 내리는 대신 상황논리를 편다. 인간성을 근본적으로 침해하기 때문에 기계적 진보의 이상 자체에 반대하는 것이 아니라, 사회주의 전파에 도움이 안되기 때문에 그것을 과도하게 선전하는 데 대해 반대하는 것이다. 무엇보다도 그는 파시즘이 세계체제화할 것을 두려워했으며, 에즈라 파운드처럼 생각있는 사람들 사이에서 파시즘이 설득력을 얻고 있는 것을 염려했다. 전통과 질서에 대한 애정이 있는 사람이 기계적 진보에 대한 사회주의자들의 선전을 계속 듣다 보면 파시즘을 유럽문명의 장점을 지킬 마지막 방어선으로 보게 되기가 아주 쉽다는 것이다. 말하자면 파시스트들은 사회주의자들이 제시한 물질적 유토피아라는 목표에 반해서 유럽 전통의 옹호자라는 흉내를 낼 수 있었다는 것이다(287-8쪽). 그러나 파시스트에 저항할 대안은 역시 사회주의밖에 없으므로 사회주의를 보다 효과적인 형태로 널리, 빨리 확산시켜야 한다는 것이 오웰의 주장이다(289쪽). 아마 이 때문에 오웰은 이 책 원고를 던져주고 유럽 파시스트와 사회주의자들의 한판 대결처였던 스페인전쟁터로 달려갔을 것이다. 전체주의에 맞설 수 있는 유일한 대안은 사회주의의 바탕이 되는 이상이고, 그것은 정의와 자유다. 이 점에서 오웰은 계급혁명의 구체적인 청사진을 가지고 있었던 엄밀한 의미의 사회주의자였다기보다는, 모든 형태의 권위와 지배를 거부했던 아나키스트적 경향이 강했다고 볼 수 있다.

결국 오웰이 가장 우려했던 것은 파시즘이었고, 전체주의 사회의 도래였다. 그리고 우리는 지금 오웰이 그토록 우려했던 전체주의가 일상화한 사회에서 살아가고 있다. 오웰에 의하면 기계와 기술의 발전은 모종의 집단생산주의로 이어질 수밖에 없으며, 그것은 정치, 군사, 교육에 관한 모든 권력이 소수의 지배계급과 그 하수인들의 손에 넘어간 사회일 가능성이 다분하다. 오웰은 그러한 사회야말로 파시즘이 목표로 삼는 사회라고 했다. 그는 이렇게 말하고 있다. "그런 사회는 노예국가 또는 노예세계라고 하겠다. 그것은 아마도 외양간 같은 사회일 터이며, … 노예들이 잘 먹고 만족하며 지내는 사회일 것이다. … 파시스트들의 목표가 벌집국가라는 말을 흔히들 한다. 그보다는 족제비의 지배를 받는 토끼들의 세상이라고 하는 게 더 적확할 것이다. 우리는 그런 끔찍한 가능성에 맞서 단결해야 한다."(289-90쪽) 오웰은 마지막까지 전체주의 세계의 도래에 저항했으며, 그가 《동물농장》, 《1984》를 쓴 것 역시 그러한 저항의 행위였다. 그리고 우리는 오웰이 염려했던 바로 그 세계에서 살고 있다. (《녹색평론》 2010년 3-4월호)

갈릴리의 농민과 예수

1

R. 호슬리가 쓴《갈릴리 : 예수와 랍비들의 사회적 맥락》의 주제는 하나의 지역으로서 갈릴리다. 호슬리는 이 책에서 1세기 갈릴리의 역사와 사회, 지리를 종횡무진 가로지르며 그때 그곳에서 살았던 사람들의 삶의 모습을 그려내고 있다. 1세기 갈릴리와 그곳 사람들의 삶이 이 책에서 그의 관심사이고, 역사적 예수와 초기 랍비 유대교는 일차적 관심의 대상이 아니다. 다만, 1세기 갈릴리에서의 삶에 대해 이 책에서 얻은 결론이 역사적 예수와 초기 랍비 유대교에 대한 기존의 연구와 어떻게 관련되는지 비판적으로 성찰하는 수준에서 그 주제를 다루고 있으며, 이 대목에서 그가 하는 말 역시 중요하다.

현재 한국 신학계는 최근 북미대륙에서 이루어지고 있는 '예수 세미나'의 역사적 예수 연구결과를 별다른 신학적 반성 없이 액면 그대로 수용하

이 글은《갈릴리 : 예수와 랍비들의 사회적 맥락》(R. 호슬리, 이화여자대학교출판부, 2007년)의 역자 해설 부분을 조금 손본 것이다.

고 있다는 점에서 보수 신학계와 진보 신학계 사이에 기묘한 일치를 보이고 있다. 이러한 실정에서 예수와 예수운동에 대한 역사적·사회적 연구에 든든히 뿌리를 박고 있으면서도 '예수 세미나'와는 일정한 거리를 두고 있는 호슬리의 연구는, 기존의 연구들에 대해 비판적 거리를 확보할 수 있게 도와준다는 점에서 충분히 경청할만한 가치가 있다.

갈릴리는 그 자체로서 신약성서학의 주제가 되었다기보다는 역사적 예수와 랍비 유대교를 연구하기 위한 배경으로서 관심의 대상이 되었다. 복음서 내에서 예루살렘과 대척점에 서있는 지리적 상징으로서 갈릴리가 지니는 신학적 의미에 대해 논의된 적이 있기는 했지만, 역사적·지리적·사회학적 탐구의 대상으로서 유대/예루살렘과는 다른 갈릴리 자체가 고유하게 학자들의 시야에 들어오지는 못했다. 갈릴리에 대한 객관적이고 비판적인 연구는 종종 역사적 예수나 초대기독교의 발전과정에 대한 섣부른 선입견으로 인해 방해받았고, 흔히 유대/예루살렘과 유대교라는 표준적인 패러다임 아래 종속되었다.

그러나 이 책에서 호슬리는 갈릴리를 그 자체로서 탐구하고 있으며, 고고학 연구든, 본문 연구든 독특한 한 지역으로서 갈릴리의 상을 얻기 위해 갈릴리로부터 나오는 구체적인 정보들에 귀를 기울이고 있다. 방법론적으로 그는, 새로이 부각되고 눈부시게 발전된 갈릴리 고고학과 지리학, 경제 인류학의 결론들을 끌어들임으로써 갈릴리와 유대 사이의 지역적·역사적 차이를 밝힐 수 있었고, 성서 내외의 본문 증거들을 통해 당시 갈릴리의 역사적·사회적·문화적 삶의 역동적인 측면들을 밝혀주었다. 그리고 이처럼 다양한 경로를 통해 얻어낸 결론들이 역사적 예수와 관련해서, 그리고 랍비 유대교와 관련해서 어떤 함의를 지니는지 비판적으로 분석했다. 그렇게 함으로써 호슬리는 예수와 랍비들이 벌였던 운동의 맥락으로서 갈릴리에 대한 보다 완전한 이해에 도달한 것 같다.

여기서는 호슬리의 갈릴리 연구가 도달한 결론들을 요약하고, 거기 근

'거해서 그가 그리고 있는 예수와 예수운동의 전반적인 상이 어떤 것인지 제시할 것이다. 그리고 그것이 오늘날 '예수 세미나'로 대표되는 북미주 지역 역사적 예수 연구에 대해 어떠한 도전이 되는지, 그 근저에 깔려있는 근원적인 인식의 차이, 세계관적 차이는 어디에 있는지 살펴볼 것이다.

내가 생각하기에 역사가가 가장 빠지기 쉬운 유혹은 자기 시대의 이상형에 과거를 끼워 맞추는 것이다. 종종 이것은 역사가 자신의 나르시시즘과 결부되어 있다. 자기 시대와 자기자신을 향한 나르시시즘의 은밀한 유혹을 역사가는 뿌리치기 어렵다. 나와 내가 살고 있는 시대는 예뻐 보이게 마련이고 그쪽으로 굽게 마련이다. 근대와 근대적 정신의 세례를 받은 역사가로서 호슬리에게도 예수의 맥락인 고대 갈릴리의 농업적 세계관과 가치관은 매우 낯설게 다가왔을 것이다. 그러나 그는 그러한 나르시시즘을 허락하지 않은 채 역사적 예수와 초기기독교를 그 자체로서 이해하고자 했으며, 그 결과 초기기독교와 예수에 대해 누구보다도 실물적인 이해에 도달한 것으로 보인다. 아마도 그가 그럴 수 있었던 것은 자신이 발 딛고 사는 근대자본주의 체제와 그 정신, 리바이어던의 제국으로서 미국이 지배하는 세계를 어둡게 체험했기 때문일 것이다. 미국과 미국이 지배하는 자본주의적 근대에 대한 그의 체험이 어둡고 부정적이었던 만큼 갈릴리 예수를 둘러싼 빛과 어둠이 그에게 명확하게 느껴졌을 것이고, 끊임없이 인간성을 파괴하는 묵시록적 야수의 손아귀에서 벗어나 민중이 '스스로 하는' 자발적이고 자생적인 공동체를 가꾸어나가고자 한 예수의 고민과 고투가 그토록 절실하게 다가왔을 것이다. 그래서 결국 그는 예수와 공명 (共鳴)할 수 있었을 것이다.

2

호슬리는 이 책 서문에서 역사상 존재했던 사회들 내의 서로 다른 정치-경제적 관계들을 인식하게 해준 학자들로서 맑스, 막스 베버, 칼 폴라니의 공로를 인정하면서, 자신의 갈릴리 이해도 이러한 대가(大家)들에게 빚을 지고 있음을 밝히고 있다. 호슬리의 갈릴리 경제 이해는 이 중에서도 특히 폴라니의 경제 이론에 의존하고 있으며, 그의 이론을 적용해 갈릴리 사회 경제를 이해하고, 그 맥락에서 예수운동을 이해했다. 폴라니의 전제들을 수용함으로써, 호슬리는 현대의 시장경제 위주의 이론에서 탈피하여 고대 로마제국 치하의 갈릴리를 그 내적 논리에 근거해 분석할 수 있었다.

칼 폴라니의 경제인류학적 접근에 따르면, 자본주의적 시장경제는 인류역사에서 매우 예외적이고 우연적인 경제체제이다. 그에 따르면 시장경제가 등장하기 전 인간의 삶에서 경제는 사회적·문화적 관계에 "묻혀있었다(embedded)". 경제가 사회에 '묻혀있는' 한, 개인의 경제행위는 사회의 규범에 의해 제약을 받게 된다. 다시 말해 시장경제가 등장하기 전 인간은 사회집단의 일원이었고, 개인의 경제행위는 비경제적 목표들을 포함하는 보다 넓은 범위의 사회적 관계와 결합되어 있었다는 것이다. 경제에 대한 이러한 사회적 제약은 고대의 도시국가, 전제적 제국, 봉건제, 중세의 자치도시, 중상주의 체제 등 시장경제 이전에 나타난 사회들에서 모두 확인된다.

그러나 시장경제의 발전과 함께 경제는 점차 사회적·문화적 맥락에서 벗어나게 되었다. 경제가 자체의 법칙에 따라 움직이면서 사회적·문화적 관계도 시장의 규칙에 종속되기에 이른 것이다. 이윤동기와 수요·공급에 따른 가격결정을 특징으로 하는 시장경제에서는 노동이 상품화되면서 인간의 사회적 관계가 해체되고, 자연도 삶의 일부가 아니라 생산요소가 되면서 파괴의 대상이 된다. 이러한 의미에서 자기조정적 시장은 인간과 자연을 멸절시키는 속성을 갖고 있다.

따라서 폴라니는 자유주의적 자본주의 시장경제가 사회적 존재라는 인간의 본성과 양립할 수 없다고 보았다. 자본주의 사회에서 인간관계는 인격적 개체들 간의 관계로서의 성격이 은폐되고, 그저 비인격적이고 '객체화된' 시장 운동에 대한 반응으로 나타나게 되며, 따라서 인간이 다른 인간에 대해, 또 자신이 살아갈 자연적 터전에 대해 가져야 할 인격적 주체로서의 책임이라는 요소가 전혀 없다는 것이다. 폴라니는 이러한 자본주의 시장경제에 의해 인간의 사회적 본성이 손상되고 파괴되어가고, 전세계적으로 뿌리 뽑힌 삶이 확대되어가는 것을 보면서 새로운 경제학과 사회의 건설을 모색했다.

폴라니가 시장자유주의의 대안으로서 관심을 두는 비시장적 사회의 특징은 포괄적인 사회적 관계 내지는 유대(紐帶)이다. 그의 경제인류학 연구의 직접적인 동기는 그러한 유대를 회복하는 것이다. 다시 말해 생산을 인간의 사회적·문화적 필요에 종속시키는 방식으로 현대기술사회를 조직하고, 동료 인간과 자연환경에 대한 인간의 책임이 비인격적인 시장의 힘과 기술관료의 명령을 능가할 수 있는 사회적·정치적 질서를 세우는 것이다.

호슬리는 이와 같은 폴라니의 경제인류학적 관점을 고대 갈릴리사회에 대한 연구에 적용했다. 그는 고대 갈릴리사회의 사회적 유대의 근거로서 평등주의적인 '모세 계약'에 근거한 전통적인 농업공동체적 삶을 발견하고, 1세기 갈릴리에서 로마제국의 간접 통치와 예루살렘 성전체제, 헤롯의 통치에 의해 그것이 파괴되어가는 과정을 분석했으며, 그리고 그처럼 파괴되어가는 유대관계를 회복하려는 운동으로 예수와 예수운동을 재구성하고 있다.

이 과정에서 호슬리는 갈릴리에서의 기본적인 사회형태들에 대해 상당히 분명한 인식을 하게 되었는데, 그가 말하는 기본적인 사회형태란 가정, 촌락, 도시들이다. 호슬리는 로마제국이라는 보다 광범위한 사회구조 안에서 이 기본적인 사회형태들 사이의 관계가 어떻게 형성되었는지 분석하고 있다. 촌락과 도시라는 기본적인 사회형태는 이 책에서 그가 갈릴리의 사회와 경제를 분석하는 가장 중요한 틀이다. 호슬리에 따르면 로마제국 치하 갈릴리에서 제국은 도시를 통해 징세하고 주변의 촌락들을 지배했다. 따라서 로마제국과 예루살렘 성전체제의 이익을 대변하고 관철시키고자 했던 갈릴리 도시들과, 전통적인 마을공동체적 삶의 방식을 고수하고자 했던 촌락 사이의 갈등이 예수운동의 가장 일차적인 맥락이다.

전통적으로 로마인들은 피정복 지역의 토착 귀족이나 왕들을 내세워 간접 통치를 하는 방식을 취했다. 팔레스타인 지역에서 로마인들은 유대인 하스몬가(家) 대신 이두매인이었던 헤롯 가문의 왕들과 예루살렘 성전 대제사장들을 속국 지배자로 임명했다. 이들은 토착 귀족으로서 로마의 환심을 얻어 유대와 갈릴리, 사마리아 지역을 지배했다. 일반적으로 헬레니즘 제국들의 수탈 방식은 새로운 식민 도시를 건설하거나 재건해서 그 도시를 중심으로 인근 지역 촌락의 물자를 조공의 형태로 빼앗아가는 것이었다.

예수가 활동했던 갈릴리 지역에서 헤롯 가문의 왕들은 세포리스를 재건했고, 티베리아스를 새로 건설했다. 세포리스는 페르시아시대부터 로마시대에 이르기까지 제국의 정권들이 갈릴리를 통치하고 징세하기 위한 발판의 역할을 했던 주요 행정도시였다. 티베리아스는 기원후 18년 분봉왕 헤롯 안티파스가 갈릴리 호수 서쪽에 황제 티베리아스의 이름을 따 자기 영토의 수도로 건설한 도시이며, 로마시대 내내 행정도시로서 기능했다. 세포리스는 예수의 고향이었던 나사렛과 가까운 곳에 위치했고, 티베리아스는 예수 선교의 사령부였던 가버나움과 갈릴리 호수를 두고 맞은편에 위치해 있었다. 그러므로 이 두도시의 성격과 행태는 예수의 갈릴리 선교와 운동에 영향을 끼쳤을 것이다.

속국 유대와 갈릴리의 지배자였던 헤롯가(家)의 통치자들은 이 도시들에서 무절제한 생활을 했다. 헤롯 안티파스는 예전에 도시가 없는 시골 지역이었던 갈릴리에 로마식 왕궁을 짓고 수도를 건설했다. 또한 그의 아버지 헤롯대왕을 따라 거대한 축조사업을 벌여 로마식 원형경기장과 신전들을 세워 황제에게 바치고 아우구스투스의 영광을 위해 완전히 새로운 도시를 건설하고 황제의 이름을 따라 불렀다. 이로 인해 갈릴리 주민들은 경제적으로 고갈되었고, 자신들의 고혈을 빼내 호화롭고 무절제하게 사는 왕과 귀족들의 모습을 눈앞에서 보게 되었다.

전통적으로 갈릴리사람들은 다윗 솔로몬 사후 남왕국 유대보다는 북왕국 이스라엘의 역사와 문화를 함께했고, 기원전 104년 하스몬가 대제사장들의 통치 기간에 이르러서야 다시 유대/예루살렘의 지배 아래 들어왔다. 그렇다 해도 갈릴리는 유대/예루살렘과 멀리 떨어져 있었기 때문에 하스몬가의 통치 기간에 예루살렘 성전 귀족이나 하스몬가 대제사장 왕들의 생활모습을 직접 보지 않아도 되었다. 성전세와 조세를 바치고 나면 비교적 자립적인 촌락공동체의 삶을 보장받을 수 있었다. 또한 갈릴리사람들은 엄격한 율법에 입각한 예루살렘의 정결 의식이나 다윗 왕조 이데올로기로부터도 비교적 자유로웠고, 대신 자유롭고 평등한 모세 전통, 계약 전통이 그들 가운데에 활발하게 살아있었다.

사실 '모세 계약'은 갈릴리 촌락공동체의 삶을 위한 토대였다. 모세 계약 전통에 속한 사회적·해방적 계명들, 가령 안식일법이라든가 희년법, 노예해방법은 예루살렘 성전이 종교적으로 뒷받침하고 있던 다윗 왕조의 수탈체제에 맞서 갈릴리와 유대 지역의 농민들이 가정과 촌락의 기본적인 사회경제적 권리를 주장할 수 있는 근거였다. 사실 사회기능적인 면에서 본다면, 이 계명들은 촌락공동체의 삶을 보호하는 경제적 관계들을 회복시키는 데 그 강조점이 있다. 십계명에 나오는 뒤의 여섯계명들은 소수가 다른 사람들에 대해 세도를 부리는 것을 방지하고, 개별 가족들이 그 공동체 속에서 경제적으로 생존할 수 있도록 보호하는 기능을 갖고 있었다.

이 점에서 모세 계약은 고대 이스라엘에서 농민사회의 이른바 '도덕적 경제'를 이룬 근간이었다고 할 수 있다. 다윗 왕정과 성전이 경제적으로 계속 착취함에도 불구하고, 거기에 맞서서 유대와 갈릴리의 촌락민들은 계속해서 가족의 근본적인 사회경제적 권리를 보장하는 계약 원칙들에 따라 지역에서의 사회경제적 생활을 영위해나갔던 것이다. 그리고 대부분 촌락공동체의 삶에 뿌리박고 있던 예언자들은 이러한 모세 계약 전통을 왕과 귀족, 성전 관리들에게까지 적용하고자 했다. 그러므로 모세 계약 전통은 갈릴리 농부들의 삶의 정신적 토대였다.

그런데 이제 로마제국의 가신 왕이었던 헤롯 가문의 왕들은 갈릴리사람들의 목전에서 호화롭고 사치스런 생활모습을 보여주었고, 수많은 건축과 도시건설로 인해 갈릴리 주민들에 대한 수탈은 더욱 심해졌다. 또한 빵과 서커스를 통해 대중들의 환심을 사기 위해서 로마는 막대한 양의 재화가 필요했고, 이것은 피정복 민족인 갈릴리 농민의 관점에서 보면 보다 많은 수탈을 의미했다.

따라서 갈릴리 지역의 가난한 농민들에게 로마제국에 의한 지배는 '팍스 로마나(로마의 평화)'가 아니라, 군사적인 공포이자 동시에 보다 여러층의 지배자를 갖게 되는 것을 의미했다. 이전에는 유대와 사마리아 그리고 갈릴리의 농민들이 한 통치자, 즉 하스몬가의 대제사장 아래에서 살았는데, 이제는 갑자기 3중의 지배자들에게 예속되었고, 그 셋 모두로부터 경제적인 요구를 받게 되었다는 사실을 뜻했다. 다시 말해 그들은 유대/예루살렘의 성전국가에게 십일조와 헌물을 바치는 것에 덧붙여서, 로마인들에게는 조공을 바치고, 헤롯에게는 세금을 바쳐야만 했다. 이른바 준아시아적 생산양식 속에 촌락공동체의 자율적 삶이 수백년 동안 유지되어오던 1세기 팔레스타인사회가 제국의 지배자들과 속국의 가신 왕들에 의해 더 큰 로마제국의 노예제 경제체제 속에 통합되면서 갈릴리 농민들과 유대 주민들의 전통적 생활방식은 심각하게 위협받게 되었다. 복음서 전승들에 나타나는 빚과 굶주림에 관한 많은 언급들은 이러한 상황을 반영한다.

3

위와 같은 호슬리의 입장은 갈릴리의 촌락들이 상당한 정도로 도시화되어 코즈모폴리턴적인 분위기에 젖어있었고, 예수 자신도 도시화의 경향을 추구했다는 '예수 세미나' 계열 학자들의 주장과 다르다. 그들은 예수를 갈릴리 저지대의 코즈모폴리턴적인 헬레니즘 문화 한가운데에 있던 견유철학자 같은 반(反)문화적인 현자로 그렸고, 심지어는 갈릴리 농민들조차도 헬레니즘 대중 철학에 조예가 있는 것처럼 그렸다.

당시 로마제국과 토착 지배세력이 헬레니즘적 도시화정책을 추진했던 것은 사실이다. 그러나 눈에 보이는 도시화현상을 어떻게 해석하는가에서 호슬리와 그들은 다르다. 그는, 예를 들어 대표적인 갈릴리 도시였던 세포리스에 대해 갈릴리 촌락 주민들이 취했던 적대적인 태도를 중요하게 해석한다. 사실 요세푸스를 비롯한 문헌증거들에는 세포리스에 대한 갈릴리 주민들의 수용적인 반응보다는 적대적인 반응이 주류를 이룬다. 호슬리는 이 책에서 기원전 4년과 기원후 66~67년에 일어난 반란 사건들에 대한 요세푸스의 기록들을 비판적으로 검토하고 있는데, 이에 따르면 갈릴리사람들은 도시에 근거한 통치자들과 그들의 문화에 대해 오랫동안 지속적으로 광범위하게 저항했다. 적어도 1세기에는 도시로부터 유입되는 영향을 갈릴리의 농민들이 반기지 않았던 것으로 보인다.

1세기 팔레스타인에서 도시와 촌락 사이의 관계는 본질적으로 지배와 피지배의 관계였고, 계급적인 관계였다. 호슬리는 이 책에서 특히 갈릴리 도시와 촌락 사이의 정치·경제적 관계를 분석하고 있으며, 어느 정도로는 문화적 관계들에 대해서도 서술하고 있다. 이에 따르면 새로 건설된 도시들은 그렇게 코즈모폴리턴적이지 않았고, 갈릴리 촌락 주민들이 열렬히 코즈모폴리턴적인 문화에 동화되고 있었다고 볼만한 증거나 역사적 개연성은 없다. 예수 역시 개인주의적인 견유학파 현자가 아니었다. 호슬리가 고고학적 증거들과 문헌적 증거들을 검토한 바에 따르면, 1세기 초 갈릴리 저지대의 도시들에서조차도 코즈모폴리턴적인 문화는 아주 얇게 퍼져 있었을 뿐, 결코 그 이상은 아니었다.

당시 갈릴리 전체의 인구가 15만 정도였다면, 갈릴리의 대표적인 도시들이었던 세포리스와 티베리아스의 인구는 그동안 학자들이 추정해온 것보다 훨씬 적었고, 두 도시 합해서 많아야 1만5천 정도였다고 한다. 또한 호슬리의 분석에 따르면 갈릴리 사회·경제의 기초는 활발한 교역이나 무역에 근거한 시장경제가 아니라 조세 내지는 조공무역이었고, 이것은 상업적 교류라기보다는 도시와 촌락 사이의 정치사회적 지배관계에 근간을 둔 것이었다. 갈릴리 지역의 이러한 인구 규모와 조공에 기초한 경제를 고려할 때, 도시화와 코즈모폴리턴적인 문화가 그동안 학자들이 가정했던 것만큼 고도로 진척되었다고 보기는 어렵지 않을까 생각된다.

그리고 무엇보다도 갈릴리의 도시화와 코즈모폴리턴적 경향에 대한 학자들의 주장은 촌락공동체와 그들의 지배자들 사이의 구조적 관계 내지는 권력관계와 그 역동성을 무시한 측면이 있다. 또한 견유철학자 예수상이 지니는 본질적인 문제는, 대표적인 갈릴리 도시들인 세포리스와 티베리아스로부터의 영향에 대해 갈릴리 촌락민들 자신은 어떻게 반응했는지 알려주는 성서 밖의 본문증거들을 고려하지 않았다는 점이다. 자신들을 지배하고 착취하는 도시의 낯선 행태와 영향들에 대해 갈릴리 촌락민들이 어떤 심정을 가졌을지, 어떻게 느끼고 대했을지 전혀 역사적 상상력을 발휘하지 못한 것이다.

게다가 도시적 현상이 강화되고, 또 거기 경제적으로나 문화적으로 적응하도록 강요당했던 갈릴리사람들의 구체적인 삶의 정황과 견유학파의 영향이 어떻게 실제적으로 맞아떨어지는지도 이해하기 어렵다. 가령 마커스 보그가 예수를 인습타파적인 견유학파적 인물로 제시할 때 그 전제는 인습적인 문화, 가치관으로서 기존의 유대교를 예수가 거부한다는 것이다. 보그는 예수를 기존의 유대교에 반대한 일종의 문화운동가로 그리고 있다. 그러나 갈릴리와 유대의 상이한 역사적 발전과정에 비추어볼 때 갈릴리 지역에는 예수가 타파할 인습적인 문화로서 정결 이데올로기를 내세우는 율법적 유대교라는 것이 존재하지 않았다. 로마제국의 도시문화도 그렇게 강력하게 침투해있지 않았다. 이 점에서 갈릴리는 유대 지역과 달랐다.

잘 알려져 있듯이 견유학파 철학자들은 사실 '비인습적'이었고, '반문화적'이었으며, 관습적인 문화와 도덕에 대해 도전했고, 심지어 조롱하기까지 했다. 이것은 오랫동안 인습적인 문화가 지속되어온 상황과 잘 맞아떨어진다. 갈릴리는 기원전 104년에야 유대/예루살렘의 지배 아래에 들어왔고, 기원전 63년에 로마의 통치 아래에 있게 되었다. 따라서 유대문화와 로마-헬레니즘문화는 둘 다 1세기 갈릴리에서 비교적 새로운 것이었고, 주로 대도시들에서 나타나는 현상이었다. 그렇다면, 이른바 갈릴리의 반인습적인 견유철학자들이 저항했다는 인습적인 문화라는 것은 대체 무엇이었겠는가? 갈릴리 상황에서 유대문화와 로마-헬레니즘문화는, 간단히 말해, 오래된 인습적인 문화가 아니었다. 그러므로 견유학파 현자가 신랄하게 공격할 거리도 없었다.

반면, 갈릴리에서의 전통적인 삶의 방식은 가정과 촌락이라는 기본적인 사회적 형태가 파괴되면서 이미 위협받고 있었다. 북왕국 이스라엘이 앗시리아에게 멸망한 후 갈릴리 지역 거주자들은 대부분 북왕국 이스라엘의 유산을 물려받은 사람들이었던 것으로 보인다. 예수와 예수운동의 초기 구성원들은 이스라엘의 전통에 확고히 뿌리를 내린 사람들이었던 것으로 보인다. 따라서 예수와 예수운동이 헬레니즘적 견유철학자들을 흉내내어 인습적인 문화로서 유대교와 결별을 선언하고, 이스라엘에 심판을 선언했다고 볼 근거는 없다. 자주 그렇게 해석되어왔던 구절들은 오히려 이스라엘의 갱신을 위한 말씀들로 이해될 수 있다. 호슬리에 의하면 예수와 초기 예수운동의 갈래들은 이스라엘의 갱신과 관련되었다. 이것은 일단 우리가 보편 종교인 기독교가 특수 종교인 유대교와 결별했다는 판에 박힌 신학적 패러다임을 벗어나서 누가복음 13:28-29, 13:34-35, 22:28-

30 같은 구절들을 보다 객관적으로 허심탄회하게 읽을 때 분명해질 것이다. 사실 이 구절들은 호슬리의 말대로 이스라엘의 갱신에 대한 예언으로 이해될 수 있다. 따라서 예수와 하층계급의 장인들, 농민들이 견유학파적 경향에 동화되어서 유대교나 북이스라엘 전통에 반기를 든 반문화적·비인습적인 집단이었다고 볼 이유도 없고, 로마제국의 도시적·코즈모폴리턴적 문화의 영향에 대해 동화적이었다고 볼 이유도 없다.

가령 예수는 결코 사람들로 하여금 가정을 떠나고 사회적 관습과 규범을 버리도록 함으로써 이미 갈릴리, 유대 지역에서 진행되고 있던 사회적 해체를 더욱 가속화시킨 것이 아니라, 가정과 사회적 연대감을 강화하려고 노력했다. 마가복음 7:1-13에서 예수는, "네 아버지와 어머니를 공경하라"는 모세 계약 전통의 기본적인 명령을 무시하고 '고르반'이라는 말로 예루살렘 성전을 후원하도록 종용하는 지배체제의 요구를 거부하고 있다. 사실상 여기서 예수는 가정이 성전에 대한 후원보다 우선한다고 주장하고 있는 것이다. 또한 마가복음 10:1-12에 의하면 예수는 이혼을 금지했다. 예루살렘 상류계급 전통의 자유주의적인 이혼법은 부자들이 이혼과 재혼을 통해 그들의 토지를 합병하는 데에 유용했다. 이런 상황에서 예수는 남편과 아내의 연대에 관한 창조 이야기에 호소하여 이혼과 재혼을 금지시킴으로써 결혼의 유대관계가 가족이라는 근본적인 사회적 형태의 핵심이라는 것을 강조하고 있다. 여기서 주목할 것은 예수가 모세 계약의 기본적인 법적 규정들에 근거해서 가르침을 주고 있다는 사실이다. 가령 이혼문제와 관련해서는 이혼해서는 안된다는 창세기의 규정(1:27)에 근거해서, 그리고 영생에 대한 부자 청년의 질문에는 신명기의 말씀(5:16-20)에 근거해서 가르치고 있다. 여기서도 가족을 회복하고 촌락공동체적 삶의 협동과 평등주의적 정치경제 관계를 재활성화하는 예수의 활동은 기본적으로 이스라엘의 계약 전통에 근거하고 있음을 알 수 있다. 그러므로 가족과 촌락공동체의 전통적 삶을 부활시키는 것이 예수의 하느님나라운동의 핵심적인 부분이었고, 그것은 모세 계약의 갱신을 바탕으로 했다고 말할 수 있다.

위의 정황으로 미루어볼 때, 1세기 갈릴리의 정치·경제 상황에 대한 증거들과 부합하는 방식으로 상황을 다시 그려야 할 것이다. 이 책에서 호슬리는 갈릴리 도시들의 인구와 교역 형태 및 규모에 대해 세밀하게 분석하고 있다. 그는 고고학적 유물과 본문 자료들을 모두 고려할 때 1세기 갈릴리는 로마의 통치와 새로 건설된 왕실 도시들의 억압으로 인해 해체되기 시작한 이스라엘의 전통적인 계약사회였다고 결론지었다. 갈릴리 지역은 기원전 1세기 로마의 정복, 경쟁적인 로마의 분파들과 하스몬가 사이의 오랜 내전으로 인해 극심한 사회적 상처를 입었고, 게다가 기원전 4년 헤롯대왕의 죽음에 뒤이어 일어난 반란에 대한 로마의 끔찍한 탄압으로 인해 또다시 상처를 입었다. 또한 헤롯의 무거운 과세와 로마에 대한 조공 (여기에 더해 십일조와 예루살렘에 대한 헌금), 뒤이은 안티파스의 대규모 도시 건설 계획으로 인해 갈릴리의 가정과 촌락들은 극적이고도 갑작스러운 경제적 충격을 경험했다. 헤롯의 중과세에 뒤이은 안티파스의 건축 프로그램은 커다란 경제적 충격을 가져왔고, 이로 인해 많은 생산 가정들이 심각한 빚에 쪼들리게 되었을 것이다.

서로 빚을 탕감해주고(누가 11:2-4; 마태 18:23-34) 상대방의 근심과 기본적인 필요를 들어주라는(누가 6:27-36, 12:22-31) 예수의 요구는 지역공동체의 갱신을 위한 구체적인 계획의 일부로서 그러한 상황과 아주 잘 들어맞는다. 예수의 가르침에 대한 복음서 전승의 묘사에서 특징적으로 드러나는 것은 견유철학자의 방랑하는 급진적 개인주의가 아니라, 지역공동체의 갱신과 재활성화이다. 전통적인 공동체의 삶(기초적인 사회적 형태인 촌락들)이 사라지고 급진적인 개인주의적 삶의 방식만이 가능한 대안으로 떠오르는 상황은 복음서의 예수 전승들과 잘 어울리지 않는다. 호슬리에 의하면, 그 전승들은 촌락공동체의 상호성에 바탕을 둔 삶, 즉 전통적인 모세 계약의 정신에 따랐던 삶이 위협받는 상황과 더 잘 들어맞는다. 그러한 상황에서 예수는 모세 계약의 상호협동과 호혜의 정신을 되살리려 노력했고, 거기에 갈릴리 촌락민들이 반응했을 것이다.

그러므로 호슬리에 의하면 예수는 사회적 삶의 기본단위였던 촌락에 토대를 두고 이스라엘 갱신운동을 벌였던 예언자적 지도자였다. 이와 관련해서 한가지 지적할 점은 묵시문학적·예언자적 예수상에 대한 '예수 세미나'의 거부이다. 이들이 제시하는 견유학파적 현자로서의 예수상 밑바닥에는 묵시문학적·종말론적 예언자로서의 예수상에 대한 현대인의 거부감이 깔려있다. 그들은 마지막 때의 종말론적 대파국에 대한 묵시문학의 신화적 환상을 거부하며, 사회비판적인 예수의 메시지를 종말론적 선포로부터 분리한다. 예수는 종말론적 예언자가 아니라 반체제적인 현자였다는 것이다. 그러나 사실 이들은 묵시문학에 대한 현대인의 거부감을 시대착오적으로 예수에게 적용시키고 있다. 그래서 이들이 그리는 예수의 모습은 마지막 때의 종말론적 예언자로서의 비장함과 촌스러움이 사라진, 쿨하고 경쾌한 현인의 모습이다. 이들이 그리는 예수의 모습은 마치 신문에 문화비평 칼럼을 기고하는 현대 지식인처럼 보인다.

그러나 무엇보다도 중요한 점은 예수의 종말론적 선포와 사회비판적인 메시지는 뗄 수 없이 결합되어 있다는 사실이다. 그러므로 현대인의 과학적·역사적 사고로 묵시문학적 환상을 받아들일 수 없다 해서 예수에게서 이 둘을 분리하는 것은 시대착오적이다. 다른 묵시문학가들에 비해 예수에게서 신화적 사변(思辨)이나 환상이 많이 후퇴된 것은 사실이지만, 그역시 시대의 끝에 서있다는 묵시문학가들의 자의식을 공유했으며, 사회비판적이고 체제변혁적인 예수의 선포는 시대의 끝에 서있다는 의식에 의해 힘을 받는다.

묵시문학의 신화적 상상력은 황당무계한 백일몽이 아니라 혁명적인 상상력이다. 묵시문학은 새로운 세계의 시작에 대한 꿈과 열망을 옛 세계의 끝에 대한 환상으로 표현했다. 인간다운 삶을 향한 꿈과 비젼이 묵시문학의 형태로 녹아든 것이다. 이는 동학(東學)의 개벽사상이 궁극적으로는 종말사상으로서 새 시대에 대한 뜨거운 열망을 담고 있는 것과 마찬가지이다. 묵시문학과 동학의 개벽사상에서 신화적 상상력과 역사적 상상력은 하나로 결합되었다. 이 둘 중 하나를 포기함으로써 얻어지는 예수상은 현대 지식인의 입맛에 맞을지는 몰라도 '갈릴리 예수'는 아니다. 예수와 예수운동의 주체들에게 있어서 세계 종말에 대한 의식은, 타락하고 인간을 말살하는 옛 세계의 종말과, 인간다움의 가치와 하느님의 통치가 살아나는 새로운 세계에 대한 비전으로서 오롯이 보존되어야 한다.

이러한 의미에서 하느님나라에 대한 예수의 종말론적 선포는 로마제국으로 대표되는 옛 세계의 종말과 관련하여 해석되어야 한다. 예수의 하느님나라는 로마의 제국적 질서와는 완전히 상반되는 것이었으며, '팍스 로마나'로 상징되는 로마제국의 신질서에 저항하는 것이기도 했다. 그는 갈릴리 촌락공동체의 사람들에게 군사적 폭력과 3중의 경제적 수탈을 의미했던 로마제국의 지배가 하느님의 심판 아래에 있다고 선언했다. 예수는 로마의 제국적 질서가 임박한 하느님나라의 심판 아래 놓여 있다는 종말론적 확신 속에 사회적 갱신의 설교를 시작했던 것이다. 예수와 예수운동은 하느님이 이미 그 백성들의 삶 속에서, 또한 그들의 공동체 속에서 활동하고 계신 것으로 이해했다. 아직은 제국의 무시무시한 질서가 유지되고 있지만, 로마의 지배자들과 헤롯가의 왕들과 대제사장들이 하느님의 유죄선고를 받았기 때문에, 예수는 제국의 파괴적 영향들을 치유하고, 그들의 공동체 생활을 재건하도록 백성들을 일깨우는 일에 몰두할 수 있었다. 예수는 하느님나라가 임박했다고 확신했으며, 이스라엘 백성들의 기본적 생활형태를 이루었던 마을공동체들에서 평등주의적이며 서로간에 지원하는 사회경제적 관계를 재확립하는 사회갱신의 프로그램을 밀고 나갔다. 이 점에서 예수와 예수운동의 종말의식은 부차적이거나 없어도 되는 것이 아니라, 계속되는 제국들의 지배 속에서 야수의 나라가 사라지고 인간의 나라(다니엘서 7장)가 오기를 기대했던 오랜 이스라엘 민중의 꿈과 기대와 연속선상에 있으며, 현재 그들이 처한 전도된 상황을 바로잡을 수 있도록 미래로부터 희망을 불어넣어주는 힘이었다.

이와 동시에 예수가 제시한 하느님나라의 미래는 사실상 그들이 공유한 과거와 맞닿아 있었다. 미래의 하느님나라의 실질적 원천은 과거 이스라엘의 전통 안에 있었다. 이 점에서 그들에게 모세 계약 전통은 '오래된 미래'였다. 예수는 외부에서 새로 유입된 헬레니즘적 견유철학에서 갱신을 위한 가르침을 찾지 않았다. 그는 억압적인 외국의 통치에 저항하기 위한 말씀의 근거들을 이스라엘 전통 속에서 찾았을 뿐만 아니라, 협동적이며 위계질서가 없는 공동생활의 원리들도 그 속에서 찾았다. 예수는 이처럼 평등주의적인 사회경제적 관계를 통해 마을공동체의 구성원들인 가족들이 경제적으로, 또한 사회적으로 계속해서 존립할 수 있게 해주는 가르침들의 넉넉한 저장고를 이스라엘 계약 전통 속에서 발견했다.

그러므로 호슬리에 따르면, 예수와 예수운동은 로마제국과 헬레니즘적 가신 통치자였던 헤롯 안티파스의 적극적인 도시화정책으로 인해 경제적으로 와해되고, 공동체적 삶의 토대였던 가정과 마을이 파괴되는 것을 경험하면서 지배자들의 헬레니즘적 도시화정책에 저항했던 민중들의 자발적이고 자치적인 운동이었다. 예수와 예수운동은 그러한 갈등의 와중에서 전통적인 소농(小農) 중심의 촌락공동체적 경제와 문화, 삶의 방식을 옹호하고 활성화시켰다는 것이다. 예수가 벌였던 밥상공동체운동과 치유, 축귀(逐鬼) 행위 등은 전통적인 공동체적 삶의 양식과 민중적 삶의 지혜를 부활시키는 행위로 이해되었다.

호슬리의 말대로 "예수는 정의롭고 협동적인 정치경제적 관계의 원리들과 전통적 가치들에 호소하고 그것들을 적용시킴으로써 백성들에게 사회적 혁명 속에서 스스로 자기 삶의 주인이 되고 자기 인생을 장악하도록 요청했다. 하느님이 심판과 구원을 통해 그들 편에서 활동하고 계시기 때문에 그들은 이제 서로를 분열시키는 행동들을 자제하고 협동을 다시 확립할 수 있는 조치들을 취할 수 있게 되었다. 그들 모두를 피폐하게 만든 가난에 대해 서로가 서로를 비난하는 대신, 서로가 서로를 도울 수 있게 된 것이다. 서로에 대한 의심과 원한 대신에 그들은 연대감의 정신을 되살릴 수 있게 되었다. 부자들의 착취적인 행태들, 즉 다른 사람들의 가난과 절망을 이용해 이웃을 속이는 부자들의 행태를 모방하는 것이 아니라, 그들은 하느님의 그 백성을 회복시키는 행동이 임박했다는 확신 가운데 계약의 정의의 원리들에 새롭게 헌신해야만 했다. 제국의 지배 행태, 즉 '큰 자들'이 다른 사람들에게 권력을 휘두르는 행태를 모방하는 대신에, 지도자의 위치에 있는 사람들은 다른 사람들의 종이 되어야만 했던 것이다."

4

호슬리가 그려주는 1세기 갈릴리의 사회정치적 지형도 그리고 거기 근거한 예수와 예수운동의 모습은 매우 설득력있게 다가온다. 특히 현대 미국 자유주의자들의 가치관과 세계관을 떨치지 못한 몇몇 미국 학자들의 역사적 예수상에 비해 호슬리가 그리는 예수상에는 1세기 갈릴리의 흙냄새, 땀냄새가 훨씬 짙게 배어있다. 예수와 예수운동의 맥락으로 그가 그린 1세기 갈릴리의 모습에서는 갈릴리 농부들의 삶과 나날의 괴로움, 고투 같은 것이 느껴진다. 호슬리에 의하면 1세기 팔레스타인사람들의 기쁨과 슬픔, 눈물과 희망을 자양분으로 탄생한 예수운동은 무엇보다도 바닥에서부터 솟아나온 자생적인 공동체운동이었으며, 민중의 자생적이고 자발적인 삶의 회복 운동이었다. 그것은 일차적으로 정치운동, 문화운동이었다기보다는 파괴의 위협에 처한 전통적인 갈릴리의 소농 중심 마을공동체가 벌인 자생적인 삶의 회복 운동이었고, 밑바닥 민초(民草)들의 사회적 보존 운동이었다.

예수와 예수운동의 주체를 피억압 농민으로 본다는 점에서 호슬리와 크로싼은 같지만, 농민과 농업사회를 바라보는 두사람의 시선은 다르다. 크로싼은 농민과 농민사회를 전근대적이고 봉건적·퇴행적인 사회로 본다. 이 점에서 크로싼은 철저하게 근대인의 시선으로 갈릴리 농민사회와 그 문화를 바라본다. 전통적인 농민사회의 지혜의 보고(寶庫)로서 유대/이스라엘 전통에서 뭔가 선하고 변혁적인 지혜가 나올 수 있다고 그는 생각하지 않았다. 이 때문에 크로싼은 예수의 밥상공동체운동이나 치유 활동, 가르침을 전통적인 이스라엘의 협동적인 공동체적 지혜로 설명할 가능성을 발견하지 못했으며, 시공간적 차이들에 대해 무차별적이고 모호한 교차문화인류학적 방법에 의해 설명할 수밖에 없었다.

그러나 예수의 가르침의 핵심적인 부분을 체제전복적이고 반문화적인 내용이라고 보면서, 이를 견유철학자와 관련시키는 것은 사실 매우 부자연스럽다. 왜냐하면 1세기 갈릴리 상황에서 반체제적이고 반문화적이라고 했을 때, 실제적인 반대의 대상은 로마제국과 그 지배의 선봉에 서있던 갈릴리의 도시들일 수밖에 없기 때문이다. 그리고 코즈모폴리턴적인 견유학파는 반인습적인 성격이 있기는 했어도 바로 그러한 헬레니즘적 도시문화의 전형적인 한 예였기 때문이다. 만일 예수가 헬레니즘적 견유학파 현자에 머물렀다면, 과연 로마제국이 그를 처형할 필요가 있었을까? 떠돌이 견유철학자가 정치적 지배자에 의해 정치적인 이유로 처형을 당한 예가 있었던가?

만일 예수가 반체제적이면서 동시에 헬레니즘적·견유철학적 현자였다면, 그는 자신이 반대해야 했던 것의 일부가 되어버리고 만다. 아니면 반대를 하나마나인 무력한 체제나 문화(가령 유대교)에 대해 도전, 저항한 것이 된다. 그러나 오늘날 한국의 지식인이 미국적 삶의 방식에 익숙해있으면서도 관념적으로 반미적인 생각을 가질 수는 있어도, 1세기 갈릴리 예수가 로마와 로마문화에 동화되어 있으면서 반체제적, 다시 말해 반로

마적이었을 수는 없다. 왜냐하면 간단히 말해 예수는 사회경제적으로 그럴 수 있는 위치에 있지 않았기 때문이다. 그는 민중이었기 때문이다.

반면, 호슬리는 유대/예루살렘과 달리 오랫동안 갈릴리의 문화적 에토스 근저에 있던 고대 이스라엘의 모세 계약 전통에서 민중적이고 농민적인 지혜의 보고를 발견한다. 그는 1세기 갈릴리사람들의 삶과 괴로움, 예수의 고민과 희망을 있는 그대로 그들의 자리에서 봐주고 존중한다. 아마 그가 로마제국이 추진한 헬레니즘적 도시문명의 화려함과 세련됨에 물들지 않은 인물로 예수를 그릴 수 있었던 데에는 미국이라는 리바이어던의 제국이 지배하는 오늘의 세계 상황에 대한 부정적인 인식, 근대와 근대적 정신이 지배하는 기계주의적이고 비인격적인 세계에 대한 부정적인 경험이 깔려있을 것이다. 그는 오늘의 미국에서 고대 로마제국을 보고, 고대 로마제국에서 현대의 미국을 본다. 그리고 갈릴리 예수와 예수운동이 했던 노력, 즉 민중의 자발성과 자치, 스스로 일구는 삶을 향한 고투에서 희망을 발견한다. 결국 현재에 대한 인식과 경험이 과거에 대한 인식과 경험의 내용과 성격을 결정하며, 그 점에서 호슬리가 그려준 예수와 예수운동은 오늘 우리의 현재에 대한 강력한 도전이며 질문이다. 《녹색평론》 2008년 1-2월호)

'경쟁'과 '품위'

국민소득 2만불 시대를 지향한다는 지금, 사람들의 심성은 과거 우리가 가난했던 그 어느 때보다 강파르다. 절벽 위에 내몰린 사람들처럼 언제 벼랑 아래로 떨어질지 모른다는 두려움과 공포가 팽만해있다. 언제 잘릴지, 언제 길거리에 나앉을지 모른다. 언제 거품이 빠질지 모른다. 이 집단적 공포 때문에 사람들은 이성을 상실하고 양심이 마비된 것 같다. 박정희가 친일파였어도, 동료를 밀고한 배신자였어도, 비판적 지식인과 정적을 살해한 살인자였어도, 온 나라의 병영화를 초래한 장본인이었어도 경제를 일으켰으니 용서될 뿐 아니라 향수(鄕愁)의 대상이 되기까지 한다. 이라크인들의 삶을 유린하는 미제국주의에 동조하는 이라크파병에 대해서도 그 옳고 그름을 심각하게 따지지 않으며, 김선일의 죽음도 '국익'을 위해서는 어쩔 수 없다고 생각한다. 꼬리를 물고 수상한 사고가 일어나는 군대에 대해서도, 현 제도의 합리성과 타당성에 대해 근본적인 질문을 하지 않는다. 안 그러면 우리가 다 죽게 생겼는데 어쩔 수 없지 않느냐는 것이다.

이 글은 박노자의 《우승열패의 신화》(한겨레신문사, 2005년)를 읽고 쓴 것이다.

신자유주의적 자본주의의 세계화가 오늘 우리의 삶을 지배하는 객관적 힘이라면, 생존과 경쟁력에 대한 신화는 그 이념적 배우자다. 언론과 대중매체, 그리고 학교교육을 통해 이 신화는 줄기차게 전파되고, 사람들을 세뇌시킨다. 이 신화는 대체로 이어오던 전통적인 가치들을 밀어내버렸고, 새로 들어오는 종교나 이념들을 환골탈태시켰다. "하면 된다"라든가 "억울하면 출세하라" 같은 대중들의 통속적인 언사뿐 아니라, '동북아 중심주의'나 국가경쟁력, 기업경쟁력에 대한 지식인들의 현란한 수사(修辭) 역시 알고 보면 '적자생존', '약육강식'으로 대표되는 노골적인 경쟁의 논리를 바탕으로 하고 있다. 이 점에서 '경쟁력 신화'는 우리사회에 전방위적으로 통용되는 이념이라고 할 수 있으며, 따라서 이에 대한 문제제기는 우리사회가 터 잡고 있는 토대의 가장 본질적인 부분을 건드린다.

박노자는 최근 그의 저서 《우승열패의 신화》에서 오늘 우리사회에 깊이 뿌리박힌 '경쟁력 이데올로기'의 지성사적 계보를 밝히고 있다. 그에 따르면 이것은 1880~90년대의 도일·도미 유학생들에 의해 수입된 '사회진화론'에 뿌리를 두고 있으며, 중국의 양계초(梁啓超)와 일본 홍아회(興亞會)류의 '아시아주의'를 거치면서 1900년대에 이르러 식민지조선에서도 다양한 형태로 전개되었다. 유길준, 윤치호, 서재필, 이광수, 안창호, 신채호, 박은식, 한용운 등 당대의 기라성 같은 지식인들은 각자 유교전통, 일본·중국·미국과 자신과의 원근거리에 따라 때로는 사회진화론에 함몰되기도 하고, 또 때로는 그것을 극복하기도 하면서 다양한 형태의 사회진화론적 이념을 설파했다. 그리고 이 과정은 한국의 근대와 민족주의의 꼴이 서서히 형성되어가는 과정이기도 했다.

박노자에 의하면 오늘 우리가 가진 국가의식과 민족의식의 상당 부분이 이 시기의 지성사에 그 뿌리를 두고 있다. 말하자면 우리는 사회진화론적 형태로 근대의 이념적 지형도를 형성해왔다는 것이다. 아마 개인의 인권과 내밀한 개인적 공간을 인정하지 않는 집단적 국가주의 이데올로기,

물질주의에 함몰되어 정신적 가치에 소홀했던 근대화 과정, '아(我)'와 '비아(非我)'의 투쟁관계를 넘어서 보편적 세계주의의 지평을 열어가지 못하는 편협한 민족주의의 기원을 이 시기 사회진화론적 담론들에서 보는 것 같다.

이 책은 당시 서구열강이 자신들의 경제적·정치적 이익을 위해 제국주의적 세계화를 아시아에 어떻게 강요했으며, 그로 인해 아시아 국가들이 서로 어떻게 대립하고 갈등했는지, 그리고 그러한 객관적 정황과 식민지 지식인의 내면이 어떻게 조우했는지 등에 관해서는 큰 관심을 보이지 않는다. 또한 그들의 주장이 당시 일반 민중들에게 끼친 영향사에 대해서도 세부적인 그림을 그리지 않는다. 그보다는 지성사에 충실하게, 지식인들이 생산해낸 담론들 자체에 집중해서 분석하고 있다.

이 책 첫장에 인용된 크로체의 말대로 "모든 진정한 역사는 현재의 역사"고, 저자는 이 명제에 충실한 문제의식에서 시종일관 떠나지 않는다. 역사학에 문외한인 나로서는 역사적 세부사항의 맞고 틀림을 판단할 능력이 없다. 다만 '현재의 역사'로서의 역사에 대해 그가 갖는 문제의식이 반갑고, '먼 과거'가 아니라 '가까운 과거', '살아있는 과거'를 파헤쳐주었다는 점이 고맙다.

박노자는 이 책에서 우리사회의 핵심적 지배담론인 '경쟁 이데올로기'와 '힘 숭배'의 복잡한 계보를 그려준다. 그에 따르면 이 이데올로기의 "핵심 '부품'은 사실상 수입품이다."(49쪽) 원래 우리에게 없던 것이 그때 밖에서부터 들어왔다는 것이다. 본래 사회진화론은 19세기 중후반, 유럽과 미국의 자본주의·제국주의 전성기에 대내적으로는 노동계급에 대한 착취와 대외적으로는 약소민족에 대한 침략을 옹호하기 위해 자본가와 제국주의자들의 필요에 의해 만들어진 담론이었고(65쪽), 이 사회진화론의 연장선상에서 "심신이 약화된 자의 자연도태", "인종의 서열", "생존을 위한 인종/민족의 투쟁" 같은 부차적인 이론들이 파생되어 나왔다(65-9쪽).

사실 이러한 사회진화론의 기본 주장들과 그 근저에 깔려있는 약육강식·적자생존의 세계관은 '인의예지(仁義禮智)'를 중시하는 전통적인 유교적 세계관과는 정반대의 대척점에 서있었다. 그만큼 당시 식민지조선의 대중이나 지식인들에게 낯선 사상이었음에도 불구하고, 당시 위기상황 속에서 조선의 지식인들은 이를 열광적으로 받아들였던 것이다.

본래 유럽과 미국의 사회진화론은 부르주아 개인주의에 바탕을 둔 것이었고, 따라서 국가의 권한을 경찰적 기능으로 축소시켜 '경쟁력 있는' 부르주아계급 밑에 복속시키려 했다(72쪽). 그러나 일본의 가토 히로유키(加藤弘之)는 사회진화론을 국가주의적으로 변용시켰고, 이것이 양계초를 거쳐 식민지조선의 지식인들에게 전해져 '생존'을 집단 위주로 해석하고 '우리' 집단 안에서의 복종과 희생을 강요하게 되었다는 것이다(79쪽). 따라서 1900년대의 개신 유림들과 1920~30년대 우파 민족주의자들의 사회진화론 수용은 국가주의적 수용이라는 특징을 지니며, 박노자에 의하면 1960~70년대 신파시스트 정권의 지배자와 이념가들은 그들로부터 사회진화론적 수사(修辭)를 배워 '경쟁'과 '힘 숭배'의 종교를 퍼뜨렸다. 이들은 낙오자에 대한 자비와 보살핌이 없고, 집단에서 벗어난 '나'의 가치를 모른다는 점에서, 대표적인 주변부지역 지배층의 근대주의자라는 공통점을 지닌다. 박노자는 이들과, 식민지시대에 자신들을 '중추 계급'으로 내세워 조선민족의 '민족성'을 서구와 일본의 이상에 맞게 뜯어고치려 했던 식민지 예속 부르주아 사이에 분명한 연속성이 존재한다고 본다(57쪽). 크게 보아서 이것이 우리사회의 지배담론인 '경쟁/힘 숭배'의 지성사적 계보라는 것이다.

이러한 큰 틀 안에서 박노자는 유길준, 윤치호, 서재필, 한용운 등 당시 지식인들이 사회진화론과 어떻게 만나고, 그것을 전개시켰는지 세밀화를 그리고 있다. 그에 따르면 조선에 사회진화론을 처음 들여온 두사람, 윤치호와 유길준 중 윤치호는 유교를 본격적으로 부정한 급진주의적 경향의 사회진화론의 원조가 된 반면, 유길준의 사상은 많은 면에서 개신 유학자들의 사회진화론과 상통했다. 저자는 해방후 남한에서 기독교가 폭발적으로 팽창했지만, 유교를 전면적으로 거부한 윤치호보다는 유교의 이념적 효용성을 제한적으로 인정한 유길준의 입장이 한국의 국가민족주의 사상의 주류가 되었다고 본다(402-3쪽). 저자에 의하면 1880년대에 우리나라에 유입된 사회진화론은 1890년대 독립협회를 거쳐 1900년대에 이르면 확고하게 지배적 담론이 되지만, 1920년대 들어 아나키즘과 사회주의가 유입되면서 공격받기 시작한다(407쪽). 이러한 새로운 이론들이 좌파적 지식인들에게는 세계를 이해하는 새로운 논리로, 사회진화론을 대신하게 되었다는 것이다.

박노자에 따르면 대안적인 근대 이데올로기가 아직 알려지지 않았던 구한말의 지식인들은 대부분 사회진화론의 세례를 받았다. 그러나 그 목적의식과 종교적·이념적·계급적 특성에 따라 그들은 사회진화론을 다르게 이해했다. 저자는 사회진화론을 대하는 이들의 태도 차이가 그들의 현실적인 정치·사회적 노선과 실천방향이 달라지는 하나의 배경으로 작용했다고 한다(87쪽). 그러나 사회진화론에 대한 태도 여하가 실천을 결정했다기보다는, 거꾸로 이들의 정치·사회적 실천, 특히 반제국주의적 성향에 있어서의 차이가 사회진화론에 대한 그들의 태도를 결정했다고 보는 것이 더 정확하지 않을까 생각된다.

사회진화론은 근본적으로 잘못을 약자에게 돌리는 강자의 이데올로기이다. 구한말의 지식인들은 당시 조선이 처한, 약자로서의 위치를 절감하면서 제국주의적 침략에 저항하기 위해 거의 본능적으로 이 이데올로기를 수용했을 것이다. 그러나 약육강식의 세계 속에서 약자가 자신들을 약탈하고 억압하는 강자를 모범으로 삼아, 물리적인 힘을 통해 그들처럼 강자가 된다는 것은 애초부터 불가능한 꿈이었다. 왜냐하면 사회진화론은 결코 약자에게 자존과 자립의 근거를 제공해주지 않으며, 따라서 강자인 일본을 대상으로 한 투쟁과 저항의 이념이 될 수 없었기 때문이다. 이 때문에 박은식, 신채호, 한용운같이 식민지배에 저항하던 인물들은 초기에 사회진화론을 수용했음에도 불구하고 그것을 포기하거나 수정하게 되었을 것이다.

사회진화론은 당시 지식인들로 하여금 제국주의적 세계를 나름대로 정확하게 이해할 수 있게 했을 것이다. 현상적으로 세계는 약육강식, 적자생존으로 표상되는 생존경쟁의 세계이며, 본질적으로 이것은 오늘날도 마찬가지이다. 그러나 세계를 눈에 보이는 대로 먹고 먹히는 것으로만 이해하는 사람은 결국 그 세계에 굴복한다. 윤치호나 서재필, 최남선, 이광수 같은 사람들에게서 그런 모습을 본다. 그들은 경쟁과 생존투쟁으로서의 현상세계를 지식인으로서 냉철하게 인식했지만, 그것을 넘어서는 객관적 현실에 대한 전망을 갖지 못했고, 신뢰하지 못했다. 그것은 기독교적인 하느님나라일 수도 있고, 이 땅에 열리는 불국토(佛國土)일 수도 있으며, 유학자들이 꿈꾸던 대동(大同)세상일 수도 있다. 유학자들이 끊임없이 이상과 현실의 합일을 꿈꾸고, 기독교인들이 이 땅에 하느님나라가 임하기를 기도하며, 불자들이 이 땅에 불국토가 임하기를 염원하는 것은 아마도 끊임없이 나를 집어삼키려고 하는 낡은 현실에 굴복하지 않기 위함일 것이고, 시대에 끌려다니지 않기 위함일 것이다. 구원의 세계, 구극의 세계, 형이상학적 완성에 대한 전망과 믿음이 있을 때에만 인간은 자신을 대상화하지 않고, 타자를 이용의 대상으로 삼지 않으면서 미래를 열어갈 수 있다.

저자는 이 책에서 안창호를 중요하게 다루지 않았다. 안창호 역시 사회진화론의 큰 흐름에 속하는 한 인물로서 '문화민족주의자'로 분류된다. 그는 '생존을 위한 조선인 모두의 단결'이라는 논리를 점진주의적 문화주의운동 전개의 논리로 삼은 인물로 잠깐 스쳐지나가듯이 언급될 뿐이다 (84쪽). 아마 안창호도 당시 유행하던 사회진화론을 일정 부분 수용했을 것이다. 그 역시 생존경쟁 이념에 기대어 민족자존을 주장했다고 할 수 있다. 그 맥락에서 '힘의 배양'을 그의 뛰어난 웅변으로 대중들에게 전파했을 것이다. 그러나 그는 철저한 정신주의자였다. 그가 당시 대중들에게 힘의 배양을 주장했을 때, 그것은 물리적인 힘이 아니라 도덕의 힘, 깨어나는 정신의 힘이었다. 안창호는 끝까지 독립운동을 포기하지 않았고, 투옥 후유증으로 사망했다. 그의 강연을 듣고 오산학교를 설립한 남강 이승훈, 유영모, 함석헌이 그의 계보에 서있다. 이들은 모두 민중의 자발성에 대한 무한한 신뢰를 가지고 있었으며, 유교적 성실성과 기독교의 예언자적 실천을 결합하고자 노력했다. 이것은 사회진화론적 '힘의 숭배'와는 거리가 멀고, 이 흐름이 1960~70년대 기독교 민주화운동, 인권운동의 흐름으로 이어지며, 신학적으로는 토착화신학, 민중신학의 계보로 이어진다.

이 점에서 안창호를 단순히, '문화민족주의'를 주장하는 사회진화론자로 규정하는 것은 타당하지 않으며, 따라서 사회진화론의 다양한 스펙트럼이 좀더 섬세하게 구분되어야 할 것으로 보인다. 만일 사회진화론이라는 범주가 안창호와 윤치호의 차이를 드러내주지 못하는 무차별적 범주라면, 그것은 분석의 도구로서 문제가 있다. 안창호를 윤치호와 함께 사회진화론자라고 규정할 경우, 그것은 그의 꿈과 실천의 가장 본질적인 내용을 공정하게 평가하지 못하는 것이다. 안창호의 안창호됨은 그가 윤치호나 유길준처럼 사회진화론자였다는 데에 있는 것이 아니라, 도덕과 정신의 힘, 타자를 위해 자신을 헌신하는 힘을 길러 민족자존의 길로 가고자 했다는 데에 있다. 힘을 이야기했다는 점에서는 윤치호와 같지만, 그가 말한 힘은 윤치호가 말한 힘과는 정반대의 지점에 있다. 이 점에서 사회진화론이라는 범주는 그물눈이 너무 커서 물고기들이, 중요한 차이들이 다 빠져나가버리는 투망일 수 있다. 독립운동가나 친일을 한 자나 모두 '국가주의적 사회진화론자'였다고 말하는 것보다는, 그들의 상이(相異)한 실천이 어떻게 사회진화론의 상이한 수용, 내지는 포기로 이어졌는지 말해야 할 것이다. 이 점에서 저자는 식민지시대 지식 세계에서 '수입품'이었던 사회진화론의 영향을 너무 과대평가하지 않았나 하는 생각도 든다.

　알려진 대로 근대 조선 민족주의의 주요내용은 반봉건 근대화와 반제국주의라는 두가지 과제를 포괄할 수밖에 없었고, 개화파는 전자에, 위정척사파는 후자에 집중하여 활동을 전개했다. 그런데 저자가 분석을 하고 있는 대상은 대개가 근대화문제에 치중한 개화파, 독립협회 계열의 지식인들에 집중되어 있다. 저자는 위의 두요소 중 반제국주의라는 시대적 과제를 전제는 하고 있을지언정 지식담론 분석의 주요 요소로 삼지 않은 것 같다. 책을 읽으면서 근대화 계보만이 아니라 반제국주의 계열의 지식인들도 세부적으로 충분히 다루었어야 사회진화론 수용, 나아가서 근대 조선 민족주의 형성의 온전한 그림이 그려졌으리라는 생각이 들었다. 사회진화론과 관련해서 본다면 조선 말기의 지식인들이 초기에는 대부분 사회진화론을 받아들이지만, 민족 독립이 필요하다고 보느냐의 여부에 따라 그 수용태도가 달라지기 때문이다. 결과적으로 저자가 그린 구한말의 정신사적 풍경은 '절반의 풍경'이라는 인상을 받게 된다. 그리고 이 '절반의 풍경'은 식민지배의 부당성에 항거한 지식인과 민중의 저항을 충분히 담아내지 못했고, 따라서 저자가 좌파적 인식을 가지고 있음에도 불구하고 참으로 아이러니컬하게도, 신채호, 한용운을 제외하면 매우 패배적인 식민지 지식인의 모습을 그려내게 되었다. 책을 읽으면서 이 점이 가장 아쉬웠다.

　저자는 수입품인 사회진화론을 오늘 우리가 살아가고 있는 사회의 경쟁 신화의 뿌리로 보고 있다. 책에서 저자는 식민지 지식인들이 생산해낸 다양한 담론들을 일일이 분석하면서 이 점을 입증하고자 한다. 담론의 차원에서 그의 분석은 정당하며, 설득이 된다. 그러나 설사 경쟁 신화가 우리의 부정적인 유산이라 할지라도 그것은 우리자신의 삶과 역사적 경험 속에서 나온 것이다. 그러므로 수입된 사회진화론을 담론적 차원에서 오늘의 경쟁지상주의의 뿌리로 보는 데에서 더 나아가서 그 중간의 수많은 객관적 단계들, 현실적 요인들 그리고 무엇보다도 경험적 요소들을 밝힐 필요가 있을 것이다.

지금 경제성장주의, 개발지상주의의 얼굴을 한 자본주의의 세계화는 100여년 전 근대화를 명분 삼아 대포와 군함으로 조선을 위협했던 식민주의의 또다른 얼굴이다. 그때의 식민주의가 더욱 교묘하게 위장을 하고 나타났을 뿐이고, 경쟁력 강화의 신화는 100년 전보다 더 광범위하고 강력하게 오늘 우리사회를 지배하고 있다. 박노자가 보여준 100여년 전 흔들리는 지식인들의 모습은 오늘 우리사회 대학과 지식인의 모습을 되돌아보게 한다. 박노자가 이 책에서 그리고 있는 지식인들은 긍정적이든 부정적이든 자신들이 살고 있는 사회와 역사의 문제들에 대해 고민하고 거기 적극적으로 개입했다. 그러나 오늘의 지식인 그룹은 자본주의 산업사회의 표면적인 현상들을 분석하거나 '프로젝트'를 수행하는 전문가 집단으로 교체되었다. 오늘 우리사회의 '전문 지식인'들은 100여년 전 그들의 선배가 했던 고민과는 거리가 멀다.

프랑스혁명 때 단두대 위에서 사라져간 루이 16세는 매관매직으로 자기 명을 재촉했다. 그는 관직마다 금액을 정해 놓고 돈을 받고 관직을 팔았다고 한다. 얼마 전 가톨릭 신부가 이사장을 하는 한 대학에서 전경련 임원이었던 인물을 총장으로 선임했다. 그는 기업가로서 자신의 이력을 살려 대학에 1,000억을 모금하겠다고 했다. 루이 16세의 행태를 빌어 말한다면 그는 1,000억에 총장직을 산 건가, 그것도 외상으로?(그는 '앞으로' 1,000억을 벌어오겠다고 했다.) 1990년대 이후 한국의 대학은 교육시장이 되었고, 학생들은 교육수요자, 대학은 공급자가 되었다. 이 교육서비스 산업을 통해 학생들을 경쟁력 있는 상품으로 생산해내는 것이 오늘날 대학이 지향하는 바다. 그리고 이 현상을 더욱 재촉하고 관철시키는 것이 이른바 '교육개혁'이라는 이름으로 행해진다. 100여년 전, 꺼져가는 등불 같은 조국을 염려했던 선조들 앞에 부끄럽다.

194

지식인은, 아니 사람은 무엇으로 사는가? 사람은 '자존심'으로 산다. 박노자는 책에서, 신채호에게 유교를 가르쳤던 수당(修堂) 이남규가 했다는 의미심장한 말을 전해준다.

"의리가 있는 곳에서는 이기고 지는 것이나 이롭고 해로운 것을 의논할 겨를이 없다."

— 청절왜소(請絕倭疏), 최창규 편역, 《한말우국명상소문집(韓末憂國名上疏文集)》, 서문당, 1986년, 48쪽

이렇게 말할 수 있는 것이 자존심이다. 그것은 자신의 내면에서 우러나오거나, 아니면 내 밖에서 주어지는 어떤 가치에서 비롯된다. 오직 그런 가치를 붙들고 사는 한에서만 우리는 자존심을 유지할 수 있고, 야수의 세계에서 인간으로 남을 수 있다.

치열한 경쟁 위주의 사회에서 우리가 잃은 것은 무엇이고, 얻은 것은 무엇인가? 잃은 것은 인간적 품위요, 얻은 것은 진실한 삶에 대한 냉소주의이다. 우리는 삶을 향유하는 능력을 잃어버렸다. 그래서 삶의 가장 여유로운 순간들마저도 전쟁 치르듯 숨가쁘게 보낸다. 여가도 숙제하듯 품위 없게 즐기고, 예술도 품위 없게 소비한다. 도시의 시커먼 하늘일망정 새들은 그래도 품위있게 날아오를 줄 안다. 그렇건만 그 밑의 인간군상은 품위 없이 벌고, 품위 없이 소비한다. 그러고는 자신들의 '품위 없음'이 돈이 없기 때문이라고 냉소적으로 말한다. 그러나 품위는 돈으로 살 수 있는 것도 아니고, 경쟁에서 이긴다고 생기는 것도 아니다. 품위는 '스스로 말미암는' 데에서, '스스로 하는' 데에서 생긴다. 그래서 스스로 자라 스스로 꽃피우고 사라져가는 들꽃들에게 품위가 있다. 총칼로 위협한다고 들꽃은 피지 않는다. 그러나 아무도 보아주지 않아도 들꽃은 핀다. 이런 것이 '품위'다.

100여년 전 우리의 선조들은 그래도 품위를 지키며 살려고 애썼다. 지금 우리는 어떤가? 그런 말은 이제 사전 속에서 잠자고 있지 않은가? (《녹색평론》 2005년 7-8월호)

'죽을 수밖에 없음'의 의미

　오늘 우리가 살고 있는 사회는 유례없이 인간의 몸에 집착한다. 본질적으로 물질주의적인 자본주의 사회에서 살아남기 위해 남녀를 불문하고 살빼기와 미용에 많은 시간과 돈을 투자하는가 하면, 건강과 정력 유지, 오래 살기에 광적으로 매달린다. 이로 인해 건강보조식품이나 운동기구들의 판매량이 눈에 띄게 늘어나고, 관련산업 규모가 갈수록 증대되고 있다. 이 시대만큼 인간의 몸을 향한 집중적인 공략이 이루어진 적은 없을 것이다. 더욱이 생명체를 인위적으로 복제하여 생명 그 자체를 만들어내는 것이 가능해진 현시점에서 생명공학기술의 발전은 인간의 몸을 놓고 벌이는 한판 전쟁을 방불케 한다. 실로 이 시대에 몸은 과학과 자본이 한편이 되어 벌이는 전쟁의 싸움터가 되었다.

　맑스는 자본주의 사회에서 노동자는 몸 하나만 가진 무산자(無産者)라고 했다. 그러나 인간의 몸과 관련된 첨단 의학과 생명공학 산업이 발전한

이 글이 대상으로 한 책은 《생명의 위기》(구승회 외, 푸른나무, 2001년), 《영혼의 부정》(M. 스캇펙, 민윤기 옮김, 김영사, 2001년)이다.

사회에서 밑바닥 인생들은 몸 하나나마 제대로 지킬 수 있을 것인가? 그들의 몸이야말로 공격과 수탈의 대상이 되고, 자신들이 유일하게 소유하고 있다고 생각했던 바로 그 몸을 통해 사회적 열등감과 박탈감을 뼈아프게 느끼게 되지 않을까? 몸이라는 가장 사적인 영역이 첨단 생명과학 연구와 자본주의 시장의 한복판에 놓이게 됨으로써 생겨나게 될 사회적 결과들에 대해서 어떤 예측을 할 수 있을 것인가? 그리고 그것은 살아있음과 인간존재의 의미에 대해 어떤 결과들을 가져올 것인가?

위의 두 책은 각기 인간의 몸과 관련된 생명의료윤리의 핵심적 주제들을 다루고 있다. 《생명의 위기》가 생명공학의 발전에 따라 단순한 "의료윤리의 차원을 넘어 사회관행과 제도, 의식과 가치관에 지대한 영향을 미치게 될"(3쪽) 생명윤리의 전반적 쟁점들을 다루고 있다면, 《영혼의 부정》은 생명윤리 중에서도 안락사문제, 그리고 그와 관련된 가치의 문제를 집중적으로 다루고 있다.

오늘날 윤리적 결단을 내리는 일은 점점더 과학적 정보와 데이터의 영향을 받고 있다. 《생명의 위기》는 이러한 사정을 감안하여 윤리적 문제를 가능한 한 과학적 언어로 풀어보려고 노력한 흔적이 엿보인다. 장기이식 같이 생명 연장과 관련된 첨단의학 분야나 인간복제와 관련된 생명공학의 핵심적인 과학적 사실들을 여러 학자들이 비교적 쉽게 설명하려고 했으며, 법적이고 과학적인 현실의 맥락에서 윤리문제에 접근하고, 구체적인 윤리적 결정 과정을 생명현상의 생물학적 차원과 관련해서 밝히고자 했다. 반면 《영혼의 부정》은 정신과 의사인 저자가 풍부한 임상경험과 사례들을 바탕으로 안락사문제와 결부된 세계관적이고 종교적인 차원을 파혜치고 있다. 《생명의 위기》의 저자들이 대체로 윤리학자들, 신학자들로서 과학적 언어로 이야기했다면, 《영혼의 부정》의 저자인 스캇 펙은 의사이자 과학자로서 종교적, 신학적 언어로 이야기하고 있다. 눈여겨볼만한 역할 바꾸기가 아닐 수 없다.

생명의료윤리와 생명공학윤리의 다양한 쟁점들을 다루는 《생명의 위기》는 여러명의 저자들에 의해 씌어진 만큼 다양한 관점들을 보여주고 있으며, 주제들도 다양하다. 유전공학뿐 아니라 생식보조기술과 뇌사 논쟁, 안락사, 유전자조작식품 문제, 이종이식 문제에 이르기까지 '21세기 생명윤리의 쟁점'이라는 부제에 걸맞게 생명윤리의 다양한 분야에 대한 정보를 제공하고 있다는 데 이 책의 의의가 있을 것이다. 반면 전반적으로 이 책에서는 생명윤리와 관련된 '가치'의 문제에는 심도있게 접근하지 못했다. 마지막 장인 '생명윤리와 종교'에서 각 종교의 생명윤리를 제시하고 있기는 하지만, 구체적인 의료문제의 윤리적 측면에 대한 교회의 원칙을 변호하거나, 교리적으로 하느님의 주권과 불교의 생명관을 옹호할 뿐 종교적 사유가 터 잡고 있는 근본적인 토대와 관련하여 현대 생명공학의 문제를 깊이있게 천착해내지는 못한 것으로 보인다. 인문학적 성찰의 사회적 영향력과 효용성에 대한 회의로 인해 지레 포기하고 있는 것일까?

유전공학과 분자생물학은 물질의 수준에서 생명현상을 이해하려고 한다. 인간 게놈프로젝트라는 것도 그 일환일 것이다. 그러나 복잡한 관계성의 총체 속에서 존재하는 생명현상에 대한 완벽한 이해가 정말로 가능할까? 생명현상을 개체의 수준에서뿐만이 아니라 전체의 수준에서까지 일관되게 이해하고 예측할 수 있을까? 생명현상의 복잡성과 예측불가능성, 관계 속에 존재하는 생명의 그물망, 그리고 과학기술 자체의 불투명성 — 이 모든 것들을 고려해볼 때 인간복제나 인간배아 실험 등은 일단 한번 해보고 말 성질의 것이 아니다. 어떤 식으로든 진행될 터이니 누가 먼저 하기 전에 우리가 해야 한다는 초조감에서 할 수 있는 일은 더더욱 아니다. "유전공학이나 분자생물학의 발전은 필연적으로 인간에 대한 생물학적 계획경제로 인도할 것이고, 그것은 실패할 경우 일반 경제에서의 실패와는 달리 두번 다시 회복할 수 없기" 때문이다(130쪽).

인간 배아의 생식세포 조작에 의해 "소아암을 퇴치하고 뇌졸중이나 알

츠하이머병, 심장병 같은 질병에 대한 저항력을 증강시키고 수명을 연장할 수 있다 해도, 유전적으로 우수한 형질을 부여함으로써 자식에게 성공적인 삶을 보장하려는 부모들의 열망"(128쪽)이 아무리 강하다 하더라도 인간 생식세포에 대한 과학의 공격은 중지되어야 한다. 어째서 과학만이 끝없는 발전의 특혜를 받아야 하는가? 어째서 과학의 발전을 막으면 안되는가? 과학의 발전도 인간정신의 진화 수준에 맞추어 그 속도가 조절되어야 한다. 아직 인류는 인간의 삶과 죽음을 스스로 관리할만한 기준을 가지고 있지 않다.

《영혼의 부정》에서 스캇 펙은 안락사문제를 다루고 있다. 그는 "환자의 상태가 분명하게 치명적인 경우라면 인위적인 외적 생명유지장치나 의료 조치의 과감한 중단 행위는 정당화될 뿐만 아니라 오히려 그것은 온당한 일이고 적극적으로 권장해야 한다"(28쪽)고 말한다. 즉 수동적 안락사를 인정한다. 그것은 생명을 박탈하는 것이 아니라 죽음을 허용하는 것으로서 적극적으로 인정되어야 한다는 것이다. 그는 이 행위를 "플러그를 뽑는 것"이라고 하며, 그가 논의하는 '진정한 안락사'의 범주에서 제외한다. 또한 그는 죽어가는 과정에서 수반되는 정신적, 육체적 고통을 완화하기 위해 설사 이중효과를 일으킬 수 있는 약이라도 적극적으로 활용해야 한다고 말한다.

그러나 안락사 옹호의 근저에 있는 한가지 생각, 즉 저런 상태로는 살 가치가 없다는 생각에 근거해서 인간의 죽고 사는 문제를 판단하는 것에는 적극 반대한다. 그는 한사람의 고유한 생명에 대하여 그 가치를 평가하는 것은 위험천만한 일이라고 한다(33쪽). 우리가 아는 것은 고작 육체적 현상일 뿐이므로 만약 삶과 죽음과 결부되는 판단을 그 사람의 육체적 상태에 대한 판단을 기초로 하여 결정한다면 그것은 위태로운 일이며, 마치 나치의 홀로코스트와도 같은 것이라고 한다(35쪽). 왜냐하면 그러한 무자비한 학살을 정당화하는 기본 논리가, 학살의 대상이 된 사람들의 삶은 불쌍하고 가치가 없다는 생각이었고, 따라서 이들을 죽여주는 것은 오히려 자비로운 행동일 수도 있다는 판단이었기 때문이다(36쪽). 그에 따르면, 그러한 위험하고 불확실한 가정에 근거하여 플러그를 뽑는 것은 잠재적인 살인이라고 한다(36쪽).

그가 말하는 '진정한 안락사'란 "비교적 말기 단계의, 현존하는 치명적 질병으로 육체적 죽음에 처한 경우, 그 고유한 생존적, 정신적 고통을 회피하기 위해 타인의 도움을 받거나 받지 않고 자살하는 행위"를 의미한다(185쪽). 그가 안락사를 비판하는 이유는 두가지인데, 하나는 신학적이고 하나는 인간학적이다. 신학적으로 말하자면 안락사는 하느님과 영혼에 대한 부정이며, 인간학적으로 말하자면 늙고 죽어가는 과정에서 수반되는 생존적 고통을 회피하기 위하여 죽는 과정에서 배움이라는 단계를 거부하는 자기기만 행위라는 것이다(251-2쪽).

그는 안락사를 근본적으로 세속적인 현상이라고 본다. 세속적 인간은 본질적으로 자신을 우주의 중심이라고 생각함에도 불구하고, 스스로 무의미하다고 느끼고 자신의 중요성에 대해 회의한다(194-5쪽). 반면 종교적인 인식을 가진 사람들은 우주의 중심은 신성한 곳 어딘가에 존재하는 누군가라고 본다. 이들은 자신의 존재 자체를 어떤 중심적 존재와의 관계 속에서 보기 때문에 자기 존재의 의미와 중요성도 그 관계 속에서 본다(195쪽).

그는 자신의 체험을 이렇게 말한다. "나는 어린시절부터 나 자신보다는 훨씬더 큰 무엇인가에 연결되어 있다고 느꼈다. 어린시절 전 기간 동안 나에게 '무엇인가'는 일차적으로는 자연이 갖고 있는 아름다움과 힘이었다. 나는 바람을 사랑했다. 그리고 하늘에서 내리는 눈을 바라보는 것을 좋아했고 향긋한 봄 향기를 사랑했다. 해변에 밀려드는 파도에 감동했고 바닷물이 드나드는 갯벌, 산, 숲과 차가운 9월의 협곡에 감격했다. 나는 이들 모두의 배후에 하느님이 계실 거라고 생각했다. 그리고 내 인생의 배후에 하느님이 숨어 계신다고 믿었다."(201쪽) "나는 나 자신을 실제보다 더 깊이있고 크게 만들어주는 매우 중요한 무언가가 내 속에 있음을 느꼈다. 결국 나는 하나의 영혼을 갖고 있음을 깨닫게 되었다."(203쪽)

그는 기독교적인 자신의 종교적 배경에 근거해서 영혼과 영혼을 양육하는 하느님에 관해서 말한다. 하느님이 우리 존재의 일차적 근원이자 창조의 근원이며, "무대 위에 서지 않으면서 인생의 극을 연출하는 분"이라고 한다(211쪽). 아마도 그가 말하는 하느님은 다른 이름으로도 부를 수 있을 것이며, 존재의 근거라는 철학적 용어로 풀 수도 있을 것이다. 개체의 경계를 넘어서서 보다 큰 전체와 하나가 되는 경험, 그리고 그러한 경험이 가능하게 되는 근거로서의 존재 자체, 무엇보다도 모든 생명은 관계성 속에서 존재한다는 인식에서 비롯되는 자연과 인간, 온 우주의 일치 경험 — 아마도 이런 것들이 종교적 사유의 본질적 내용일 것이고, 분리된 개체적 생명의 차원이나 물질의 수준에서 생명현상을 파악하려는 현대의 생명공학이 본질적으로 결여하고 있는 부분일 것이다.

펙은 영혼과 영혼의 창조자인 하느님에 대한 믿음에 근거해서 안락사를 영혼의 부정, 다시 말해 신이 창조자라는 사실과 그 신이 정한 죽음의 시간을 거부하는 행위라고 본다. 반면 많은 사람들이 죽어가는 과정에서 신과 협조함으로써 편안한 죽음을 맞이할 수 있으며, 이를 위해 고통완화제나 호스피스를 이용할 수 있다고 한다(213-4쪽). 그러나 나는 호스피스를 위한 사회적 비용 지출이 허락되지 않는 상황에서, 그리고 명백히 인간적 존엄성이 훼손되고 약물에 의해서도 죽어가는 과정의 육체적 고통을 감당할 수 없는 상황에서는 스스로 죽음을 선택할 권리도 인정되어야 한다고 생각한다.

펙은 안락사 논의의 가장 본질적인 문제가 영혼에 관한 관념이라고 보았고, 그 때문에 책의 제목을 《영혼의 부정》이라고 붙였다. 그는 안락사 논의를 통해서 영혼에 새롭게 주목함으로써 사회적 불균형을 시정할 희망을 발견했다. 그는 마지막으로 이런 질문을 던진다. "우리는 영혼의 의미를 알고 그 영혼의 발전을 고취시키는 사회를 원하는가?"(372쪽)

지금까지 인류는 할 수 있는 일을 안한 적이 없다. 인간복제도 결국에는 할 수 있으니 하고야 말 것이라는 우울한 전망을 거둘 수 없다. 유전자 조작기술이나 생식보조기술, 생명공학이 획기적으로 발전되어 대중적으로 상품화되었을 때 필연적으로 그 사회는 생물학적, 우생학적 계획경제 사회가 될 것이다. 삶과 죽음이라는 생명의 근원적인 두 차원을 계획하고 통제하려는 인간의 욕망이 실현되었을 때, 그 사회는 생물학적 결정론이 지배하는 사회가 될 것이다. 인간복제나 안락사를 옹호하는 자들의 목적이 성취되는 날 아마도 그 사회는 지금 우리가 살고 있는 사회보다 훨씬 더 영혼이 부재한 기계론적 사회가 될 것이다. 태어나고 죽어가는 과정에 있을 수 있는 생명의 찬란한 기쁨과 영광은 사라지고 완전히 이성적인 사회, 사람들이 요청만 하면 언제든지 태어나게도, 잠들게도 할 수 있는 사회가 될 것이다. 소위 '비이성적인' 영혼의 신비나 전체 생명의 발랄함과 명랑함의 원천인 존재 그 자체에 대해서는 한치의 고민도 없이 사람의 생과 사를 결정하는 사회가 될 것이다. 그때는 아마도 인간과 인간적 자유에 대한 모든 논의들을 새로 시작해야 할 것이다. 그러나 분명한 것은, 그런 세상에 살고 싶지 않다는 것이다. 그리고 이 희망은 존중되어야 한다.

이 세상에는 본질적으로 두가지 문제밖에 없고, 그것은 삶과 죽음이다. 유전공학과 장기이식, 생식보조기술 등을 다루는 《생명의 위기》가 끝없는 삶을 향한 인간 갈망의 유구한 역사와 관련된다면, 안락사문제를 다루는 《영혼의 부정》은 자신의 죽음을 통제하고자 하는 인간의 의지와 관련된다. 인간은 끝없이 살고 싶어 하며, 동시에 고통으로부터 벗어나기 위해 죽고 싶어 한다. 자신과 똑같은, 아니면 자신이 사랑하는 사람과 똑같은 사람을 만들어 생명을 영원히 지속시키고 싶어 하는가 하면, 죽음의 시점을 스스로 결정함으로써 죽어가는 과정의 육체적·정신적 고통으로부터 벗어나고자 한다. 의술의 근본 목표가 생명 연장과 고통 완화라면 위의 두 책은 각기 의술의 이 두 목표와 관련된다고 할 수 있다. 이 둘을 한데 합친 다면 고통 없는 영원한 삶일 텐데, 그것은 의술과는 다른 방식이기는 하지 만 근본적으로 종교적 사유가 추구해온 바이기도 하다. 그런데 이제 종교 가 밀려난 자리에 과학이 인류의 오랜 환상을 실현하겠노라고 '불안한 신 세계'를 펼쳐보인다.

정말로 옛 방식은 이제 더이상 효력이 없는가? 개체로서의 나를 더 큰 나에 실음으로써 죽어가는 과정으로서의 삶을 긍정하는 길은 없는가? 죽 을 수밖에 없는 운명을 긍정함으로써 영원히 살 수 있다는 주장은 이제 정 말로 그 효력을 상실했는가? 생명은 개체를 통해서 존재하지만 개체의 죽 음을 통해서 새로워지고 개체의 죽음을 넘어서 발전하고 진화해왔다. 또 인간의 영혼은 개체의 깊이와 높이를 드러내는 것이면서 개체의 경계와 죽음을 넘어서서 타자와 사귀고 타자의 삶에 참여하는 존재이다. 개체의 삶과 죽음을 넘어서는 '삶'을 보고 배우는 일에 더욱 힘써야 하지 않을까?

(《녹색평론》 2002년 1-2월호)

살아있는 종교

기원전 700년경 인도의 '브리하다란카야 우파니샤드'에는 창조에 관한 신화가 한편 나온다.

맨 처음에 인간의 모습을 한 아트만이 있었다. 그는 주위를 둘러보고 자신 이외에 아무것도 보이지 않자 '나'라고 말했다. 그리고 두려움을 느꼈고, 둘이 되고자 하는 욕망을 느꼈다. 그는 다른 존재를 원했고, 그래서 여자와 남자가 서로 부둥켜안고 있는 것과 같은 크기가 되었다가 둘로 떨어졌다. 거기에서 남편과 아내가 생겨났다. 태어난 여자는 "어떻게 하면 그가 자신에게서 생겨난 나와 결합할 수 있겠는가?" 하고 생각했다. 그녀는 암소가 되기로 했다. 그러자 그는 수소가 되어 그녀와 결합했고, 거기서 소가 나왔다. 다시 하나가 암말이 되자 다른 하나는 수말이 되어 그녀와 결합했다. 이렇게 해서 개미에서부터 모든 생물에 이르기까지 모두

이 글은 《핀드혼 농장 이야기》(핀드혼 공동체, 조하선 옮김, 씨앗을뿌리는사람, 2001년), 《삶과 죽음에 대한 기억》(엘리자베스 큐블러-로스, 박충구 옮김, 가치창조, 2001년), 《평화의 씨앗》(술락 시바락사, 변희욱 옮김, 정토출판, 2001년)에 대한 서평이다.

양성의 성교를 통해 만들어졌다.

— 조셉 캠벨 《신의 가면2 : 동양 신화》(까치글방, 1999년) 중에서

이 신화는 태초의 원초적 자아에서 어떻게 다양한 생명체들이 탄생하게 되었는지, 그리고 자아의 근원적인 심리학적 동기는 무엇인지 이야기하고 있다. 이 신화에 의하면 원초적 자아와 그로부터 탄생한 사물들 사이에는 본질적인 차이가 없다. 원초적 자아의 끊임없는 자기 분화와 결합에 의해 다양한 생명체가 생겨난다. 분화된 생명체 가운데 원초적 생명이 존재하는 것이 아니라 분화된 생명체 자체가 원초적 생명, 원초적 자아이다. 그리고 이 원초적 자아의 심리학적 원리는 두려움과 욕망이다. '나'를 의식한 순간 '나'는 두렵다. 그리고 '나'는 원한다. 두려움이라는 소극적이고 내향적인 심리학적 원리와 욕망이라는 적극적이고 외향적인 원리가 원초적 자아의 끊임없는 창조행위의 동력이다.

이 인도 신화는 일상적이고 다양한 생명세계가 신적 기원을 지니고 있음을 이야기한다. 그러나 이와는 전혀 다른 이야기도 있다. 구약성서 창세기에 의하면 생명세계는 신 자신의 분화에 의해 존재하게 되는 것이 아니라 피조 생명과는 전혀 다른 신의 창조행위에 의해 이루어진다. 여기서는 창조자와 피조물 사이에 본질적인 분리가 존재한다. 신은 만물 안에, 또는 만물로서 존재하는 것이 아니라 만물을 초월해서 존재한다. 초월적인 신은 시간 안에 있는 인간을 끊임없이 자신 앞에 세운다. 신적 주체와 인간적 주체는 역사 속에서 부단히 창조자와 피조물의 관계로 재정립되어야 한다. "아담아(인간아), 네가 어디 있느냐"(창세 3, 9)라는 신의 부름 앞에서 인간은 끊임없이 신적인 '나' 앞에 '너'로 마주 서게 된다. 따라서 구원사건 역시 역사적 사건으로 계시되며, 구원체험 역시 역사적이다. 이 점에서 기독교는 역사적으로 정향(定向)된 종교이며, 소위 주류 기독교 안에는 탈역사적 형이상학에 대한 저항이 존재한다.

이 두가지 상이한 종교유형은 인간 자아와 우주 자연, 역사 사회에 대한 상이한 견해로 발전되었다. 전자가 인간 자아와 우주 자연, 신적 초월 사이의 근원적인 동일성의 논리를 펼쳐나갔다면, 후자는 이 셋 사이의 분리와 차이를 전제로 하고 역사·사회적인 장 속에서의 만남과 일치를 추구한다. 따라서 전자가 근원적 동일성에 대한 내면적, 심리학적 깨달음의 종교로 발전했다면, 후자는 신의 뜻의 역사적 계시와 그에 대한 윤리적 책임의 종교로 발전했다. 힌두교, 불교 등의 인도적 종교가 전자에 속한다면, 유대교, 기독교, 이슬람교가 후자에 속한다.

《핀드혼 농장 이야기》, 《삶과 죽음에 대한 기억》, 《평화의 씨앗》이 세권의 책은 각기 이 두 종교유형이 삶의 역동성과 인간 실존의 요구에 부응하여 스스로 형태를 변화시키는 모습을 보여준다.

《핀드혼 농장 이야기》는 스코틀랜드 핀드혼 만(灣)의 모래와 바람뿐인 척박한 땅에 정착하여 생명이 넘치는 풍요의 농장을 이루어낸 다섯명의 신비가들의 체험적 기록을 담고 있다. 이 책은 유기농법이나 과학적인 영농법에 의해 풍요를 일구어낸 성공담을 말하고 있는 것이 아니라, 식물들 안에 있는 요정들, 자연령들과의 대화와 내면의 신과의 교감을 통해 자연과 인간의 일체성에 대한 새로운 인식의 지평을 보여주고 있다. 실제로 핀드혼 농장을 일구어낸 다섯명의 신비가들은 기독교적 전통 안에 속해 있으면서도 주류 기독교 전통에서 소홀히해왔던 자연과 신성, 인간 사이의 일치와 협력의 예를 보여주고 있다. 이 점에서 이 책은 단순히 성공적인 귀농 이야기에 머무르지 않고, 기독교적 자연관의 변화된 형태를 보여준다. 말하자면 역사적, 사회적 종교유형이라고 할 수 있는 기독교 전통 안에 있으면서도 자연적 동일성의 종교의 방향으로 한걸음 다가서고 있다.

이 책의 저자들 중 하나이자 그들 중 내면의 신과의 교통을 주로 담당했던 에일린은 이렇게 말한다. "교회는 우리들 밖에 있는 신에 대해 가르쳤던 것이고, 그와 같은 신이 우리 안에도 계시는 것이다."(83쪽) "신은 모든 사람의 내면에 있다. 모든 사람은 바로 그 힘에 의해서 살아가고 있는 것이다."(84쪽) 그리고 그녀의 내면에 있는 신은 이렇게 말한다. "인간은 진실로 나[神]와 하나이다."(83쪽)

에일린은 수년 동안 내면의 신으로부터 들려오는 음성을 기록했다. 핀드혼 농장은 과학적인 영농기술을 배제하지 않으면서도 이 내면의 신의 소리에 따라 모든 중요한 결정들을 내렸다. 이 책에서 읽을 수 있는 것은 놀랍게도 이 신비한 음성을 따르는 것이 과학적인 영농기술보다 더 의미가 있었다는 것이다. 그리고 이것은 식물과 인간 사이의 직접적이고도 상호적인 교류를 통해 더욱 강조되었다. 이 책에서는 산스크리트어로 '빛나는 존재'를 뜻하는 '데바'라는 말로 식물 영(靈)을 지칭했는데, 도로시는 이 식물 영과의 교통을 주로 담당했다. 그녀는 토마토 데바, 양상치 데바, 들장미 데바 등 온갖 종류의 식물 영들과 대화를 한다. 그들은 토마토를 어떻게 재배할 것인가, 그 열매를 어떻게 하면 크게 할 것인가를 그 영들에게 물었다.

이러한 대화의 과정은 창조의 힘이 사랑을 통해서 가장 잘 발휘될 수 있다는 사실을 보여주며, 그 과정을 통하여 인간과 식물, 자연령들 사이에 깊은 교류가 이루어지고, 신비가들은 존재의 일체성을 경험한다. 데바들은 인간들에게 이렇게 말한다. "바람이 불어올 때 그 바람은 너의 일부이며"(172쪽), "태양이 주는 선물, 그 햇살 하나하나가 나 자신의 일부이다."(174쪽) 수선화가 활기차게 봄을 맞을 때 저 멀리 떨어진 별들도 존재의 일체성을 명상한다(175쪽). 하나의 존재가 고통을 겪고 있다면 지상의 전체 의식이 같이 고통받고 있다(174쪽). 식물의 영들과 자연의 영들은 끊임없이 진동하며 인간과의 '함께 울림'을 기다리고 있다. 신비가들은 이렇게 말한다. "식물에게서 우리에게로, 우리에게서 식물에게로, 하나의 완벽한 순환이 이루어졌고, 자연스럽게 생명의 일체성은 우리가 매일 겪는 일상

의 경험이 되었다."(97쪽) 핀드혼 농장이 이루어낸 기적 같은 결과는 자연
숭배라든가 인간의 의식을 본능으로 몰아치는 사나운 원시상태로 돌아가
는 것이 아니라 신과의 일체성, 세계와의 일체성을 이루어 안전하고 활동
적으로 각성된 의식을 통해 모든 에너지들을 불러오고 변형시킬 수 있음
을 증명하고 있다.

다섯명의 신비가들은 건실하게 몸을 움직이고 내면의 안내자와 식물들
의 영, 자연령들의 소리를 따른 결과 7년 후에는 모래땅 위에 풍요로운 농
장이 들어서게 할 수 있었고, 거의 이백여명에 달하는 영적인 농군들의 공
동체로 성장하게 되었다. 핀드혼 농장의 실험과 성공은 인간 영혼의 변형
이 가능함을 보여준다. "핀드혼 농장의 성장은 인간 혼의 성장을 상징한
다."(71쪽)

영들과의 대화와 신비체험을 중시하는 이들의 종교적 경향에는 당연히
위험이 따른다. 그것은 진정한 대화가 아니라 신비가 자신의 왜곡된 의지
와 욕망의 발현으로 변질될 수도 있고, 무지막지한 자연적 힘의 숭배로 오
해받을 수도 있다. 영적 대화의 카리스마가 사라질 수도 있다. 그러나 있
을 수 있는 모든 위험들에도 불구하고 그들은 생명의 일체성에 대한 인식
과 내면의 고요함을 달성함으로써 기독교적 종교체험의 지평을 확대했다.
역사적이고 사회적인 종교의 지평 안에서 깊은 생명의 동일성과 일체성에
대한 인식을 이루어낸 것이다.

《삶과 죽음에 대한 기억》역시 기독교 전통 안에 있으면서 동일성의 종
교적 관념들로 접근해가고 있는 것으로 보인다. 이 책은 스위스 출신의 정
신과 의사로서 미국에서 활동하며 호스피스운동과 죽음에 대한 연구에 전
념해온 엘리자베스 큐블러-로스의 자서전이다. 큐블러-로스는 죽어가는
환자를 돌보고, 그들의 내면에 대한 탐구의 과정을 통해 인간과 신 사이의
절대적인 단절과 차이보다는 인간 안에 있는 신적 본성을 발견하게 된다.

《핀드혼 농장 이야기》가 자연의 신성에 대한 체험에 많이 기울어있다면, 《삶과 죽음에 대한 기억》은 인간 안의 신적 본성과 인간 영혼의 불멸성에 대한 인식을 보여주고 있다.

큐블러-로스는 아주 어려서부터 "내가 믿는 하느님은 어떤 교회 지붕 밑이나 인간의 규율에 속해 계시지 않으므로 어떤 교회에 들어가야 할 이유가 없다"(52쪽)고 생각했다. 어린 큐블러-로스는 스위스의 아름다운 자연환경과 그 속에서 살다 죽어가는 모든 생명체들에 대해 예민한 감수성을 지녔다. 자신이 책임져 기르던 까만 토끼를 제 손으로 직접 정육점에 갖다주어 종이봉투 속의 따끈한 고깃덩이로 바꾸어가지고 집에 돌아오던 일, 사랑하던 친구 수지와 이웃집 아저씨의 죽음 ─ 이러한 경험들은 "나는 어떻게 죽기를 원하는가"라는 소박한 질문에서 출발하여 어떻게 죽는 것이 아름답고 고귀한 죽음인가, 나아가서 삶과 죽음 그리고 그 의미에 대한 종교적 의식의 확대로 이어진다.

초기 의료봉사활동을 하면서 그녀는 살아있는 모든 존재와 피조물의 근본적인 생명력은 어떠한 재난에도 불구하고 살아야겠다는 의지에 있다는 것을 깨닫는다. 전쟁으로 고통당하다가 죽어가는 순박한 사람들을 그녀는 적과 동지의 구별 없이 죽음의 공포에 시달리는 초라한 인간으로 받아들인다. 그리고 무시무시한 나치 유대인 수용소 벽에 수없이 그려져 있는 나비의 모습은 그녀에게 강렬한 인상을 남긴다. 죽음을 앞둔 인간이 오색의 영롱한 나비들을 그리면서 또다른 탄생과 날기를 기대했는가? 인생에 대한 예감 같은 것이 있다면 여기서 그녀는 자신의 평생의 주제가 될 죽음과 탄생의 신비에 사로잡혔으리라.

의사가 되어서는 죽음을 회피하고 부정하는 의료계의 현실에서 아무도 돌보지 않는 말기 암 환자들, 임종을 앞둔 환자들에게 관심을 쏟는다. 이러한 행동은 당시 의료계 현실에서는 받아들여지기 어려워 많은 오해와 반대에 직면하지만 그녀는 용감하게 뚫고 나간다. 그녀는 죽어가는 이들에게 귀를 기울이면 삶에 대해 많은 것을 배울 수 있다고 한다. 여기서 그녀가 얻은 깨달음은 죽음은 삶의 하나라는 것이다. 죽음은 단순히 슬프고 외롭고 비인간적인 사건이 아니라 삶의 한부분이고 삶의 중요한 사건이라는 것이다.

여기서 더 나아가서 그녀는 죽는 체험 자체, 죽음 이후의 세계에 대한 연구에 몰두한다. 죽으면 나비가 고치에서 빠져나오듯이 영혼이 육체에서 빠져나왔다가 수호천사, 영적 안내자의 도움으로 계곡이나 터널, 문 같은 곳을 지나며 찬란한 빛을 본다(227쪽). 그녀는 인간은 영혼의 안내자, 혹은 수호천사의 보호를 받고 있다고 믿으며, 사후세계와 죽음 체험자들에 대한 연구를 통해 영혼의 불멸과 사후세계의 존재를 믿게 된다. 퀴블러-로스는 신비체험에 대해 열린 태도를 취할 뿐 아니라 그녀 자신이 과감하게 영들과의 교통을 추구한다. 그리하여 비교(秘敎)적인 집단에까지 참여하고 거기서 인간적인 배신과 좌절, 죽음의 위협을 당하기도 한다.

퀴블러-로스는 그 순간 자신이 진실이라고 믿으면 무엇이든 물불을 가리지 않고 밀고 나간다. 그래서 그녀 주변에는 늘 숭배자와 적이 함께 있었다. 꼭 성공적이었다고 할 수만은 없는 삶의 여정을 거치면서 결국 그녀가 이른 결론은 삶과 죽음에서 정말로 문제가 되는 것은 "얼마나 많은 사랑을 주고받았느냐?"라는 질문이라고 한다. 조건 없는 사랑을 얼마나 잘 배웠는지 답할 수 있어야 한다는 것이다. 모든 것은 우리가 어떻게 살았느냐에 달려있고 영원히 지속되는 것은 사랑뿐이다(337쪽).

그녀는 육체를 떠나 불멸의 세계로 향하는 영혼을 나비의 이미지로 그리며, 이제 74세로 질병에 시달리며 임종을 앞둔 자신의 유일한 소원은 몸을 떠나 큰 빛과 하나가 되는 것이라고 한다(334쪽). 죽음은 두려워해야 할 대상이 아니라 우리의 삶에서 아주 아름다운 체험이 될 것이라고 한다. 육체적인 삶은 전 존재에서 아주 짧은 시간일 뿐이고 이 지상에서 주어진 모든 시험이 끝나고 나면 고치가 미래의 나비를 가두고 있는 것처럼 영혼을 가두고 있는 육체를 벗을 것이라고 한다. 그때가 되면 한마리 아름다운 나비처럼 날아서, 우리가 상상할 수 있는 것보다 더 많은 사랑이 있는 곳, 사랑하는 이들과 함께 춤추고 노래하며 끊임없이 자라는, 결코 외롭지 않은 하느님 집으로 돌아가서 고통과 두려움과 근심에서 자유로워진다고 한다.

큐블러-로스는 기독교에서 직접적으로 다루기를 주저하는 사후세계의 문제를 정면으로 다루었다. 그리고 기독교 전통이 몸의 부활을 믿는 데 반해 육체를 벗어난 영혼의 불멸성이라는 그리스적 관념을 부활시켜놓았다. 또한 그녀는 인간 안에 있는 신적 본성은 인간이 신적 근원으로부터 태어날 때 부여받은 '신적 섬광'이라고 한다. 이 신적 섬광이 인간의 불멸성을 알려준다는 것이다(336쪽). 이렇게 그녀가 인간의 신적 본성과 불멸성을 설명하기 위해 사용하는 '신적 섬광'이라는 말은 본래 영지주의(靈知主意) 전통에 속해 있으며, 그것은 신, 인간, 자연의 본질적 분리와 역사, 내적인 구원의 중요성을 강조하는 기독교 전통과는 거리가 멀다. 그러나 그녀가 주류 기독교 전통에 얼마나 멀리 있느냐, 가까이 있느냐는 본질적으로 중요하지 않다. 중요한 것은 삶의 현장에서 생생하게 솟구치는 인간 실존의 외침에 얼마나 귀를 기울였는가, 그리고 그녀의 종교적 인식이 삶의 진실에 얼마나 가까이 다가서있는가 하는 것이다. 비록 사이비 심령술사에게 속고, 때로는 황당해 보이는 영체험에 빠지기도 하지만, 그녀는 삶과 죽음에 대한 자신의 이해에 근거해서 마지막까지 사랑에 대한 믿음을 잃지 않았다. 이것은 그 모든 실수와 좌절, 위험에도 불구하고 삶의 의미를 향한 그녀의 탐구가 진실했음을 의미하며, 그녀의 종교적 실험이 가치있는 것임을 말해준다.

《평화의 씨앗》은 태국 불교승려로서 정치적인 활동을 하다가 미국으로 망명해 있는 술락 시바락사의 글이다. 그는 소승불교 국가인 태국에서 불교승려로서 정치적인 저항운동을 벌이다가 박해의 위협을 피해 미국으로 건너와서 다양한 평화운동, 정치운동을 벌이고 있다. 지나치게 획일적인 판단일 수도 있지만, 그의 책은 인간 내면의 깨달음을 중시하는 소승불교가 어떻게 사회적이고 역사적인 실천의 방향으로 나아갈 수 있는지 보여준다. 그는 태국의 타락한 정치, 사회 현실을 바로잡을 수 있는 영혼의 샘물을 태국의 불교에서 길어올리고자 한다.

그는 전통 불교에서 존중하는 내면의 깨달음과 함께 또하나의 깨달음에 대해 말한다. 불교적 해탈을 위해서는 욕망(貪), 분노(瞋), 어리석음(癡)을 해소하는 내적인 깨달음뿐만 아니라 개인의 욕망, 분노, 어리석음이 사회에 어떤 해악을 미치는가에 대한 사회적인 깨달음도 필요하다는 것이다. 그에 따르면 불교란 기본적으로 고립된 자아의 한계를 이겨내는 길이요, 자기만의 운명에 골몰하지 않고 살아있는 모든 생명체들과 함께하라는 삶의 지침이다. 그러므로 불교 역시 자연스럽게 사회, 정치적인 문제에 관심을 갖게 된다. "불교는 인간을 새롭게 할 수 있을 뿐만 아니라 사회를 변화시킬 수도 있다"고 한다(33쪽). 인격적 변화와 사회구조의 변화는 분리될 수 없다. 이러한 맥락에서 그는 불교 전통에는 개인적 구원과 사회적 정의가 상보적인 관계로 상호 중시된 전통이 있었다고 한다. 한 중국 성인의 말을 빌어 그는 "성인이 나타날 때마다 강은 더욱 맑아졌으며, 나무는 더욱 푸르러졌다"(36쪽)고 한다. 나아가서 그는 불교 오계(五戒)의 현대적, 사회적 의미를 재해석하며, 다양한 사회적 문제들, 가령 폭력이나 여성문제, 세계화, 소비자본주의, 개발, 발전 등의 현대 사회현상들에 대한 불교적 대안을 제시한다.

술락 시바락사의 불교 이해는 인간 자의식의 발생과 그 해소에 골몰하는 전통 불교의 지평을 뛰어넘고 있다. 물론 대승불교 전통 안에는 미륵불교처럼 이 땅에 불국토를 건설하겠다는 사회적 관심이 전면에 부각되는 경우도 있지만, 소승불교는 대체적으로 문제의 원인을 남이 아니라 나에게서 발견하고, 내향적인 자기성찰에 몰두한다. 이처럼 사회구조보다는

'나'에게서 문제의 원인을 찾고, 문제 해결도 마음을 다스리는 데에서 찾는다면 상대적으로 사회 구조악이나 사회변혁에 대해서는 소홀해지기 쉽다. 그러나 술락 시바락사는 조국의 암담한 사회정치적 현실을 바라보면서 선사들이 하는 법어를 내놓지 않았다. 그는 인간 내면에 천착하는 전통불교의 자기수양 전통을 출발점으로 삼아 그것이 정의로운 태국사회의 건설을 위해 구체적으로 어떻게 해석되어야 하는지 보여주었다. 이 점에서 그 역시 자신이 자라온 종교적 전통의 한계를 넘어 삶의 바닥에 한걸음 다가선 모습을 보여준다.

위의 세권의 책은 각기 제도종교가 그어놓은 선을 넘어서 인간 삶의 역동적인 정황으로부터 어떻게 창조적이고 생기에 넘치는, 그래서 정말로 인간 삶에 기쁨을 주는 살아있는 종교가 탄생할 수 있는지 보여준다. 삶의 역동성과 복합성, 다원성 앞에서 종교의 고정된 틀은 허물어진다. 앞에서 말한 두가지 종교유형이라는 것도 어쩌면 쉽게 평가하고 해석하기 위해 책상 앞에서 틀을 맞추어놓은 것이지, 삶 속에서 고군분투하는 민초들, 우리의 종교적 천재들은 끊임없이 이 틀을 넘나들었고, 틀 자체를 무너뜨리기도 했다. 주류적 종교 밖에서 끊임없이 돌출했던 새로운 종교운동들은 그러한 노력의 과정에서 나온 것들이다.

인간이 살아있으니 종교도 살아있다. 살아있는 인간이 변하니 종교도 변한다. 인간이 다르니 종교도 다르다. 인간은 살기 위해, 살라는 생명의 명령에 충실하기 위해 초월과 궁극, 근원을 추구한다. 그것을 통해 삶의 의미를 발견하고 삶에 충실히 임한다. 살아있는 인간만이 살아있는 종교를 가질 수 있다. 《녹색평론》 2001년 9-10월호)

3부 어떻게 살 것인가

당신들의 법, 우리들의 정의
합법적 불법과 불법적 정의

1

입추하고도 말복, 처서가 지났으니 여름은 다 갔다. 절대 물러설 것 같지 않던 더위도 갔다. 넓고 환하다는 데 혹해서 지붕 밑 다락방으로 연구실을 옮긴 탓에 올여름 더위를 톡톡히 겪었다. 지붕 밑층으로 올라서기가 무섭게 더운 기운이 훅 끼쳐오고, 용량이 적은 에어컨은 별무소용이었다. 한 일주일은 정말 고생했다. 그러나 그 맹렬했던 여름도 갔고, 뜨거웠던 촛불의 열기도 식었다.

10년쯤 지나서 우리는 이 여름을 어떻게 기억하게 될까? 역사에는 왜 이렇게 낭비가 많은 걸까? 우리 근현대사가 온통 그랬다. 동학혁명이 승리를 눈앞에 두고 좌절됐고, 나름대로 근대국가를 수립하려 애쓰다가 일본에 합병됐다. 해방됐나 했더니 남북이 분단되어 동포끼리 참혹한 살육전을 벌였고, 4·19를 통해 독재정권을 무너뜨렸나 했더니 5·16이 일어나 군사독재가 시작됐다. 80년 민주화의 봄은 12·12와 전두환 정권으로 이어졌고, 87년 민주대항쟁은 독점자본과 관료의 지배로 이어졌다. 아무래도 역사는 갈지자로 걷는 모양이다. 역사의 이 갈지자걸음에 촛불도 밝히고 마는 건가? 그러고 보면 출애굽이라는 엄청난 해방의 경험 뒤에도 '광야 40년'이 기다리고 있었고, 모세를 비롯해 출애굽 1세대는 단 한명도 가나안 땅에 들어가지 못했다니, 촛불도 '광야 40년'을 겪어야 할 모양이다.

역사는 진보한다고 말들 하지만 그렇게 믿고 싶어 하는 사람의 마음속에서나 역사가 진보하는 것이지, 역사의 수레바퀴에는 눈이 달려있지 않아서 그냥 굴러간다. 세속사에서 구원사를 읽어내는 것은 본래 기독교인들의 습성이지만, 구원사나 섭리라는 말은 우리끼리 고백하고 위로할 때할 수 있는 말이지 아무 때나 써먹을 수 있는 말이 아니다. 문맥을 벗어나면 그런 말들은 하느님을 내세워 자기를 정당화하는 폭력으로 둔갑하거나 아니면 우스꽝스러워진다. 이 점에서 역사의 잔인한 측면과 가감없이 대면하는 인도 종교는 훨씬 냉철하고 어른스러워 보인다.

힌두교의 칼리 여신상은 양쪽에 네개의 팔을 가졌는데, 한쪽 팔로는 피묻은 칼과 참혹하게 잘린 인두(人頭)의 머리칼을 거머쥐고, 다른 쪽 팔로는 은혜를 나누어준다. 여신은 이렇게 말한다. "두려워 말라. 모두가 신 안에 거하리니. 오고가는 형상은 춤추는 내 팔다리의 한순간 휘저음이다. 나를 아는데 무엇이 두려우랴?" 피가 낭자한 '검은 칼리'는 역사의 수레바퀴에 깔린 자들의 위축된 심리상태가 투사된 결과라고 할 수 있겠지만, 돌이켜 자기들이 섬기는 신의 이미지를 이렇게 그릴 수 있는 사람들의 내면이 어떠할지 상상해보면 등골이 서늘해진다. 근원적인 관점에서 보면 세계는 끊임없이 존재하고 폭발하고 해소되는 일을 반복하는 가운데 유지된다. 이 여신의 이미지는 끝없이 반복되는 파괴와 생성의 우주적 공정 안에서 선과 악, 주관과 객관, 나와 너의 온갖 대립과 모순을 무화시키면서 존재하는 영겁회귀의 우주적 전체성을 받아들이겠다는 자아의 모습을 반영한다. 이들에게는 삶도, 역사도 발전이 아니라 반복이다.

이런 인식을 향해 열려있는 자아라면 삶과 역사에 대한 이기적이고 감상주의적인 태도에 덜 빠지지 않을까? 흔히 과거를 돌아보며, 그래도 지금

218

이 옛날보다 낫다고 말들 한다. 그 말을 하고 있는 사람에게는 지금이 옛날보다 나을지 모른다. 그러나 그 말이 진리이려면 먼 훗날 그의 아이도, 지구의 반대편에서 살고 있는 얼굴을 모르는 그의 이웃도 똑같이 그렇게 말할 수 있어야 한다. 만일 그렇게 말할 수 없다면 그 말은 그냥 하는 말일 뿐, 진리가 아니다. 이기심에서 비롯되는 환상을 걷어내고 역사를 들여다볼 때 '진보에 대한 희망' 대신 우리는 과거로부터 무얼 배울 수 있나?

개체로서 나라는 한 인간의 삶은 이럴 수도 있고 저럴 수도 있다. 나라는 한 개인의 삶은 좀더 안락할 수도 있고 그렇지 않을 수도 있으며, 또 어쩌면 좀 덜 외롭게 살 수 있었을지도 모른다. 그러나 그런 데에 골몰하는 것은 자기탐닉이고 자기연민일 뿐, 중요하지 않다. 중요한 것은 무언가 신비한 생명의 영속성과 연대를 통해 삶이 은혜로 지금 나에게 주어졌고, 생명은 지금까지 그래왔듯이 앞으로도 스스로 자기 삶을 개척해나가리라는 사실이다. 지나간 삶의 행렬들은 이 점을 가르쳐준다. 그러므로 이러한 생명의 영속성과 연대성, 자발성에 봉사하는 '올바름에 대한 감각'을 익히는 것이 우리가 역사로부터 배워야 할 덕목이 아닌가 싶다. 삶을 파괴하는 것들에 대한 분노와 파괴되는 것들에 대한 연민 — 욕심과 허영심을 걷어내고 역사와 마주하면 아마 역사에서 우리는 그런 감수성을 배울 수 있을 것이다. 역사로부터 그런 감각을 체득하고 덤으로 인생에 대해 만족하는 법까지 배울 수 있으면 참 좋겠다.

2

촛불이 약해진 것은 자연스럽다. 날도 너무 덥고, 또 먹고살아야 하니까. 달리기도 쉬어가며 해야 한다. 무려 석달을 기적같이 촛불이 이어졌고, 소수지만 지금도 촛불을 이어가고 있는 사람들이 있다. 약해졌지만 촛불은 등경 위에 올린 등불처럼 숨겨둔 것을 드러내고 감추어둔 것이 환히 알려지게 만들었다. 물리적인 힘을 가진 정권으로부터 촛불이 실제로 얼어낸 것은 없지만, 촛불이 사람들에게 환히 알려준 것이 있다. 촛불은 이명박의 실상을 보여주었고, 이명박은 이제 본색을 드러냈다. 촛불이 아니었으면 이명박이 이처럼 빨리 그 본색을 드러내지 않았을 것이다.

대선 과정에서부터 국민들은 이명박의 도덕성 문제에 대해서는 일단 접고 들어갔다. 뻔뻔스런 거짓말쟁이에다 도무지 품격과는 거리가 멀어 보였지만, 거기에 대해 생각하고 싶어 하지 않았다. 그래도 경제만은 살리겠지, 하는 기대감 때문이었다. 도덕성은 없어도 실력은 있겠지, 하는 기대감이 사람들 사이에 만연해있었다. 그러나 광우병 파동을 통해 드러난 것은 바로 그 실력이 없다는 점이었다. 협상 과정의 내막이 속속들이 밝혀지면서 이 정권이 최소한으로라도 국민건강권을 지키겠다는 의지가 없을 뿐만 아니라 도무지 협상 실력이 없다는 사실이 드러났다. 게다가 그렇게 강조했던 영어실력마저 없었다.

실력이 없다는 것이 이명박 정권의 실상이라면, 몽둥이를 휘두르는 것이 촛불을 통해 드러난 이명박 정권의 본색이다. 이 정권의 지난 6개월이란 촛불의 파도에 빠져 익사하지 않고 헤어나오려는 몸부림이 전부였다. 촛불이 거세지자 이명박은 두번 사과했고 "국민의 목소리에 귀 기울이겠다"고 약속했다. 그러나 자기 말대로 "비가 오니 처마 밑에 잠시 비를 피한 것일 뿐" 비 긋자 금방 본색을 드러냈다. 사과도, 약속도 쉽게 하지만, 말을 뒤집기도 쉽게 한다. 공기업 선진화 사업이 공기업민영화 포기 약속에 대한 말 뒤집기라면, 4대강 유역 정비사업은 한반도대운하 포기 약속에 대한 말 뒤집기이다. 나아가 언론 장악과 인터넷 통제는 힘 가진 자의 주먹 휘두르기 외에 다른 것이 아니다. 언론만 장악하면 지지율이 올라가리라고 생각하는 모양이다. 아무렴 바퀴벌레도 그 정도 머리는 굴려가며 산다.

더위와 생계에 지치고 올림픽에 취해있는 것 같아도 촛불들은 지금 이명박 정부가 하는 일을 빤히 다 보고 있다. 사람들은 이 정권의 747공약(公

約)이 실현 불가능한 공약(空約)임을 진즉에 알았을 뿐만 아니라, 이 정권이 내세우는 허울 좋은 정책들이 대다수 서민들을 벼랑끝으로 몰아가는 것임을 알고 있다. 그리고 이 나라의 대의민주주의란 삼성과 조선일보, 한나라당이 한패가 돼서 벌이는 과두지배체제를 가리기 위한 위장물에 불과하다는 사실도 깨달아가고 있다. '선진화'니 '녹색성장'이니 하는 경제성장에 대한 약속이 결국은 자신들의 삶을 결딴내고 말리라는 것도 깨닫게 될 것이다. 촛불은 꺼졌다 켜졌다 하겠지만, 깨어난 민중의 자각은 계속 이어진다. 그리고 보면 촛불은 꺼진 게 아니라 횃불이 될 기회를 엿보고 있다. 그러므로 촛불시위 전과 후 우리사회의 정치와 문화는 달라질 수밖에 없고, 달라져야 한다. 그러나 지지율 20퍼센트에 자신감을 얻고 서울시 교육감 선거에서 확신을 얻은 이 정권은 지지율 30퍼센트에 드디어 기고 만장했다. 한나라당에 제정신 가진 사람이 그래도 좀 있다면 촛불들보다 오히려 그들이 더 가슴 졸이며 이 정권의 행태를 지켜보고 있을 것이다.

느리고 답답해 보여도 국민은 알기 시작하면 순식간에 알아버린다. 노무현 정권은 그 태생부터 헷갈리게 만드는 점이 있었다. 거의 자기파괴적인 경지에 이를 정도로 탈권위주의적인 행태를 보여주었고, '진보의 수사학'을 구사했기 때문에 사람들로 하여금 '우리 편'이 아닌가 착각하게 만들었다. 그러나 이번 정권은 속을 다 드러내고 공안정국을 조성할 뿐 아니라 파시즘적 몽둥이를 휘두르고 있다. 언제까지 이럴 수 있을까, 믿던 경제에도 발등 찍히고 있는 중인데? 덕분에 국민들이 아주 똑똑해지고 있는 중이다. 사람들은 이 나라가 '고소영', '강부자'로 대변되는 '당신들'과 거기 끼지 못하는 '우리들'로 나뉘어있다는 것을 알아버렸다. 애초에 세상이 그리 되어있다는 것쯤 알고는 있었지만, 당신들과 우리들 사이에 원래 있던 '저 바다'는 도저히 건널 수 없는 바다이고, 이제 그 바다에서 쓰나미가 일어 우리를 덮치려 한다는 것을 이 정권의 정책과 인사를 통해 확실히 알아가고 있다. 아직 모르는 사람은 모르고 싶어서 모르는 것이고,

알 사람은 다 안다. 촛불이 사람들을 똑똑하게 만든 것이다.

그런데 이 정권은 아직도 정신 못 차리고 국민을 깔본다. 헷갈리게 안 하는 게 미덕이다 보니 불문곡직 '법의 주먹'을 들이댄다. 결국은 법이다. 경제에도, 정치에도 실력이 없으니 내세우느니 '법의 폭력'이다. 법을 제멋대로 해석해 자기들에게 유리하면 합법이고 불리하면 불법이다. 이 과정에서 검찰, 경찰, 감사원, 국세청 등 권력기관이 이명박 일개인의 정치 도구화됐을 뿐만 아니라, 헌법의 기본정신과 민주주의가 깊은 상처를 입었고, 언어가 훼손됐다. 임기가 남은 공영방송 사장을 내쫓고 자기 측근을 사장 자리에 앉혀놓고는 그걸 '방송 정상화'라고 부른다. 온라인상의 표현의 자유를 억압하는 것은 '합법'이고, 헌법이 보장한 집회결사의 자유를 억압하는 것이 '법치'다. 다른 모든 탈법행위들은 차치하더라도 이들이 저지르고 있는 '언어 혼란'의 죄 하나만으로도 100년쯤 감옥을 살게 해야 한다. 왜냐하면 '언어 혼란'은 아이들 교육에 정말 안 좋기 때문이다.

촛불시위 때 시민들이 가장 많이 부른 노래가 〈헌법 제1조〉였다. 경찰은 "대한민국은 민주공화국이다"라고 노래 부르는 시민들을 방패와 물대포를 동원해 연행했다. 이 장면만큼 이 정권이 헌법을 모욕하고 국민을 능멸하고 있음을 단적으로 보여주는 것도 없었다. 우리는 청와대 비서진과 내각 인선 과정에서 이들이 자기이익을 위해서라면 얼마든지 불법을 일삼는 자들임을 보았다. 그리고 삼성특검과 재판 결과를 통해 법이 얼마나 가진자들 편에 유리하게 적용되는지 보았다. 천재일우의 기회라고 할 만큼, 범죄적 행위를 한 당사자의 구체적이고 생생한 증언과 정황을 확보하고도 최소한의 진실규명마저 외면당하는 것을 보면서 '삼성'이라는 금권과 관권, 언론과 법조계가 같이 손잡고 돌리는 '악마의 맷돌'이 얼마나 강고한지 절감했다. 법을 능멸하고 짓밟으며 구겨진 종잇조각으로 만든 것은 그들 자신이다. 그래서 결국 이런 결론에 이른다. '당신들의' 합법은 우리들의 법감정으로 보면 불법이고, '우리가' 갈구하는 정의는 '당신들이' 펼

처놓은 법망에서 보면 불법이다. '당신들의' 합법도 불법이고, '우리들의' 정의도 불법이다. 결국 법도 정의도 불법인 불행한 상황에 우리는 처해있다. '당신들'과 '우리들' 사이의 이런 조잡한 이분법을 거론하는 것이 영 불편하지만, 지금 현실이 이렇게 말할 수밖에 없게 만든다.

3

돌이켜보면 불의한 '법의 지배' 상황은 법이 존재한 이후 늘 있어왔다. 비단 우리만의 문제도 아니고, 서구에서도 법과 도덕 사이에, 법적인 언어로 표현하자면 실정법과 자연법 사이에 긴장과 갈등은 늘 있어왔다. 그러므로 자연법의 이름으로 실정법에 도전하고, 정의롭지 못한 '법의 지배'에 저항해온 역사와 전통 역시 유구하다. 그런데 근대법의 역사에서는 이러한 법과 도덕의 긴장 문제가 실정법 내의 문제로 다루어졌다. 왜냐하면 오늘날 헌법이야말로 인권이나 자유, 평등 같은 도덕적 가치를 근대 자연법의 도덕적 원리로 수렴해서 제도화, 실정법화한 것이기 때문이다. 그러므로 합법적인 정부라도 불법행위를 할 수 있다는 것은 기정사실이고, 우리는 그것을 감당해야 하지만, 통치권자 역시 헌법의 정신에 귀의함으로써 통치행위의 도덕적 정당화를 위해 부단히 노력해야 한다. 이때 헌법은 정치가 도덕과 소통할 수 있게 도덕적 가치를 법적 언어로 실어 나르는 수레 같은 것이다. 이 점에서 정치나 법은 도덕적 가치에 대해 색맹일 수 없고, 그래서도 안된다. 촛불시위 때 사람들이 〈헌법 제1조〉를 그렇게 목청껏 불렀던 것도 아마 거의 본능적으로 이 점을 알고 있었기 때문일 것이다.

히틀러 시대에 독일의 법철학자 라드브르흐는 결코 법이라고 할 수 없는 법이 인간을 말살하고, 사소한 죄를 저지른 사람들까지 사형에 처하는 것을 보면서 정의를 추구하려 애쓰는 법만이 법일 수 있다고 했으며, '법률적 불법과 초법률적 법'에 관해 말했다. 법률을 초월한 법의 문제를 제기한 것이다. 그는 초법률적 법의 최소한의 내용을 '인권'이라고 보았다. 인권을 국가 이전의 권리로 보았던 것이다. 그는 칸트에 근거해서 이러한 인간성의 원리를 "비인간적 잔인성에 맞서는 인간의 우정, 비인간적 굴욕에 맞서는 인간의 존엄, 비인간적 문화파괴에 맞서는 인간의 형성, 즉 교육"이라고 천명한다(라드브르흐, 《법철학입문》, 육법사, 205쪽).

'초법률적 법'의 최소한의 내용으로 인권을 이야기했다면, 그는 정의가 조금도 추구되지 않거나 정의의 핵을 이루는 평등이 거부되는 경우는 법으로서의 본질을 결여한 것이라고 했다. 평등의 결여가 '법률적 불법'의 기준이라는 것이다. 이러한 그의 생각은 법과 계급의 문제에 대한 성찰로 이어진다. 자본주의 사회의 법체계는 실제로는 강자를 강하게 하고 약자를 약하게 하는데, 그런 상황에서 법이 사회적 강자와 약자를 법적으로 동등한 위치에 서있는 것으로 가정한다면, 평균적 정의에 입각한 절대적 평등은 실현되지만 배분적 정의에 입각한 비례적 평등은 실현되지 못한다. 즉 법의 상대적 불평등이라는 결과가 나타난다. 라드브르흐는 자본주의 사회에서 상대적으로 불평등한 법은, 정의의 본질에 대립되는 것, 즉 불법이라고 본다. 실질적인 의미에서 불평등한 법은 불법이라는 것이다(《법철학입문》, 210-6쪽).

라드브르흐가 말하는 법적용의 상대적 불평등은 특히 노동문제에서 심각하게 나타난다. 가령 '기륭전자'의 경우, 파견직 노동자는 끔찍한 저임금과 해고의 불안에 시달리지만 기업가는 불법파견 판정을 받고도 벌금 500만원 내고 도리어 정규직마저 비정규직으로 만들었다. 법을 악용하여 노동자들을 착취하는 기업과, 해고당하지 않으려고 기업주의 눈치를 볼 수밖에 없는 노동자는 결코 평등한 위치에 있지 않다. 그러므로 직접고용과 정규직화를 요구하며 단식투쟁을 벌이는 노동자가 "목숨 걸면서 왜 이렇게 싸우는지 해고를 안 당해본 사람은 모른다. 비정규직 노동자로 노예가 돼보지 않으면 모른다"고 한 말은 절박하게 다가온다.

자본주의 사회에서 노동자의 노동과 기업이 지불하는 노동의 대가는 화폐라는 단일한 가치를 통해 환산된다. 그러나 기업에게 임금이 돈일 뿐이라면 노동자에게 노동은 그 자신이다. 맑스가 말했듯이 노동은 다른 재화와 똑같은 재화가 아니라 노동자 자신이라는 사실을 간과한다면, 결국 가진자의 '소유의 자유'는 물건에 대한 처분의 자유를 넘어 인간을 마음대로 처분할 수 있는 자유가 된다. 노동수단을 지배하는 사람은 노동자에 대해서도 지배력을 갖게 되고, 자유와 평등의 허울 아래 실제로는 종속적이고 불평등한 관계가 생겨난다. 이런 불평등한 관계에서 법은 실질적으로 아무 힘도 발휘하지 못한다. 그러므로 "각자의 자유로운 발전이 모두의 자유로운 발전의 조건이 되는"(《공산주의 선언》, 김태호 옮김, 박종철출판사, 37쪽) 계급 없는 사회에 대한 맑스의 이상은 법의 평등한 실현을 위해 여전히 유효하다. 법은 모든 인간적 관계에서 실질적인 평등의 실현에 봉사해야 한다. 이 점에서 법의 정신의 실현은 민주주의의 실현과 불가분의 관계에 있다.

그러므로 법의 기본정신은 '정의'이고, 정의의 실질적인 내용은 '평등'이다. 이것은 법이라는 말 안에 이미 들어있다. 법을 뜻하는 라틴어 ius는 정의를 뜻하는 iustitia에서 유래했고, 아리스토텔레스는 정의의 원형으로서 '일반적이고 비례적인 평등'을 이야기했다. 이것은 누구에게나 적용되는 일반적인 평등이면서 동시에 개인들 사이의 자연적 차이를 균등하게 만들며, 그들에게 평등한 인간됨의 지위를 보장해주는 것이다. 이러한 평등과 정의의 이념이 실제로 지켜졌느냐는 별문제다. 중요한 것은 한 사회의 구성원이 다 함께 바라볼 드높은 이념을 소유하고, 그 이념의 무게와 부담을 느꼈느냐는 것이다.

한자에서도 法이라는 말은 이와 비슷한 의미를 지닌다. 지금의 法이라는 한자는 축약된 것이고, 원래는 去 자 밑, 또는 위에 '외뿔 양'을 뜻하는 廌 자가 있었다고 한다. 신화적 동물인 이 외뿔 양은 마을에 정의를 훼손하는 자가 있으면 그를 뿔로 받아서 마을 밖으로 제거[去]한다고 믿어졌다. 그리고 왼편에 있는 水자는 물의 평평해지는 성질, 물이 언제나 아래로 흘러서 평평해지는 평등의 성격을 나타낸다. 악행을 일삼는 자를 추방해서 정의를 이루고, 바닥으로 내려가 평등을 추구하는 것이 법정신의 핵심임을 이 글자는 말해준다. 중국문화권에서도 정의와 평등은 법정신의 근본이었던 것이다.

절차적 민주주의가 이루어졌다고 한다. 이 말은 우리사회도 이제는 정권 자체를 불법정권으로 낙인찍을 수는 없다는 것을 의미한다. 이명박 정권 역시 국민이 선거를 통해 탄생시킨 합법정권이다. 그럼에도 이 정권 들어 정치권력의 불법행위를 폭로하고 저항하는 일이 잦아지고 또 거세지고 있다. 아마 계속 그럴 것이다. 이와 함께 개인이나 집단의 자유와 사회적 권리에 대한 분쟁도 점점더 재판의 형식을 빌려 해결되고 있다. 시민단체의 불복종운동이나 국민적 저항마저도 '합법적 불법'에 의한 탄압에 맞서 법에 호소하는 경향이 있다. 시민적 저항의 문제가 재판의 형태로 귀결되고, 실질적인 불평등 상황에서 결국은 지는 게임에 말려들고 마는 안타까운 상황이 반복되고 있다.

오늘 우리사회에서 정권의 부당함에 저항하는 행위가 정치적·민주적 의사형성의 한 과정이 될 것인가, 아니면 범죄행위가 될 것인가는 법규정의 내용 자체보다는 그 법을 해석하는 정치문화와 사회적 교양의 수준이 어떤가에 달려있다. 이 대목에 이르러 우리사회의 교양의 수준을 담보해야 할 언론과 대학과 종교, 특히 보수 개신교를 생각하면 절망적인 생각이 든다. 교회를 아껴서라기보다 아직도 교회를 아끼고 교회 안에서 애쓰는 친구들이 주변에 있기 때문에, 그 사람들한테 미안해서 함부로 말 못한다. 그러나 차라리 교회가 이 땅에서 없어지는 게 낫겠다는 성마른 생각이 자꾸 든다. 한국교회, 정말 이러면 안된다.

4

지난 대선 과정에서 보수 대형교회들은 조직적으로 이명박의 당선을 위해 움직였다. 강인철 교수는 17대 대선에서 이명박 후보가 개신교에서 얻은 표를 최소한 300만표 이상이라고 보았다. 이 수치가 전체 득표에서 차지한 비율은 25퍼센트 이상으로, 당락을 가를만한 변수였다. 개신교 보수세력과 이 정권과의 결탁은 '고소영', '강부자'라는 신조어에서 드러나듯 이명박＝개신교＝부패라는 연속적인 이미지를 만들어냈고, 기왕에 있던 계급 간, 지역 간 갈등 외에 종교 간의 갈등을 첨예하게 부각시켰다. 이 갈등의 전선은 개신교 내의 주류와 비주류, 보수 개신교와 불교 사이만이 아니라, 교회와 시민사회 사이에까지 형성되어서 개신교 전반에 대한 한국사회의 부정적 이미지는 극에 달했다.

종교가 정치나 사회에 관여하는 방식은 다양하다. 공동선을 위해 기존 질서에 저항하는 것도 종교의 정치참여라고 할 수 있고, 교회의 이익을 위해 대사회적 행동을 하는 것도 종교의 정치참여라고 할 수 있다. 종교는 기존 체제에 저항하는 방식으로 정치에 참여하기도 하고, 야합하는 방식으로 정치에 참여하기도 한다. 그런데 주류 개신교 집단은 자기이익만 챙기는 정치행위에 열을 올리면서 자기들은 꿈에도 정치적이라고 생각하지 않는다. 대신 사회의 공동선을 지키기 위한 저항운동에 대해서는 종교와 정치는 분리돼야 한다고 기염을 토한다. 교회만의 이익을 위한 이기적인 정치행위는 비정치적이고 순수한 반면, 보편적 가치의 실현을 위한 이타적인 정치행위는 정치적이고 비복음적이라는 것이다. 제 밥그릇 챙기는 것은 복음적이고, 공동의 이익을 위하는 것은 비복음적이라니, 이들이 기다린다는 재림 그리스도께서 와서 보시면 얼마나 기막혀 하실까?

종교가 대사회적으로 할 수 있는 역할은 '빛과 소금'으로서의 역할이다. 이것을 보통말로 풀면, 사회적 상황이 내포하는 도덕적 함의를 첨예하게 부각시켜 사회구성원들로 하여금 사회적 이슈들에 대해 도덕적 민감성을 갖도록 하는 것이다. 이것은 '빛'과 '어둠'이라는 이분법적 언어에서도 드러나듯이 불가피하게 선한 세력과 악한 세력을 구분하게 된다. 어쩔 수 없이 누군가를 도덕적으로 정죄하게 된다. 이것은 매우 하기 힘든 일이면서 동시에 요청되는 일이기도 하다. 따라서 이 일은 아무나 못한다. 제 밥 그릇 챙기는 일 따위에나 열을 올리는 종교집단은 절대 진정한 의미의 정치참여를 할 수 없다.

예수는 자기 시대의 합법화된 불법에 저항했다. 율법학자들과 바리새인은 그 시대의 법 담당자들이었고, '합법적 불법'을 자행하는 자들이었다. 마태복음 23장은 온통 당대의 법 담당자들을 향해 예수가 퍼붓는 독설로 채워져 있다. 여기서 예수는 "율법학자들과 바리새파 사람들아, 위선자들아, 너희에게 화가 있다!"는 말을 반복해서 하고 있다. 오죽하면 "뱀들아, 독사의 자식들아, 너희가 어떻게 지옥의 심판을 피하겠느냐?"라고 말했겠는가! 자기 시대의 '합법적 불법'과 싸웠던 예수는 역설적이게도 법 자체로 돌아갈 것을 요구했다. 그것은 율법의 근본정신이기도 했던 "너희의 하늘 아버지께서 완전하신 것과 같이 너희도 완전하라"(마태 6:48; 레위 19:2)는 것이었고, 구체적으로는 가진 것을 다 팔아 가난한 사람에게 주고 예수를 따르라는 이웃사랑의 계명이었다(마태 19:21). 결국 법을 두고 벌였던 예수의 싸움은 신적 품성을 닮아 평등한 공동체적 삶을 이루는 것으로 귀결되며, 그것은 돈이나 권력 같은 인위적인 요소가 개입되기 이전 왜곡되지 않은 인간다움의 원형으로서 선한 품성, 서로 돕는 평등한 공동체적 인간성에 대한 순결한 이상과 관련된다.

돌아가시기 전 병석의 함석헌 선생을 찾았던 사람들은 "바울이 쪽박 차고 다니며 전도한 기독교가 어쩌다 이리 됐나" 탄식하면서 벽을 두드리며 우시는 모습을 여러번 보았다고 한다. 바울은 하느님은 차별없이 사람을 대한다는 말을 여러번 했다. "하느님께서는 사람을 겉모양으로 판단하지 않으십니다."(갈라 2:6) "유대사람이나 그리스사람이나, 종이나 자유인이나, 남자나 여자나 차별이 없습니다."(갈라 3:28) 이런 말은 언제 들어도 청명하고 감격스럽다. 바울이 말하는 하느님의 평등주의는 철두철미하며 준엄하다. 하느님은 누구나 차별없이 받아주지만, 누구에게나 차별없이 선을 요구한다(로마 2:10-11). 믿음으로 의롭게 된다는 바울의 신앙도 사실은 이러한 평등의 신앙이다. 하느님 앞에 설 때는 누구나 빈손으로 서야 한다. 이전에 그가 가지고 있던 특권이나 자랑거리는 아무 소용없다. 가진 것이 많을수록 내려놓을 것도 많다. 그러니 아무 특권도, 자랑거리도 없던 사람들이 이 소식에 가슴을 열었으리라는 것은 보지 않아도 훤하다. 유대 율법과 관련한 바울의 싸움은 사실은 법적 평등을 위한 싸움이었다. 바울도 예수와 마찬가지로 평등의 실현을 위해 싸웠던 것이다. 오늘 한국의 기독교인들이 가슴에 새겨둘 대목이다.

오늘날 우리사회에서 돈은 우리의 몸과 마음의 일부가 되었다. 삶 자체가 돈으로 환산되는 세상이다. 이 물신의 시대에 법은 불의가 되고 정의는 불법이 되는 현상을 우리는 목도하고 있다. 이런 사회에서는 개인의 도덕적 감수성과 법감정을 권위적인 명령에 희생시키고 그저 무엇이 법이고 명령인지 알고자 할 일이지, 결코 그것의 정당성을 물어서는 안된다는 것이 직업적 의무 내지는 직업의 세계에 진입하기 위한 조건이 된다. 더욱이 이명박 시대에 보수 개신교 집단과 정치권력과의 결탁은 이러한 경향을 더욱 강화하고 노예적 인간을 양산할 공격태세를 갖추고 있다.

이 어이없는 시대에 대학과 언론, 교회는 저항과 비판의 보루이기를 그쳤다. 어디든 제도에 속한 전문가들은 세상이 복잡하다는 점을 자꾸 강조한다. 그러나 정당성의 세계는 매우 단순한 세계다. 우리가 살고 있는 세상은, 세상이 이런 식으로 영속되기를 바라는 사람들이 주장하는 만큼 그렇게 복잡하지는 않은 것 같다. 만일 우리가 도덕적 이상과 우리 자신의 부족한 실천 사이의 간격을 심리적으로 잘 감내하고 겸손하게 받아들일 준비만 되어있다면 말이다.

제1차 세계대전의 소용돌이 가운데에서도 토마스 하디는 이 단순성의 세계를 이렇게 표현했다.

오로지 사람 하나 느린 걸음으로
말없이 그저 흙을 갈아엎을 뿐,
늙은 말은 연신 비틀거리며 끄덕이며
졸음에 겨운 듯 무겁게 움직이고.

오로지 엷은 연기 한줄기 불꽃도 없이
덩굴풀 더미에 피어날 뿐,
그러나 뭇 왕조가 사라져도
이것은 변함없이 이어지리라.

처녀 하나와 그의 총각
저어기 속삭이며 지나간다.
전쟁의 연대기가 구름 되고 밤 되어도
그들의 이야기는 그치지 않으리라.

— 〈'뭇 나라의 괴멸'이 오는 시대에〉(김길중 옮김)

전쟁이 일어나 민족들이 흩어지고 국가가 사라져도, "뭇 왕조가 사라져도", 농부는 늙은 말과 조용히 밭을 갈고, 처녀 총각은 사랑을 한다. 전쟁의 연대기는 구름 속으로, 밤의 어둠 속으로 사라지지만, 사랑과 노동의 세계는 이어지고, 그 이야기도 이어진다. 법이 불의가 되고, 정의가 불법이 되는 세상에서 우리가 마음에 품어야 할 것은 바로 이런 단순성의 세계가 아닌가 싶다. 나는 그런 것이 믿음이라고 생각한다. (《녹색평론》2008년 9-10월호)

이른바 '실용주의'의 내면성에 대하여

근대적 노예의 시간과 공생공락(共生共樂)의 가난

1

뻔히 알아도 막상 겪자면 괴롭다. 이명박 시대가 어떨지에 대해 그동안 수많은 경고가 있었고, 우려 또한 깊었지만 실제로 보고 듣자니 또다른 깨달음이 있다. 인수위의 영어몰입교육 파동에서부터 장관 인선, 한반도대운하 논란, 총선 그리고 최근 들어 삼성특검 결과와 미국산 쇠고기 문제에 이르기까지 이명박 정치가 작동하는 내적 기제는 단순히 보수로의 회귀라는 말로 설명되지 않는다. 그보다는 깊어질 대로 깊어진 우리사회의 정신적 질병과 이명박 정치가 결합해서 앞으로 어떤 파괴적인 형태로 전개될지 그 끝 간 데를 알 수 없다는 사실에서 깊은 절망감과 거의 두려움에 가까운 위기감을 느낀다. 이 상태가 지속되다가는 정신건강에 해로울 뿐만 아니라 아이들 교육에도 심각한 피해가 우려된다.

BBK를 비롯해서 대선 과정에서 불거졌던 여러 의혹들, 장관 임명자들의 과거 행태들을 둘러싼 논란의 과정은 현재 우리사회에서는 최소한의 진실과 정의마저 지켜지지 않고 있음을 보여준다. 그리고 그 과정에서 우리사회의 공권력을 대표하는 검찰과 언론, 지식인들이 보여준 행태는 앞으로 이 나라에서 어떤 부정부패가 저질러지든, 공직자가 무슨 거짓말을 하든 간에 더이상 문제삼을 수 없게 만들었다. 최근 몇달간 벌어진 일들은 우리사회를 지배하고 있는 자들이 얼마나 천박한 인간들인지 너무나도 분명하게 보여주었다. 가장 답답한 대목은 그럼에도 불구하고 대중은 이명박을 선택했고, 한나라당을 지지했다는 것이다. 속으로 깔보는 마음이 있으면서도 결국은 자신들을 더욱더 벼랑끝으로 몰아갈 사람들을 선택한 것은 모종의 허무주의에 기반하고 있다.

이 허무주의는 기이하게도 실용주의라는 탈을 쓰고 있다. 이들이 말하는 실용주의는 원래 그 말이 뜻하는 바와는 아무 상관이 없다. 그러므로 이 자리에서 동서양의 실용주의와 그 본래적 의미에 대해 말하는 것은 무색하다. 다만, 원래 실용주의란 어떠한 관념이나 주장 또는 정책이든지, 그것이 초래하는 결과에 입각해서 평가되어야 함을 뜻하는 것이라면, 지금 이 정권에서 말하는 실용주의는 이러한 말의 본뜻과 상극에 있다는 점을 지적해야 할 것 같다. 결과나 목적이 중요하다면, 반드시 거기에는 어떤 결과, 누구를 위한 실용인가 하는 가치의 문제가 개입될 수밖에 없는데, 본래 실학자들의 실사구시(實事求是)나 C. S. 퍼스, 윌리엄 제임스의 주장과 달리 현 정권이 말하는 실용주의는 그야말로 가치의 부재, 아니 가치의 전도에 근거하고 있기 때문이다. 즉 인간적 가치, 공동체적 가치를 위한 실용이 아니라 인간성과 공동체를 파괴하는 것을 궁극적인 결과로 전제한 실용인 것이다. 이것이야말로 현 정권의 실용주의 구호가 허무주의에 기반하고 있음을 단적으로 드러내주는 대목이다.

현 정권이 말하는 실용주의는 오로지 무한경쟁 사회에서 승리하고 살아남는 것을 목표로 하여, 끝까지 살아남는 자의 편에 모든 가치와 과정을 종속시킨다. 당연히 경쟁도 없을 수는 없을 것이다. 현 제도와 인간 조건 하에서 합리성과 효율성, 공정성이라는 목표를 이루기 위해 경쟁은 어느 정도 필요한 것이기도 하다. 원천적으로 경쟁 자체를 거부한다면, 그것은 근본주의적인 태도가 될 것이고, 실제로는 아무 의미 없는 공허한 말이 되기 쉽다. 그러나 모든 일에는 어느 한계를 넘어서면 그 의도나 목적 자체가 퇴색하고 원래 의도와는 정반대의 결과를 가져오게 되는 지점이 있다. 때문에 언제나 규모와 정도에 대한 감각은 대단히 중요하다. 아니 가장 중요하다. 문제는 지금 우리사회의 경쟁지상주의는 삶의 전 영역에 전면적으로 침투하여 공적 영역과 사적 영역의 구분 자체가 무너졌을 뿐 아니라 인간적 삶의 근본적인 토대마저 흔들게 되었다는 데 있다. 결국 그것은 효과를 상쇄해버리는 공허한 경쟁이므로 공허감과 불안감이 팽배하고, 증대되는 것을 막을 수 없다. 무엇을 위한 경쟁이며 무엇을 위한 실용인가라는 가치의식이 실종되다 보니 결과적으로는 삶의 전 영역이 내가 살기 위해 남을 먹고야 마는 약육강식의 살벌한 전쟁터가 되고 말았고, 그래서 결과적으로는 공동체를 살리는 것이 아니라 파괴하는 것이 경쟁의 목표가 되어버리고 말았다. 극도로 공허한 경쟁인 것이다.

이 과정의 전제가 되는 정책이나 제도는 새로운 것도 아니고, 비단 이 명박 정권만의 문제도 아니지만, 이 정권 들어 엄청난 가속도가 붙고 있는 것만은 확실하다. 그 결과는 벌써부터 노골적인 형태로 나타나고 있다. 7 퍼센트 성장이라는 구호에 드러나듯이 성급한 고도성장 사회를 강제적으로 추진하다 보니 인간과 자연 생태계의 근본적인 토대를 파괴하는 한반도대운하 사업 같은 대규모 토목사업을 오로지 경기진작이라는 이유 하나만으로 세밀한 이해득실도 따져보지 않은 채 밀어붙인다. 뿐만 아니라 지역민들의 이기심을 이용하여 중구난방식 뉴타운 건설을 구호로 내걺으로써 사회분열을 조장한다. 개발이라는 광란의 춤으로 촉발된 욕망은 단순히 땅을 약탈하고 망가뜨리는 것만이 아니라 보다 깊은 차원에서 인간본성을 일그러뜨린다. 오직 힘에 대한 긍정만이 무소불위의 원칙이 되고, 그만큼 밑에서부터 자유로운 질서를 자주적으로 형성하는 민주적 능력은 위축된다.

이 모든 과정은 갑작스럽게 이루어진 것이 아니라, 이전 정권들에서부터 준비된 것이다. 그러므로 등장인물은 새롭지만 그 근저에 흐르는 행동양식과 정신구조는 새롭지 않다. 고도성장 사회, 무한경쟁 사회는 90년대 이후 이 땅의 자유주의 정권이 계속해서 부르짖어왔던 바이고, 그 정신적 내용이란 물질적 욕망의 노골적인 과시, 과대한 자기 포장 외에 다른 것이 아니다. 누구나 자기 욕망을 여과 없이 드러내고 무턱대고 자기주장을 해댄다. 언젠가부터 주변에서 내성적인 인간을 찾아보기가 정말 어려워졌다. 이 사회에서는 내성적인 인간일지라도 겉으로는 외향적인 자기과시형 인간으로 위장해야 살아남을 수 있기 때문인지도 모른다. 이 모든 결과는 끔찍한 자기과시증 사회다. 오죽하면 '쇼를 해라, 쇼를!' 이라는 한 통신업체의 광고 카피가 우리사회의 어떤 상황에서나 가장 잘 통용될 수 있는 문구가 되었겠는가?

이처럼 쇼를 권하는 사회의 실질적인 결과는 삶의 실제와 외관 사이의 분리이다. 무대 위에서 벌어지는 쇼는 눈이 부시고 현란하지만, 그것을 보고 있는 사람들의 실제 살림살이는 가련하기 짝이 없다. 기초는 형편없는데 간판만 크고 화려하다. 이러한 실제와 외관 사이의 괴리 속에서 개인은 말할 수 없이 위축되고 정신의 독립성을 상실한 채 영문을 알 수 없는 불만족감과 열등의식에 시달리게 된다. 이것이 90년대 이후 우리사회가 추구해온 고도성장 사회, 소위 '실용주의' 사회의 정신적 내용이다.

거짓말은 우리사회의 기본적인 작동원리이고, 공적 기관은 쇼를 하는 기구로 둔갑했다. 삼성특검 수사결과 발표에서 드러났듯이 공적 기관은 어느 수위에서 쇼를 할지 이리저리 머리를 굴리고, 대충 구색만 맞으면 대중은 그 정도면 됐다고 봐준다. 어찌됐든 삼성을 죽일 수는 없지 않은가? 그것이 단 한가지 이유이다. 신부들과 김용철 변호사는 힘든 싸움의 과정에서 많은 언어를 쏟아냈다. 때로는 단호한 결의가 담겨 있기도 했고, 때로는 분노와 좌절, 내적 동요가 느껴지기도 했다. 그들이 쏟아낸 언어는

'보여주기' 용이 아니라 마음으로부터 우러난 진심 어린 말들이었다. 확실히 그것은 '쇼'가 아니라 참으로 오랜만에 우리사회에서 들을 수 있었던 '인간의 언어'였고, 그래서 그 자체로서 카타르시스가 되었다. 이기고 짐은 부차적이다. 그런 '인간의 언어'가 계속 들려오는 것이야말로 우리가 희망을 가질 수 있는 근거가 아니겠는가?

언제가 될지 그 시점이 다를 수는 있어도 아마 누구나 느끼게 될 것이다. 각자 자신의 삶, 자기 열심에 빠져 회피와 방치가 누적되었을 때 어느 날 문득 정신을 차려보니 밑으로부터 받치고 있던 기초가 무너져버리고 허공에 매달려 있는 것 같은 상태 말이다. 서있는 지점이 없이도 사는 게 가능할까? 그런 삶을 상상이나 할 수 있을까? 그러나 우리는 지금 그런 상상할 수 없는 시대에 이미 발을 들여놓고 있다. 진보냐 보수냐, 노무현이냐 이명박이냐를 떠나 사람이 사람으로서 서있을 수 있게 만드는 지점, 그러한 지점이 없이는 애당초 자주적, 자연적 삶 자체가 성립되지 않는 그 지점이 지금 무너져내리고 있다. 민주주의란 부단히 그 지점을 규범적으로 확보하는 운동이며, 믿음이란 그곳에 충실히 뿌리를 내리는 행위가 아니겠는가?

2

고도성장 사회, 소위 실용주의 사회란 물신사회의 분칠한 얼굴일 뿐이며, 그 안에서는 모든 인간경험과 인간관계가 물화(物化)된다. 보이지 않고 말로 할 수 없는 인간경험의 세밀하고도 심원한 차원이 써먹기 좋은 몇 마디 구호나 이념으로 고정되고, 그 상태로 소통된다. 그래서 그것들은 마치 사고팔 수 있는 물건이나 장식품처럼 제품화된다. 그 어떤 사적이고 내밀한 경험이라도 보여줄 수 있는 뭔가로 제품화해서 만들어내야 한다는 강박관념이 이 시대 사람들의 정신적 특징이다. 이렇게 함으로써 경험은 자기과시를 위해 의도적으로 미화하거나 혹은 과도하게 비하할 수 있는 대상이 되고, 그 고유한 성격이 상실된다.

그리고 이와 함께 사라지는 것은 사물이나 타인과의 살아있는 교섭, 살아있는 관계다. 본래 살아있는 관계란 '너'의 자유의 영역을 전제하는 것이고, 그렇기 때문에 내 마음대로 되지 않는다. 그러므로 사물과 타인의 살아있음에 대한 의식은 '내 마음대로 할 수 없음'에 대한 인식이다. 마음대로 되지 않는다는 것은 그 본성상 규정당하거나 지배당하지 않는다는 뜻이고, 우리는 사물의 이러한 측면과 대면했을 때 일시적으로 위축되고 고통을 느낀다. 그러나 세상에는 내 뜻대로 되지 않는 것이 있다는 감각, 나아가서 사람이, 권력이, 돈이 어떻게 손댈 수 없는 뭔가가 있다는 감각, 이것이야말로 인간이 갖는 경외심의 근거이며, 시적이고 종교적인 감수성은 그러한 감각에 뿌리를 박고 있다. 그런데 모든 인간경험을 죽은 물질처럼 딱딱하게 물화시키는 물신사회는 이 감각을 마비시킨다. 이것이야말로 우리가 불경(不敬)의 시대, 야만의 시대를 살아가고 있음을 말해준다. 왜냐하면 시와 예술, 종교야말로 이 '마음대로 할 수 없음'에 대한 감각, 신비에 대한 감각에서 비롯되기 때문이다.

형언할 수 없이 우아한 자태로 물 위를 미끄러져 날아 먹이를 낚아채는 물새, 그리고 물새에 낚이는 물고기의 퍼덕임, 끊임없이 변하면서 변함없이 흐르는 강물, 봄바람에 날려 물 위로 흩어지는 벚꽃잎들 ― 이 광경을 보고도 합리주의적으로 인과관계를 따질 수는 있겠지만, 그것을 통해 그 순간의 살아있는 성격을 포착해내지는 못한다. 이 점에서 이성 안에는 간교함과 어리석음이 함께 내장되어 있다. 오히려 그러한 광경은 세상에는 사람이 손댈 수 없고 손대서도 안되는 것이 있다는 사실을 그 존재 자체를 통해 웅변적으로 말해준다. 그리고 이러한 감각이 살아있는 사회에서는 자본과 권력의 한계에 대해 굳이 떠들어대지 않아도 사회구성원들 사이에 자연스럽게 그 의식이 공유된다. 그러므로 신비와 무한, 인간으로서는 감히 생각조차 할 수 없는 과정을 거쳐 만물이 형성되었고, 그 한 귀퉁이에 인간이 존재한다는 감각이 없는 사회는 자본과 권력에 의한 전체주의적인 지배에 취약한 사회이며, 정신적 노예상태에 대해 무감각한 사회다.

참으로 역설적이게도 정신적 노예상태를 거부하는 인간의 자유의식은 '내 마음대로 할 수 없음'에 대한 의식, 달리 말하자면 고난에 대한 수용에서 비롯된다. 왜냐하면 전세계 어디서든 인간은 특정한 시간과 장소에 뿌리박고 거기 내포된 고난을 극복하고자 노력하면서, 동시에 그 고난에 순응하면서 인간으로서 존재할 수 있었기 때문이다. 고난과 역경에 거역하고 동시에 순종하면서 인간은 제 발로 서고 제 힘으로 사는 법을 터득했기 때문이다. 자유(自由)란 '스스로 말미암음', 곧 '스스로 함'이라는 자치와 자립의 정신 외에 다른 것이 아니다. 그러므로 인간의 자유의식은 고난으로 대표되는 삶의 부정성과 뗄래야 뗄 수 없이 결부되어 있다. 일리치의 말대로 문화적 다양성이라는 것도 사실상 복잡다단한 시간과 장소의 결합이 만들어내는 고난과 역경에 인간적 욕망과 갈망이 조응하면서 수많은 다양한 형태로 조형된 것이라고 할 수 있다. "다양한 시공간의 조합은 다양한 심상(心想)을 만들어낸다. … 그러므로 각각의 문화는 특정한 인간군상이 어느 한 장소에서 대대로 고난을 이기고 동시에 고난에 순종하면서 탄생시킨 사회적 조형물이라고 할 수 있다. … 말하자면 문화나 종교란 고통 감수의 기술을 발휘하는 가운데 독특한 방식으로 삶을 예찬하는 역사적 표현이다."(이반 일리치, 〈욕구〉, *Development Dictionary*, 이승렬 옮김)

그러나 산업주의적 근대의 모든 천박함은 고난에 거역하고 순종하는 인간적 삶의 형태 자체를 거부하고 말살하려는 데에서 비롯된다. 인간적 삶의 조건으로서 고난 자체를 제거하고 관리하겠다는 데에서 근대적 오만이 비롯된다. 일리치의 말대로 비가 오는데 우산을 만들어 비를 피하는 것으로 그치지 않고, 비 자체를 없애려 하는 것이 근대산업주의의 오만이다. 유전자조작과 우생학, 인간과 사회에 대한 극단적인 공학적 접근, 그리고 가장 가까운 예로는 한반도대운하 같은 것이야말로 이러한 근대적 오만과 어리석음의 극치이다. 이것은 삶과 문화적 다양성의 기회를 박탈하는 행위이자 자유의 가능성을 씨앗에서부터 말려버리는 행위이다. 그런 세계는 전문가들이 지배하는 세계이며, 거기서 인간은 더이상 인간으로서 존재하는 것이 아니라 '자비로운' 전문가들의 관리와 통제의 대상이 된다. 그 세계에서 전문가들은 언제나 '자비'의 가면을 쓴 채 나타난다. 그들은 고통 없는 세계, '멋진 신세계'에 대한 판타지를 사람들에게 끊임없이 펼쳐보인다. 그러나 그 '멋진 신세계'의 도래와 함께 만일 정말로 세상에서 고통이 사라진다면, 인간은 자유와 자치의 기회를 빼앗기고, 더이상 인간이 아니라 인간 기계, 자동인형이 되어 전문가들의 조작과 관리의 대상으로 전락한다. 그 세계에는 오로지 관리자와 관리 대상이 있을 뿐이다. 이것이 근대적 노예의 세계이다.

고난이라는 다소 관념적인 언어를 물질적 언어로 번역하면 가난이라고 할 수 있을 것이다. 고난은 곧 가난이다. 오늘날 근대적 노예화와 부자유는 바로 이 가난을 박멸하려는 데서 비롯된다. 우리는 박정희의 새마을운동에서 이명박의 이른바 '실용주의'에 이르기까지 거의 50년 동안 가난 박멸운동을 겪어왔고, 지금도 겪고 있다. 그러나 그동안 물질적인 재화의 총량은 엄청나게 증대되었지만 사람들이 느끼는 빈곤감은 더욱 커졌다. 이것은 지금 사람들이 가난하다고 느끼는 것은 절대적인 가난 때문이 아니라 상대적인 박탈감 때문임을 말해준다. 그러나 이 상대적인 박탈감이야말로 물신숭배 사회의 강박관념이 사람들 마음속에 전염병처럼 퍼뜨려놓은 것이지 무슨 실체가 있는 것이 아니다. 그러므로 이 상대적인 박탈감, 상대적인 빈곤감은 가난 박멸운동을 한다고 해서 결코 없어지지 않으며, 전체로서 우리사회가 궁핍과 가난, 불편함을 삶의 조건으로서 받아들일 수 있을 때 비로소 견딜만한 것이 되거나 그 파괴력을 잃게 될 것이다. 그러지 않는 한 빈부격차와 그로 인한 상대적인 박탈감은 더욱 끔찍하게 커지고, 또 그것을 가난 박멸운동으로 해결하려는 어리석음 또한 더욱 깊어질 것이다.

그리고 그것은 앞서 말한 근대적 노예화의 길이다. 그러므로 인간다운 삶의 조건으로서 가난은 결코 없앨 수도 없고, 없어져서도 안된다.

고난의 경험 속에 우러난 생의 찬미로 탄생한 자유정신은 봉래산 제일봉 낭떠러지의 낙락장송처럼 독야청청하다. 수많은 세월 바위산 낭떠러지를 기듯이, 끌어안듯이 버텨온 소나무의 삶은 그 자체로서 생에 대한 찬미이며, 삶의 고난에 복종하면서도 거역하는 생명의 자유로운 본성을 드러내준다. 그 자체가 고난과 역경을 내장하고 있기 때문에 피둥피둥 굵지도, 제멋대로 쭉쭉 뻗은 개성을 드러내지도 못한다. 그러나 튼튼하고, 독야청청하고, 아름답다. 소나무의 뒤틀린 가지와 터진 가죽 하나하나가 바위 낭떠러지의 메마른 토양과 매서운 바람, 추위 그리고 내리쬐는 햇볕이 새겨놓은 자국일 테지만, 형언할 수 없는 그만의 자태와 기품을 드러낸다. 자유정신에서 비롯된 참된 문화와 예술, 종교는 그 소나무처럼 품위가 있고 아름다우며 푸르다. 어린 소나무가 그만의 방식으로 바람과 물과 흙과 상호 교섭하여 그만의 자태를 탄생시켰으니 그만의 일회적이고 고유한 개성을 은은히 드러내며 독야청청한 분위기를 자아낸다. 바위산 낭떠러지에서 고난과 위기를 겪어내며 그 소나무가 탄생시킨 그만의 개별적인 형태는 모든 인공적이고 가식적인 사물이 내뿜는 번쩍임과 현란함을 비웃으며, 살아서 사물과 교섭하는 모든 생명체의 전형으로 그 자체로서 자유롭다(후지따 쇼오조오, 〈소나무에게 들어라〉, 《전체주의의 시대경험》, 이홍락 옮김, 창작과비평, 1998년, 298-302쪽 참조).

히브리인들은 이집트에서 고달픈 종살이를 하는 가운데 하느님을 향해 부르짖고 항의하면서 출애굽의 구원사적 경험을 했다. 마찬가지로 십자가 없이 부활 없고, 고통 없이 삶도 없다. 고통 없는 삶은 삶이 아니다. 만일 그런 세계가 있다면, 그것은 인간이 아니라 자동인형, 포스트휴먼의 세계일 것이다. 고난과 가난은 세계의 모든 위대한 종교들이 발견했던 생명의 본질이다. 그것은 모든 종류의 가난과 결핍, 부족함의 총화로서 과거 대부분의 사람들이 주어진 시공간의 한계 안에서 살아내야 했던 불안정한 조건을 총칭한다. 역사적으로 주어진 존재의 조건으로서 운명 또는 필연이라고 부를 수 있는 것이다. 주어진 장소와 시간의 한계 안에서 집단적으로 또 개인적으로 고통을 감내하면서 인간은 때로는 탄식하고, 때로는 노래하고, 춤추고 예배드렸던 것이다.

문화와 예술, 종교는 생명의 살려는 의지와 고통 감내 경험이 어우러져 만들어진 생의 무늬이자 얼룩 같은 것이다. 그것은 주어진 조건 하에서 데카르트적인 '내'가 아니라 '전체가 생각한' 결과이다. 살아있는 경험의 축적으로서, 그것은 후세대가 자신들에게 주어진 고난의 몫을 감당할 때 지혜로운 전통으로서 그 소임을 다한다. 그러므로 아무리 영리한 계산에 근거한 것이든, 고상한 동정심에 근거한 것이든 고통 자체를 관리의 대상, 제거의 대상으로 삼는 모든 시도는 야만적이며, 근대적 노예화로 가는 길이다.

가난과 고통은 개인으로든 집단으로든 인간이 제 발로 서서 스스로 살아가기 위한 삶의 필수조건이다. 우리는 그 안에서 삶의 기술을 터득할 수 있다. 그러나 그 기술이 단순히 기술을 넘어서 고난과 가난 자체를 없애겠다는 만용으로 변하는 지점이 있다. 우리는 어디가 그 지점인지에 대해 예민한 감각을 지녀야 할 것이다. 사실 우리사회는 그 지점을 이미 지나왔다. 이 인식은 무엇보다도 중요하며, 세상은 이를 인식할 수 있는 인간과 없는 인간으로 나뉘는 것 같다.

만일 우리가 삶을 주어진 운명과 그 속에서의 집단적인 적응과 순응의 과정으로 이해한다면 몇몇 개인의 천박한 영리함이나 전문가적인 재주가 세계를 지배하고 관리하도록 내버려두어서는 안된다. 그보다는 파괴와 위기의 한복판에서 희생자들을 빠짐없이 살피고 돌보는 정성 어린 행위야말로 인간다움의 근본임을 다시 한번 깨달아야 할 것이다. 인간의 가장 고결한 품성을 이루는 동기는 희생자에 대한 사랑이다. 그것만이 한심한 존재에서 벗어날 수 있는 유일한 길이다.

3

정신적으로 이 시대는 황량하기 그지없다. 어느 곳이나 내면을 들여다보면 말할 수 없이 궁핍하고 빈곤하다. 사고파는 문화 상품은 넘쳐나지만, '황폐의 유물'이 위세를 떨친다. 속물 취미와 찍어낸 개성들이 판을 치지만 살아있는 삶의 표현은 속으로 깊숙이 숨어버려서 좀처럼 보이지 않는다. 근대산업사회 이래 진보와 성장, 발전 이데올로기에 세뇌된 현대인들은 인간으로서 자신들의 삶의 조건이 곧 상품과 서비스에 대한 의존이라고 아무 의심 없이 믿어버렸고, 그럼으로써 인간적 상상력과 감수성마저 상품적인 것으로 변해버렸다. 경제성장에 대한 세뇌는 심리적 노예와 타인의 고통에 냉담한 기계인간들을 양산했다. 그러므로 이 시대는 정신사적으로 궁핍의 시대이며, 앞으로 이명박 시대는 이러한 정신적, 질적 빈곤과 천박함을 더욱 심화하고 확대시켜나갈 것이다.

그렇다면 개인은 이 같은 사회 속에서 무엇을 할 수 있을까? 무엇보다도 개인은 부단히 비판적이어야 하며, 최대한 자기과시적인 행동을 줄여야 할 것이다. 반드시 필요한 행동이 아니면 하지 말고, 부득이하지 않는한 나서지 말아야 하고, 대신 아주 깊은 곳에서부터 공감의 감수성을 길러나가야 할 것이다. 물질적, 정신적 자기과시의 무리로부터 될 수 있는 한 멀리 떨어져서 적게 말하고, 천천히 행동하고, 최대한 정신의 독립성을 유지해야 할 것이다. 이것은 절대 혼자 할 수 없다. 함께 하는 친구들이 있어야 가능한 일이다. 교회는 이 일을 할 수 있는 동무들의 집단이 되어야 한다. 원래 맨 처음 교회가 그랬기 때문이다.

교회는 근대적 노예의 시대에 정신적 독립성을 위한 보루가 되어야 할 것이다. 바울은 이렇게 말했다. "나는 모든 것의 주인이다. 나는 아무것도 나를 지배하게 하지 않을 것이다."(고전 6:12) 그리고 바울은 이렇게도 말했다. "기뻐하는 자들과 기뻐하고 우는 자들과 울라"(로마 12:15), 바울의 이 말이야말로 정신의 독립성과 공동체적 공감의 능력을 보여준다. 초기 교회는 이처럼 전체로서 독립적으로 생각하고, 마치 하나의 유기체처럼 함께 울고 웃었다. 아마도 이것이 초기기독교가 1세기 헬레니즘 시대에 민중의 마음을 파고들 수 있었던 요인이었을 것이다. 이러한 초기기독교 의 정신은 민주주의의 기본원리와도 통한다.

민주주의는 전체주의와도, 원자적 개인주의와도 양립할 수 없다. 전체 주의가 마초 신랑이라면, 원자적 개인주의는 그의 새침데기 신부다. 기막 히게 죽이 맞는 한쌍이고, 우리는 바야흐로 이 둘이 벌이는 한바탕 놀음을 감상할 참이다. 민주주의의 근본정신은 어떠한 지배에 대해서도 끝까지 의심하고, 굴복하지 않는 독립의 정신이며, 타자의 고통에 대한 한없는 공 감의 정신이다. 이 점에서 민주주의는 전체가 하나로서 하는 생각이면서 동시에 마지막까지 홀로 남는 독립적인 정신이다.

그렇다면 정신의 독립성은 어디서 유래하며, 누가 '전체'를 대변할 수 있는가? 그것은 밑바닥에서부터, 낮은 곳에서 볼 때만 가능하다. 신기하게 도 아래에서부터 보아야만 삶의 전체성을 볼 수 있다. 이것은 삶의 신비 가운데 하나이다. 위에 있는 주인에게는 종의 살림살이가 보이지 않지만, 아래에 있는 종은 주인의 행동거지를 빤히 다 보고 있다. 하느님은 밑바닥 사람들에게 인식론적 특권을 주셨다. 그래서 사실은 주인이 아니라 종이 전체를 볼 수 있다. 성서의 근본정신 역시 아래로부터, 주변에서 보는 정 신이며, 굳건히 민중자치의 관점에 서있다. 이 점에서 성서의 정신은 실용 주의의 탈을 쓴 독점적 권력의 정신과는 근본적으로 배치된다.

일리치는 이러한 민중자치의 독립적 정신을 conviviality라는 말로 표 현했다. 원래 이 말의 사전적 의미는 '주연, 연회, 기분좋음'이다. 말하자 면 다 같이 하나가 되는 흥겨운 잔치에서 느끼는 흐뭇한 만족감을 가리킨 다. 녹색평론의 김종철 교수는 이를 '공생공락(共生共樂)의 가난'이라는 참으로 적절한 우리말로 옮겼다. 그것은 공생공빈(共生共貧)하는 공생공락이다. 신약성서에는 일리치의 이 생각을 아주 잘 설명해줄 법한 일화가 나온다. 복음서들에는 예수가 많은 무리를 먹인 기적 이야기들이 거듭해서 나온다. 마가와 마태복음에 두번씩, 누가와 요한복음에 각기 한번씩 나온다. 아마 이것은 예수가 민중과 더불어 수없이 밥을 나누고, 마음을 나눈 가슴 벅찬 경험을 담은 이야기들일 것이다.

마가복음(6:30-44)에는 예수가 많은 무리를 먹인 이야기가 헤롯의 생일잔치(6:14-29) 이야기와 나란히 나온다. 아마도 마가는 의도적으로 이 이야기를 헤롯의 잔치 이야기와 나란히 배열해서 예수의 잔치와 헤롯의 잔치를 비교해서 보도록 했을 것이다. 헤롯의 생일에 갈릴리의 고관대작이 모두 초대를 받아 잔치를 즐긴다. 값비싼 요리가 배설(排設)되고, 사람들은 진탕 먹고 마시고 즐겼을 것이다. 잔치 중간에 헤로디아의 딸이 나와서 춤을 추고, 소녀는 왕에게 답례로 세례 요한의 목을 달라고 한다. 왕은 세례 요한의 목을 베어 쟁반에 담아 소녀에게 준다. 이것이 마가가 전하는 헤롯의 생일잔치에 벌어진 일이다. 반면, 이어지는 이야기에서는 세례 요한의 충격적인 죽음의 소식을 들은 예수가 한적한 곳으로 물러난다. 그러나 민중들이 여러 동네로부터 그를 쫓아왔다. 예수는 그들을 보고 측은히 여겨 병을 고쳐주고 굶주린 그들에게 보리떡 다섯덩이와 물고기 두마리로 밥을 나누어 준다. 그래서 5천명이 나누어 먹고 남은 음식이 열두광주리가 넘었다고 한다.

위의 두 잔치 이야기는 극히 대조적이다. 헤롯의 잔칫상은 산해진미로 상다리가 휘어졌을 것이고, 내로라하는 고관대작이 다 참석했을 것이다. 술잔과 술잔이 부딪치는 사이사이로 음험한 눈빛과 아첨하는 혀가 재빨리 움직였을 것이다. 야한 춤이 있고, 사람의 목이 눈요깃거리로 잘려 나온다. 질탕하게 먹고 마시는 흥청망청한 잔치와 피로 범벅이 되었을 잘린 목은 얼핏 보면 잘 어울리지 않는 것 같지만, 사실 이것은 그 성대한 잔치가

피비린내 나는 잔치임을 여과 없이 보여준다. 이것은 이런 질탕하고 흥청 망청한 잔치가 사실은 민중의 피와 살을 먹고 마시는 행위임을 상징적으로 보여주는 것인지도 모른다. 유대 역사가 요세푸스에 의하면 세례 요한은 민중을 선동했다는 정치적인 이유 때문에 처형당했다. 복음서에 의하면 요한은 민중의 지지를 받았고, 헤롯왕의 비행을 비판했다. 그런 요한의 목이 잔치의 여흥거리로 잘려 나온 것이다.

당시 상류계층의 잔치 관습에 대해 생각해보면 요한의 죽음을 불러온 이 잔치가 어떤 잔치였는지 보다 실감나게 느낄 수 있을 것이다. 헬레니즘 시대 로마제국 상류계층이 즐겼던 잔치는 결코 누구나 한 밥상에서 같은 음식을 같이 나누는 평등한 잔치가 아니었다. 당시 잔치 풍습에 따르면 손님의 지위고하에 따라 잔치의 상석과 말석이 정해졌다. 그리고 어느 자리에 앉는가에 따라 나오는 음식의 양과 질이 달랐다. 그래서 로마의 반동적인 독설가 마셜도 한번은 친구가 초대한 식사에서 괄시를 받고 이렇게 분개했다. "식사에 나를 불러놓고, 그것도 전처럼 돈 주고 사온 손님도 이젠 아닌데 왜 당신이 받은 상과 똑같은 음식을 내게는 안 주는 거요? 당신은 류크린 호에서 자란 통통하게 살찐 굴을 먹는데 나는 고막을 빨아먹고, 당신이 송이를 먹는데 나는 피리버섯을, 당신이 커다란 참가재미를 먹는데 나는 막가재미를 먹지 않소? 노란 기름이 흐르는 산비둘기의 살찐 엉덩이를 당신은 포식하는데 내 앞에는 새장 안에서 죽은 까치가 놓여 있소. 여보게, 폰티쿠스, 내가 당신과 식사를 같이 하지만 자네 없이 혼자 먹는 것만도 못하잖아? 근심걱정도 사라졌으니 이제 그 덕이나 좀 보지 그래, 음식이라도 같은 것을 먹어보세!"(Martial, Epigrammata, Ⅲ, 60) 사실 이것은 밥을 나누며 우정과 환대를 나누는 잔치가 아니라, 한자리에서 먹으면서도 먹는 행위를 통해 지위고하를 느끼게 하고, 자신이 사회적으로 열등한 신분에 있음에 이를 갖게 만드는 차별의 식사였던 것이다.

반면 수없이 벌어졌을 예수의 잔치는 위에서 말한 당시 상류 귀족의 잔치와 아주 대조적이다. 보리떡 다섯개와 물고기 두마리로 5천명이 함께 먹은 이야기는 전혀 다른 현실, 전혀 다른 잔치를 보여준다. 지극히 적은 음식을 가지고 5천명이 먹고도 열두광주리나 남았다는 것은, 가난한 민중이 예수와 함께 경험한 공동체적 삶의 넉넉함과 기쁨을 나타낸다. 가난한 민중이 예수와 더불어 소유와 삶을 함께 나누면서 경험한 자치와 자급의 기쁨과 감격을 기적적인 이야기로 표현했을 것이다. 이것은 보리떡 다섯개와 물고기 두마리가 초자연적으로 자꾸 늘어났다는 것이 아니라 부족한 음식이나 보잘것없는 음식을 여러 사람들이 풍족하게 나누어 먹었다는, 자급과 자치의 기적이다. 공생공빈이 주는 공생공락의 감격을 표현한 이야기라고 할 수 있다.

이 이야기에서 중요한 것은 초자연적인 기적이 아니라 배고픔과 가난이라는 삶의 기본 조건에서 함께 물질을 나누고 마음을 나누고 삶을 나누며 살아가는 사람들이 느낀 깊은 감격이다. 그리고 이것은 앞서 말한 헤롯의 잔치와 극적인 대조를 이룬다. 그들의 잔치는 함께 먹는 가운데 하나됨과 기쁨을 나누는 것이 아니라 우월한 지위에 있는 자는 다시 한번 자신의 신분을 과시하고, 열등한 위치에 있는 자는 쓰디쓴 입맛을 다셔야 하는 자리다. 이들의 잔치는 여흥으로 의인의 목을 요구한다. 잔칫상 앞에서 그들은 겉으로는 웃고 있지만 속으로는 시기와 질투, 증오의 불꽃이 이글거린다. 음산하고 음험한 연회다.

예수의 잔치는 함께 삶의 고난과 역경을 헤치고 나간 지혜로운 사람들의 경험 속에서 우러난 기쁨의 잔치다. 거기서는 소박한 몇가지 음식만으로도 그 어떤 산해진미보다 풍성하게 즐길 수 있다. 헤롯의 잔치 이야기는, 그 잔치의 모습으로 대표되는 삶의 방식이 어리석고 기괴한 탐욕과 약자들에 대한 끊임없는 착취에 기반하고 있음을 극적으로 보여준다. 세례 요한의 잘린 목은 그러한 낭비적인 삶의 방식이 내포한 폭력성을 강렬하게 보여준다. 그러한 삶의 방식은 그 자체로서 힘없는 자들의 피와 땀과 눈물을 대가로 한 것이다. 반면 예수의 잔치는 아무 가진 것 없이 땅에 기대어 살아가는 '땅의 사람들(Am Haaretz)'이 오랜 세월 고난과 역경에 복종하고 반항하면서 터득한 단순하고 소박한 삶의 방식, 공생공빈의 삶이 주는 기쁨과 풍성함을 보여준다. 이 이야기는 공생공빈, 공생공락의 기적을 은유적으로, 그러나 웅변적으로 말해준다. 아마도 이것이 일리치가 말했던 conviviality의 구체적인 모습일 것이다.

위의 마가의 이야기를 오늘로 옮겨본다면, 이명박 시대가 꿈꾸는 이른바 세계 일류국가라는 것도 사실은 자연생태계와 사회적 약자에 대한 끔찍한 수탈에 의해 유지되는 사회다. 오늘날 선진국들이 누리는 물질적 풍요와 안락 역시 이 시대의 세례 요한의 목을 필요로 한다. 그리고 헤롯의 잔치가 기괴하고 음산했듯이, 오늘날 일류국가의 삶이라는 것도 진실로 인간다운 삶이라고 하기 어렵다. 그것은 살아있는 인간과 자연과의 관계를 상실하고 시스템에 의해 유지·관리되는 사회이다. 따라서 그러한 사회의 풍요와 안락은 궁극적으로 우리가 동경할만한 것이 아니다. 대신 우리는 예수의 꿈, 즉 가난하고 소박한 사람들이 함께 이루어가는 공생공락(共生共樂)의 가난, 고르게 가난한 사회의 이상과 더 친해지려고 노력해야 할 것이다. (《기쁨과 희망》 2008년 6월 창간호)

예수의 교회, 마몬의 교회

1

맑스는 맑시스트가 아니고, 예수는 기독교인이 아니다. 역사적으로 예수는 유대교인이었다. 이것은 기본적인 사실에 속한다. 기본적인 사실들을 떠벌리고 싶은 마음은 없지만, 요즘은 이 사실에서 약간의 위안을 얻는다. 망해가는 기독교로부터 그래도 예수를 좀 건질 수 있지 않을까 하는 생각 때문이다. 역사 속으로 사라진 종교는 많고, 기독교만 거기서 예외가 되라는 법은 없다. 영양 부족도 치명적이지만, 영양 과다는 치명적인데다가 추하기까지 하다. 지금 기독교는 혈관 속속들이 끈적끈적한 기름이 끼어 비대한 살집을 이리저리 뒤척이며 마지막 가쁜 숨을 몰아쉬고 있다. 잠시 더 버티겠지만, 지금의 기독교는 죽어가고 있으며, 죽어야 한다. 그래야 예수가 산다.

지금의 기독교는 예수를 기념하는 종교지, 예수를 '사는' 종교가 아니다. 사제(師弟) 사이였던 유영모와 함석헌은 서로를 지극 정성으로 대했지

이 글은 《녹색평론》 2007년 9-10월호에 발표되었던 것을 조금 수정·보완한 것이다.

만, 매우 엄정한 사람들이었다. 한번은 이런 일이 있었다. 함석헌이 정부 허락을 받아 간디를 추모하는 기념행사를 준비하고 있었다. 이 소식을 들은 유영모는 함석헌이 간디를 기념하는 것을 깊이 염려하면서 이렇게 말했다. "왜 간디를 기념하는가? 간디의 살과 피를 먹고 마셔 내가 간디처럼 사는 것이 중요하지, 어째서 간디를 기념하는가?"

간디의 정신으로 사는 것이 중요하지, 간디를 기념하는 것은 사실은 간디와 멀어지는 것이다. 마찬가지로 기독교인들은 예수와 멀어지기 위해 예수를 높은 곳에 고이 모셔놓는다. 예수를 기념하는 것은 사실은 예수를 먼 과거의 인물로 박제하여 가두어두는 것이다. 요한복음의 예수가 "내 살을 먹고 내 피를 마시라"라고 했을 때, 그 말은 단순히 수사(修辭)적인 표현이 아니라 말 그대로 예수의 살과 피가 내 몸 안에 녹아들어 더이상 종이 아니라 예수의 친구가 되어, 나도 예수처럼 하느님나라, 동무들의 나라를 이루며 살아야 한다는 뜻이다.

그러나 한국기독교는 예수가 빠진 대신 종교 냄새가 너무 난다. 원래 냄새는 뭐든 상할 때 많이 나는 법이다. 열심은 열심인데 너무 냄새나는 신앙이고, 자기 냄새에 자기가 도취해있어서 남들이 자기한테서 무슨 냄새를 맡는지 의식하지 못한다. 종교 냄새가 난다는 것은 상식적이고 일반적인 언어로 자기를 표현하지 못하는 종교라는 뜻도 되고, 일상의 삶 속에서 생활화된 종교가 아니라는 뜻도 된다. 그저 교회 안에만 갇혀있는 교리적인 종교이고, 틀에 박힌 종교라는 뜻이다. 이런 종교는 교회 밖의 세상에 대해 설득력이 없다. 교회 안에서는 열심이지만 일단 교회 밖 넓은 세상에 나오면 마치 외국어로 말하는 사람들처럼 소통이 안된다.

그러면서도 자기이익만큼은 확실하게 챙긴다. '교회재벌'이라는 말이 나올 정도로 사회경제적으로 확실한 세력을 형성하고, '사학법 재개정' 소동에서 보았듯이, 자기이익을 챙길 때에는 물불 가리지 않기 때문에, 사회적으로 심한 경멸의 대상이 된다. 게다가 공중도덕도 없다. 사람 많이

다니는 도심 한가운데에서 확성기를 틀어놓고 복음성가를 부르며 고성방가를 일삼는가 하면, 어디서든 가리지 않고 핏발 선 눈으로 "예수 천당 불신 지옥"을 외친다. 다른 종교를 향해 턱없이 우월감을 과시하려 들고, 오랜 세월 사람들이 지켜온 관습이나 생각의 습관을 존중할 줄 모르며, 교양 없고 무례하다. 덩치가 작기라도 하면 눈총을 덜 받을 텐데 엄청나게 비대해졌기 때문에 하는 일마다 욕먹기 십상이다.

열심은 있지만 어리석은 열심이고, 그 근본 태도가 진리에 닿아있지 않다. 그렇기 때문에 역사나 삶에 대해 도무지 생각이 없고, 그저 죽은 교리만을 되새김질하고 있을 뿐, 미래를 생각할 줄도, 자기자신에 대해 반성할 줄도 모른다. 예수의 정신을 밀어낸 자리에 교회 성장 마케팅과 "무조건 살아남아야 한다"는 질긴 생존본능이 들어섰다. 그래서 믿는 자의 정신은 광명한 데로 올라가지 못하고 무지몽매의 어둠으로 내려가기만 한다. 교회가, 기독교인이 다 그런 것은 아니라는 말을 지금 하기는 참으로 무색하다. 전체로서 기독교인, 한국기독교가 잘못되어 있고, 이제 조용히 입을 가리고 회개하는 일에 진보고 보수고, 주류 교회고 비주류 교회고 예외가 있어서는 안될 것이다.

2

교회가 무엇인지 알기 위해서는 맨 처음 교회가 생겨날 때 모습을 살펴보는 것이 가장 좋다. 교회는 예수 사후, 전에 예수를 따르던 사람들이 "그는 죽지 않고 살아있다!"고 선언하면서 모인 모임에서 유래했다. 교회가 생긴 것은 예수의 죽음 이후지만, 생전의 예수를 중심으로 모였던 모임과 역사적인 연속성을 지닌다. 예수가 십자가에 달리기 직전까지 온전히 정성을 기울였던 열둘의 공동체, 그리고 그 외연에 있던 더 큰 익명의 제자 공동체는 교회의 모체라고 할 수 있을 것이다. 예수는 이들과 함께 먹고 마시며 마음과 뜻과 생각을 나누었다. 이를 통해 예수는 로마제국의 식민

지배 아래 꿈도 희망도 없이 살아가고 있던 갈릴리사람들의 가슴속에 하느님이 다스리는 나라에 대한 오랜 이스라엘의 기대를 다시 불러일으켰다. 사라져가고 있던 인간다운 삶에 대한 희망을 일깨운 것이다.

하느님이 다스리는 나라에 대한 유대인들의 기대는 원래 초기 이스라엘의 역사적 경험에 근거하고 있다. 구약성서에서 이스라엘사람들은 출애굽의 경험을 통해 이스라엘 신앙의 근간이 되는 하느님 체험을 하게 된다. 이때 이들은 히브리 민중의 고통과 울부짖음을 듣고 내려와 고통스런 삶에 참여하는 하느님을 경험한다. 이 하느님은 민중의 고통스런 삶에 민감하게 반응하는 하느님이고, 함께 아파하고 함께 싸우고 함께 해방의 나라를 세우는 하느님이다. 함께 역사의 짐을 지고 역사를 성취하는 하느님이며, 공동체의 중심이 되는 하느님이다.

하느님이 다스리는 자유롭고 평등한 나라에 대한 이상(理想)은 민중들 사이에 면면히 이어져 예수에까지 내려오게 된다. 사실상 이 이상은 힘있는 자들의 돈과 권력이 아니라, 가난하고 소박한 사람들이 성실하게 애쓰며 살아가면서 만드는 자발적이고 자생적인 우정과 환대의 그물망을 신뢰하겠다는 의지이기도 하다. 하느님을 믿는다는 것은 성실하고 소박한 사람들이 함께 애쓰면서 노동하고 협력하며 사는 것이 좋은 삶이라는 사회적 공감대의 지지대로 하느님을 받아들이는 것을 의미한다. 말하자면 하느님의 통치, 하느님의 나라를 믿는다는 것은 실질적으로는 세상 안에 함께 애쓰고 사랑하는 친구들의 나라, 동무들의 나라를 만들어가는 것을 의미한다. 예수의 '하느님나라운동'은 이러한 이스라엘 민중의 기대와 믿음 속에서 탄생했다.

예수 시대에는 로마제국의 침략과 헤롯 가문의 수탈에 의해 전통적인 갈릴리 농경사회의 서로 돕는 자생적인 농민 협동조직이 거의 무너졌다. 로마제국과 헤롯 가문의 통치는 테러리즘과 폭력에 기반해있었고, 그로 인해 민중들은 자긍심을 잃고 내면적으로 갈기갈기 찢겼다. 그 속에서 예수는 갈릴리 농민들과 함께 밥을 나누고 마음을 나누었다. 그렇게 해서 로마제국의 지배 아래 파괴의 위기에 직면한 갈릴리 농민들 사이에 서로 돕는 관계, 친구 관계를 회복시키고자 했다. 하느님나라, 동무들의 나라를 다시 불러들이고자 했던 것이다. 그들 모두를 피폐하게 만든 가난에 대해 서로가 서로를 비난하는 대신 예수는 서로가 서로를 도울 수 있게 했고, 서로에 대한 의심과 원한 대신 연대의 정신을 되살릴 수 있게 했다. 그들은 서로 동무가 되어 빚을 탕감해주고, 삶을 나누고 물질을 나누었다.

보지 못하던 사람이 보게 되고, 앉은뱅이가 일어서고, 수천명이 보리떡 다섯덩이와 물고기 두마리로 배불리 먹었다는 기적 이야기들은, 예수가 그들을 스스로 살아가는 주체적인 삶을 향해 회복시키고, 우정을 나눌 수 있는 인간으로 다시 탄생시킨 것을 말해준다. 그들은 예수의 하느님나라 운동을 통해 자기 삶의 주인이 되고 자기 인생을 스스로 살도록 요청받았다. 서로를 분열시키는 행동을 자제하고 협동하고 우정 있는 인간이 되도록 요청받은 것이다. 동무들의 나라, 하느님나라로 들어오라는 초대를 받은 것이다. 예수의 종교는 원래 민중들과 동무하자는 종교, 서로 친구하자는 종교였고, 초대교회 역시 마찬가지였다.

인간은 누구나 친구를 필요로 하지만, 특히 의지가없는 사람들에게 친구는 없어서는 안될 존재다. 예수의 종교가 동무들의 종교였다는 것은 원래 그를 따라다니던 사람들이 가난하고 의지할 데 없는 사람들이었다는 사실을 말해준다. 하늘을 나는 새와 들에 핀 백합을 보면서 위로와 희망을 얻어야 하는 사람들은 하늘과 땅 외에 달리 의지할 데가 없는 사람들이었을 것이다. 성서에서 이러한 민중들의 자의식은 '나그네 의식'으로 표현되었다.

그들이 정말로 믿고 의지할 수 있었던 것은 무엇이었을까? 국가나 돈 많은 유력자들이 그들의 의지가 되어주지는 않았을 것이다. 그들이 절실하게 필요로 했던 것은 사람 마음속에서 저절로 우러나는 우정과 환대였다. 어떻게 내 집 앞에서 거지가 떨고 있는데 두발 뻗고 편히 잘 수 있겠는 가? 어떻게 내 입으로 밥숟가락이 들어가는 것을 빤히 쳐다보는 두눈 앞에서 밥이 목구멍으로 넘어가는가? 인간은 원래 그럴 수 없다. 만일 그렇게 된다면 그것은 잘못된 제도나 이념으로 인해 왜곡되고 비뚤어져서 그런 것이다. 사실 인간은 자신이 속한 제도보다 선한 경우가 대부분이다.

초대 기독교인들은 자신들은 세상의 나그네라고 여겼다. 소종파(小宗派)였던 초대 기독교인들은 비기독교인들이 자신들을 바라보는 시선에서, 당신들은 우리와 다른 부류라는 차별과 의심의 눈초리를 읽었다. 사람들은 기독교인들을 당나귀를 숭배하는 자들이라고 놀렸고, 밤에 모여서 갓난아이 살을 베어 먹는다는 소문을 퍼뜨리기도 했다. 그들은 세상 안에서 불편했다. 그들의 세상살이는 마치 나그네가 낯설고 물선 이국땅에서 살아가는 것과도 같았다. 히브리서나 베드로전서에서는 기독교인들을 그리스어로 παροικοι, ξενοι 같은 단어로 표현했다. 이 말들은 외국인, 거류 외국인, 나그네를 뜻하는 말이었다. 초대 기독교인들은 세계 안에서 낯선 자로 자신들을 인식했던 것이다. 그리고 구약성서에서 나그네와 외국인들을 잘 접대하라고 거듭 권면했듯이 초대교회 역시 외국인들이나 나그네들을 교회 안에 받아들이고 접대해야 한다고 했다. 너희가 나그네였으니 나그네를 홀대하지 말라는 것이다.

초대교회는 국가가 경영하는 복지제도나 돈에 의지했던 것이 아니라, 사람들 마음에서 저절로 우러나오는 단순하고 소박한 우정과 환대를 먹고 성장했다. 세상살이에서 소외되고 불편한 사람들이었지만 그들의 삶 한가운데에는 기쁨이 넘쳤고, 그들은 늘 기도하고 기쁨의 찬송을 불렀다. 이제 그들은 더이상 나그네, 낯선 사람이 아니라 친구였고, 함께 길을 가는 동무였으며, 하느님 안에서 형제요 자매였기 때문에 기뻐할 수 있었을 것이다.

이것이 구약성서와 예수의 하느님나라 정신을 이어받은 초대교회의 코이노니아, 곧 사귐이었고, '예수의 교회'의 모습이었다. 예수의 정신을 이

어받고자 했던 초대교회는 무언가를 주겠다고 약속한 것이 아니라, 그냥 너와 나 사이에 소박한 사귐이, 코이노니아가 있게 하자고 했다. 가난한 친구들 사이의 사귐을 통해 이 세상 한가운데에 동무들의 나라를 만들어가는 것이 바로 '예수의 교회'의 핵심이었고, 많은 사람들이 이 단순한 교회의 삶에 참여함으로써 생명의 물을 마셨다. 아무래도 기독교의 생명은 겉보기에 휘황찬란한 때보다 도리어 아무것도 없던 때에 있었던 것 같다.

3

초창기 한국교회는 '예수의 교회'였다. 초기 한국 개신교는 한말의 어지러운 역사적 혼란기에 들어와서 민중들의 바닥으로 내려가 뿌리를 내렸고, 민중들의 고단한 삶에 희망이 되어주었다. 개신교가 우리나라에 처음 들어오자마자 들불처럼 번져간 것은 의지할 데 하나 없이 길 잃은 양떼처럼 헤매고 있던 민중들이 교회에서 자신들의 억울함을 호소하고 의지할 대상을 찾을 수 있었기 때문이다. 그리고 무엇보다도 시대정신과 양심을 기독교가 대변할 수 있었기 때문이다. 온 우주에 한분 하느님이 계시고 사람은 누구나 그 자녀이며, 서로 사랑해야 하고, 원수도 사랑해야 한다는 기독교의 가르침은 새로운 세계관이자 도덕이었다. 기독교의 이러한 가르침은 새로운 시대정신을 이끌어갈 수 있었고, 시대적 양심의 지지대가 되어줄 수 있었다. 그래서 3·1운동에서도 기독교가 중요한 몫을 할 수 있었고, 예수의 가르침에서 민중은 희망을 발견할 수 있었다.

초창기 한국기독교는 때로는 농부들이 농사일 하는 들판에서, 어부들이 고기를 잡는 배 위에서, 일꾼이 등짐을 지고 가는 길 위에서 예배하는 '서민의 종교'였고, 목자 없는 양떼처럼 헤매던 '민중들의 종교'였다. 예수가 풀밭에서 보리떡 다섯덩이와 물고기 두마리로 무리를 먹였듯이, 함께 예배드리다 해가 저물면 많거나 적거나 간에 같이 나눠 먹고, 예수가 홀로 기도드렸듯이 밤이면 홀로 산에 올라 새벽별을 바라보며 기도하고 예배하는 종교였다. 초창기 한국 개신교는 '예수의 종교'였고, 교회는 '예수의 교회'였다.

그러나 이러한 한국교회의 민중적 전통은 일제시대 신사참배와 8·15해방 이후 이승만 정권, 군사독재 기간을 거치면서 변질되었다. 사실 8·15해방은 식민지 시절 고대하던 출애굽 사건이 실현된 것이라고 할 수 있었지만, 한국교회는 아직 준비되지 않았다. 일제시대 한국기독교는 사회주의라는 이질적 세계관을 성숙하게 소화해내지 못했다. 그리고 무엇보다도 3·1운동 이후 한국기독교는 선교 당국의 정교분리정책으로 인해 신사참배와 일제 문화말살정책을 거치면서 민족주의적인 성격마저도 희석되었다.

왜 그렇게 된 것일까? 사실 3·1운동 이후 한국교회가 변질된 것은 박해나 외부의 압력 때문이 아니라 물질주의에 항복했기 때문이었다. 언제나 타락은 황금 숭배에서 비롯된다. 출애굽이라는 극적인 체험을 하고도 광야에서의 40년 동안 이스라엘은 종살이할 때 주인이 먹던 고기 가마를 그리워했고, 금송아지 앞에 절했다. 그들은 금송아지 앞에서 춤추고 노래 부르는 것을 하느님에 대한 예배라고 착각했다. 3·1운동 이후 일본이 문화정책을 표방하면서 어느 정도 회유책을 쓰자 자본주의 경제가 발달하기 시작했고, 해방 이후 재산을 모을 기회는 점점더 많아졌다. 군중은 이 길로 점점더 많이 몰려들었고, 기독교인들도 예외가 아니었다.

1960~70년대 산업화 과정에서 농촌공동체가 파괴되고 수많은 사람들이 도시로 몰려들어 교회는 급성장을 했지만, 교회는 그들에게 예수가 아니라 마몬을 가르쳤고, 대중들의 어리석은 욕망에 아첨했다. 가난하고 의지할 곳 없는 사람들의 편에 서서 기성 제도와 맞서 싸우던 익명의 사람들이 손에 쏟아질 부를 모으고 즐기기 위해 서둘렀다. 돈과 권력의 맛을 본 사람은 광야의 이스라엘이 이집트의 고기 가마를 그리워했듯이 그 맛을 잊지 못한다. 상품에 대한 탐닉, 일상생활의 즐거움은 그들의 바알신[邪

神이 되었다. 이와 함께 문화적 분위기도 점점더 천박해졌다. 제 발로 이집트의 고기 가마를 향해 다시 걸어 들어간 것이다.

하느님과 마몬을 함께 섬기지 못한다는 예수의 명령을 잊어버리는 순간, 교회는 세속 사회보다 더 심하게 타락했다. 혹세무민식의 교리와 선전 선동이 판을 치고, 돈으로 하는 교회 정치가 기승을 부린다. 죽은, 제도로서의 교회를 지키기 위해 양심을 마비시키고, "어쩔 수 없다"고 믿게 함으로써 자기를 정당화하게 하고, 회개하지 못하게 만든다. 이들은 금송아지 앞에서 절을 하고 둘러앉아 노래 부르고 춤추는 것을 예배라고 한다. 그래서 오늘날 한국 가톨릭 2백년, 한국 개신교 1백년 역사를 통해 한가지 확실한 사실은, 들어올 때는 기층 민중의 종교, '예수의 종교'였던 기독교가 이제는 '마몬의 종교'가 되었다는 것이다. '예수의 교회'가 '마몬의 교회'로 되어버린 것이다. 오늘 한국교회는 종교의 탈을 쓰고 민중을 지배하려는 허위의식으로 가득 차있다. 그러니 기층 민중들이 교회에서 빠져나가는 것은 당연한 일이다.

최근 벌어지고 있는 '이랜드 사태'나 장로 출신의 대선 후보를 둘러싼 개신교 집단의 선전선동, 아프가니스탄 선교 사태는 이러한 일련의 역사적 흐름의 연장선상에 있다. 걸핏하면 남을 구하겠다고 나서는 것은 우리나라 개신교의 고질병이다. 내가 바뀌기 어려운 만큼 남을 바꾸기도 어렵다. 하늘이 두쪽 나도 내가 모슬렘이 되지 않을 것이라면, 마찬가지로 모슬렘도 그러지 않으리라는 것을 알아야 한다. 만일 기독교가 상대방의 가난과 비참을 이용해서 그들의 삶의 방식과 생각의 방식을 바꾸려 한다면, 그것은 상대방을 존중하지 않는 무례함이고, 예수의 정신에 대한 배반이며, 그런 식의 해외선교는 황금을 손에 거머쥔 교회의 여흥거리에 불과하다. 본래 순교란 승리자가 과거의 상처에 씌우는 왕관이다. 안타까운 죽음을 순교라 부르는 것은 본인들의 자유겠지만, 부득불 순교라고 주장하는 아집의 뒤에, 대국민 사과는 할지언정 끝까지 회개하지 않겠다는 완악함이 읽혀 몹시 불편하다. 지금 개신교 지도자들은 입이 열개라도 할 말이 없다. 머리에 재를 뒤집어쓰고 손으로 입을 가리고 회개해야 한다. '안티 기독교', '개신교 혐오증'을 운운할 계제가 아니다.

　종교적 언어를 빼고 경제적 언어로 설명하자면, '이랜드 사태'는 용역화, 외주화를 막지 못한 새로운 비정규직보호법의 약점을 이용해 비정규직 노동자들을 용역화함으로써 무리한 기업 확장의 부담을 비정규직 노동자들에게 뒤집어씌운 것이라고 할 수 있다. 그리고 시민단체들과 노조는 부실한 비정규직보호법의 약점으로 인해 발생할 수 있는 노사 갈등의 본보기로 '이랜드 사태'를 지목하고, 총력을 기울여 노동자들 편에서 싸우고 있다. 문제는 자기 능력을 넘어선 욕심을 부려 '홈에버'를 인수한 이랜드 그룹이 국가권력을 앞세워 비정규직 노동자들을 탄압하는 과정에서, 기독교를 통해 자기 행위를 정당화하고 있다는 점이다. 이랜드 박성수 회장은 "성경에는 노조가 없다"는 논리를 내세웠고, 이랜드 전 직원 앞으로 "불법파업이 잘못된 것임을 깨닫고 노동조합원들이 하나님 앞에 회개하고 현장으로 복귀하여 다시는 사탄의 유혹에 빠지지 않도록", "자신의 달란트(임금)에 불만을 갖지 않는 성실한 종의 소임을 다하도록" 기도하라는 기도제목을 하달했다. 이것은 예수의 정신에 대한 배반이며, 하느님과 마몬을 맞바꾼 것이다. 그런가 하면 개신교 장로 출신의 한 대선 후보는 온 나라가 그 재산 형성 과정의 위법·탈법에 대해 의심의 눈길을 보내고 있는데도 부동의 지지율 1위를 확보하고 있다. 거기에 개신교 신자들의 지지가 한몫을 하고 있는 것만큼은 틀림이 없다. 이 사람의 지나온 과거와 대선 후보로서 내미는 미래의 청사진을 보건대, 신자, 비신자를 떠나 이 후보를 지지한다는 사실은 그야말로 '경제'가 이른바 '시대정신'임을 말해주는 분명한 증거다.

　사실 이들은 기독교의 탈을 쓴 마몬들이다. 이 시대 기독교인들이 이들을 인정하고 환영하는 것은 그들이 하느님 대신 마몬을 섬기고 있음을 말해준다. 예수는 하느님과 마몬을 함께 섬기지 못한다고 분명히 말했건만, 이 시대의 기독교인들은 기독교의 탈을 쓴 마몬은 환영해도 좋은 줄로 생각한다. 어느 시대나 자기 시대의 '애굽'이 있게 마련이고, 거기서 벗어나야만 자기 시대의 '가나안'으로 갈 수 있다. 아무래도 이 시대의 애굽은 물신주의인 것 같다. 기독교인들의 마음속에도 하느님 대신 돈귀신이 자리잡았다. 이 돈귀신에게서 벗어나야 믿음이라는 것도 원래의 의미를 되찾고, '예수의 교회'로 회복하는 일도 가능할 것이다.

"하느님의 집을 장사꾼의 소굴로 만들었다"는 예수의 준엄한 질타는 오늘 우리사회 어디에나 해당한다. 돈귀신이 지배하는 시장전체주의는 비판적인 지성을 무력하게 하며, 무엇보다도 예수가 꿈꿨던 하느님의 나라, 우정의 나라를 이루지 못하게 한다. 요즘은 지식인들, 심지어 예술가나 성직자들까지도 경쟁시대에 뒤떨어져서는 안된다는 집단적인 강박관념에 빠져있다. 예전에 비하면 정말로 넘치게 살면서도 현재의 삶의 수준을 유지하기 위해 끝없이 개발하고, 발전하고, 경쟁해야 한다고 노래를 부른다. 내가 살기 위해 기어이 너를 먹고야 말겠다고, 그렇게 사는 것이 선(善)이라고 말하는 세상에서, 지성은 무엇이고 철학은 무엇이며 또 종교와 도덕은 무엇인가? 약한 자를 이기는 것이 어떻게 명예가 될 수 있는가? 타인을 낮추어 보는 것이 무슨 자랑거리가 되는가? 싸움에 이겨서 먹이로 삼을 존재를 가졌다는 것은 오히려 수치다. 그것은 인간의 세계가 아니라 야수의 세계다. 그보다는 사랑하는 친구를 가지는 것이 명예이다. 경쟁은 짐승들에게 맡기고 우리 인간들은 동무들의 나라, '예수의 교회'를 만들어가야 한다.

4

초대교회는 '예수의 교회'였고, 그들은 아무것도 달콤한 것을 약속하지 않으면서 도리어 가장 큰 것을 약속했다. 세상에 동무들의 나라를 가져오는 것이다. 사실 이보다 더 큰 일, 이보다 더 긴급한 일은 없다. 사람 사이에 호의가 자라나지 못하고 사람과 사람이 동무로서 손을 잡지 못한다면 진보고 발전이고 아무 소용이 없다. 확실히 우리나라 교회도 지금보다는 가난했던 '옛날'에 훨씬더 생명력이 있었고, '예수의 교회'에 가까웠다.

집안 이야기를 하자면, 시어머님이 시댁에서 제일 먼저 예수를 믿기 시작했다. 시아버지가 사업에 실패해서 재산을 거덜 내고 세상을 뜨자 30대 후반이었던 시어머니는 당신의 늙은 시어머니와 어린 5남매를 데리고 고향으로 돌아와서 산 아래 임자 없는 오두막집에서 사셨다. 삶의 희망이 끊어진 상황이었다. 어느 날 시어머니는 젖먹이 막내딸을 업고 사립문 밖 복숭아나무 아래에 서서 하늘을 붉게 물들이며 지는 해를 보다가 "나도 이제 예수 믿고 살아야겠다"고 결심하고, 산을 넘어 이웃 마을로 교회를 다니기 시작하셨다.

그때만 해도 산이 깊어서 늑대가 나타났다. 젊은 과부가 혼자 위험한 산을 넘어 이웃 마을로 교회 다니는 것을 본 동네 영감님 한분이 저러다 실성하겠다 싶어, 아내에게 "동무해서 같이 가주라"고 했다. 그 인연으로 그 아주머니는 물론이고 영감님과 그 집안 모두가 예수 믿고 한가족처럼 지내게 되었다. 친구 된다는 것, 동무 된다는 것은 이런 것이 아닌가 싶다.

여든이 훌쩍 넘은 시어머니는 여전히 건강하시다. 딸아이가 네댓살 되었을 적에 교회를 갈 때면 시어머니는 딸아이 손을 붙잡고 앞장서셨다. ㅇ자형으로 다리가 굽은 할머니가 뒤뚱거리며 어린 손녀의 손을 붙잡고 걷는 모습은 교회에 대해, 기독교에 대해 오만가지 발칙한 생각을 하는 나를 겸손하게 만든다. 그 걷는 모습은 이천년을 이어온 교회의 힘이 어디 있는지 눈앞에서 똑똑히 보여준다. 교회의 역사는 어머니에게서 딸에게로, 할머니에게서 손녀에게로 이어지는 살아있는 삶의 행렬을 통해 이어진다. 시어머니는 교회에서 동무를 발견하셨고, 당신 스스로 다른 사람의 동무가 되어주셨다. 그러면서 기쁨과 웃음을 회복하셨다. 초대교회에서는 이런 일들이 수없이 일어났을 것이다. 이런 것이 '예수의 교회'이다.

　물신의 시대를 살아가는 우리가 그리워하는 동무들의 나라, '예수의 교회'는 작가 권정생이 그의 시 〈애국자가 없는 세상〉에서 그렸던 세상과 아주 닮았을 것이다.

　　이 세상 그 어느 나라에도
　　애국 애족자가 없다면
　　세상은 평화로울 것이다

　　젊은이들은 나라를 위해
　　동족을 위해
　　총을 메고 전쟁터로 가지 않을 테고
　　대포도 안 만들 테고
　　탱크도 안 만들 테고
　　핵무기도 안 만들 테고

　　국방의 의무란 것도
　　군대훈련소 같은 데도 없을 테고
　　그래서
　　어머니들은 자식을 전쟁으로
　　잃지 않아도 될 테고

　　젊은이들은
　　꽃을 사랑하고
　　연인을 사랑하고
　　자연을 사랑하고
　　무지개를 사랑하고

　　이 세상 모든 젊은이들이

결코 애국자가 안되면
더 많은 것을 아끼고
사랑하며 살 것이고

세상은 아름답고
따사로워질 것이다

　이 시에서 노래하고 있는 '애국자 없는 세상'이야말로 예수가 꿈꿨던
하느님의 나라, '동무들의 나라'일 것이다. (《녹색평론》 2007년 9-10월호)

지식인과 염치

1

애, 온 장터에 두루 다녀두, 쌀 사자는 놈은 있어도 글 사자는 놈은 없더라.

지식인이 지식을 밑천으로 장사를 하고 권력을 행사할 수 있게 된 것은 언제부터일까? 이마에 땀 흘려 일하고 제 손으로 농사지어 제 밥 제가 먹는 대신 말 팔고 글 팔아 살 생각을 언제부터 하게 됐을까? 가끔 학생들을 앞에 두고 빈말을 지껄일 때나 아무도 읽지 않을 글을 쓸 때, 또 내가 생각해도 신통한 말을 했다고 느꼈을 때, 문득 떠오르는 질문이다. 이렇게 살면서 월급 받아 집 사고 차 사고 해도 되나? 이러다 죄받지 않을까?

위의 글 첫머리에서 인용한 말은 함석헌 선생이 소학교를 졸업할 무렵 한반에 다니던 동무의 아버지에게서 들은 말이다. 그것은 저도 중학교에 간다고 조르는 아들을 억누르느라고 아버지가 한 소리였고, 함 선생은 오래도록 이 말을 못 잊었다. 아버지의 말에 눌려 말도 못하고 시무룩해버렸던 함 선생의 동무는 아버지를 따라 농부가 되었고, 함 선생은 방학이면 돌아와 볼 때마다 친구가 얼굴과 손이 시커먼 농사꾼이 되어가는 것을 보면서 그 손을 조금 만져보고 싶었지만 차마 만지지 못했다.

무식한 농부였던 그 아버지로서는 글공부를 더 해서 입에 들어갈 밥이 나온다는 게 이해가 되지 않았을지 모른다. 그러나 쌀 사자는 놈은 있어도 글 사자는 놈은 없다는 말은 농사꾼이 자기가 농사지은 쌀을 내놓고 사야만 되는 글 또는 지식이란 게 정말 있는 것인지, 내가 몇마디 말과 글을 농사꾼의 손에 쥐어주고는 그 손에서 쌀을 빼앗아 올 말과 글이라는 게 있다면 그것은 어떤 것이어야 할지 생각하게 만든다.

말과 글이 내가 사용할 수 있는 특정 재화나 서비스로 변하는 과정에는 반드시 교환, 즉 사고파는 행위가 개입되어 있다. 현대사회가 아무리 복잡하다 해도 결국 내 입에서 나온 말과 글이 밥이 되어 내 입으로 들어오는 것이 분명할진대, 그 사실에 대해 나는 솔직해질 필요가 있다. 복잡한 시스템에 기대어 살아가기 때문에 실감을 못할 뿐이지 나는 내 지식을 팔고 있다. 이렇게 장황하게 말할 필요 없이 지식인이 아닌 보통사람들에게 아마도 이것은 아주 단순하고 명백한 사실일 것이다. 나는 지식이 상행위의 대상이 되는 세계에서 살고 있다. 그것은 현재 우리가 처한 삶의 조건이다. 이 사실을 좋아하거나 싫어할 수는 있지만, 실제로는 장사를 하고 있으면서 아닌 척하고, 인문학적 가치를 내세워 남을 야단치면서 속으로는 내 밥그릇을 챙기는 것은 남의 밥그릇의 엄숙함을 비껴가는 행위이며, 사실을 직면하는 태도가 아니고, 그러므로 비겁하다. 비판적, 인문학적 지성은 자기도취가 아니라 불만스러운 현실을 직시하는 데에서 나온다. 사물을 보지도 않고 제멋대로 상념에 빠지는 것은 인문학도, 학술도 아니며, 생각의 게으름일 뿐이다. 그리고 상념에서 나온 대안이나 청사진은 게으른 자의 백일몽이다.

2

지식인은 왜 생기나? 알려져 있듯이 국가의 발생은 군대, 창녀와 함께 지식계층의 등장을 가져왔다. 동서양을 막론하고 문자와 지식인은 통치의 보조수단으로 등장했다. 자신에게 유리하게 국가를 관리하려는 통치권자의 권력의지를 대중에게 전달하고 실현하기 위해 지식인이 등장했다. 통치의 효율성을 위한 도구로서 지식계층의 등장은 국가의 발생과 떼놓을 수 없으며, 지식은 애초부터 매판적 성격을 지닌다. 가장 오래된 지식계층이라고 할 수 있는 성직자와 관료의 기본 성격 역시 여기서 크게 벗어나지 않을 것이다. 그리고 과거 수천년 동안 인문학은 세계경영과 통치의 기술로서 성장해왔다.

그러나 지식계층 자체가 차츰 성장하면서 독자적으로 세력을 형성하고, 지식인 내지는 '독서인(讀書人)'으로서 나름의 자의식을 갖게 된다. 중국의 경우 한대(漢代) 이후 오랫동안 사대부(士大夫)란 제왕의 은총에 힘입어 권력과 위신을 세습하는 관료층을 지칭했지만, 송대(宋代)에 이르면 과거제도가 실효를 거두어 과거를 통해 관료로 입문하는 사람들을 일컬었다. 이들은 자기 실력으로 관료로 나간다는 의식을 강하게 지녔다. 그리고 위로는 제왕, 아래로는 농업·공업·상업에 종사하는 서민과 차별되는 존재로서 '독서인', 즉 책을 읽는 사람들이라는 특별한 자의식을 형성해갔다. 이것은 송대 목판인쇄의 보급을 통해 주희와 같은 저자들의 서적이 널리 읽힐 수 있는 물리적 조건이 형성된 것과 맥을 같이 하며, 이들은 강남 지역의 농업을 근거로 새로운 지주층으로 성장해갔다. 고대 유교에 불교와 도교의 형이상학을 가미한 새로운 유학인 성리학은 이들 사대부층의 지배이념이었다. 성리학은 중국에서는 송나라 이후 원나라가 수립되면서 중국사회를 주도하는 지배이념이 되지 못했지만, 고려 말 수입되어 신흥 사대부계층이 중심이 된 조선의 지배이념이 됨으로써 중국보다 우리나라에서 그 맥을 이어갔다.

내가 관심을 갖는 것은 엘리트이자 문화적 선도자로서 그들이 가졌던 자의식이다. 서민과 구별되는 존재로서 그들이 자신에 대해 가졌던 관념은 '선우후락(先憂後樂)'과 '수기치인(修己治人)'이었다. 사대부는 벼슬에 있을 때는 민중의 일을 걱정하고, 초야에 있을 때는 군주의 일을 걱정한다는 것이다. 나가서도 근심하고 물러나서도 근심한다. 그러면 언제 즐거워하나? 천하의 사람들이 근심하는 것보다 먼저 근심하고 천하의 사람들이 즐거워한 후에 즐거워한다(先憂後樂). 또한 주희가 제창한 '수기치인'은 자신을 성인에 가까운 인격자로 확립한 뒤에야 민중의 위에 선다는 것으로, 이것 역시 사대부의 사고를 관통하는 사상이었다. 정말로 사대부계층이 이 이상대로 살았는지, 그리고 역사적으로 이들의 사회정치적, 경제적 위상과 이데올로기적 기능을 어떻게 평가하느냐는 것은 별문제다. 중요한 것은 그러한 지식인의 자의식이야말로 사회의 정신을 자신과 더불어 재생시키고 부활시키는 자기비판의 힘이라는 것이다. 그것이야말로 역사에 예속되어 있으면서도 오히려 역사 자체를 바꿔나갈 수 있는 주체적인 힘이 된다.

중국에서 목판기술의 보급이 주희 같은 저자들의 저작이 널리 읽히고 독자적인 지식계급이 형성되는 데 중요한 계기가 되었다면, 마찬가지로 서양에서도 인쇄술의 보급은 지식계급의 확장과 지식인의 자의식 형성에 결정적인 계기가 되었다. 일부 특권 계층에 의해 마치 밀교의 가르침처럼 전해져오던 지식이 이제는 서적을 통해 급속도로 확산해가기 시작한 것이다. 15세기 중반 인쇄술이 발명되고 16세기 중반에 이르면서 유럽에서는 인문학 교육을 받은 일단의 문필가들이 연대기나 지리지, 사전류 그리고 다양한 분야의 지식들을 소개하는 입문서 등을 열정적으로 써냈고, 이를 출판했다. 이미 중세 후반에 수도원으로부터 독립하여 지역의 고등교육을 전담하는 독점적인 권한을 가졌던 대학과, 르네상스 인문주의자들의 교육기관이었던 아카데미는 그러한 서적들을 왕성하게 읽고 토론하는 장이 되었다.

피터 버크에 의하면, 17세기 프랑스에서는 '저술가'와 '작가' 같은 말이 자주 쓰이기 시작했는데, 이것은 이들의 자의식이 점점 뚜렷하게 표출

되었다는 증거라고 볼 수 있다. 당시 지식인들 가운데는 학술잡지나 문학 잡지에 글을 쓰는 저널리스트, 일간지나 주간신문에 기사를 쓰던 가제티에 같은 이른바 문필가들이 등장했다. 이처럼 인쇄술의 보급에서 비롯된 유럽 지식사회의 확장과 심화는 17세기 후반에 이르면 이른바 지식공화국의 도래를 가져왔고, 이것은 지식인들이 경제, 사회, 정치의 개혁, 즉 계몽 과정에 깊이 관여하게 되는 토대를 마련했다(《지식 : 그 탄생과 유통에 관한 모든 지식》, 박광식 옮김, 현실문화연구, 2006년).

인문적 소양이 풍부했던 당시 지식인들은 대학 내에 강좌 등을 개설함으로써 체제 내로 흡수된 경우들도 많았지만, 중요한 것은 지식인들이 자신들이 몸담아 살고 있는 현실사회의 위기를 자신들의 지적 사유의 계기로 삼음으로써 사회를 이끌어가는 지적 분위기의 형성에 주도적인 역할을 했다는 것이다. 지식의 주체성이란 삶과 역사에 관여하면서 구체적인 영향을 끼칠 수 있을 때 나온다. 그리고 그 사회 안팎 사람들의 운명에 결정적인 사건이 일어났을 때 그 사건의 내적 구조와 의미를 살아있는 모습으로 정확하게 파악하고 기술해내는 능력에서 나온다. 종교개혁과 과학기술의 발전, 중상주의의 확산 등 계속되는 사회적 변화에 지적으로 민감하게 반응하면서 서구의 지식인들은 그들 나름대로 '올바름에 대한 감각'을 형성해갔고, 이것은 민주적 이념의 형성을 위한 자양분이 되었을 것이다. 그들이 추구했던 자유롭고 활발한 비판정신이야말로 자생적이고 자발적인 지식활동의 증거이자, 지식인으로서 주체적인 자의식이 형성된 증거라고 할 수 있을 것이다.

그러므로 동서양을 통틀어 지식은 국가의 통치수단으로 출발했고, 근본적으로 매판적 성격을 지니지만, 지식, 지식인의 독자적인 발전과 더불어 지식인 나름의 지조와 철학적 원칙 같은 것이 생겼다고 할 수 있다. 지식인들이 지식과 정보, 생각을 키워오면서 학문과 지식의 세계가 독자적으로 성립되었고, 지식인은 나름의 자의식을 형성하게 된 것이다. 그리고 지식인들의 주체적인 자의식 형성의 기본적인 심리학적 동력은 아마도 '세계로부터의 이탈'일 것이다. 그것은 삶으로부터 도피한 이탈이 아니라 '자유'의 심리학적 근거로서, 필요하다면 언제라도 주류 세계로부터 이탈하여 독자적인 사유의 세계로부터 힘을 받아 세계 자체를 문제삼고, 다시 세계에 적극적으로 관여하게 만드는 역동적인 이탈이다. 그것은 스토아적 현인의 이상이었던 '초연(apatheia)', 세계에 대한 단념, 그리고 사도 바울이 "마치 아닌 것같이 하라", "아내 있는 사람은 없는 사람같이 하고, 우는 사람은 울지 않는 사람같이 하며, 기쁜 사람은 기쁘지 않은 사람같이 하고, 무엇을 산 사람은 그것을 가지고 있지 않은 사람같이 하며, 세상을 잘 이용하는 사람은 그렇지 않은 사람같이 하라"(고전 7:29-31)고 했을 때 세상으로부터 멀어지는 심리학적 거리다. 지식인의 자유든, 그리스도인의 자유든 무릇 자유란 주류 세계로부터 이탈하여 탈세계화의 맥락을 확보할 수 있어야 가능하다.

추방당한 몸으로 황제의 부름을 간절히 기다리면서도 명예와 부귀영화가 자신에게 하등의 영향을 끼칠 수 없음을 애처로울 정도로 스스로에게 거듭 확인시켰던 세네카의 자기단련, 밥 먹듯 귀양살이를 하면서도 귀양지에서 집을 짓고 정원을 가꾸며 제자들을 길렀던 다산 정약용 — 이들의 삶이야말로 인간에게 '생각'한다는 것이 무엇인지 그 의미를 곰곰 생각해 보게 만든다. 이들은 잔머리를 굴려 일시적으로 현실을 자신에게 유리하도록 조작하려 하지 않았으며, 그럼으로써 결과적으로 악순환의 눈덩이를 더욱 증폭시키는 데 일조하지 않았다. 그러기보다는 차라리 무리로부터 고립되어 밖으로 나갔다, 자유로운 걸음걸이로.

그들이 밖으로 나가 만난 것은 누구였을까? 아마도 그곳에 민중이 있었을 것이다. 봄볕에 그을린 채 똥지게를 지고 거름을 주는 농부의 얼굴, 머리에 수건을 두르고 밭에서 김을 매는 아낙네의 앙상한 어깨를 보았을 것이다. 거기서 그들은 속류 사회와 자신과의 유대관계에서 벗어나 현실의 진면목, 인간의 진면목을 보고, 그것을 정확하게 표현하고자 노력하게 되었을 것이다. 함석헌의 스승이었던 유영모는 햇볕에 그을린 농부의 얼굴이 노자가 말한 진인(眞人)의 경지, 곧 '화광동진(和光同塵: 빛을 부드럽게 하고 티끌과 같아짐)'이라고 했다. 일본의 대표적 지식인 중 하나인 오다 마코토가 "지식인은 마지막 순간까지 정치가의 마음이 아니라 민중의 마음으로 사물을 보아야 한다"고 말했던 것은 아마도 이런 맥락에서였을 것이다.

3

2005년 노벨문학상을 수상한 해롤드 핀터는 그의 수상(受賞) 연설 〈예술과 진실 그리고 정치〉에서 이렇게 이야기를 시작했다.

> 1958년에 나는 이렇게 썼다. "현실과 비현실, 진실과 거짓 사이에는 확실한 구분이 없다. 사물은 진실 아니면 거짓이 아니라, 진실이면서 동시에 거짓일 수 있다."
> 내가 했던 이 발언은 여전히 의미가 있고, 예술을 통해 실재를 탐구할 때 지금도 적용될 수 있는 말이다. 그러므로 작가로서 나는 여전히 그 말을 고수하지만, 시민으로서는 그럴 수 없다. 시민으로서 나는 이렇게 물어야만 한다. 무엇이 진실인가? 그리고 무엇이 거짓인가?

이렇게 말하고 나서 그는 작심이라도 한 듯 그동안 제대로 기술되지 못한 제2차 세계대전 이후 미국 외교정책의 야만성을 파헤치는 것으로 그의 연설 거의 대부분을 채운다. 그는 이렇게 말한다. "정치적 언어는 진실을 추구하려 하지 않습니다. 대부분의 정치가는 권력과 권력의 유지에 관심을 갖습니다. 그들이 권력을 유지하기 위해서는 사람들을 진실에 대해 무지하게 만드는 것이 필수적입니다. 그들은 거대한 거짓의 태피스트리에 둘러싸여 거짓을 먹고삽니다. 예술의 세계에서는 진실이 무엇인지 모호해도 진실을 추구하려 하지만, 정치는 진실을 무시하는 데에서 출발합니다."

연설 거의 마지막에 가서 그는 이렇게 말한다. "작가의 삶이란 정말로 상처받기 쉽습니다. 거의 벌거벗은 거나 마찬가지입니다. 하지만 슬퍼할 필요는 없습니다. 작가란 스스로 선택을 하고 계속 고수할 뿐입니다. 거센 바람을 맞을 수 있고, 정말로 살을 에는 것 같은 바람도 있을 것입니다. 당신은 한데에서 혼자, 한발로 서있습니다. 그 어떤 쉼터도, 보호도 없을 것입니다. 그러나 어느 면에서 그때야말로 당신은 당신 자신의 보호처를 스스로 마련했고, 한사람의 정치가가 된 것이라고 말할 수 있을 것입니다."

자본주의 사회의 국가와 기업가는 더 큰 권력과 이익, 통제력을 얻기 위해 사회를 보다 효율적으로 배열하고 조직화하고 싶어한다. 국가는 지식인의 입을 통해 사람들의 마음을 잘 무두질해놓은 가죽처럼 부들부들하게 만들고, 자본이 먹기 좋게 다져놓는다. 정치학자나 경제학자, 법률가 같은 소위 전문가들, 실용지식인들뿐만 아니라 예술가들, 종교인들, 인문학자들 역시 이 일에 동원된다. 이른바 '문화상품', '지식상품'의 생산자로서 그들은 소비자인 국가와 자본에 복무한다. 그러나 실은 문화는 국가나 자본과는 하나가 될 수 없는 것이다. 참된 문화란 거센 비바람과 눈보라를 지나 괴로움과 시련을 뚫고 나온 민중들의 삶의 생생한 기록이고, 과거와 현재 지식인들이 외로운 '거리두기' 끝에 얻은 절실한 깨달음의 표현이자 기록이다. 진정한 의미에서 문화란 자기비판의 전통이고, 그 비판의 주요내용은 국가와 자본에 대한 비판이 될 수밖에 없다. 지식인이라면 국가, 자본과 한덩어리가 될 수 없고, '문화'는 국가주의와 상극(相剋)이다.

그러므로 '문화상품'에는 가격도 있고 경쟁도 있지만, '문화'에는 이기고 짐이 없으며, 경쟁도 없다. 문학과 예술과 종교, 이른바 문화라는 것에서 정말로 문제가 되는 것은 삶의 진면목을 얼마나 잘 표현해내고, 세계와 인간의 진실된 모습을 얼마만큼 정확하게 말하고 있는가 하는 것이다. 지금 지구상에서 신음소리 하나 없이 사라져가는 것들이 얼마나 많은가? 소리 없이 사멸해가는 것들에 대한 연민, 자기 밖에 있는 것과 자기를 동일시하고 공감할 수 있는 능력, 자기가 속한 곳에 옛부터 전해 내려온 마음의 습관에 대한 속깊은 존중, 이런 것들이 예술가나 인문학자가 지녀야 할 태도가 아닐까?

얼마 전 아룬다티 로이의 소설 《작은 것들의 신》을 읽다가 기막힌 대목을 만났다. 좀 길지만 인용해보겠다.

애지중지하던 눈멀고 털 빠지고 대소변을 가리지 못하는 열일곱살 된 잡종개 쿠브찬드가 비참한 죽음을 맞게 되자, 에스타는 그 개가 최후의 시련을 겪는 동안 내내 자기의 목숨이 그 개에 달려있기라도 한 것처럼 극진히 간호를 해주었다. 쿠브찬드는 죽기 전의 마지막 몇달 동안 정신은 아주 분명히 박혀있으면서도 말을 전혀 듣지 않는 방광 탓에 늙은 몸을 이끌고 뒷마당으로 통하는 문 쪽으로 가다가 머리만 바깥으로 내민 채 안에다 노르스름한 오줌을 찔끔찔끔 흘리곤 했다. 그리고 방광을 비운 뒤에는 눈치가 말짱해서 희끗희끗한 머리통에 더껑이 낀 웅덩이처럼 박혀있는 흐릿한 녹색 눈으로 에스타를 올려다보다가 바닥에 젖은 발자국을 남기며 제 눅눅한 깔개가 놓여있는 곳으로 어기적어기적 돌아가는 것이었다.

쿠브찬드가 제 깔개 위에서 죽어갈 동안 에스타는 그 개의 매끌매끌한 자주색 불알에 침실 창문이 비치는 것을 볼 수 있었다. 또 그 창문 너머에 있는 하늘도. 그리고 한번은 하늘을 가로질러 날아가는 새가 비치는 것을 본 적도 있었다. 오래된 장미꽃 냄새에 둘러싸인 짓밟힌 남자의 기억을 지닌 에스타에게는 그처럼 허약하고 그처럼 견딜 수 없이 연약한 것이 살아 있다는, 생존하도록 허락받았다는 사실 자체가 하나의 기적이었다. 늙은 개의 불알에 비친 날아가는 새. 에스타는 소리내어 웃지 않을 수 없었다.

— 아룬다티 로이, 《작은 것들의 신》, 황보석 옮김; 문이당, 2006년, 26쪽

죽어가는 늙은 개와 그의 자주색 불알에 비친 하늘, 날아가는 새. 죽음

의 일부로서의 삶, 삶의 일부로서의 죽음, 그리고 온전한 기적으로서의 삶과 죽음. 삶과 죽음, 나와 나 아닌 것의 근원적인 일치를 한치의 감상주의도 없이 이처럼 아름답게 묘사한 글을 나는 본 적이 없는 것 같다. 이런 글을 읽을 때마다 세상과 인간을 이해하고 표현하는 한 방법으로서 문학의 힘을 여전히 느낀다. 이런 글이 발산하는 힘은 국가나 자본 같은 것과는 도무지 상관이 없다. 문학과 인문학은 '돈과 권력 아니고 사는 세상'을 꿈꾸는 것 아닌가?

국가와 자본이 벌여놓은 문화의 경쟁판은 시끄러운 소음과 끊임없는 자기과시, 변덕스런 유행으로 날이 새고 진다. 그 아수라장 속에서는 제아무리 화려한 모양새를 다투어도, 제아무리 맹렬한 자기주장을 해도, 근본적으로 모든 효과를 상쇄시켜버리는 한덩어리 공허한 소음으로 바뀔 뿐이다. 사람들은 윙윙거리는 소음 속에서 한편으로는 자기가 다른 사람들과 약간 다르다는 것에 우쭐하고, 다른 한편으로는 마치 벼랑끝을 향해 달려가는 한무더기 돼지떼처럼 다른 사람들과 같은 무리에 속해서 같이 뛰고 있다는 사실 자체에 안도감을 느낀다. 다수의 무리에 속함으로써 자신의 건전함을 확인하고 싶어 하는 심리라고나 할까?

그러나 그 맹목적인 달리기는 강자가 약자를 먹는 약육강식의 게임이고, 그런 것은 '문화'가 아니라 '야만'이다. 후지타 쇼조는 빙글빙글 돌면서 한무리가 되어 정신없이 흐르는 사람의 물결 속에서 진정한 자유는 정지할 자유와 방향 선택의 자유라고 했다(《전체주의의 시대경험》, 이홍락 옮김, 창작과비평사, 1998년, 267쪽). 그런 상황에서 다른 모든 크고 작은 자유를 결정짓는 가장 근본적인 자유는 정지와 불참, 그리고 방향 선택의 자유라는 것이다. 지식인의 자유 역시 이런 맥락에서 이야기되어야 할 것이다.

4

지난 9월 전국 인문대 학장들이 모여서 '인문학 위기'를 '선언'하고 성명서를 냈다. 1996년에도 인문학은 위기였다. 1996년 11월 제주대학에서 전국 21개 국공립대학 인문대학장들이 모여 '인문학 제주선언'을 한 적이 있고, 2001년에는 전국 국공립대 인문대학협의회 차원에서 인문학 연구 교육기반 붕괴를 우려하는 '2001 인문학 선언'을 내놓은 적이 있다. 그때 도 인문학은 위기였고, 지금도 여전히 위기인 모양이다. 아마도 인문학의 위기는 5년 주기로 오는 모양이다. 두면으로 된 이번 성명서의 한쪽 면은 인문학의 위기에 직면하여 인문학 경시 풍조를 비판하고 인문학의 필수불 가결성을 주장하는 내용으로 채워져있다. 또다른 한쪽 면은 '인문학진흥 기금'과 교육부총리 산하 '인문한국위원회' 설치, 국가정책에 인문학자 의 참여를 보장하기 위해 교육인적자원부 및 학계 관계기관이 함께 참여 하는 '인문학발전추진위원회'의 설치를 제안하고 있다. 그리고 끝에는 미 래 사회를 위해 인문교육으로 다져진 인재를 키우는 것이 절박한 과제라 고 다시 한번 힘주어 말하고 있다.

'인문학의 위기'라는 것이, 무슨 선언을 하고 성명서를 낼 수 있는 성격 의 것인지 잘 모르겠다. 그런 이벤트가 교육부나 학술진흥재단의 데스크 하나를 더 만들거나 유지시키는 데에는 도움이 되겠지만, 그리고 거기서 떨어지는 부스러기를 잠시(앞으로 5년?) 얻어먹을 수는 있겠지만, 그들이 심각한 얼굴로 선언한 내용 자체와 무슨 상관이 있는지 모르겠다. 만일 정 말로 사회를 향해 인문학적 가치를 훈계하려 했다면 차라리 교육부, 아니 ('교육'과 '인적자원'이라는 도저히 어울릴 수 없는 두 낱말의 기괴한 조 합으로서) '교육인적자원부'의 폐지를 주장했어야 옳다. 그러나 대신 그 들은 인문학 위기 운운하며 국가에 매달렸고, 그렇게 함으로써 '인문학 위기 선언'은 '인문학을 팔아먹는 장사의 위기 선언'이라는 비난을 자초 했다. 그 점에서 그들이 한 인문학 위기 선언은 국가와 자본에 기생하지 않는 자립적이고 자생적인 인문학이 더이상 이 땅에서 가능하지 않다는 '인문학 파탄 선언'이다. 그러므로 전국 인문대학장들의 제안보다는 "시장수요를 무시한 인문학 연구자들 양산 현상은 지양되어야 하며", "지금껏 배출된 인문학 박사 중 상당수가 취업이 안돼 시간강사로 전전하고 있는 현실에서 인문학은 정말 우수한 사람들이 연구하는 소수정예로 가는 게 바람직하다"(정운찬)는 영악한 시장주의자의 발언이 차라리 더 영리하고 설득력있게 들린다.

인문학 시장이 확대된다고 해도, '이건희'와 '노무현'의 문화적 취향이 좀더 인문학적 교양으로 포장된다고 해도, 물신주의의 악령에 사로잡혀 다함께 미친 듯이 질주하고 있는 현상 자체는 미동도 하지 않는다. 아니 거기에 장식품 하나를 더 달아주는 꼴이다. 이런 상황에서 인문학도 돈이 될 수 있다고 인문학의 실용성을 강변하거나, "최근 들어 미국 기업의 인사 담당자들이 신입사원으로서 인문분야 전공자들을 누구보다 선호한다"며 실용인문학의 희망을 점치는 대목에 이르러서는 그 무딘 감수성에 아예 기가 막힌다(임상우, 〈인문학의 실용성과 실용적 인문학〉, 《2006 인문주간 학술제 '열림과 소통의 인문학'》, 81쪽).

오늘날 세계를 통치하고 관리하는 기술로서 인문학은 '과학 – 기술'에 그 왕관을 내주었다. 이를 슬퍼하거나 과거의 영광을 그리워하는 인문학자들에게는 사실 아무 말도 하기 싫다. 다만, C. P. 스노우류(類)의 '두 문화', 즉 인문학과 자연과학의 통합을 외치는 사람들에게는 할 말이 있다, 그대들이 주장하는 통합은 옛날에 종교로 과학을 통합했던 것을 거꾸로 물구나무세워서 이제는 과학으로 종교를 통합하자는 것이라고. 그리고 그 옛날 '종교에 의한 과학의 통합'에 고유한 과학의 언어를 위한 자리가 없었듯이, 오늘날 '과학에 의한 인문학의 통합'에도 고유한 인문학의 언어를 위한 자리는 없다고, 그러므로 그런 통합은 사양하겠노라고 말하겠다.

지식이란 인위적으로 통합을 하고 말고 할 수 있는 게 아니다. 지식은 삶의 반영이며, 힘의 관계를 반영한다. 따라서 자연과학과 인문학이 각기 자본이나 국가와 어떤 관계를 맺느냐에 따라 자연과학과 인문학의 관계와 위상이 결정되는 것이지, 자연과학과 인문학이 "우리 서로 사이좋게 지내자"고 한다고 해서 통합이 되거나 동등해지는 것이 아니다. 인문학에 대한 자연과학의 우위는 각각의 지식이 국가나 자본과 맺는 관계에서 파생된 결과이지, 자연과학의 우위 때문에 인문학의 위기가 발생한 것은 아니다. 중요한 것은 각각의 개별 지식이 국가나 자본과 어떤 관계를 맺느냐이다. 인문학이든 자연과학이든 정말로 중요한 것은 그 지식이 '누구를 위한' 지식이며, '무엇을 위한' 지식이냐는 것이다. 결국 지식 자체의 '가치'를 둘러싼 문제가 위기의 본질이며, 이 점에서 자연과학은 인문학보다 더 큰 위기에 직면해있다. 왜냐하면 오늘날 자연과학은 물리적으로 인류 자체를 멸절시킬 수 있는 파괴력을 가졌기 때문이다. 문제는 자연과학과 인문학을 통틀어서 지식 자체가 위기에 처했다는 것이고, 이 점에서 인문학의 위기가 아니라 지식 자체의 위기가 더 본질적이다. 묵시록적인 미래를 향해 질주하는 21세기 열차에서 지식인들은 인간다움의 가치를 부정하는 지식을 그 연료로 제공함으로써 파국으로 가는 속도를 가속화시키고 있다. 여기에 인간다움을 부정하는 그 모든 지식의 위기의 본질이 자리한다.

지금 이 사회는 다 같이 미친 듯이 한방향으로 달려가고 있고, 그 방향은 인간다움과 인간적 가치를 뿌리로부터 손상시키는 물신주의의 방향이다. 이런 상황에서 정말로 인문학자들이 해야 할 말은 "폭주를 멈추라!"라는 경고이다. 경고가 소용없다면 비명이라도 질러야 한다. 그리고 대학이 경쟁사회의 소모품을 생산해내는 데서 탈피해 기존의 경쟁시스템을 바꾸어나갈 사람을 단련해내는 급진적 진지(陣地)가 되도록 각자의 자리에서 구체적인 사람 하나하나를 붙들고 작고 소박하게, 조용하면서도 확실하게 노력을 기울여야 할 것이다.

인문학의 고결한 가치를 이야기하고 그 중요성을 주장하려면, 그리고 사회를 향해 대접받기를 요구하려면, 적어도 민중의 마음으로 사물을 보고 느낄 줄 알아야 한다. 그렇게 해야 지식 팔아 밥 먹고 살면서 최소한의 염치라도 지킬 수 있다. 인간성을 밑바닥에서부터 위협하는 시대의 야만성에 괴로워하기는커녕 어떻게든 그 조류(潮流)를 타볼까 궁리나 하는 주제에, 과거의 영광에 기대어 사회를 나무라고 뭔가를 내놓으라고 요구하는 모습은 정말이지 보기가 민망하고 창피하다. 배가 좀 고픈가? 이럴 때 동양의 한 위대한 인문주의자의 말을 해주고 싶다.

염치불구하고 말하겠다.

소인은 궁하면 흐트러진다. 군자라야 굶는다.(君子固窮, 小人窮斯濫矣.)

— 《논어》, 위령공, 1

(《녹색평론》 2006년 11-12월호)

어떻게 살 것인가

황우석과 과학 그리고 '발전의 신(神)'

1

진즉에 '상황 끝'으로 보였던 황우석 스캔들이 꼬리가 길어 해를 넘기고 있다. 속은 사람은 자신이 속았다는 사실을 인정하기 싫은 법, 아직도 미련을 못 버리고 '원천기술' 논란에 목을 맨다. 황우석류 지식인들에게 따라다니게 마련인 사기꾼 혐의가 이 나라 지식인과 언론인, 정치인들에게는 당최 보이지 않았던 것일까? 무엇이 그리 놀랍고, 무엇이 그리 안타까운지 모르겠다. 언제 어디에나 사기꾼은 있게 마련이고, 사기꾼이 사기 행각을 벌이는 것은 자연스럽다. 하지만 사기행각을 밝히고 사기꾼을 잡아내야 할 사람들까지 사기꾼과 똑같은 표정을 짓고 똑같은 말을 입에 올리는 것은 참으로 봐주기 괴롭고, 요즘 유행하는 말로 보기에 "참담하다"(근래 황우석과 황우석의 사람들이 이 말을 자주 입에 올려 유행시키고 있다).

황우석은 곧 들통날 거짓말을 끊임없이 하고, 한 언론을 막기 위해 다른 언론을 끌어들여 '청부 취재' 의뢰까지 하는 등 마지막까지 살겠다고 발버둥치며 협잡꾼을 능가하는 술수를 부렸다. 그럼에도 과학계 원로라는 사람들은 나서서 과학은 과학자들에게 맡겨야 한다고 주장했다. 그 말의 본뜻인즉, 황우석이 다음 단계의 논문을 발표해서 작금의 논란을 잠재울수 있게 해야 한다는 것이었다. 덕분에 '논문 돌려막기'라는 기막힌 신조어까지 탄생했다. 언론과 정치인 역시 논문조작의 증거들이 속속 드러나 불보듯 뻔하게 상황이 전개되는 마지막 순간까지 사실상 황우석의 '국민사기극'을 거들고 싶어했다. 그리고 그것이 가능하다고 생각하는 것 같았다. 진실을 덮겠다는 그들의 부도덕함에 화가 나기 이전에 그것이 가능하다고 생각하는 아둔함에는 아예 질렸다. 우리사회 담론형성 그룹이라는 사람들의 정신적 천박함은 제쳐두더라도 그 미련함은 끝을 모른다. 정말로 이런 자(者)들에게 나라를 맡겨도 되는 것일까. 걱정스럽다.

그동안 끼리끼리 대나무숲에 모여 "임금님 귀는 당나귀 귀"라고 외쳤던 어른들이 왜 없었겠는가. 그래도 일이 이렇게 된 공은 "임금님은 벌거벗었어요"라고 외친 어린 소년들에게 돌아가야 할 것이다. 〈프레시안〉, (MBC가 아니라)〈PD수첩〉, 논문조작의 증거를 파헤친 젊은 과학도들이 그들이다. 이들의 근성은 박수를 받을만하다. 그러나 정작 이들의 용기와 근성이 빛을 볼 수 있었던 것은 천하의 황우석도 소위 과학의 '글로벌스탠더드'라는 것을 비켜갈 수 없었기 때문이다. '과학의 사회적 역할' 역시 충분히 의제가 될 수 있었으나, 그것은 국익우선과 난치병 환자 치료라는 씩씩한 구호들에 밀려 제대로 논의되지 못했다. 그러나 이 무소불위의 '국익우선' 구호를 잠재울 수 있었던 것이 바로 과학의 '글로벌스탠더드'였다. 이것은 때에 따라 "미국에서는 이 경우라면 이렇게 한다"는 말로 표현되었다. 황우석은 과학적 절차와 검증방식의 세계적 기준에 맞추는 시늉은 했지만, 본질적으로 조작된 데이터에 기초했고, 따라서 어차피 세계적 기준에 부합되지 않는다는 것이 언젠가는 탄로가 날 수밖에 없었다. 위의 '소년들'은 집요하게 황우석 연구의 과학적 진실성 여부를 파헤쳤고, 그 과정에서 과학의 '글로벌스탠더드'를 충족시키지 못한 황우석 연구는 좌초할 수밖에 없었다. 황우석은 '세계 줄기세포 허브'라는 황금거

위에 눈이 멀어 '글로벌스탠더드'를 지키지 못했지만, 이제부터라도 제대로 지켜서 세계적 수준의 줄기세포 연구를 수행하고, 그렇게 해서 '가짜'가 아닌 '진짜' 실력을 갖추어 정정당당하게 황금거위도 잡자는 것이다. 이것은 그동안 황우석에 대해 비판적이었던 줄기세포 관련 토론이나 기고문들에도 거의 빠지지 않고 전제되었던 생각이다. 지금 생명과학과 줄기세포 연구의 발전을 바라지 않는 사람은 없다는 것이다. 이제부터라도 과학의 '글로벌스탠더드'에 맞추어 진정한 의미에서 과학 발전을 도모해야 한다는 것이다.

누구도 이 '글로벌스탠더드' 자체를 근본적으로 문제삼지는 않았다. 그러나 만일 이 '글로벌스탠더드'가 전제하고 복무하는 현대과학 자체가 '황우석 현상'을 필연적으로 수반하는 것이라면 문제가 달라진다. 황우석 스캔들이 소위 주류 학계 내에 자생적 검증시스템은 수립되어 있지 않은 반면 학술에 대한 욕심만은 유별난 한국 같은 나라에서나 일어나는 예외적 현상이라면, 사실 별문제가 아니다. 온 세계 앞에 국가적으로 망신당한 것이 잠시 자존심 상하고 또 누군가의 눈물을 뿌리게 할 수도 있겠지만, 이런 종류의 수치심이란 오래 가는 것이 아니고, 그리 절망할 일도 아니다. 그저 노력해서 예외를 정상으로 바꾸면 그만이다. 정작 근본적인 문제는 과학의 '글로벌스탠더드'가 정상적으로 작동하고 효력을 발휘하기 시작한다 해도, 그다지 반가운 상황이 도래하지 않으리라는 데에서 발생한다. 그리고 절망이든 희망이든 "어떻게 살 것인가"라는 인간적인 질문 앞에 나를 세우는 것도 이 지점에서부터다.

실제로 과학의 '글로벌스탠더드'가 제대로 작동하는 모범적인 국가라는 미국의 경우도 조무래기 '황우석들' 때문에 골치를 썩는 모양이다. 12월 20일자 〈뉴욕타임스〉에 따르면 미국에서도 7~80년대 예일, 하버드, 콜럼비아 대학 등에서 벌어진 과학 스캔들로 인해 새로운 법률을 제정하고 정부 내 조사기구를 설립했다고 한다. 이 기사의 기본취지는 황우석 스캔들을 계기로 과학계의 조작을 감시할 절차와 기구를 강화해야 한다는 것이었지만, 함께 언급하고 있는 최근 미네소타대학의 과학자들에 대한 설문조사 결과는 그러한 주장을 무색하게 한다. 이에 따르면 조사 대상이었던 3,427명의 과학자들 중 2/3 이상이 모순된 사실을 무시하고 데이터를 조작한 경험이 있다고 답했다. 물론 오늘날 미국과 한국의 과학 검증시스템에는 심각한 격차가 있을 것이다. 그럼에도 이 기사는 현대과학에서 '황우석'은 보통명사라는 사실을 말해준다. 오늘날 과학계에는 간 큰 '황우석'과 간이 작은 '황우석'이 있을 따름이다. 이제 미국의 전철을 밟아 감시의 절차와 기구를 강화함으로써 이 크고 작은 간을 가진 '황우석들'을 박멸하면 문제가 해결될까? 과학의 영향력은 갈수록 증대되고, 오늘날 그 누구도 과학의 지배에서 벗어날 수 없는데, 감시의 눈을 더 크게 부릅떠서 실현되는 '과학의 꿈'이 내게도 축복이 될 것인가? 그러나 황우석의 꿈은 내게는 악몽이고, 그래서 나는 그의 실패가 도리어 고맙다. 이렇게 말해도 역시 입맛은 쓰다.

과학자가 아닌 사람으로서 나는 과학적 진리추구의 내용이나 방법에 대해 말할 능력이 없다. 그러나 과학자가 아니더라도 내가 과학의 은혜와 그 파괴력 아래에 있다는 것쯤은 알고 있다. 그리고 과학이 어떤 방식으로 스스로를 정당화하며, 우리 삶을 지배하는지에 대해서는 말할 수 있다.

2

오늘날 과학실험은 황우석의 예에서도 알 수 있듯이 그 비용이 엄청나게 증대되었고, 기업의 투자나 정부 차원의 대규모 지원금에 의존할 수밖에 없게 되었다. 순수과학의 가능성은 점점 줄어들고 있으며, 그런 의미에서 현대과학은 그냥 과학이 아니라 '과학-기술-산업'이라고 부르는 것이 더 적절하다. 이것은 현대과학에서 특허권이라는 것을 인정하지 않을 경우 과학의 존립기반 자체가 흔들리게 된다는 점에서도 확인된다. 이 점에서 현대과학은 본질적으로 응용과학이다. 이제 과학은 기업의 노골적인 탐욕의 대상이 되었으며, 대학은 기업과 정부의 후원을 이끌어내는 거간 꾼 노릇을 한다.

대학에서 순수과학이 쇠퇴하고 '과학-기술-산업'이 지배하게 된 가장 직접적인 결과는 과학연구 역시 생산성과 이윤추구의 원리에 따라 운용되는 자본주의 기업경제체제에 복종할 수밖에 없게 되었다는 것이다. 과학뿐만이 아니라 오늘날 대학에서 연구되는 거의 모든 학문 분야가 고도의 생산성과 영구 기술혁신이라는 근대적 산업경제의 이상에 복무한다. 그래서 다들 '월화수목금금금' 실험실에 틀어박혀 일하고, 죽기살기로 논문을 써대지만, 각자의 열심이고 각자의 성실성일 뿐, 무엇을 위한 열심이고 무엇을 위한 성실성인지 그 의미를 따져보면 할 말이 없어진다. 그것은 그 어떤 고상한 학문적, 공동체적 이상을 위한 것도 아니고, 다만 경쟁에서 밀려나지 않기 위함이며, 자본주의 경제시스템이 정해놓은 통제방식에 복종하는 것일 따름이다. 대학의 평가제도와 정년보장제도는 약육강식과 적자생존이라는 자본주의적 경쟁원리에 대학 구성원을 길들이기 위한 효과적인 장치로 기능한다. 그래서 보다 많은 연구비를 끌어오고, 보다 경제효과가 큰 연구업적을 내는 사람이 지식사회 내에서 권력을 형성한다. 이러한 대학 내의 학술 풍토는 날치기식의 급조된 논문과 크고작은 조작과 날조의 가능성을 조장 내지는 방조하며, 공명심으로 가득 찬 황우석류의 인간을 양산하고, 격려한다. 감시와 상벌 시스템을 강화한다 해서 이런 종류의 인간이 사라지지 않는다. 왜냐하면 황우석류의 인간을 양산하는 것은 현재의 대학시스템 안에 고유하게 내장되어 있기 때문이다. 따라서 이런 종류의 인간들이 득세하는 장소로서 오늘날 대학은 급진적이지도, 지적으로 모험적이지도 않으며, 가장 인습적이고 방어적인 집단이 되었다. 대학이야말로 파괴적이고 허무주의적인 산업주의적 근면성이 지배하는 곳이 되었다. 현대과학은 이러한 오늘의 대학과 아무런 모순이나 갈등

관계를 이루지 않으며, 도리어 그 선봉에 서있다. 그리고 인문학을 비롯한 여타 분야는 지적 무기력증에 빠져있으면서도 과학의 '모범'을 따르고자 안간힘을 쓰고 있다.

자본과 결탁한 현대과학의 원죄는 인간의 몸을 대상으로 한 생명과학 분야에서 더욱 가공할 파괴력을 행사한다. 현대의학의 역사라는 것이 동물만이 아니라 죄수나 전쟁포로 같은 사회적 약자들의 몸을 대상으로 행한 온갖 엽기적인 생체실험에 근거해서 발전해왔다는 것은 잘 알려져있다. 그래도 과거에 그것은 떳떳치 못한 비정상적인 행위로 음지(陰地)에서나 행해졌고, 드러날 경우에는 범죄시될 각오를 해야 했다. 그러나 지난 몇달간 우리는 백주(白晝)에 그런 행위가 자행되는 것을 수없이 목격했다. 난자를 짜내서 핵을 제거하고 체세포의 핵을 이식하는 이른바 젓가락기술 장면을 TV에서는 신기한 마술쇼처럼 반복해서 틀어주었다. 이 장면을 처음 봤을 때 소름이 오싹 끼쳤다. 그 그림은 공격성이란 무엇인가를 눈앞에서 똑똑히 보여주고 있었다. 나는 순간적으로 자궁이 오그라드는 것 같은 느낌이 들었다. 내 몸속의 거룩한 성전이 공격받고있는 것 같은 두려움을 느꼈다. 이 자들은 돈을 위해서라면 서슴없이 사람의 몸을 공격한다. 우리 밖에 존재하는 유형·무형의 재화가 돈이라는 교환가치로 환산되던 시대는 옛날이고, 이제 자본주의는 생명과학의 힘을 빌려 우리 몸을 돈으로 환산하려 한다. 거대자본이 투입된 현대과학은 인간의 몸 자체를 공격하여 교환 가능한 죽은 살덩이로 만드는 일을 가능하게 한다. 미우나 고우나 정든 내 몸인데, 이제 정든 내 몸이 아무 몸하고나 똑같아진다. 끔찍하다.

황우석팀의 연구에 1,600개가 넘는 난자가 사용되었다고 한다. 달걀 1,600개도 아니고, 야수의 심정이 아니고서야 어떻게 1,600여개의 난자를 돈으로 사서 찌르고 짜고 전기충격까지 가할 수 있겠는가. 국익을 위해 고문당하고 폐기처분된 난자들이니 이들을 '조국을 위한 난자들'이라 불러야 할까? 물정 모르는 난자는 핵이식 후 전기충격을 가하면 정자가 들어온 줄 알고 세포분열을 시작한다. 서글프게도 수백만년 동안 견우와 직녀가 만났을 때 해오던 제 소임을 다하고 있는 것이다. 이제 견우와 직녀는 사라지고 난자는 차가운 금속 앞에 벌거벗긴 채 누워있다. 사람과 사람 사이의 관계는 사라지고 대신 생명을 빼앗긴 난자가 고깃점이 되어 기계를 상대하고 있다. 난자가 기계에게 강간을 당한다. 이제 물질이 되고 기계가 된 난자는 자신을 그렇게 만든 인간에게 복수할 것이다.

애초에 시험관아기부터가 문제였다. 인간배아 복제연구가 시험관아기 시술 후 남은 냉동수정란 처리에서부터 시작되었다는 것은 잘 알려진 사실이다. 지상에 새로운 생명 하나가 받아들여지기 위해 수백만년 동안 인류가 해왔던 다정한 몸짓 대신 난자와 정자, 수정 같은 육두문자가 난무한다. 내 몸 밖에서, 내 몸과 분리되어 이루어지는 출생은 더이상 생명의 신비를 간직할 수 없다. 그것은 탄생이 아니라 번식이고, 신성모독이기 이전에 인간모독이다. 현재 생식 목적의 인간배아 복제연구는 엄격히 금지되어 있고, 치료 목적의 연구만 허용되어 있다고 한다. 그러나 목적이 다르다고 연구내용 자체가 본질적으로 달라지지는 않는다. 치료 목적의 인간배아 연구라 할지라도 인간생명의 가장 내밀하고 시원(始原)적인 부분을 기계화, 물질화해서 다루기는 마찬가지다. 막돼먹은 짓이기는 치료 목적 연구나 생식 목적 연구나 똑같다.

이런 막돼먹은 행동으로 인해 우리는 무엇을 얻고 무엇을 잃는 것일까? 개인의 욕망을 충족시키고, 일시적으로 고통을 달랠 수는 있을 것이다. 그러나 인류가 오랜 세월 인간이라는 종(種)으로서 삶을 지속시키면서 길을 내고 그 길을 걸으며 갈고 닦아온 마음의 습관, 그 습관의 총화로서의 우리 자신을 잃는다. 사람이 영혼을 잃고 온 세상을 얻은들 그것이 무슨 소용이 있겠는가! 아담이 이브를 만났을 때 이렇게 말했다고 한다. "이제야 나타났구나! 이 사람, 내 뼈 중의 뼈요, 살 중의 살이라!" 이것은 한 남자와 한 여자가 서로의 존재를 깊이 발견하게 되었을 때 내지르는 환호성이다. 어쩌면 이 환호성은 인류 최초의 연가(戀歌)라고 할 수도 있겠다. 신비를 잃은 이 시대의 남녀가 이런 연가를 부를 수 있을까? 아마 그들은 사랑의 연가를 부르는 대신 해부학적 섹스를 택할 것이다. 그리고 절대 만족하지 못할 것이다. 또 그 옆에 선 우리는 마음에서부터 우러나오는 시와 노래와 춤을 보고 들을 기대를 접어야 할 것이다.

생명과학이 순수하게 이타적으로 사용되는 경우가 있을까? 이론상으로는 있을 수 있다. 난치병 환자나 장애인 치료도 그 예라고 할 수 있을 것이다. 그러나 이처럼 명목상 이타적으로 보이는 과학이라 할지라도 황우석의 예에서 보듯이 사실상 경제나 정치와 깊이 관련되어 있기 때문에, 기업과 정부의 이익 추구 동기가 원래의(?) 이타적인 동기를 대신하게 된다. 그리고 이 과정에서 대중과 환자 당사자는 심각한 언어와 개념의 혼란을 겪게 된다. 황우석의 경우 이러한 언어의 혼란은 실로 심각한 수준이었다. 그는 입만 열면 "난치병 환자와 장애인의 희망"을 들먹였고, 난자 기증 여성들을 일컬어 "성스러운 여인들"이라고 했다. 자신의 연구에 대해서는 "아무도 밟지 않은 눈 위에 첫발자국을 내딛는 것"이며, 이제 "대문은 열렸고 사립문만 열면 된다"고 했다. 조작 전모가 드러나는 최후의 순간에도 "창밖은 캄캄한 어둠"이라고, 그러나 "하늘을 우러러 한점 부끄럼이 없다"고 복잡한 표정을 지으며 말했다. '인위적 실수'라는 기묘한 언어의 조합은 그의 난잡한 언어행위의 결정판이었다. 언론은 이런 그를 가리켜 '언어의 마술사'라 불러주었다.

이처럼 문란한 언어구사가 언론과 대중에게 여과 없이 받아들여질 수 있었던 것은 그의 행위가 난치병 환자와 장애인 치료라는 이타적이고 고귀한 목적을 위한 것이고, '자랑스런 대한민국'의 위상을 높이는 행동이라고 믿어 의심치 않았기 때문이었다. 그러나 실상은 모든 일의 중심에 돈이 있었을 뿐이다. 황우석과 그의 사람들은 입으로 아무리 아름다운 말을 해도 속으로는 돈과 실리 생각밖에 없었다. 난자를 제공하는 성스러운 여인들, 난치병 환자의 희망, 국익, 이런 말을 하면서 뒤로는 여성의 몸의 가장 내밀한 부분을 놓고 돈거래를 하고, 특허지분을 챙기고, 아직 실체가 있지도 않은 바이오 벤처산업의 주가(株價) 올리기에 급급했다. 그리고 그 목적을 위해 연구 조작도 서슴지 않았다. 돈과 실용적인 목적이 과학과 학술을 접수했을 때 생기는 이러한 종류의 언어의 혼란 내지는 언어의 남용은 견디기 힘들다. 굳이 공자의 정명론(正名論)까지 들먹이지 않더라도 이번 사태에서 드러난 언어와 실제의 불일치, 언어 문란은 우리사회 지배집단의 정신적 파탄 상태, 자의식의 부재를 드러낸다.

새로운 과학적 발견은 무조건 선(善)이라는 확신은 ─ 웬델 베리의 말을 빌리자면 ─ '현대의 미신'이다. 이 현대의 미신을 믿는 과학자들은 자기가 하는 일의 결과나 영향력 때문에 주저하거나 행동을 포기하는 일이 거의 없다. '발전'은 이들이 떠받드는 신이다. 언론은 과학분야에서 뭔가 새로운 발견이 이루어지면 덮어놓고 추켜세우며 떠들어댄다. 이들은 과학이 해결하겠다고 나서는 전지구적 재앙의 많은 것들이 애초에 과학으로 인해 생겨난 것임을 인정하고 싶어 하지 않는다. 자본과 공모한 과학은 지금은 기적으로 각광을 받지만 나중에는 재앙이 될 일을 일단 저질러놓는다. 그리고 '병주고 (잘 듣지도 않는) 약주기' 식으로 그 재앙으로부터 세계를 구하겠다고 나선다. 이러한 작당에 의해 이루어지는 것이 발전이라는 이 시대 신(神)의 실상이다.

발전이라는 이 시대의 신은 있지도 않은 거짓 미래를 위해 과거와 현재를 제물(祭物)로 바칠 것을 요구한다. 이 신이 펼쳐보이는 가설적 미래는 번쩍이는 신상품들과 미끈하고 싱싱한 육체들, 기기묘묘한 편리함으로 가득 차있다. 이 미래는 과거의 객관적 한계와 현재의 윤리적 요구들로부터 자유롭기 때문에 가설적으로 무엇이든 가능한 유토피아이다. 진보와 발전의 신은 미래에는 모든 문제가 해결되고 괴로움도 없어질 거라고 약속한다. 하지만 그런 미래는 한번도 온 적이 없고, 사실은 존재하지 않는다. 진보와 발전의 신은 이 가짜 미래를 위해 살아있는 현재의 삶을 배반하도록 우리를 종용한다. 그러나 이 가짜 미래는 "끝없이 확장되는 산업경제의 최전선이자 가상의 영토"일 뿐이다. 우리는 "현재의 모든 손실을 미래의 빚으로 떠넘기고, 실패 역시 미래로 추방해버림으로써 미래를 준비하고 기다리는 현재의 책임성을 방기하게 된다."(웬델 베리) 미래마저 사고파는 상행위의 대상이 될 뿐이고, 그럼으로써 우리는 사실은 아직 태어나지 않은 사람들이 정당하게 누려야 할 미래를 빼앗는다. 우리는 그럴 권리가 없다.

3

현대과학과 그것이 지향하는 바에 대해 불만족과 불화를 느끼지만, 과학은 여전히 우리 자신의 일부이다. 웬델 베리는《삶은 기적이다》라는 책에서 오늘날 횡행하는 기계론적, 환원주의적 과학을 비판하면서 과학의 기준과 목적을 변화시킬 것을 제안한다. 그는 오늘날처럼 끊임없이 새로움을 추구하며 시장에 직접적으로 봉사하는 과학이 아니라 "지역의 문화적 유형을 정교하게 만들고, 삶의 뿌리내리기를 지향하면서도 정태적이지 않은" 과학의 가능성에 대해 이야기한다. 그러면서 그는 조지 스터트의 《수레바퀴 가게(The Wheelwright's Shop)》(Cambridge, 1980(초판 1923년))라는 책의 한 대목을 길게 인용하고 있다. 여기서도 일부 인용해보겠다.

이 쓸모있는 물건을 어디서부터 설명해야 할까? … 앞바퀴 지름이 4피트인 것은 말에 맞춘 것인가, 아니면 바퀴에 맞춘 것인가? 또는 짐을 싣기 좋게 하기 위한 것인가, 아니면 돌기 좋게 하기 위한 것인가? 크기가 그 정도로 고정된 것은 평균적인 마부의 키 때문인가, 아니면 바퀴 제조인의 기술이 그 정도이기 때문인가? … 나는 이 질문들에 답할 수 없었고, 지금도 답할 수 없다. 우리는 이 모든 것이 시골 사륜마차 전통이 이루어낸 놀라운 타협의 결과라고 알고 있을 뿐이다. 나는 이것뿐만이 아니라,

잘 만들어진 모든 시골 마차의 수백가지 세부사항들이 마치 하나의 유기체 같아서, 그 곡선과 생김새 하나하나가 그것이 만들어진 시골의 특수한 필요를 반영하거나, 어쩌면 마차 제조자가 그 지역의 나무를 가지고 만들면서 감수할 수밖에 없었던 특별한 어려움을 반영한다는 것을 알고 있을 뿐이다.

이 글에는 과학의 지역적 적용에 대한 글쓴이의 관심과 애정이 가득 담겨있다. 그는 전통적인 영국 시골의 수레와 마차를 "오랜 세월 영국인들이 영국에 밀착되어 적응한" 결과라고 하면서 그 우아함과 단순함, 실용성에 거듭 탄복하고 있다. 과학과 과학자가 깃들어 살아가는 지역의 산과 들, 거기 사는 동물과 식물, 사람들의 구체적인 실상에 적응한 겸손하고 다정한 과학의 아름다움에 대해 말하고 있다.

이러한 과학은 거대자본과 결탁한 산업주의적 과학과는 대척점에 있다. 산업주의적 과학은 천태만상인 지역의 풍경과 토양을 향해 무조건 자신에게 맞추라고 으름장을 놓는다. 과학이 지역의 자연에 순응하는 것이 아니라 자연더러 과학에 복종하라는 것이다. 이것은 과학의 일반화, 추상화가 실질적으로 내포하는 무차별적 폭력이다. 우리는 지역의 자연을 과학에 복종시키는 결과가 어떤 것인지를 시화호에서, 새만금에서, 천성산에서 그리고 시대의 '어린 양'인 우리 농촌에서 보고 있다. 거기에 연루된 과학은 하나같이 크고, 돈이 많이 들며, 소란스럽다. 지역의 자연과 사귀려 하지 않고 군림하려고만 하는 과학이다. 황우석류의 과학이 자신이 속한 세계의 자연과 생명을 파괴하고 그럼으로써 후손들로부터 미래를 빼앗는다면, 지역에 순응하는 과학은 그 지역의 자연과 생명을 실현하고, 그럼으로써 후손들의 미래를 더욱 풍성하게 한다.

삶이란 추상적 다수의 삶으로 존재하는 것이 아니라, 고통받고 상처받는 수많은 개체 생명들의 삶으로만 존재한다. 우리는 인류를 사랑할 수 없고, 이웃을 사랑할 수 있다. 먼저 상대방을 이웃으로 만들어야 사랑할 수 있기 때문에 사랑하기 전에 먼저 사귀어야 하고 친해져야 한다. 사랑하기 위해서는 이웃이 되어야 한다. 과학도 마찬가지다. 웬델 베리와 스터트가 말하는 '지역에 적응한 과학'이란 지역의 자연, 또는 사람들과 이웃하며 사귀는 과학이다. 이 경우 당연히 과학에서 규모와 목적이 중요하게 부각될 것이다. 지역과 친해지려면 당연히 작은 규모를 지향하는 과학일 수밖에 없을 테고, 지역의 자연에 순응하는 삶을 지향해야 한다. 과학자의 과학 행위에 의해 누구보다도 과학자 자신과 그의 가족, 사랑하는 사람들이 영향받을 수 있을 때 '지역에 적응한 과학'은 가능하다. 사람은 누구나 자기와 친하고 자기가 사랑하는 것이 파괴되거나 착취당하는 것을 바라지 않기 때문이다. 또한 '지역에 적응한 과학'이란 과학자가 자기가 몸담아 살고 있는 지역의 나무나 꽃, 계절의 변화 같은 것들을 속속들이 알 때 가능하다. 그러므로 과수원의 사과나무 중 어디 있는 것이 제일 먼저 탐스러운 꽃을 피우는지 알고, 자신이 키우는 소 울음소리만 듣고도 소가 무엇을 원하는지 아는 농부와 목동이 가장 유능한 과학자일 수 있고, 그들의 과학이 가장 훌륭한 과학일 수 있다.

4

과학은 과학을 하는 사람을 닮는다. 과학의 가치중립성이란 실재하지 않는 하나의 이념에 불과하거나 아니면 과학자들이 스스로를 지적으로 멋있어 보이도록 하기 위해 만들어낸 장신구에 불과하다. 과학은 가치지향적이다. 이 때문에 과학자와 그가 몸담아 살고 있는 세계가 어떻게 사느냐는 것은 과학의 내용을 대부분 결정한다.

신약성서 요한복음 5장 1-9절에는 38년간 병을 앓았던 사람 이야기가 나온다. 예루살렘 양문 곁에는 '베데스다'라는 연못이 있었고, 그 연못에는 다섯 행각이 있어서 행각 안에는 눈먼 사람들과 다리 저는 사람들, 중

풍병 환자들이 몰려있었다. 때때로 못의 물이 움직일 때 맨 먼저 들어가는 사람은 무슨 병이든 낫는다는 소문이 있었기 때문에 그들은 못이 움직이기를 기다리고 있었다. 그 아비규환 속에 38년을 앓아누운 사람이 못의 물이 일어날 때 누군가 자신을 못 속으로 데려다주려니 하고 하염없이 기다리고 있었다.

아주 오래전 어릴 적에 이 장면을 무용극으로 본 적이 있는데, 누더기를 걸친 거지꼴의 온갖 '병신'들이 아글아글 몸부림치며 뒹구는 모습을 보면서 목구멍에서부터 무엇인가 뭉클하고 치밀어올랐던 기억이 지금도 생생하다. 재미있는 것은 이 이야기에서 '베데스다'라는 연못의 이름이다. 이 이름에 대한 해석에는 여러가지가 있지만, 그중 그럴듯한 것이 '자비'라는 뜻이다. '베데스다' 연못은 '자비'의 연못이다. 자비의 연못 주변에는 아파서 고통받고 괴로워하는 사람들이 즐비한데, 연못은 어쩌다 한번씩 저 내키는 대로 움직이고, 그때마다 가장 먼저 뛰어드는 병자 꼭 한 사람만을 고쳐준다. 연못의 물이 움직였을 때 온갖 병자들과 '병신'들이 못으로 달려들어 아우성치는 장면을 상상해보라. 아무래도 이 연못 이름은 고쳐야 할 것 같다, '경쟁의 연못'이라고. 아무도 자신을 움직여줄 사람이 없었던 이 병자는 그저 습관적으로 기다리고 있었다. 그런 그에게 예수는 자리를 걷고 일어나 걸으라고 했고, 그는 일어났고, 나아서 걸어갔다.

진보와 발전의 신이 펼쳐주는 미래의 모습은 휘황하다 못해 자비로워 보이기까지 한다. 이 현대의 신이 도깨비방망이를 한번 휘두를 때마다 번쩍 아주 잠깐 나타났다 사라지는 미래의 모습은 현란해서 일단 거기 눈이 팔린 사람은 옆에 있는 사람을 돌아볼 겨를이 없다. 옆 사람에 한눈을 팔았다가는 일등으로 연못에 들어가지 못한다. 베데스다 연못 옆에 사는 사람들은 연못만 바라보며 살아야 한다. 그래보아야 자비를 입는 사람은 한 명으로 정해져있다. 이들이 들어가고자 하는 자비의 연못은 사실은 경쟁의 연못이지만, 그 연못 옆에 사는 사람들은 그 사실을 인정하고 싶어 하지 않는다. 현대의 대사제이자 서기관들인 언론과 지식인들은 줄곧 연못 옆에서 찬미가를 부르고 축복기도를 한다. 그리고 난치병 환자가 치유되고 장애인이 일어나는 기적 같은 미래의 자비 왕국에 다들 홀려있는 동안, 옆에서는 가난한 루게릭병 환자가 얼어 터진 보일러 물에 온몸이 얼어붙어 죽어간다. 우리는 모두 괴물이 된다. 발전의 신은 자신을 받아들이는 자들마저도 괴물로 만들어버린다.

베데스다 연못은 장애인들, 가진 것 없는 사람들, '38년을 앓고 있는 사람'에게 가장 잔인하다. "침상을 걷고 일어나 걸으라"는 예수의 말은 아마도 연못을 떠나라는 말이었을 것이다. 연못에 마음을 두고 사는 한, 현재의 삶은 임시방편이 될 수밖에 없다. 일등으로 연못에 들어가기 전까지 삶은 연습일 수밖에 없다. 그러나 인생에 연습은 없고, 어느 누구의 삶도 임시방편이어서는 안된다. 장애인도, 난치병 환자도 완치된 미래를 위해 지금 현재의 삶을 저당잡힌 채 살아갈 수 없다. 나도 언젠가는 아프고, 언젠가는 죽을 사람이니 아픔과 죽음 가까이 있는 사람들과 그들의 삶에 대해 생각하고 말할 권리가 조금은 있지 않을까 싶다. 베데스다 못에 들어가서 병을 고칠 수 있으리라는 기대를 포기하는 데서 장애인과 난치병 환자의 인간다운 삶은 시작된다. 장애를 받아들이고, 병과 친구가 되는 데서 장애인과 난치병 환자의 인간다운 삶은 시작될 것이다. 먼저 거짓된 '자비의 연못'을 떠나야 한다. 애쓰고 노력하는 것은 그 다음이다.

장애와 아픔, 죽음의 사실을 품위있고 우아하게 받아들이지 못하는 삶에 대한 관념은 불건전하다. 황우석의 예에서 드러나듯이 현대의학은 거의 엽기적으로 죽음과 질병에 저항하며, 거기서부터 참혹함이 시작된다. 죽음을 삶의 일부로, 우리 삶을 둘러싼 신비의 일부로 받아들일 때 우리는 잘 죽을 수 있을 것이다. 과학은 죽음에 저항하도록 우리를 부추기지만, 잘 죽을 수 있도록 우리를 가르치지는 못한다. 어떻게 죽을 것인가 — 그것은 어떻게 살 것인가와 동일한 질문이다. 사람은 자기가 살아온 대로만 죽을 수 있기 때문이다. 기계에 둘러싸여 기계로 살아온 사람은 죽을 때에도 그렇게 죽을 것이다.

히틀러의 군대가 프라하 시내를 침략해 들어올 때 당시 그 도시에 살고 있던 스코틀랜드 출신의 시인 에드윈 뮈어는 이렇게 썼다. "한때 가치있고 인간적이었던 이 모든 것들이 지금은 죽고 썩어버렸다. 기계는 도덕적인 힘이며 인간을 더 낫게 해주리라는 생각은 19세기의 생각이었다. 어떻게 증기기관이 인간을 더 낫게 해줄 수 있겠는가? 히틀러가 프라하시로 진군해 들어온 것은 이 모든 것과 관련이 있다. 지난 백년을 돌아보건대, 우리는 얻은 것보다 잃은 것이 더 많았던 것 같고, 우리가 잃은 것은 가치있는 것들이었던 반면 얻은 것은 보잘것없는 것들이었다. 왜냐하면 우리가 잃은 것은 오래된 것들이고, 얻은 것은 그저 새로운 것들일 뿐이기 때문이다."(Edwin Muir, *The Story and Fable*, Rowan Tree Press, 1987)

뮈어의 이야기는 베데스다 연못 옆에서 살아가는 우리들에게 스스로를 돌아보게 한다. 어떻게 살 것인가. 이 질문을 하는 지금도 부끄러운 숨을 쉬고 있다. 그래도 생각과 말만이라도 제대로 해야 하지 않겠는가. (《녹색평론》 2006년 1-2월호)

희생

지율과 예수

1

지난 2월 초 우리사회는 한 여승이 100일을 굶으면서 목숨을 내놓고 무언가를 호소하는 모습을 보았다. 지율은 100일을 굶으면서 무언가를 호소했다. 그는 무엇을 호소했던가? 우리는 그가 무엇을 호소했는지 기억하고 있는가? 아니 우리사회는 그가 무엇을 호소했는지 이해했었나?

대부분의 주류 언론은 단식 70일이 되어갈 때까지 숨죽이고 있다가 90일이 넘어가서야 단식 며칠째를 대문짝만하게 뽑아서 기사화했다. 그들은 단식 100일이 되기를 카운트다운하면서 백주(白晝)에 한 비구니가 서서히 굶어 죽어가는 엽기적 사건에 대한 대중의 관음증적 호기심을 자극했다. 아이러니컬하게도 이러한 속물적인 호기심 유발 덕분에 지율의 단식은 대중들에게 알려졌고, 그로 인해 동정적인 여론을 얻게 되었다. 눈앞에서 사람이 죽어가는 모습을 어떻게 보고 있느냐는 생명존중의 선량한 마음도 있었겠지만, 100일이라는 단식 실력에 대한 존경심 역시 지율을 살리는 데 한몫했을 것이다. 지율은 이번 100일간의 단식에 앞서 2003년 1~2월에 38일, 10~11월에 45일, 2004년 6~8월에 58일간 단식을 했으니, 2003년 1

290

월에서 2005년 2월 사이에 천성산 문제로 총 241일간의 단식을 한 것이다. 단식으로 말하자면 인간의 한계를 오래전에 넘었다고 할 수 있다.

지율은 이러한 초인적인 단식을 통해 대부분의 환경운동가들이 일찌감치 포기했던 것을 이루어냈다. 지율 측과 경부고속철도사업단은 경부고속철도 천성산 구간의 관통 터널과 관련된 환경영향조사를 위해 공동조사단을 구성하고, 3개월 동안 터널 공사와 천성산의 지하수 지질 생태계와의 상관관계 등을 조사하기로 2005년 2월 4일 합의했다. 조사결과에 따라서 정부는 천성산 관통 터널을 뚫는 것을 포기할 수 있고, 반대로 환경에 별다른 영향을 미치지 않는다는 결론이 나오고 지율 측이 승복하지 않을 경우 조사단의 모든 자료를 대법원에 넘겨 대법원의 판단에 따르기로 합의했다. 이와 별도로 정부는 이번 일을 계기로 앞으로 환경에 영향을 미치는 국책사업을 계획할 때 사회적인 합의와 의견수렴의 과정을 거치는 제도적이고 법적인 장치를 마련하겠다고 발표했다. 천성산터널 공사를 아예 원점에서 포기하거나 뚫어놓은 터널을 다시 메우는 것이 아니라, 단지 3개월간의 제대로 된 공동 환경영향조사를 한다는 것이 합의 내용의 골자다.

100일간 목숨을 건 단식을 통해 얻어낸 것치고는, 그리고 천성산 도롱뇽을 살리기 위해 수많은 사람들이 가슴 졸이며 애태워 이루어낸 것치고는 지극히 당연한, 최소한의 사항들이다. 우리사회는 이 정도의 합의를 이끌어내는 데 한사람의 목숨을 건 '희생'을 요구했다. 진즉에 이루어졌어야 할 일을 이루기 위해 지율은 수백일 동안 생사를 넘나들며 영육 간의 싸움을 겪어야 했으며, 도롱뇽의 친구들은 절망과 희망 사이를 오가며 십만마리가 넘는 도롱뇽을 접어야 했다. 최소한의 합의를 이루어내기 위해 그런 피나는 고투가 있어야만 했다는 사실은 우리사회의 정신적 파탄 상태를 단적으로 보여준다.

이제 '지율 스님 문제'는 일단락된 것처럼 보인다. 정부는 공동 환경영향조사를 하기로 '양보'했고, 지율은 얻을 것을 얻었으니 앞으로 어떤 결과가 나오든 승복해야 한다. 더 내놓을 카드도 없다. 어찌 단식을 또 하겠는가? 그러나 단식 90일을 넘기기까지 "할 일은 했다", "더이상 요구를 들어줄 수 없다"고 하던 정부와 두손 놓고 바라보기만 하던 우리사회의 상황은 지금도 달라지지 않았다. '지율 스님 문제'라는 정부와 언론의 조어(造語)에서도 나타나듯이 지율을 '문제'로 보는 우리사회의 문제적인 정신상태는 전혀 달라지지 않았다. 이 점은 지율이 단식을 푼 후 청와대 시민사회수석이 사회갈등조정기구 설립의 필요성을 언급하면서 "수도하는 스님이 단식이라는 극단적인 방법을 통해 막대한 예산집행을 가로막고 당초계획을 변질시키는 일이 있어서는 안되겠다"고 말한 데서도 분명히 드러난다. 여러차례에 걸친 지율의 단식으로 인해 그동안 막대한 예산이 낭비되었으며, 앞으로 또 환경영향조사 기간 동안 국민의 혈세가 낭비될 수 있으니 앞으로는 사전에 조정 장치를 마련하겠다는 것이다. 이것은 외견상 정책입안자로서의 상식과 합리성을 반영하는 말 같지만, 실제로는 지율을 바라보는 우리사회의 곤혹스러움과 불편한 심기를 드러내고 있다. 지율은 여전히 '골칫거리'요, '문제'다. 이것은 오로지 경제와 발전만을 최우선 가치로 여기고 그 앞에 가로놓인 모든 것을 없애야 할 장애물로 여기는 우리사회의 분위기가 아니었더라면 불가능했을 발언이고, 분명히 그러한 분위기에 기대서 한 발언이다.

그러나 정말로 문제인 것은 지율이 아니라, 당초 노선 변경을 약속해놓고도 헌신짝 버리듯 약속을 파기하고, 공동 환경영향조사를 합의하고도 제멋대로 합의를 무시하는 정부와 경부고속철도사업단이며, 또한 거기에 대해 무심하고 모른 척하는 우리사회다. 정말로 문제는 돈이라면 사람 하나 죽어나가도 상관없고, 국익을 위해서라면 안됐지만 모래바람 속에 사람 목 하나쯤 잘려나가도 어쩔 수 없다고 생각하는 우리 마음이다.

지율이 2년여에 걸쳐 일관되게 주장했던 것은 산에 터널을 뚫지 말라는 것이 아니라, 뚫어도 되는 산인지를 제대로 확인하고 뚫으라는 것이었다.

지율은 무슨 어마어마한 요구를 한 것이 아니라 아주 소박한 요구를 했고, 천성산지기 소임을 맡은 내원사 산감으로서 당연히 할 일을 했다. 당연하고 소박한 요구였지만 이것은 좀체 받아들여지지 않았고, 지독하게 오랜 시간을 끌었다. 그래서 모든 사람이 지쳤고, 함께했던 환경단체들도 그만하면 됐으니 포기하고 대화와 타협을 하라고 했다.

지율은 물러날 데 없는 벼랑끝에 홀로 서있다고 느꼈을 것이다. 벼랑끝에서 뒷걸음치며 밀려 떨어지면 패배지만, 하늘을 우러르며 힘껏 앞으로 발을 내딛으면 벼랑 아래로 '날기'가 된다. 날아서 제 몸을 화살로 삼아 온 우주의 과녁 중심 한가운데를 적중시키면, 그것이 '희생'이다. 스스로 희생한 자는 자신의 삶을 통해 진리의 빛을 발한다. 강요된 희생이 아니라 스스로, 자발적으로 희생한 자는 어떤 방식으로든 자신이 몸담아 살고 있는 세계와 우주적 생명의 근원적 진리를 보여주고, 삶을 통해 사람들이 가야 할 길을 비춰준다.

2

지율은 천성산과의 인연이 계기가 되어 우리사회의 실상을 똑똑히 보게 된다. 지율은 노무현 대통령에게 보내는 편지에서 "개인적으로 천성산의 가치에 눈을 뜨고 천성산의 보존을 위해 일했던 지난 이년 동안 천성산 문제를 통해서 도덕적으로 병들어가는 사회의 모습을 보았으며 이 사회에 만연되어 있는 구조적인 모순이 어떤 것인지 들여다보게 되었다"고 했다 (〈대통령님께 드리는 편지〉, 《지율, 숲에서 나오다》, 숲, 2004년, 113쪽). 천성산과 한몸이 되고 숲에서 나와 세속의 거리에 서기 전 그는 오로지 수행에 전념하는 수도자였다. '새만금'이 무슨 새 이름인가 했고, 자신을 전태일에 빗대어도 전태일이 누군지 몰랐다고 한다.

그러던 그가 포클레인에 산이 잘려나가는 모습을 보면서 주체할 수 없는 신비롭고 충격적인 경험을 하게 된다. 지율은 산의 생명들로부터 도와

달라는 소리를 듣는다. 지율은 자신이 천성의 신음소리를 들은 순간을 이렇게 쓰고 있다. "산이 게으른 수행자였던 저를 불러세운 순간을 저는 잊을 수가 없었습니다 / 바위를 깎는 포클레인 소리에 묻혀 / 그 소리는 아주 가느다랗게 들렸습니다 / '거기 누구 없나요? 살려주세요…'라고 / 어린 아이의 울음소리 같기도 하고 / 늙은 어머님의 신음 같기도 한 이 소리는 / 지금 전국의 산하에 울리고 있습니다 / 애처롭게 울리는 이 소리는 제게 신의 음성보다 / 더 무섭게 들렸습니다 / 아픈 산하가 우리에게 도와달라고 말을 건 이 순간이 / 생명에 대한 사랑과 희망을 이야기할 수 있는 / 마지막 순간일지 모른다는 조바심 때문에 / 낯선 거리에 서는 부끄러움도 차마 싫어하지 못했습니다."(〈아침의 여명〉, 같은 책, 36쪽)

고속철도가 천성산의 심장부를 관통한다는 소식을 들었을 때 지율은 산이 울고 있다고 느꼈고, 산이 도와달라고 애원하는 소리를 들었으며, 도와주겠다고 약속한다. 그는 늪가의 작은 벌레들, 이름 모를 꽃들과 약속했고, 숲을 지키는 새들과 달아나는 고라니를 향해 자기도 모르게 중얼거리며 약속했다(〈사바의 꿈〉, 같은 책, 77쪽). 그 뒤 지율은 천성의 뭇 생명들과 하나가 되어 그들을 제 몸 안에 담은 채 그들이 아파하면 자신도 아파하고, 기뻐하면 자신도 기뻐하게 된다. 지율은 마치 자신의 구원을 갈망하듯이 천성의 구원을 갈망하게 된다. 생명의 완전한 일치, 완전한 사랑에 이른 것이다.

이러한 지율의 체험은 로마서 8장에서 바울이 말하고 있는 것과 일맥상통한다. 바울은 로마서 8장에서 다가올 하느님의 구원과 이에 대조되는 현재의 고통에 대해 말하면서 이러한 구원과 고통은 전 피조물을 포괄한다고 말한다. 그는 "우리는 모든 피조물이 이제까지 (우리와) 함께 신음하며, 해산의 고통을 함께 겪고 있다는 것을 압니다. 그뿐만이 아니라, 첫 열매로서 성령을 받은 우리도 자녀로 삼아주실 것을, 곧 우리 몸을 속량하여 주실 것을 고대하면서, 속으로 신음하고 있습니다"(22-23절 : 표준새번역을 따랐음)라고 썼다. 인간의 타락 때문에 자연세계 역시 허무에 굴복하고 사멸의 종살이를 하게 되었으며(21절), 자신의 구원을 위해 탄식하고 신음한다. 인간 역시 다른 모든 동식물과 마찬가지로 몸을 지니고 있으며, 인간 자신이 곧 몸이므로, 몸적인 존재, 피조물로서 인간은 다른 피조물들과 함께 허무와 사멸에 종속되어 신음하고 있다. 몸으로서 살아갈 수밖에 없는 인간존재의 기본조건은 인간이 피조세계와 한몸임을 끊임없이 상기시키며, 이 때문에 피조세계의 구원을 떠나서 인간의 구원은 완성될 수 없다.

그러므로 이 세상의 고통, 피조세계의 고통은 세상으로부터 분리된 그리스도인의 삶의 영광을 돋보이게 하기 위한 어두운 화석이 아니라, 세계와 그리스도인과의 하나됨의 표징이다. 또한 성령은 신자들로 하여금 교회의 창문 너머로 '사멸의 종살이'에 매여있는 피조세계로 눈을 돌리게 하여 그들의 신음소리를 듣게 한다. 그리고 하느님은 영을 통해 소망을 주셔서 모든 "피조물이 사멸의 종살이에서 해방되어, 하느님의 자녀가 누릴 영광된 자유를 얻게 되는" 희망을 가지게 한다. 영이면서 동시에 몸인 인간은 사로잡힌 다른 몸들의 울부짖음을 들을 수 있으며, 또 거기서 메시아적 고통이 일어나는 것을 볼 수 있다(18-23절).

이처럼 피조세계와의 근원적 일치감 속에 살아가는 인간은 구원의 미래에 대한 열광주의적 승리의 흥분감에 도취되기보다는 세상을 어둡게 체험하게 된다. 예언자 이사야는 "사막이 백합화같이 피어 즐거워하며, 소경의 눈이 밝아지고, 귀머거리의 귀가 열리며, 저는 자가 사슴같이 뛰고, 광야에 물이 솟고, 사막에 시내가 흐르는" 가슴 벅찬 새 세상의 비전을 보여주었다(이사야 35장). 그러나 그의 이 환상은 토기장이의 항아리가 깨져서 산산조각이 나듯이 모든 것이 무너져내리고, 땅이 완전히 텅 비어 황무하게 되며, 세상이 생기 없이 시들며, 땅의 주민들이 불에 타서 살아남는 자가 얼마 되지 않으며, 모든 기쁨은 슬픔으로 바뀌고 땅에서 즐거움이 사라지는 묵시적 전망을 배경으로 하고 있다(이사야 30장). 대개 예언자들은 이러한 묵시적 종말의 환상 때문에 괴로움에 시달리며, 주변의 세계와 불화한다.

그리스도인들 역시 마지막에는 그리스도가 우주를 통치하리라는 믿음과 희망 속에 살아가지만, 그러한 희망과 고백은 이처럼 어두운 배경 속에서 그 윤곽을 얻는다. 박해와 고통으로 사방에서 위협받는 가운데 그리스도인은 담대함과 용기를 배워가며(로마 8:35-36), 권세자들의 요구가 환상임을 깨닫는다. 시련 가운데서 신앙인은 겉으로 드러나는 모든 것에도 불구하고 그리스도의 사랑을 신뢰하는 법을 배운다. 바울은 빛과 어둠이 교차하는 그리스도인의 내면을 이렇게 힘 있게 묘사하고 있다. "그러나 우리는 이 모든 일에서 우리를 사랑하여주신 그 분을 힘입어서, 이기고도 남습니다. 나는 확신합니다. 죽음도, 삶도, 천사들도, 권세자들도, 현재 일도, 장래 일도, 능력도, 높음도, 깊음도, 그밖에 어떤 피조물도, 우리를 우리 주 예수그리스도 안에 있는 하느님의 사랑에서 끊을 수 없습니다."(로마 8:38-39)

이러한 그리스도인의 실존의 본질적 성격은 지율의 경험과 놀랄 만큼 일치한다. 바울이 피조물의 탄식소리를 들었듯이, 지율 역시 천성(千聖)의 신음소리를 들었다. 예언자들이 모든 것이 파괴되는 종말에 대한 환상에 시달렸듯이, 지율도 아름다운 천성(千聖)이 황량한 불모지로 변하는 악몽에 시달리며 "눈에 흙이 들어가도 천성산에 구멍을 내지 않겠다고 버럭 소리를 지르며 새벽잠에서 깨어나기 일쑤였다."(〈슬픈 꿈〉, 같은 책, 81쪽) 자기자신을 산 제물로 바치는 사람들은 남달리 처참한 묵시적·환상을 본다. 예언자들이 그랬고 예수가 그랬으며 지율이 그러했다. 예수가 예루살렘이 무너져 돌 위에 돌 하나도 남아있지 않은 환상을 보고 어미 닭이 병아리를 품듯이 세상을 품고자 했다면, 지율은 피 흘리며 파괴된 천성산의 환상 때문에 홀로 산길을 걸으며 눈물 흘렸고, 속세의 거리로 나섰다.

스스로 희생하는 사람들은 이러한 묵시적 환상 때문에 상황을 누구보다도 철저하게, 근원적으로 이해한다. 자신이 살아가고 있는 세계의 어두운 실상과 감춰진 살의(殺意)를 보아버린 사람들은 온몸을 바쳐 이를 막고자 한다. 따라서 이들의 행동에는 상식과 당연함을 넘어서는 비장함, 생명을 얻기 위해 생명을 버리는 결연함이 있다. 선한 목자 예수가 양들인 공동체를 위해 목숨을 버렸듯이, 그래서 공동체가 영원한 생명을 얻었듯이, 지율은 천성산과 그 안의 뭇 생명들을 위해 자기 목숨을 바치고자 했고, 살아남아 천성의 어머니가 되었다. 예수는 스스로 목숨을 버림으로써 목자의 모범이 되었고, 지율이 한 일은 그 발자취 위에 있다. 이것은 목숨을 버리는 큰 사랑이며, 서로 통함, 서로 꿰뚫림, 완전한 앎이다. 그러므로 근원적인 관점에서만 나올 수 있는 통찰은 늘 인간정신의 고양에 보탬이 되며, 고결하다.

3

예민한 영혼들은 온 우주에 가득 찬 생명들과 영혼들의 생각들, 의식들, 느낌들과 공명할 수 있다. 그들에게 우주는 생명의 기운들로 가득 차 있고 상처받은 영들의 탄식과 기쁨으로 가득 차있다. 우리의 생명 속에 생명의 물결이 파도처럼 와닿고 있다. 사랑과 자비의 하느님은 아픔에 민감하게 반응하며, 아픔에서 치유와 구원이 시작된다. 어찌 보면 고통을 감당하고 이겨내는 것이 생명의 본질이다. 대자대비(大慈大悲), 동체대비(同體大悲)의 하느님은 큰 아픔에서 큰 자비가 나오고, 큰 아픔에서 하나가 된다고 우리에게 가르쳐준다. 모든 것을 무자비하게 집어삼키고 파괴하는 시간의 수레바퀴는 그 아래 깔린 개인의 감정이나 선악관념 따위에 아랑곳하지 않는다. 근원적인 시각에서 보면 우주는 끊임없이 존재하고 폭발하여 해소되었다가 다시 생성하는 가운데 유지된다. 그러나 그 안에 살아가는 덧없는 개체 생명들이 경험하는 것은 전쟁과 살육, 고통의 비명소리이다. 신과 인간, 선과 악, 나와 너의 대립 속에 살아가는 인간은 살아있는 한 늘 고뇌하고 시련을 겪을 수밖에 없으며, 삶의 비극과 처참함에서 벗어날 수 없다. 인간은 누구나 시간 안에서 '나'와 '나 아닌 것'을 구분하며 불안한 존재로 살아갈 수밖에 없고, 종교 역시 이러한 고뇌와 시련을 부정하지 않는다. 그러나 개체 생명으로서 느끼는 삶의 부정성, 비극과 처참함이 궁극적으로 세계에 대한 온전하고 현실적인 인식이라고 생각되지는 않는다.

오히려 종교적 통찰의 놀라운 신비는 삶의 비극과 처참함을 생명에 대한 찬미로 바꾸어놓는 데 있다. 종교의 본질은 개인의 의식과 우주적 의지를 화해시킴으로써 삶에 대한 무지와 무명(無明)을 추방하는 데 있다. 이 목적은 시간에 종속된 덧없는 개체 생명현상과 삶과 죽음이 병존하는 불멸의 삶과의 진정한 관계를 자각해야만 달성될 수 있다. 그리고 이 지점에서 자발적인 희생은 가능해진다. 거기까지 이르러야 복수심으로부터 자유로워질 수 있고, 그래야 먹고 먹히는 아비규환의 세상 한가운데에서 자신을 먹이로 내어줄 수 있으며, 우주의 육체 속에 살아있는 생명으로, 등신불로 현존할 수 있다.

지율은 이와 비슷한 내적 경험을 다음과 같이 감동적으로 쓰고 있다.

지난 4년 동안 거리에 섰던 이야기를 누가 물으면 무엇이라고 말해야 할까요. 죽음에 이르도록 달리면서 바람에 머리를 헹구지 않으면 숨이 막혀버릴 것 같았다고 이야기하면 누가 믿어줄까요. / 날이 선 칼날 단두대 아래서 한몸이 둘로 나뉘는 그 찰나의 순간을 기억하며 항시 긴장해야 했습니다. 우리는 둘이라고, 동지와 적도 둘이었고 사랑과 분노도 둘이었고 꿈과 현실도 둘이었고 칭찬과 비난도 둘이었고 수행자로서의 초졸함과 아만도 둘이었습니다. / 그러나 70일의 허기를 견디어내고 난 후, 제가 가져가야 할 둘의 절망이 갑자기 보이지 않습니다. 사랑해야 한다는 생각이 문득 들었습니다.

— 지율, 〈70일의 허기를 견디어낸 후 사랑해야 한다는 생각이 들었습니다〉, 《간이역》,
풀꽃세상을위한모임 엮음, 그물코, 2005년, 74쪽

십자가의 예수 역시 이러한 생명의 역설적인 진리를 보여주고 있다. 예수는 십자가의 희생을 통해 복수심과 두려움을 극복하고, 광대하고 무자비한 우주의 걷잡을 수 없는 비극을 자기 존재의 존엄성 속에서 해소시킴으로써 완전한 사랑의 화신이 되었다. 스스로 고난을 당하는 하느님, 자기 자신을 제물로 바친 하느님에 대한 이 이야기는 우리로 하여금 사랑이 가능하다고 믿게 만들고 사랑을 희망하게 만든다. 믿는 자는 죽음의 형틀인 십자가에 이미 부활의 생명꽃이 핀 것을 보기 때문이다. 이 믿음과 소망 안에서 우리는 바울처럼 힘차게 외칠 수 있다. "죽음을 삼키고서 승리를 얻었다. 죽음아, 너의 승리가 어디 있느냐? 죽음아, 너의 독침이 어디에 있느냐?"(고전 15:54-55) 죽음을 이기고 부활한 예수와 함께 독수리처럼 힘차게 솟구칠 수 있게 된다.

4

십자가 위 예수의 우주적 싸움은 시공간 안에 구체적인 전선(戰線)을 가지고 있었다. 예수는 로마제국과 예루살렘성전 지배체제에 맞섰고, 유대 통치자들과 로마제국에 의해 정치범으로서 십자가 처형을 당했다. 그는 모든 것을 정결한 것과 부정한 것으로 나누고, 모든 사람을 죄인과 의인으로 갈라놓는 유대 정결법체계를 간단히 무시해버렸다. 예수에게 정결법은 '거룩'에 대한 공경심과는 아무 관련이 없고, 종교 엘리트들인 사두개파와 바리새파가 자신들의 계급적 우월성을 보장하기 위해 쳐놓은 빈틈없는 그물망으로 보였을 것이다. 예수가 보기에 그것은 '이데올로기'에 불과했다. 그래서 그는 아무 거리낌 없이 죄인들과 함께 밥을 먹었고, 그들의 병을 치유했다. 복음서들이 그려주는 바에 따르면 예수는 창과 칼을 들고 싸우거나 무슨 유별난 지식을 설파한 것이 아니라, 로마제국과 거기 기생한 유대성전 지배체제 아래 힘겹게 살아가던 1세기 팔레스타인 농부들과 함께 밥을 먹고 함께 병을 치유하며 생명의 기쁨을 나누었다. 세상은 원래 이랬고 앞으로도 이럴 수밖에 없다고 절망한 사람들에게, 그렇지 않을 수 있음을 온몸으로 보여주었다. 아무것도 아닌 것 같아 보이는 그의 이 행동은 유대 민중들 사이에 크나큰 반향을 일으켰고, 이에 두려움을 느낀 유대 당국과 로마 총독부는 공모하여 그를 십자가에 처형했다.

예수의 사체소생 장면을 그리고 있는 복음서는 없는 대신, 복음서들은 하나같이 빈 무덤에 대한 이야기를 전한다. 부활 장면에 대한 묘사는 없고, 예수의 시체를 찾으러 무덤에 갔던 여인들이 빈 무덤을 발견했다는 이야기만을 전한다. 그리고 부활한 예수를 만나는 그들의 '경험'에 대해 이야기한다. 예수의 시체를 찾으러 갔다가 무덤이 비어있는 것을 발견하고 무덤 밖에서 울고 있는 마리아에게 예수가 나타나서 "마리아야!" 하고 말을 건넨다. 마리아는 "라부니!", "선생님!" 하고 부른다(요한 20:16). 여기저기서 두려움에 떨고 있던 제자들이 살아있는 그리스도를 만나 용기를 얻고 담대하게 된다. 수없이 반복된 이러한 신비로운 체험 끝에 그들은 확신하게 된다. "그는 살아있다!" "그는 무덤 속에 있지 않고 지금 우리와 함께 있다!" "예수는 부활했다!"

그러나 이와는 다른 이야기도 있다. 부활신앙만이 빈 무덤에 대한 납득할만한 설명인 것은 아니다. 유대 대제사장들과 장로들은 예수의 제자들이 밤중에 와서 경비병이 잠든 사이에 예수의 시체를 훔쳐갔다는 소문을 퍼뜨렸다(마태 28:11-15). 시체를 도둑질해가서 무덤이 비었다는 것이다. 복음서에는 이 두가지 전승이 다 들어있다. 기독교의 역사 속에서는 예수의 시체를 도둑맞았다는 상식적이고 상투적인 설명이 부활신앙에 의해 삼켜졌다. 기적이 일어난 것이다. 그리고 이 믿음의 기적이 예수의 죽음과 부활을 조잡한 것으로 만들려는 모든 공격들을 막아냈다.

지율에게도 이 기적이 일어날 것인가? 예수는 스스로 희생하고 부활하여 영원의 시간 속으로 고양되었고, 믿는 사람들의 마음속에 하느님의 표상으로 자리잡았다. 그러나 지율은 아직 지속되는, 아니 영원히 지속될지도 모르는 남루한 옛 세계 시간 속으로 다시 돌아왔다. 그래서 지율은 그의 싸움을 조잡하게 만들려는 공격들에 노출되어 있다.

무슨 수를 써서라도 경제성장을 이루어야 하며 속도와 양만을 유일한 가치척도로 생각하는 사람들은 타고난 그들의 부질없는 부지런함으로 민첩하게 지율의 싸움에 대한 손익계산서를 쓰고 있을 것이다. 지율은 그들의 손익계산서를 향해 이렇게 부르짖을 것이다. "국가를 위한 사업이라면, 그 안에는 억조창생을 함께 살리는 도리가 있어야 한다. 우리의 국책 사업은 과연 그런 도리에서 이루어지는가?" 또한 '운동가적인' 관점에서 보더라도 지율의 싸움은 공격받을 수 있다. 서로 주고받을 수 있는 선을 냉철하게 계산하고 피차 도망갈 곳을 마련해줄 줄 아는 상식 있는 운동가라면, 정확히 자신이 물러서야 할 때를 알고 차선을 얻어내는 것으로 만족해야 한다. 그러나 지율은 도를 지나쳤다. 도를 지나쳐서 곁에 있던 많은 사람들이 지겨워할 정도로 오래 싸움을 끌고 갔다. 어쩌면 지율은 자기수행을 위한 단식을 투쟁의 도구로 삼았다고 비판받을 수도 있다. 지율은 천상의 싸움을 벌였지만 지상의 전선에서 이런 공격들에 노출되어 있다.

그러나 본질적으로 중요한 것은 모두들 못해낸 것을 지율이 해냈다는 것이다. 전략적으로, 기술적으로 탁월한 전문가들, 어른들이 못해낸 것을 지율이라는 어린아이가 해냈다. 사람이 단지 눈앞의 요구사항을 관철시키기 위해, 투쟁의 도구로 100일, 아니 241일을 굶을 수는 없다. 간단히, 그것은 불가능하다. 그러나 어떤 숭고한 가치를 위한 자기희생으로 100일, 아니 그 이상을 굶어 등신불이 될 수 있고, 부활하여 영원한 생명에 들어갈 수 있다. 그것이 가능함을 예수가 그의 희생을 통해 보여주었다.

이제 우리는 예수의 빈 무덤 앞에서 선택해야 했듯이, 지율의 희생 앞에서도 선택해야 한다. 그것은 결코 "경제냐, 환경이냐"라는 선택이 아니라, "살 것인가, 죽을 것인가"의 선택이다. 이것은 선택 아닌 선택이다. 왜냐하면 죽음은 삶의 대안이 될 수 없기 때문이다. 지율은 달리 선택할 것이 없었기 때문에, '생명에는 대안이 없기 때문에' 생명의 길을 택했다. 이제 우리가 선택할 차례가 되었다. 부활한 예수의 생명을 선택할 것인가, 아니면 죽은 예수의 시체를 선택할 것인가? 부활한 예수의 생명을 택하고, 또 그대로 살면 우리에게 두려움과 복수심은 사라질 것이다. 왜냐하면 그 안에는 하느님의 사랑이 있기 때문이다. 그때 우리는 요한과 함께 하느님의 사랑을 이렇게 노래할 수 있을 것이다.

> 하느님은 사랑이십니다. 사랑 안에 있는 사람은 하느님 안에 있고 하느님도 그 사람 안에 계십니다. 사랑이 우리에게서 완성되었다는 사실은 이 점에 있으니, 곧 우리로 하여금 심판날에 담대함을 가지게 하려는 것입니다. 우리가 이렇게 담대해지는 것은 그리스도께서 사신 대로 또한 우리도 이 세상에서 그렇게 살기 때문입니다. 사랑에는 두려움이 없습니다. 완전한 사랑은 두려움을 내쫓습니다. 두려움은 징벌과 관련이 있습니다. 두려워하는 사람은 아직 사랑을 완성하지 못한 사람입니다. 우리가 사랑하는 것은 하느님이 우리를 먼저 사랑하셨기 때문입니다. (요일 4:16-19)

(《녹색평론》 2005년 3-4월호)

사람됨과 교육

1

자고 일어나면 아침신문에 오늘의 '서프라이즈'가 준비되어 있는 우리 사회에서 지난 6월 27일 서울대의 통합형 논술고사 실시 계획 발표로 인해 일어난 일련의 소동은 벌써 수면 아래로 가라앉은 느낌이다. 서울대와 주요 사립대학들은 2008학년도부터 여러 교과내용을 한 문제로 통합한 논술문제를 출제해 학생들의 창의력, 사고력을 시험하는 '통합형 논술고사'를 실시하겠다고 했다. 이에 교육 관련 시민·사회단체들은 강력히 반대했고, 전국교직원노동조합을 중심으로 '본고사부활 저지·살인적 입시경쟁 철폐 교육시민단체 공대위'라는 긴 이름의 공동대책위원회를 결성했다. 이들은 6월 29일 대통령 자문 교육혁신위원회 앞에서 기자회견을 열고, "통합교과형 논술 강화를 뼈대로 한 서울대 등의 입시안은 내신 위주의 학생선발이라는 대입제도 개선방안을 뿌리째 흔들고 사교육 확산과 특목고 열풍을 부를 것"이라고 주장했다. 이어서 전교조 교사들의 시위와 농성이 이어졌다.

사태가 확산일로로 치닫자 정부와 여당은 7월 6일 당정회의를 열어 서울대가 통합형 논술을 강행하면 여러 행정·재정적 제재를 가하기로 하고, 그동안 교육시민단체들이 주장해온 본고사, 기여입학제, 고교등급제를 금지하는 이른바 3불정책 법제화를 검토하기로 했다. 그러나 서울대는 한편으로는 "통합형 논술고사는 본고사가 아니다"라고 주장하고, 다른 한편으로는 "대학의 일은 대학에 맡기라"며 대학의 자율성을 내세우는 양면 작전을 폈다. 교육부는 8월 말까지 교육부가 허용하는 논술고사와 금지하는 본고사에 대한 가이드라인을 만들어 각 대학에 제시하기로 했다. 서울대는 통합형 논술고사의 예시문항을 오는 10월에 공개하기로 했다. 이렇게 해서 한 국립대학의 입시안을 놓고 국립대 총장과 대통령의 입씨름으로까지 번졌던 논란은 통합형 논술고사가 본고사인지 아닌지, 그리고 논술고사 가이드라인을 8월 말에 교육부에서 제시하기로 한 것을 계기로 일단 수면 아래 잠복해있다.

사실 대학입시와 관련해서는 지난 1년 사이만 해도 잊을만하면 한건씩 대형 뉴스가 터졌다. 쉽게 떠오르는 것만 해도 휴대전화를 이용한 수능 대규모 부정, 교육부의 '2008학년도 새 대입제도 개선안'에서 내신 비중을 높이는 문제를 둘러싼 논란, 몇몇 대학 수시 전형에서의 고교등급제 적용과 이와 관련해서 터져나온 고교내신의 신뢰도 문제, 구술면접에서의 변형된 본고사 실시, 정시 대학별 전형과정에서의 부정 등이 있었다. 이 글을 쓰고 있는 동안에도 학군 재조정을 통해 강남 부동산 가격 안정화를 이룰 수 있다는 교육부총리의 발언으로 시끄럽다. 이처럼 연속적으로 터져나오는 대학입시 관련 부정과 비리, 논란은 현행 대학입시제도가 갖는 모순과 문제점들이 한계에 도달했음을 말해준다.

휴대전화를 이용한 수능 대규모 부정은 정보통신기술 덕택에 날로 발전하는 각종 부정행위를 기술적으로 어디까지 막을 수 있겠느냐는 근본적인 문제를 제기하며, 그동안 모르고 넘어가거나 아니면 알고도 모른 척 넘어간 부정행위가 얼마나 많았을지 의심하게 만든다. 모든 시험에는 크고 작은 부정의 가능성이 있게 마련이지만, 문제는 수능이 비슷한 나이에 있는 한국 청소년들의 평생 운명을 결정하는 전 국가적인 시험으로서, 어떤 종류의 부정행위에 대해서든 매우 취약한 위치에 있다는 점이었다. 2008학년도 이후 대학수학능력고사를 자격시험 형태로 바꾸어 그 비중을 축소한다고 하지만, 본고사든 논술이든, 수능을 대신하게 될 또다른 형태의 시험 역시 온갖 종류의 입시부정의 위험에 노출되어 있기는 마찬가지다.

또한 고교등급제 적용과 고교내신의 신뢰도 문제를 놓고 벌어진 몇몇 대학과 시민단체 및 교육당국과의 대결은 우수 학생을 유치함으로써 대학 서열에서 우위를 점하고, 그럼으로써 한국사회의 상층계급을 재생산해내는 기관으로 남으려는 대학과, 교육을 통해 계층 간의 간격이 확대·심화되는 것에 대한 국민적 저항감이 힘겨루기를 벌이는 과정이었다. 그 와중에서 양쪽의 눈치를 살피던 교육당국은 해당 대학에 지원금을 10억원씩 삭감한다는 용두사미식 처벌을 발표함으로써 대학입시를 둘러싼 지역 간, 계층 간 갈등을 어정쩡하게 봉합했다. 주목할 것은 당시 고교내신 부풀리기 문제와 관련해서 이럴 바에는 차라리 대학이 본고사를 실시할 수 있게 해야 한다는 볼멘소리가 몇몇 대학에서 이미 나왔었다는 사실이다. 내신 부풀리기 때문에 내신은 믿을 수 없는데, 고교등급제마저도 안된다면 본고사라도 실시할 수 있게 해달라는 것이었다. 또한 정운찬 서울대 총장은 2004년 10월 12일 기자들과의 인터뷰에서 "대학에 학생 선발 자율권을 줘야 한다"는 발언과 함께 "고교 학생부의 신뢰성과 변별력이 낮아 대학에서 활용하는 데 한계가 있다"며 "대학 선발 인원의 1/3 정도는 본고사 형태의 시험을 치르는 것이 좋다고 생각한다"고 본고사 부활 방침을 시사했다('서울 10개 대학 "'엉터리 내신' 공개하겠다" 맞불', 〈프레시안〉 2004년 10월 12일). 이 발언은 이번 서울대 2008학년도 입시안에서 현실화되어 나타났다.

이렇게 보면 이번 서울대 '통합형 논술고사'와 관련한 논란은 대학입시를 구성하는 3가지 요소인 수능과 내신, 논술 중 수학능력시험은 2008

학년도 이후 자격시험으로 대체되어 변별력이 없어지고, 그렇다면 대학으로서는 고교내신과 논술 비중을 높여 학생들을 변별해야 하는데, 내신 부풀리기와 고교 간 학력 격차 때문에 내신은 믿을 수 없으니 아예 논술을 본고사 형태로 해서 변별력을 확보하겠다는 의도에서 나온 것이다. 이것은 대학의 입장에서 보면 정당한 측면이 있다. 대학 간 경쟁이 불가피한 상황에서 대학이 자율성을 가지고 우수한 학생을 선발하겠다는 것은 비난받을 이유가 없고, 더욱이 서울대 측에서는 지역균형선발전형, 특기자전형을 각기 모집정원의 약 1/3씩으로 확대실시하기로 함으로써 사회적 요구에 일정 부분 부응했다고 생각할 것이다. 그래서 정작 서울대의 입장에서는 진심을 몰라주는 언론의 보도나 사회적 반응에 대해 억울하다고 생각할 수도 있다.

그러나 만일 우리사회가 서울대의 진심을 몰라주는 것이라면, 진심이 전달되지 않는 이유는 무엇일까? 어떤 면에서 통합형 논술고사는 그 자체로서 논술고사의 합리적인 발전형태일 수 있고, 학생들의 일천한 독서 수준과 글쓰기 능력을 개선하기 위한 대안일 수 있다. 정운찬 총장은 2004년 2월 〈교수신문〉과의 인터뷰에서 "글쓰기, 말하기 등 기본교육을 강화하기 위해서는 현재 방식의 논술시험은 안된다"면서 "고등학교 3년 과정에서 읽어야 할 책을 50권이나 1백권 공표하고, 논술문제는 거기서 내도록 하자"고 제안했다. 정 총장은 "현재 논술시험에서는 … 어떤 질문이 나와도 학원에서 가르쳐주는 대로 쓰기 때문에 80퍼센트가 똑같다"고 현행 논술시험을 비판하면서 이처럼 제안했다. 실제로 논술시험 채점을 해본 경험이 있는 교수라면 대부분 이 말에 수긍할 것이다. 논술 채점을 하다보면 책읽기와 글쓰기가 얼마나 천박한 행위로 전락할 수 있는지 실감하게 된다. 학생들은 어떤 문제가 나오든 — 아마 학원에서 배운 — 몇가지 형태로 유형화해서 획일화된 답안지를 작성해내고, 그런 천편일률적인 답안지를 수십, 수백장 읽어가노라면 멀미가 다 날 지경이다. 그런 답안지를 점수화한다는 것은 난센스다. 서울대의 통합형 논술고사는 이런 현실적인 문제를 개선하기 위한 하나의 합리적인 대안일 수 있다.

그러나 우리나라의 교육현실에는 일종의 블랙홀이 있어서 아무리 좋은 대학입시제도라도 그냥 삼켜버린다. 통합형 논술고사가 제아무리 고상한 목적을 가진 것이라 해도 엄연히 대학입시의 한 요소로 도입되는 이상, 교육현장에서 그것은 학생들을 속전속결식의 기술 습득과 훈련의 노예로 만드는 무기로 둔갑해버릴 것이다. 과거, 논술이 학생들의 글쓰기와 독서능력을 향상시켜줄 효과적인 대안이 될 수 있으리라 기대됐지만 실제로는 논술과외, 논술학원만 문전성시를 이루게 했고, 학생들에게는 새로운 짐을 하나 더 지우는 꼴이 되었다. 통합형 논술도 마찬가지이다. 학원이나 고액과외로 통합형 논술에 대비할 수 없으리라고 생각하는 것은 순진한 기대다. 오히려 통합형 논술이야말로 온갖 정보를 갖추고 속전속결식의 전투적 해결에 능한 학원 입시전문가들의 실력 발휘가 기대되는 대목이다. 문제는 대학입시와 관련해서 제아무리 심오한 해결책이나 기막힌 대안이 나와도 대한민국의 학부모들은 '슬기롭게 극복'하며, 결국은 대학입시가 '돈'에 의해 결정된다는 데 있다.

대학입시는 한국사회의 첨예한 계급갈등의 복잡한 전선이 난마와 같이 얽혀있는 지점이어서 어디를 건드리든 합선을 일으키고 불이 나게 되어있다. 첨예한 계급갈등의 온갖 모순과 긴장이 한데 뒤섞여서 생겨난 부패 가스가 대학입시라는 지점에서 가장 팽팽하게 부풀어 올라 극히 미세한 조건의 변화만 생겨도 어떤 식으로든 크고 작은 폭발이 일어나게 되어있다. 우리사회는 극단적인 학력사회로서 계급갈등의 많은 부분이 교육에 전가되어 있고, 대학서열화와 학벌을 통해 한세대에서 다음 세대로 부와 가난을 대물림한다. 가난한 부모는 자식에게 가난을 대물림하고 싶지 않아서, 부유한 부모는 자식에게 부와 신분을 대물림하기 위해서 좋은 대학 보내는 데 열을 쏟는다. 그 과정에서 학생들은 말할 수 없는 고통을 겪고, 초·

중·고등학교 교육뿐만 아니라 대학교육마저도 만신창이가 된다. 그러므로 입시전쟁은 계급전쟁이고, 이 점에서 대학은 입시문제가 자신들이 독점할 수 있는 영역이 아니고, 어느 면에서 자신들의 손을 떠나 있다는 점을 겸허하게 인정해야 한다. 만일 대학이 이 점을 인정했더라면, 통합형 논술고사 실시를 통해 중·고등학교의 책읽기와 글쓰기 교육을 바로잡을 수 있으리라는 오만한 발상을 하지는 않았을 것이다.

따라서 통합형 논술고사가 본고사냐 아니냐 하는 것은 본질적으로 중요한 문제가 아니다. 중요한 것은 대학이 대입시험을 둘러싼 사회적·계층적 갈등의 성격을 올바로 이해하고, 나아가서 이 사회에서 대학의 역할과 책임에 대한 올바른 이해를 가지고 있느냐는 문제다. 이러한 인식이 전제되어 있다면 구체적인 각론에서는 시행착오를 겪을 수 있어도 전체적인 큰 그림에서는 대중들의 신뢰와 지지를 받을 수 있을 것이다. 그러나 통합형 논술고사 논란 맥락에서 연이어 나온 정운찬 총장의 발언은 대학의 이념적 토대, 사회적 책임과 관련해서 신뢰 자체를 불가능하게 만들었다. 그리고 대학교육의 가장 근본적인 문제는 역시 철학의 부재에 있다는 사실을 분명하게 보여주었다.

2

정운찬 총장은 2005년 7월 18일, 대한상공회의소 주최로 제주 신라호텔에서 열린 제30회 최고경영자대학 강연에서 "좋은 원자재를 이용해 물건을 만들어야 좋은 제품이 나오지 원자재가 좋지 않으면 물건 만드는 기술이 뛰어나도 좋은 물건 만들기 어렵다", "어릴 때부터 자기만의 독특한 아이디어를 내고 그것을 정리할 수 있는 연습을 하지 않으면 국제사회에 적응하기 힘들기 때문에 독특한 생각을 갖고 그런 생각을 정리하는 습관을 키우기 위해 논술시험을 보게 하는 것"이라고 말했다. 나아가서 "교육의 목적은 한편으로는 가르치는 데 있지만 다른 한편으로는 솎아내는 데에도 있다", "국가발전을 위해 고교평준화 제도를 재고해야 한다"고도 했다.

이 발언은 통합형 논술고사로 인해 서울대가 언론과 사회의 집중공격을 받는 와중에 나온 것이기는 하지만, 결코 우발적인 돌출발언도 아니고, 정운찬 총장 혼자만의 생각도 아니다. 이것은 소위 우리사회를 이끌어가는 고급관료나 기업, 대학 행정책임자들이 일반적으로 가지고 있는 생각을 대변하는 말이며, 심지어 계급적 평등주의나 공평성의 관점에서 표면상 이 말에 반대하는 사람들마저도 그 근저에 깔려있는 경쟁주의적 세계관과 교육관에는 근본적으로 동의하고 있다.

오늘날 세계적인 경쟁의 시대에 대학이 유능한 인재를 양성함으로써 국가경쟁력, 기업경쟁력, 개인경쟁력을 높이는 데 기여해야 한다는 데에 대해서는 대부분의 사람들이 동의하는 것 같다. 외견상 옛날보다 훨씬 풍요로워졌지만, 삶의 비용은 점점더 늘어나고, 사람들은 더욱더 먹고사는 문제에 매달린다. 내수든 수출이든, 끊임없이 새로운 상품을 개발하여 새로운 수요를 창출하고 시장을 확대함으로써 규모의 경제가 유지된다. 사람이나 식물, 동물은 성장을 하면서도 자동적으로 속도를 조절하고, 성장을 하다가도 멈춘다. 성장을 멈추는 것이 정상이고, 멈춰야 건강을 유지할수 있는데, 성장경제에는 끝이 없는 것 같다. 할 수만 있다면, 다른 모든 것을 희생해서라도 무조건 크기를 키우고 보는 것이 정말 좋은 걸까? 세계적으로나 국내적으로나 빈부격차는 갈수록 확대되고, 삶의 마지막 보루인 하늘과 땅과 바다는 끔찍하게 황폐해졌으며, 더불어 거기 의지하는 농업이나 어업은 말할 수 없이 피폐해졌건만, 그래도 차분히 뒤돌아볼 생각을 안해도 되는 걸까?

끝없는 성장과 속도전을 추구하는 사회에서 경쟁력 확보는 전국민적 좌우명이다. 그래서 우리사회의 실질적 민주화와 사회적 약자를 대변하는 일에 매진하는 사람들도 경쟁력 강화라는 국민적 신화에 대해서는 여간해서 도전하지 않는다. 오히려 '약자들의 이익을 위해' 경쟁력을 강화해야 한다고 생각한다. 국가경쟁력은 곧 기업경쟁력이고, 그러니 대학이 기업 경쟁력 강화를 위해 복무해야 하는 것은 당연지사다. 거대자본이 국가를 좌지우지하고, 국가권력마저도 거대기업의 눈치를 보는 기업국가의 시대에 대학은 기업이 원하는 교육서비스를 제공하고, 기업은 막대한 후원금으로 거기 보답한다. 대학이 기업으로부터 받는 후원금 액수가 그 대학의 위상을 말해준다.

이것은 요즈음 대학캠퍼스를 돌아보면 쉽게 확인된다. 최근 수도권의 웬만한 대학치고 공사장의 요란한 크레인 소리 들리지 않는 대학이 없다. 캠퍼스 곳곳이 파헤쳐지고 — 목하 대한민국의 대학은 공사중이다. 요즘 대학캠퍼스에서는 삼성, LG, SK, 대우, POSCO 같은 대기업의 이름이나 하이테크관, 첨단동, 정보통신관, 새천년관 같은 씩씩한 이름을 가진 건물들을 심심치 않게 볼 수 있다. 이것은 오늘의 대학과 산업이 밀월 시대를 맞고 있음을 말해준다. 그러나 세상에 공짜는 없다. 받는 만큼, 아니 그 이상으로 돌려줘야 한다. 대학은 전통적인 인문교육이나, 오래 걸리는 기초 학문을 포기하고 기업이 원하는 대로 당장 써먹을 수 있는 실용적인 교육을 해야 하고, 교실을 취업준비의 장으로 내주어야 한다. 커리큘럼의 내용과 성격을 기업의 입맛대로 바꾸어야 할 뿐만 아니라, 대학사회의 구성과 인간관계의 구조까지도 기업의 형태를 본받아야 한다. 무엇보다도 물질주의의 포로가 되어 감수성 자체가 달라진 학생들의 입맛에 맞게 강의제목도 바꾸고, 강의방식도 영상세대에 맞게 값비싼 기자재를 동원하여 '비주얼'로 뭔가를 보여주어야 한다. 그리하여 모든 면에서 효율성을 강화하고, 기업과 시장이 원하는 교육서비스를 제공해야 한다. 학생 개인으로서는 경쟁 사다리의 꼭대기에 올라 유능한 취업준비생이 되고 잘나가는 직장에 취직하여 높은 월급을 받는 전문 직장인이 되는 것만이 자아실현의 길이자 나라사랑의 길이다.

산업은 인격을 가진 인간이 아니라 기계를 필요로 한다. 자본주의는 상품과 서비스를 생산해줄 기술자를 필요로 하지 살아있는 인격을 필요로 하지 않는다. 산업주의 사회에서 학교는 거대한 공장이고, 학생은 원자재며, 교수나 선생은 기술직공이다. 학교공장에서는 정운찬 총장의 말대로 학생이라는 '원자재'를 기계에 넣고 직공인 교수들이 지식 전수라는 작업공정을 거쳐 취업예비생이라는 제품을 생산해낸다. 생산품의 품질에는 일정한 규격이 있어서 거기 맞으면 취업시장에서 상품으로 팔리고 그렇지 않으면 폐기처분된다. 상품을 만들어내는 공장주에게나, 사가는 장사꾼에게나 채산성과 상품성이 문제지 개체의 느낌이나 생각, 운명 같은 것은 안중에도 없다. 오늘날 대학에는 스승도 없고 제자도 없다. 피고용인으로서 지식소매인이 있을 뿐이고, 생산제품으로서의 취업예비생이 있을 뿐이다. 학교는 공장으로 바뀌었고, 학교에 사람이 없으니 사귐도 없다. 선생과 선생 사이에도, 선생과 학생 사이에도 사귐이 없다. 학생이 교수의 강의를 '평가'한다고 해도 자존심 상하는 스승이 없고, 교수가 준 학점이 마음에 안 들면 필요에 따라 나중에 학생이 지워버리는 '학점포기제'를 한다고 해도 교수들은 무덤덤하다. 그런 제도들이 직공인 교수들의 근무기강 확립과 교육수요자에 대한 양질의 서비스 제공을 위해 어떤 효율성을 지니느냐를 놓고 손익계산에 골몰할 뿐, 사람과 사람의 사귐에, 관계에 어떤 의미를 지니는지에 대해서는 고민하지 않는다. 학교를 가는 것은 인간을 만나기 위해서지만, 학교에 가면 인간성을 잃는다. 산업자본주의 사회에서 학교는 공장으로 변해버렸고, 그 속에서 인간은 사라져버렸다. 첨단시설을 갖춘 학교공장만 남고 스승과 제자는 사라져버렸다.

이것이 오늘날 산업사회와 그 속에 자리잡은 대학에서 벌어지고 있는 풍경이다. 정운찬 총장은 오늘날 우리사회가 움직여지는 산업자본주의의 메커니즘과 그 속에 있는 대학의 현실에 대해 가감 없이 냉정하게, 원색적으로 말했을 뿐이다. 그러므로 우리가 이 사회를 지배하고 있는 산업주의적, 경쟁주의적 세계관에 대해 불편을 느끼지 않고 별다른 이의가 없다면, 그의 발언에 대해 특별히 비난할 이유도 없다.

극단적인 경쟁주의 사회에서는 소수의 영웅들만 살아남는다. 아무리 "할 수 있다", "원하는 대로 될 수 있다"고 상투적인 구호를 외쳐도 경쟁의 사다리에 끝까지 오를 수 있는 사람은 소수고, 리더십 교육을 받는다고 내가 리더가 될 수 있는 것은 아니다. "교육의 목적은 한편으로는 가르치는 데 있지만 다른 한편으로는 솎아내는 데에도 있다"는 발언은 이러한 현실 인식과 함께 그 현실에 투항하는 태도를 반영한다. 오늘날처럼 고도로 발달된 자본주의 사회에서는 똑똑한 놈 하나가 수천, 수만명을, 아니 잘 나가는 기업 하나가 온 나라를 먹여 살린다는 것이다. 그렇다면 나머지는? 나머지는 얻어먹는 종의 신세로 만족하면 된다.

종은 자기 삶의 주인이 아니다. 그러니 좋고 싫음, 옳고 그름 같은 것에 대해 생각해서는 안되고, 도덕이나 가치를 운위하는 것도 종의 몫이 아니다. 시키는 대로 일이나 하고, 눈앞에 먹을 것만 있으면 된다. 종이 된다는 것은 인격을 박탈당한다는 것이고, 종살이는 사람을 물질의 노예로 만든다. 그런데 종살이는 정말로 이상한 것이어서 종살이하는 사람만이 아니라 그를 종으로 부리고, 그렇게 하도록 허락하는 사회 전체를 종살이하게 만든다. 종만이 타인을 종으로 대할 수 있고, 기계인간만이 타인을 기계로 대할 수 있기 때문이다. 이렇게 해서 만들어지는 세계는 채찍질을 무서워하는 노예의 세계이자, 약육강식과 적자생존이 지배하는 야수의 세계이다. 이 '동물의 왕국'에서 인간 종(種)은 끼리끼리 짝짓기하고 번식한다. 그리고 누가 조금이라도 제 밥그릇을 건드리거나 영역을 침범한다 싶으면 사납게 으르렁거린다. 이것이 이른바 '창조적이고 독창적인 소수'가 지배하는 사회다. 창조적 소수만을 찬양하고, 개인의 영웅적 야망을 문화적 이상으로 삼는 사회는 수많은 보통사람들을 못난이로 만들며, 결과적으로 일을 건성으로 하게 만든다. 그런 사회에서는 사춘기적 환상과 성인의 과

대망상, 지적 속물근성으로 범벅이 된 정신이 맹위를 떨치며, 그러한 정신은 아직도 지속되는 제국주의, 식민주의의 역사와 긴밀하게 연결되어 있다. 그러므로 "한명이 수만명을 먹여 살린다"는 것은 삼성의 기업 모토일지언정 국립대학의 교육이념이 될 수는 없다. 그것을 통해서는 '공동체'가 형성될 수 없기 때문이다.

자기 삶에 대해 주권이 없는 노예는 불평불만과 비겁함을 내적 본성으로 가진다. 불평은 하되 저항은 않는 비겁함과 어쩔 수 없다는 체념이 사람들 속에 뿌리 깊이 박혀있다. "어쩔 수 없잖아요"는 종의 곡조다. 참된 교육은 이 "어쩔 수 없잖아요"를 '예'와 '아니오'로 바꾸어놓는 교육이다. 빼앗긴 '나'를 다시 찾게 만드는 교육이다. 내가 다시 나의 주인이 되어 '예' 할 것은 '예' 하고, '아니오' 할 것은 '아니오' 하게 만드는 교육이다. 진정한 의미에서 창조성과 독창성도 바로 이 '나'의 '나됨', '나'의 주체성과 자유로부터 나온다. 자기 주체와 혼이 담기지 않은 창조성은 창조성이 아니다. 나의 주체성이 빠진 창조성은 찍어낸 창조성이고, 나의 혼이 담기지 않은 독창성은 유행하는 독창성일 뿐이다. 물질과 돈의 노예가 되어 정신과 주체를 잃은 상태에서는 창조성이 나올 수 없고, 결과적으로 경쟁력을 가질 수도 없다. 진정한 의미에서 창조성과 경쟁력은 굴하지 않는 자유로운 인간정신에서 나오고, 거기서 문화적 품위가 생겨난다.

당장 눈앞을 보면 돈이 지배하는 약육강식의 현실만 눈에 들어오고, "어쩔 수 없잖아요"라는 말이 절로 나온다. 그러나 눈앞에 보이는 것만 믿는 사람은 가르칠 자격이 없다. 입만 열면 국익을 내세우고 국민을 위한다는 대통령이나 장관에게는 약육강식과 적자생존의 경쟁만이 눈에 보이고, 그것이 세상을 지배하는 실질적인 원리라고 생각되겠지만, 교육자는 국가니 국민이니 하는 것보다는 더 작은 것들에 귀를 기울여야 하고, 국가니 국익이니 하는 것보다는 훨씬더 큰 것에 마음을 걸어두어야 한다. 그러니 정말로 교육을 생각하는 사람은 경쟁의 비바람에 제 몸이 휘청거리면서도 경쟁력 강화가 교육의 목표라고는 차마 말 못한다.

3

현재 우리나라 교육제도의 전체적인 틀은 미군정시대에 형성되었다. 미군정 학무 담당요원 E. N. 라카드 대위는 해방 이후 약 한달여에 걸쳐 주로 친일·친미적인 교육계 인사들의 자문을 거쳐 1945년 10월 21일 학교교육에 관한 훈령을 발표했다. 이 훈령은 일제 잔재의 청산보다는 기존 틀의 유지를 천명했고, 일제하 중앙집권적 교육관료 제도를 존속시켰다. 교육현장은 일제 식민통치 방식에 익숙한 교육관료들이 다시 장악했다. 이들은 일제하의 중앙집권적 교육제도와 관행을 존속시키고 교육법도 일본의 교육기본법을 상당 부분 모방하여 제정했다.

서울대는 1920년대 민족사학 설립을 위한 운동을 차단하고 식민지 관료를 양성하기 위해 1924년 예과로 처음 설립되었던 경성제국대학의 후신이다. 서울대학은 경성대학을 주축으로 주변의 관공립·사립 전문학교들을 통폐합하여 1946년 8월 국립종합대학으로 설립되었다. 미군정은 1946년 7월 13일 미국의 종합대학을 모델로 한 '국립서울대학설립계획안(국대안)'을 발표했고, 대학자치위원회를 비롯해 '대학자율'을 주장하던 교원단체와 학생단체의 격렬한 반대와 저항을 무릅쓰고 이를 관철시켰다. 당시 미군정은 자생적인 다양한 교육운동의 물결을 좌익시하여 탄압했고, 서울대는 탄압을 주도한 국가권력의 독점적인 지원 아래 탄생했다. 미군정은 교육원조금의 대부분을 서울대에 쏟아부었고, 미국유학파들은 미국으로부터 직수입된 실용주의 교육이론들을 우리 교육현장에 그대로 적용했다. 이것이 국립 서울대 중심의 한국 고등교육 체제의 시초였고, 그것은 국가권력에 의해 대학의 자율성이 심각하게 침해당하기 시작한 출발점이기도 했다.

유혈사태까지 겪으며 탄생한 서울대는 1948년 8월 10일 첫번째 명예

박사학위를 당시 미 극동군 사령관이었던 맥아더에게 수여했다. 그리고 다음에는 주한미군 사령관이었던 하지, 그 다음에는 이승만 대통령(1949년 7월 15일)에게 수여했다. 이 세 인물들에 대한 평가가 엇갈리듯이, 과거 서울대의 사회적 역할과 기능에 대한 판단 역시 엇갈릴 것이다. 서울대는 국가권력의 전폭적인 지원에 힘입어 줄곧 한국사회 지배 엘리트의 산실이 되어왔다. 말할 것도 없이 관계, 정계, 학계, 언론계, 문화계의 수많은 엘리트들이 서울대 출신이다. 이들은 굴곡 많은 한국 근현대사 속에서 경제성장과 정치민주화를 주도한 일꾼이면서 동시에 학벌과 인맥을 통해 부와 권력을 독점하고 극심한 빈부격차를 유발했다.

과거 6~70년대까지 서울대는 계층 이동의 통로였다. 가난한 집 자식들도 서울대를 졸업함으로써 신분상승을 할 수 있었다. 그러나 '개천에서 용 난다'는 말로 대표되는 가난한 집 자식의 서울대 입성기는 옛말이 되었다. 현재 서울대는 계층 이동의 통로가 아니라 계층 고착, 기득권 유지의 통로다. 기득권자는 늘 자신과 자신이 속한 무리에게 특권적 예외가 적용되기를 원한다. 동일한 세계관을 공유함에도 불구하고 총장과 대통령이, 서울대와 교육부가 볼썽사납게 입씨름을 벌인 이유도 서울대가 경쟁주의적 사회의 특권적 위치에 머무르려 하면서 바로 그 경쟁의 원리로부터 자신은 예외로 남으려 하기 때문이다. 그래서 민중은 겉으로 지배층에게 굽실거리면서 속으로 증오하고, 한편으로는 서울대를 선망하면서 다른 한편으로는 멸시한다. 우리사회에 끔찍한 경쟁과 이기주의, 정신적 부박함을 확대시키는 대학서열제의 정점에 서울대가 있기 때문이다. 현재와 같은 대학서열제, 학벌중심제가 유지되는 한 서울대는 계속해서 권력과 기득권층의 전유물로 남을 것이다. 그리고 권력과 기득권층의 전유물로 남는 한 진정한 의미에서 대학의 자율성은 없다. 진정한 의미에서 대학의 자율성은 대학이 서열화에서 벗어났을 그때, 대학 스스로 얻을 수 있을 것이다. 서울대를 비롯한 세칭 일류대학들이 대중의 따뜻한 환대와 지지를 받고 자율적인 대학으로 거듭나는 길은, 이러한 자신의 위치를 자각하고 자기가 속한 공동체에 대한 사회적 책임을 다하는 데에 있을 것이다.

4

삶이란 복잡다단하고, 늘 현재에서 출발할 수밖에 없다. 현실을 새롭게 하거나 바로잡고, 절망을 넘어 희망을 가지려는 모든 노력의 출발점 역시 현재 우리 자신의 경험이 될 수밖에 없다. 우리는 오로지 역사가 우리를 데려다놓은 그 지점에서부터만, 우리의 행위들이 축적된 그 지점에서만 다시 시작할 수 있다. 이 점에서 애당초 근본주의에 대한 염려는 기우에 지나지 않는다. 모든 것을 없던 걸로 하고 처음부터 다시 시작할 수는 없기 때문이다.

각자 서있는 현재의 위치에 따라 현재를 바꾸는 구체적인 방법 또한 각양각색일 것이다. 그러나 변할 수 없는 한가지는 모든 변화의 출발점은 '나'로부터라는 점이다.

옛이야기 한토막 하자면,

> 옛날에 육상산이 주자(朱子)의 백록동서원에 가서 '옛사람은 저를 위해 공부하더니 요새 사람은 남을 위해 공부한다(古之學者爲己 今之學者爲人)'는 제목을 가지고 강의를 하는데 주자가 옆에 앉아 들으며 2월인데도 땀이 흘러 견디지 못해 부채질을 했다고 한다.
>
> — 함석헌, 《죽을 때까지 이 걸음으로》(함석헌전집 4권), 한길사, 1983년, 14쪽

옛사람들은 나의 근본이 무엇인지 발견하고, 나를 바르게 세우고, 나를 극복하는 것이 학문의 근본이었는데, 요즘 사람들은 남에게 예쁘게 보이고, 남에게 인정받고, 남을 가르치기 위해 학문을 한다. 아마도 이것이 '위기지학(爲己之學)'과 '위인지학(爲人之學)'의 차이일 것이고, 그 말을 들으며 진땀을 흘렸다는 데에 주자의 위대함이 있을 것이다.

처음부터 남을 위한다면서 시작한 일은 필시 남을 이용하는 것으로 귀결된다. 걸핏하면 남을 위한다는 사람치고 자기자신을 위하지 않는 사람 없다. 처음부터 국가와 민족을 위한다는 말치고 들을만한 이야기 없다. 그러므로 경쟁과 아비규환의 이 세계가 나는 사무치도록 싫다면, 거기서부터 이야기를 시작해야 한다. 나는 아니지만, 국가와 민족을 위해 '어쩔 수 없이' 하는 이야기들은 들을 가치가 없다.

참된 학문과 교육은 내게 절실한 것을 붙들고 고민하는 데에서 출발한다. 나 자신을 위해, 나의 문제를 추구하는 과정에서만 진리는 그 얼굴을 얼핏 보여준다. 모든 진지한 학문적 성찰에서는 "이상하게도 자기자신을 위해 사색하고 탐구한 것만이 훗날 타인의 이익이 되는 것이며, 처음부터 타인을 위해서라고 정해진 것은 타인의 이익이 되지 않는다."(쇼펜하우어, 《의지와 표상으로서의 세계》, 곽복록 옮김, 을유문화사, 1994년, 33쪽) 결국 우리는 우리들 자신을 위해, 우리들의 문제를 추구하는 것이다. (《녹색평론》 2005년 9-10월호)

'국가의 마법'과 지식인의 상상력

　전직 대통령에 대한 추모정국이 한달 가까이 이어지고 있다. 추모열기는 대단했고, 감동적이었다. TV화면 속에 끝없이 이어지는 추모행렬을 보면서 나도 모르게 가슴이 뭉클해지기도 했다. 어떻게 대통령까지 한 사람을 그런 식으로 죽게 만들었는지, 그리고 어떻게 대통령까지 한 사람이 그렇게 죽을 수 있었는지, 생각할수록 기가 막혔다. 살아있을 때나 죽을 때나 노무현이라는 인간은 끝까지 개성 있는 한 개인으로 기억되기를 바라는 것 같았다. 우리 현대사에서 자신의 견해와 감정을 그만큼 정곡을 찌르는 언어로 솔직하고 모나게 표현할 줄 아는 정치인은 과거에 없었던 것 같고, 앞으로도 만나기 어려울 것이다. 아마 두고두고 회자될 유서 역시 한 개인으로서 노무현이라는 인격을 유감없이 드러내주었다. 유서는 자신이 겪어온 내적 고통과 깨달음을 매우 간결한 문체로 표현한 명문(名文)이고, 그 자체로 보편성을 지니지만, 대통령을 했던 사람의 유서라고 보기에는 너무나 개인적으로 다가왔다. 인간 노무현의 자의식은 대통령 노무현의 자의식을 형성하는 데 끝까지 장애가 되었던 것 같다. 그의 죽음은 인간 노무현의 진실을 믿어달라고 호소하는 것 같지만, 사실 그런 것은 그 자신을 포함해서 누구도 알지 못한다. 다만, 대통령 노무현에 대한 평가를 통해 인간 노무현을 이해하는 것이 산 자들의 몫으로 남겨져있을 뿐이다.

죽은 자는 말이 없고, 산 자는 산 자의 드라마를 펼쳐나간다. 옛 친구들은 정치적 동지로서 그와의 인연을 눈물로 보여주기도 하고 '행동하지 않는 양심은 악의 편'이라며 행동을 촉구하는가 하면, 집권 여당 내 일부 세력은 차제에 정권 '쇄신'을 외쳤다. 그들이 그렇게 하는 것은 당연하다. 정치라는 것이 워낙 막 뒤에서 이루어지는 것이다 보니 실제로 연극에 직접 관여하는 사람이 아니면 그 속내를 짐작하기 어렵다. 하지만 또한번의 뜨거운 여름에 기대어 뭔가를 꿈꾸고 있다면 그러한 기대는 접어주면 고맙겠다. 냉정하게 말하자면 500만 추도의 물결이 넘실거렸던 첫 일주일마저도 비탄은 있으되 자각은 찾아보기 힘들었다. 사람들은 뭔가를 기다리는 것처럼 보였지만 그들이 겪는 나날의 고단함을 에너지로 삼아 인식의 촛불을 밝혀줄 계기도, 인물도 거기서는 보이지 않았다. 그래서 그 자리에 뜨거움은 있었지만 그것이 작년 이맘때 촛불이 담고 있었던 '인식의 빛'으로 전환되기는 어려워 보였고, 용산의 가녀린 불빛과 거대한 추도물결 사이의 거리는 너무나 멀게 느껴졌다. 반(反)이명박이라는 공동의 전선은 있지만, 둘 사이에는 노무현과 노무현의 시대에 대한 인식의 장벽이 가로막고 있는 것으로 느껴졌고, 이 장벽은 죽은 노무현을 영웅으로 만든다고 해서 무너뜨릴 수 있는 것은 분명 아니었다.

알다시피 강력한 대통령중심제 국가인 우리나라는 대통령선거를 통해 새로운 정권을 탄생시키면서 통치의 전반적인 성격이 바뀌어왔다. 우리사회는 1987년 국민적 저항을 통해 군사독재를 무너뜨렸고, 과도적이었던 노태우, 김영삼 정권을 거쳐 1998년 김대중, 노무현의 신자유주의적 정권을 탄생시켰다. 2008년 탄생한 이명박 정권은 신자유주의 정권이라는 점에서는 1997년의 김대중, 노무현 정권을 충실히 계승했고, 자의적인 법 적용과 과도한 경찰력이라는 물리력에 의지해 통치를 수행한다는 점에서는

1987년 이전 군사정권의 잔재를 답습했다. 말하자면 이명박 정권은 김대중, 노무현 정권이 해왔던 일을 거추장스런 몇가지 안전장치를 풀고 '대화와 토론'이 아닌 '방패와 몽둥이'에 의지해서 더 열심히, 더 세게 하고 있는 중이다. 물론 세계경제 사정이 예전 같지 않아 형편이 여의치 않고, 미국과 유럽 주요 국가의 경제정책의 흐름에 역행하는 정책을 편다는 점이 불안하기는 하지만 말이다. 그리고 이전부터 누적되어온 모순을 실질적으로 감당해야 하는 서민대중이 버틸 수 있는 한계의 거의 막바지에 이르렀다는 사실이야말로 이 정권으로 하여금 물리적인 폭력에 의지하게 만들고 강압통치의 유혹을 거부할 수 없게 만드는 주요 원인일 것이다. 10년 동안 못 먹었던 것도 다시 찾아먹어야겠고, 객관적 상황이 어려우니 닦달질도 그만큼 더 그악스러울 수밖에 없다. 이명박 정권이 뭘 잘못했는지 도무지 이해가 안 간다는 표정을 짓는 것도 이해 못할 바는 아니다. 아마도 김대중, 노무현은 되고, 우리는 안되는 이유가 뭐냐고 묻고 싶은 심정일 것이다. 사실 관료들은 그때 그 사람들이 그대로 버티고 있지 않은가. 결과는 총체적인 소통불능 사회요, 환자는 고통을 호소하는데 원인도 모르고 병명도 모르는 상태다.

이명박 정권은 갑자기 등장한 괴물이 아니라, 인정하고 싶지 않겠지만, 이전 정권들의 암세포에서 자라난 혹이다. 그러므로 2009년 현재의 문제를 바로보기 위해서는 이명박 정권만이 아니라 그 이전 김대중, 노무현 정권의 성격도 바로보아야 한다. 살아있는 권력이든 죽은 권력이든 모든 권력자를 똑바로 보아야 하는 것이다. 물론 '노무현'과 '이명박'의 '차이'는 분명 존재하며, 그것을 부인하지 않는다. 둘 다 마찬가지인 것처럼 가장하는 것은 정치적으로는 무능하고 도덕적으로는 정직하지 못한 행동이다. 그러나 둘 사이의 '차이'를 부각시키고 활용하는 일은 시키지 않아도 정치가들이 알아서 한다. 그들은 그런 일을 위해 존재한다. 하지만 지식인은 달라야 한다. 지식인은 구체적인 정치적 조작에 관여하는 것이 아니라 지식인으로서의 입장, 즉 추상적인 구호와 주장들에 묻혀 수동적으로 끌려다니는 민중의 현실과 절실한 삶에 입각해서 사물을 보고 발언해야 한다. 모든 제도와 권력에 대해서는 일단 의심하고 불화할 준비가 되어있어야 한다. 이 점에서 정치가와 지식인은 그 존재 자체에 의해 명약관화하게 구분될 수밖에 없다.

그럼에도 전직 대통령의 자살이라는 기막힌 상황에 이르게 된 과정은 말할 것도 없고, 그 이후 우리사회의 언론과 지식인이 보여준 모습은 아무리 그 충격을 감안한다 해도 도를 넘었다. 보수언론들이 잠깐이나마 납작 엎드려 낮게 포복한 반면 일부 진보적인 언론과 지식인들은 노무현 신화 만들기에 나섰고, 심지어 과거에 혹독하게 비판했던 일에 대해 반성하기까지 했다. 급기야 노무현 전 대통령을 비판했던 진보세력에 대한 비난의 글이 나오고, 고인의 가족의 안위를 걱정하는 충정어린 호소와 부탁이 진보적인 일간지 편집인의 칼럼으로 등장하는 황당한 일이 벌어졌다. 정치가들이야 당연히 500만이라는 애도의 물결을 하나의 조류 또는 세력으로 만듦으로써 권력 추구를 위한 구실로 만들고 싶겠고, 대통합을 내세워 진보적인 언론과 지식인들로 하여금 의식적으로 이러한 조류에 영합하게 만들고 싶겠지만, 그 요구를 충실히 따름으로써 지식인과 언론은 사실상 정치가라는 주인을 위해 좋은 방법을 고안해내는 하인으로 전락하는 것이다. 이 모든 일들은 지식인의 정신적 패배로 느껴진다.

그런다고 1987년의 전선을 2009년의 상황에다 복사해서 재탕하는 일이 가능할까? 설사 가능하다 해도 그럼 그 다음에는? 그 뒤에 우리는 또다시 '권력을 시장에 넘긴' 정권과 대결해야 하고, 제2, 제3의 용산의 아픔과 마주해야 할 것이다. 그렇다면 누군가의 마음은 미리 그 자리에 가 있어주어야 하고, 그 일은 우리사회의 진보적인 지식인과 언론, 종교인들이 감당할 수밖에 없다. 그렇게 할 때 지식인들은 정치인들이 민중의 마음을 멋대로 이용해먹는 것이 아니라 삶의 바닥에서 들려오는 민중의 소리에 귀

기울이고 복종하게 만드는 데 미력이나마 힘을 보탤 수 있을 것이다.

정치학자 더글러스 러미스는 일본의 평화헌법인 헌법 제9조의 문제를 국가의 본질과 절대적인 평화와의 관계 안에서 설명하고, 이와 관련해서 간디의 죽음과 국가와의 관계를 이야기한 적이 있다("The Smallest Army Imaginable", *Alternatives*, July – Sept 2006). 그에 따르면 간디가 구상한 새로운 인도의 헌법은 절대적인 평화의 관점, 즉 국가가 소유하는 '정당한 폭력'을 철저히 배제한 정치조직체를 상정한 것이었고, 그 점에서 일본의 헌법보다 훨씬더 나아간 것이었으며, 간디는 그 때문에 죽었다. 간디의 죽음은 국가에 의한 살해였다는 것이다.

간디는 막스 베버와 마찬가지로 국가는 본질적으로 폭력기구라고 생각했다. 그는 자신이 아끼던 '국민회의파'가 신생 인도 국가의 부속물이 되어 행하는 일들을 보고 절망했으며, 국가의 개혁 능력에 대해서도 회의하게 된다. 그래서 독립을 쟁취한 이후 그는 반복해서 국가권력의 논리를 정면으로 거스르는 제안을 했다. 예를 들면, 정부 권한 전체를 모슬렘 세력에게 양도하라, 폭동 지역에서 경찰과 군대를 철수시키라, 파키스탄과 전쟁 중임에도 불구하고 국고에서 파키스탄의 몫을 넘겨주라 등등. 이 마지막 요구를 위해 간디는 목숨을 건 단식을 했다. 당시 인도정부는 한걸음 물러나서 간디의 요구를 들어줄 수밖에 없었고, 파키스탄에 돈을 지불했다. 그리고 바로 이 단식이 나투람 고드세로 하여금 간디를 암살할 결심을 하게 만들었다고 한다.

간디의 요구는 신생 인도를 위한 헌법 구상에서 절정에 이른다. 그는 국가가 아닌, 국가와는 근본적으로 다른 정치구조를 제안했다. 구체적으로 간디는 인도에 실제로 존재하는 70만개의 마을들에 근거한 마을공화국들을 구상했다. 그는 5인으로 구성된 판차야트를 기초로 해서 그 윗 단계에 2차 지도자들이 선출되는 방식으로 계속 확장되어 결국 인도 전역을 관할하게 되는 계단식 체제를 생각했다. '국민회의파'가 국가기관에서 완전히 물러나 마을로 돌아가야 한다는 제안을 내놓았던 것이다. 러미스에 의하면, 간디는 만일 국가를 대신해서 판차야트 라지를 건설하는 것이 불가능하다면 국가 내부에 판차야트 라지를 세울 수 있을 것이라고 생각했던 것으로 보인다. 그야말로 거대한 권력이동을 생각했던 것이다. 간디는 단순히 이론적 관심에서가 아니라 실제로 실행 가능한 것으로 그런 제안을 했고, 그런 일을 해나갈 변화의 주체로서 간디 자신과 '국민회의파' 그리고 간디 지지자들이 있었다. 그들은 과거에도 명백히 불가능해 보였던 일들을 가능한 일로 바꾸어놓은 경험이 있었다. 따라서 당시 그의 제안은 실제로 가능한 일이었다. 그러나 그의 친구들이었던 '국민회의파' 멤버들은 당연히 이 제안을 위험스러운 것으로 여겼고, 이 신헌법 제안문이 '전 인도 국민회의' 의장에게 전달된 지 몇시간 후에 간디는 암살당했다.

간디의 죽음이 인도라는 새로운 국가건설과 관련해서 어떠한 의미를 지니는지는 역설적으로 암살자 나투람 고드세의 행동과 발언에서 극적으로 드러난다. 나투람 고드세는 미치광이가 아니라 '사회의 중심부를 대변하는 인물'이었다. 그는 "지적이고, 조리있고, 명석하고, 애국적이며, 용감했다." 목격자들에 따르면 간디를 쏘기 전 그는 두손을 모아 존경을 표시했으며, 총을 쏜 후 총을 든 손을 허공으로 올리면서 '경찰!'이라고 소리쳤다. 고드세는 자신이 무슨 일을 하고 있는지 잘 알고 있었다. 그는 법정에서 이렇게 진술했다. "내가 간디지를 죽이면 나는 내 생명보다 더 소중한 명예를 모두 잃어버릴 거라고 생각했습니다. 그러나 동시에 나는 간디지가 사라지면 분명히 인도의 정치는 현실적인 것이 되어서, 응징할 수도 있게 될 것이고, 군대를 보유하여 강력해질 수 있을 것이라고 느꼈습니다. 나 자신의 미래가 파멸될 것이라는 데에는 의심의 여지가 없지만 국가는 살려낼 수 있을 것입니다." 간디가 죽자 근대국가로서 인도 건설은 착착 진행되었고, 고드세의 기대는 이루어졌다. 근대국가 인도의 건설을 위해 간디는 죽어줘야만 했던 것이다. 근대국가의 근원적 폭력성이라는 제단 위에서 간디는 희생될 수밖에 없었고, 여기에 간디의 죽음의 필연성이 있다.

모든 위대한 죽음에는 공적 필연성이 있다. 공적 필연성을 지니는 죽음이라야 단순히 자살이냐, 타살이냐를 넘어서 '스스로' 죽는 자발성과 능동성을 지니게 된다. 노무현의 죽음에서도 그런 필연성을 찾을 수 있을까? 그의 죽음에서 어떤 의미에서든 공적 필연성을 발견하려고 여러차례 생각해보았지만 발견할 수 없었고, 다만 공적 공간에서 벌어진 사적 필연성은 발견할 수 있었다. 인간 노무현이 그 상황에서 가족과 친구, 동지들을 위해 스스로 책임을 지고 죽음을 선택한 것은 이해가 된다. 그는 남편으로서 믿음직스러웠고, 아버지로서 든든했으며, 친구로서 의리가 있었다. 사람들은 개인으로서 그가 겪었을 고통과 슬픔에서 자신의 고단하고 괴로운 삶과의 유사성을 발견하고 함께 울었을 것이다. 인간 노무현의 고통에 울고 자기 설움에 울었을 것이다. 그러나 공인으로서 그의 죽음에는 능동성이 결여되어 있으며, 강인함이 느껴지지 않는다. 공인으로서 그는 죽음 이전에 이미 실패한 개혁가였고, 그의 실패는 애초에 그가 자신이 추구하는 이상에 반해서 택했던 구체적인 선택들에 이미 배태되어 있었다.

간디의 죽음에 견주어볼 때 빛이 바래지 않을 죽음이 어디 있을까마는 그래도 가장 확실한 것에 비추어보아야 뭐든 분명히 보이는 법이다. 고단했던 그의 영혼이 안식을 찾기를 바라는 마음이 없다면 그건 인간이 아니다. 다만 어떻게든 그의 죽음을 내 나름으로 이해하고 싶었다.

그렇다면 고드세의 행동을 이끈 동기는 무엇이었을까? 고드세는 근대적 조국 인도의 건설을 위해 간디를 암살하기로 마음먹었다. 근대국가의 구성적 원리란 막스 베버가 말했듯이 '합법적 폭력에 대한 권리'이다. 이 것은 "폭력적인 국민국가는 불가피하게 필요하다는 신념이고, 따라서 국가는 의심될 수 없고 그에 대한 대안이 없다는 믿음이다." 이것은 인도 국가를 포함하여 "국가를 세우는 일은 선택사항이 아니라 인간의 운명이라는 신념이다." 러미스에 의하면 바로 이러한 신념으로부터 '국가의 마법'이 생겨난다. 보통사람의 상식적인 감각으로는 도저히 할 수 없는 끔찍한 짓을 국가의 이름으로는 거리낌없이 저지르게 되는 것이다. '국가의 마법'이 작동을 하기 때문에 폭격기 조종사는 수많은 민간인이 죽임을 당할 것을 알면서도 지상에 폭격을 가할 수 있고, 과학자는 자신이 개발하는 무기가 어떻게 인간의 몸을 산산조각낼지 알면서도 불철주야 그 일에 매달린다. 이처럼 '국가의 마법'은 인간으로서 '차마' 할 수 없는 크고 작은 일들을 '감히' 하게 만드는 요술을 부린다. 이 때문에 대통령 노무현은 주저 없이 이라크파병을 결정할 수 있었을 것이고, 지식인 황석영은 이명박과 동행할 수 있었을 것이다. 그들이 무슨 사심이 있어서 그렇게 하지는 않았을 것이다. 분명 거기에는 '어떤 진심'이 있었을 테고, 그것은 '고드세의 진심'이었을 것이다. 그런데 간디는 그가 구상한 새로운 인도헌법에 의해 '합법화된 폭력'으로서의 국가라는 것이 인간이 불가항력적으로 받아들여야만 하는 운명이 아닐 수 있음을 보여주었고, 따라서 '국가의 마법'이 더이상 작동하지 않는 세상이 실제로 가능하다는 것을 보여주었다. 적어도 당시 인도의 상황에서 그것은 운명이 아니라 선택사항이었음을 가르쳐주었던 것이다. 그리고 그 때문에 그는 '국가'에 의해 살해당할 수밖에 없었다.

오늘날 지식인은 고드세의 유혹 앞에 있다. 그것은 국가를 위해 내 안의 간디를 죽여야 한다는 강박이며, '국가의 마법'에 걸려 새로운 세상에 대한 상상력을 포기하는 것이다. 그것은 정말로 사람들을 괴롭히는 실체와 대면하는 데에서 출발하기를 회피하는 것이며, 윤리적 존재로서의 인간을 근본적으로 성립 불가능하게 만드는 우리 시대의 악이 무엇인지 보기를 회피하는 것이다. 그러나 시인 로빈슨 제퍼스의 말대로 우리 시대를 지배하는 "일반적인 정의(正義)나 행복의 꿈에 속지 않는" 명석한 개념을 가지고 있는 사람이 그래도 누군가는 있어야 하지 않겠는가. 상상력이 없는 사람들에게 그들은 비합리적 몽상가로 보이겠지만 어느 시대에나 끔찍한 재난 가운데에서도 구원의 희망을 보존해온 것은 그들이었다. 결국 우리는 현실이 발목을 잡기 때문에 어쩔 수 없이 상상력을 포기하는 것이 아니라 사실은 상상력을 포기했기 때문에 현실의 진면목을 보지 못하는 것이다. 그리고 상상력이 없는 곳에서 '국가의 마법'은 작동하기 시작하며, 우리 안의 간디는 죽임을 당하고, 희망도 사라져간다. (《녹색평론》 2009년 7-8월호)

저자

박경미(朴炅美)

1959년 서울 출생.
이화여대 기독교학과 졸업.
이화여대 대학원 기독교학과에서 성서신학으로 박사학위 취득.
1995년부터 이화여대 기독교학과 교수로 재직.

마몬의 시대, 생명의 논리

초판 제1쇄 발행 2010년 4월 15일
제2쇄 발행 2011년 2월 1일

저자 박경미
발행처 녹색평론사

주소 서울시 종로구 필운동 146-1번지 201호
전화 02-738-0663, 0666
팩스 02-737-6168
홈페이지 www.greenreview.co.kr
이메일 editor@greenreview.co.kr
출판등록 1991년 9월 17일 제6-36호

ISBN 978-89-90274-53-3 03300
값 13,000